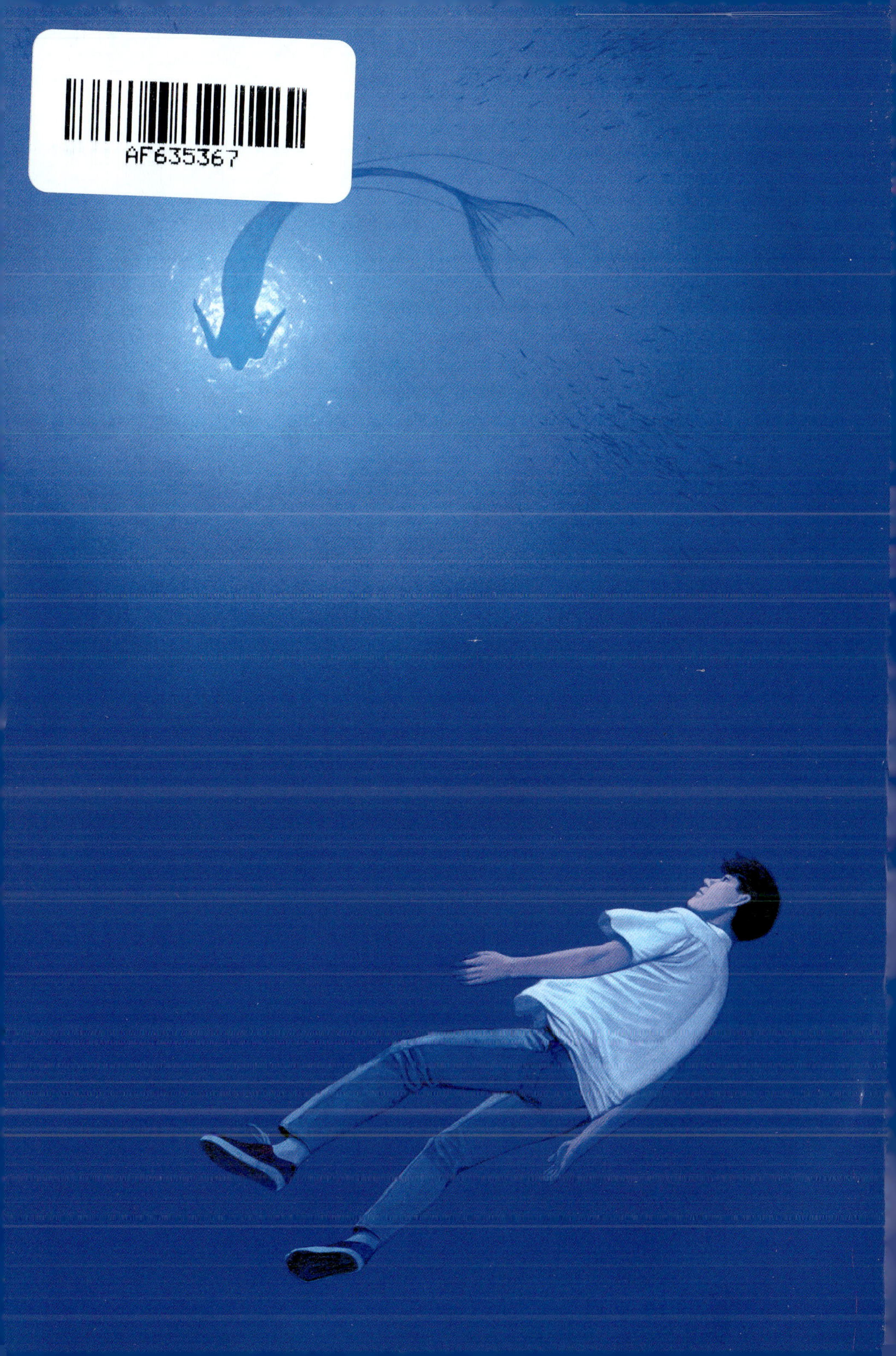

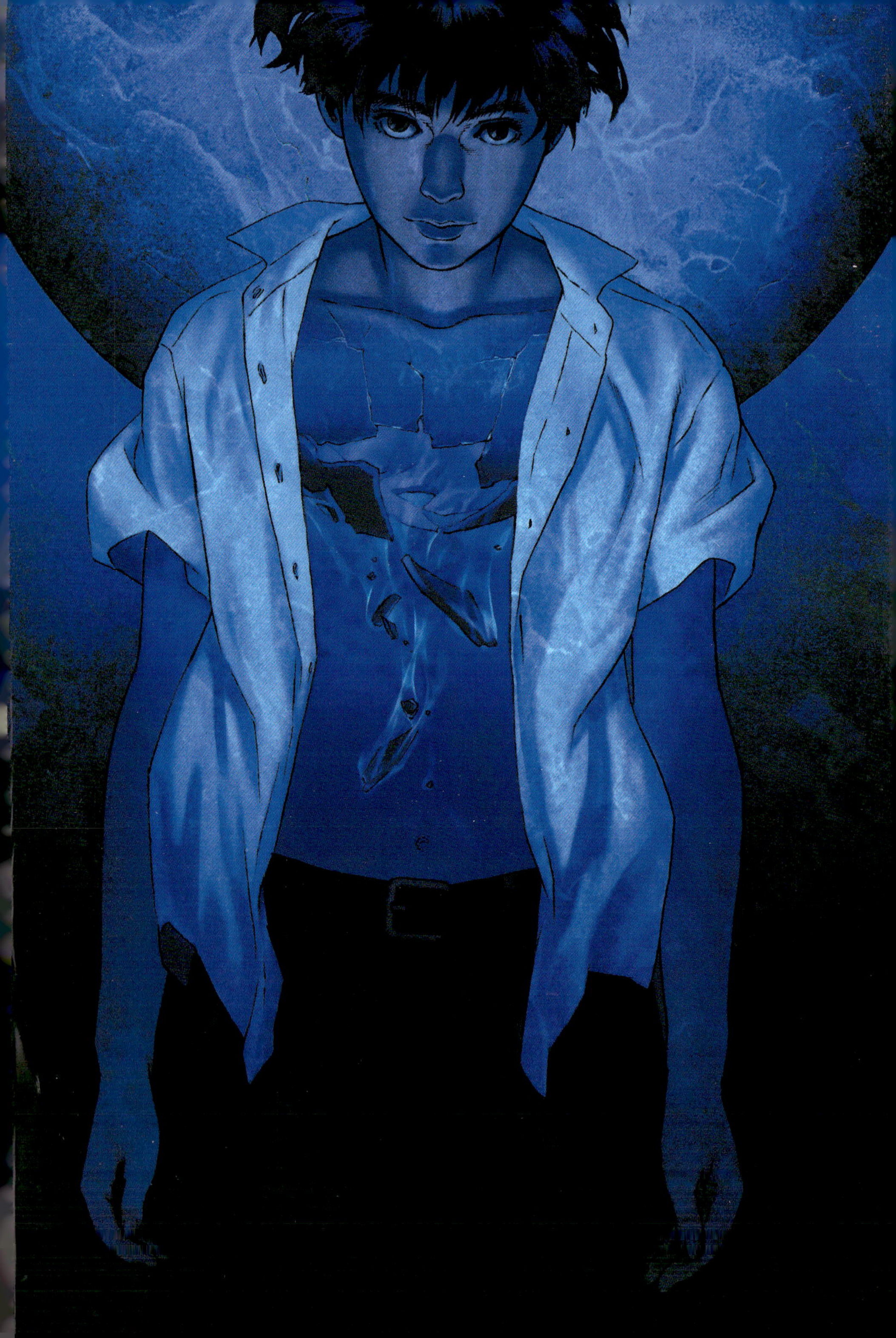

SATOSHI KON

KAIKISEN

ZURÜCK INS MEER

CARLSEN MANGA!

INHALT

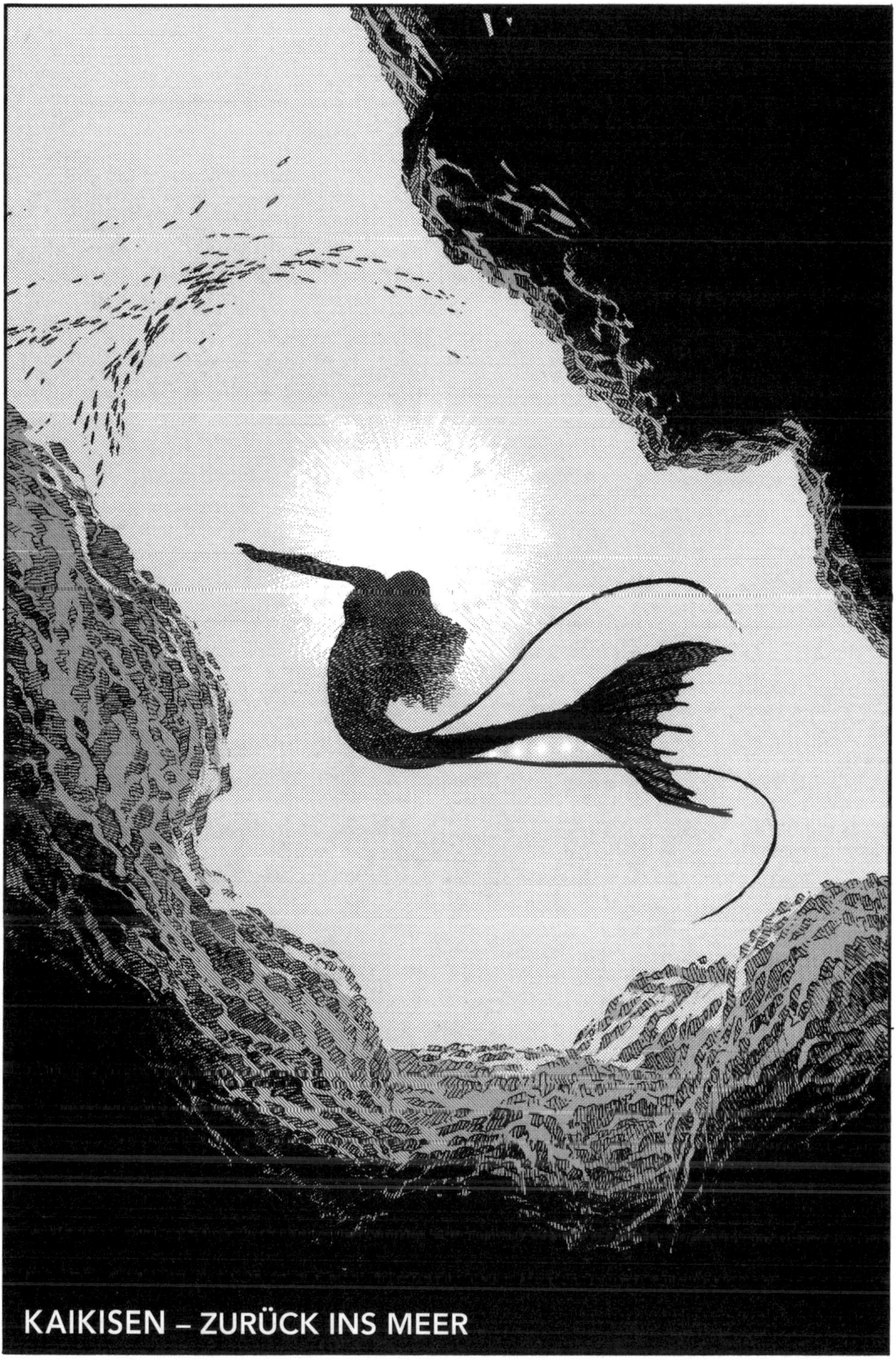

KAIKISEN – ZURÜCK INS MEER

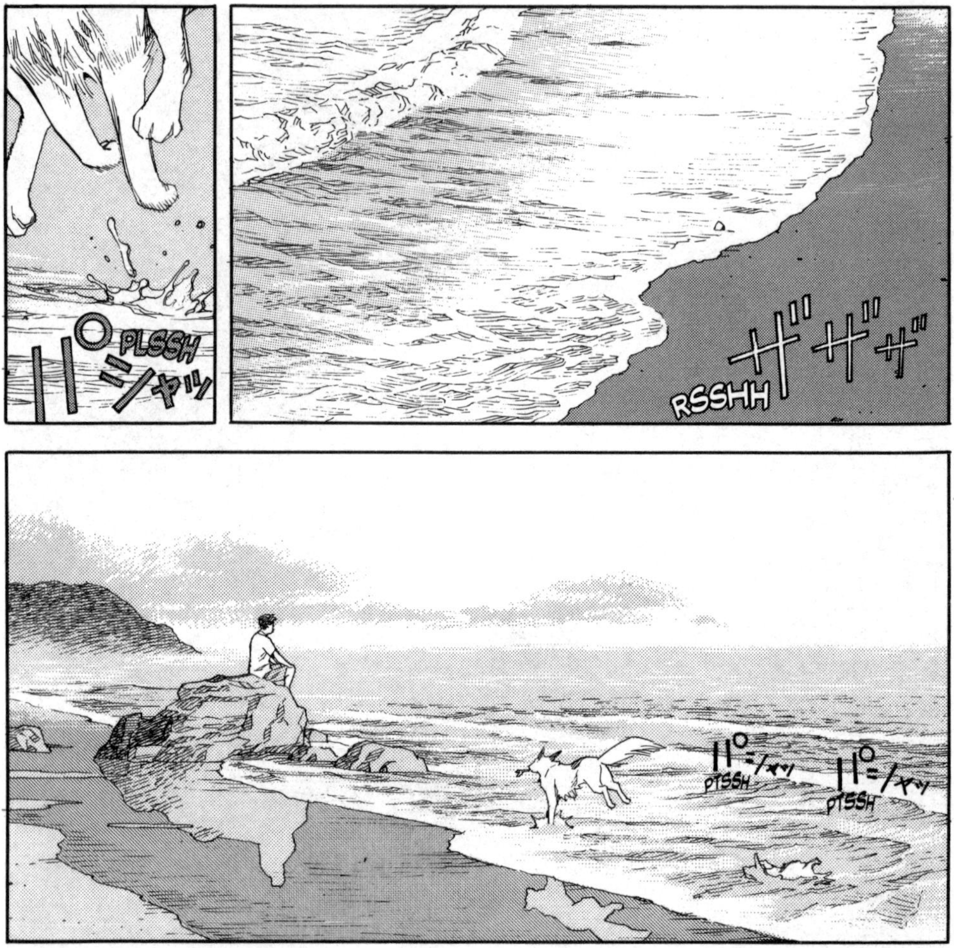
RSSHH
ザザザ
PLSSH
パシャッ
PTSSH
パシャッ
PTSSH
パシャッ
HECH
HECH
ハッハッハッ
HECH
TOCK
カラン
JETZT IST ES GUT.
SLORSCH
ザプッ

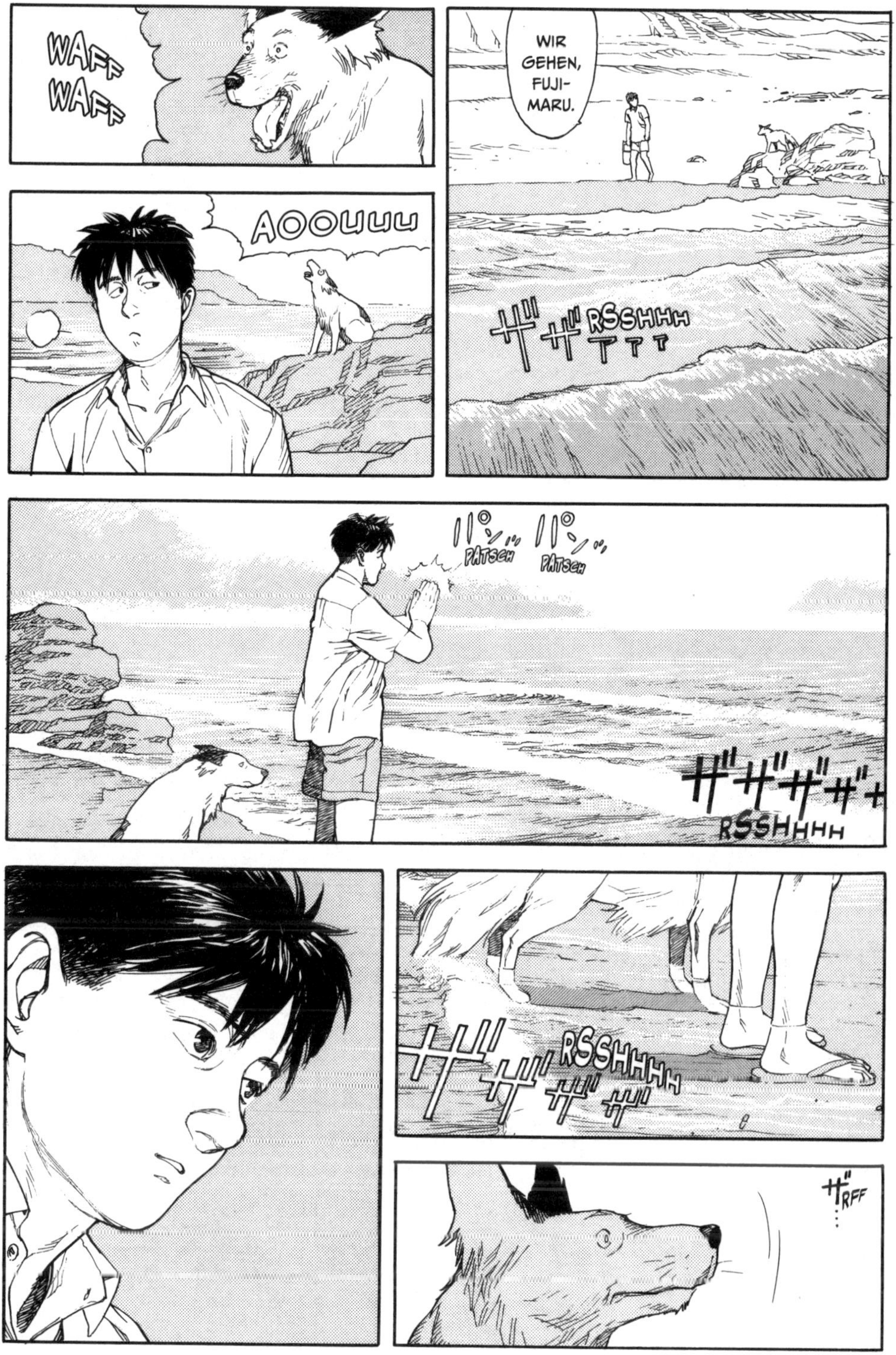
WIR GEHEN, FUJI-MARU.
RSSHHH
WAFF WAFF
AOOUUU
PATSCH PATSCH
RSSHHHH
RSSHHHH
RFF

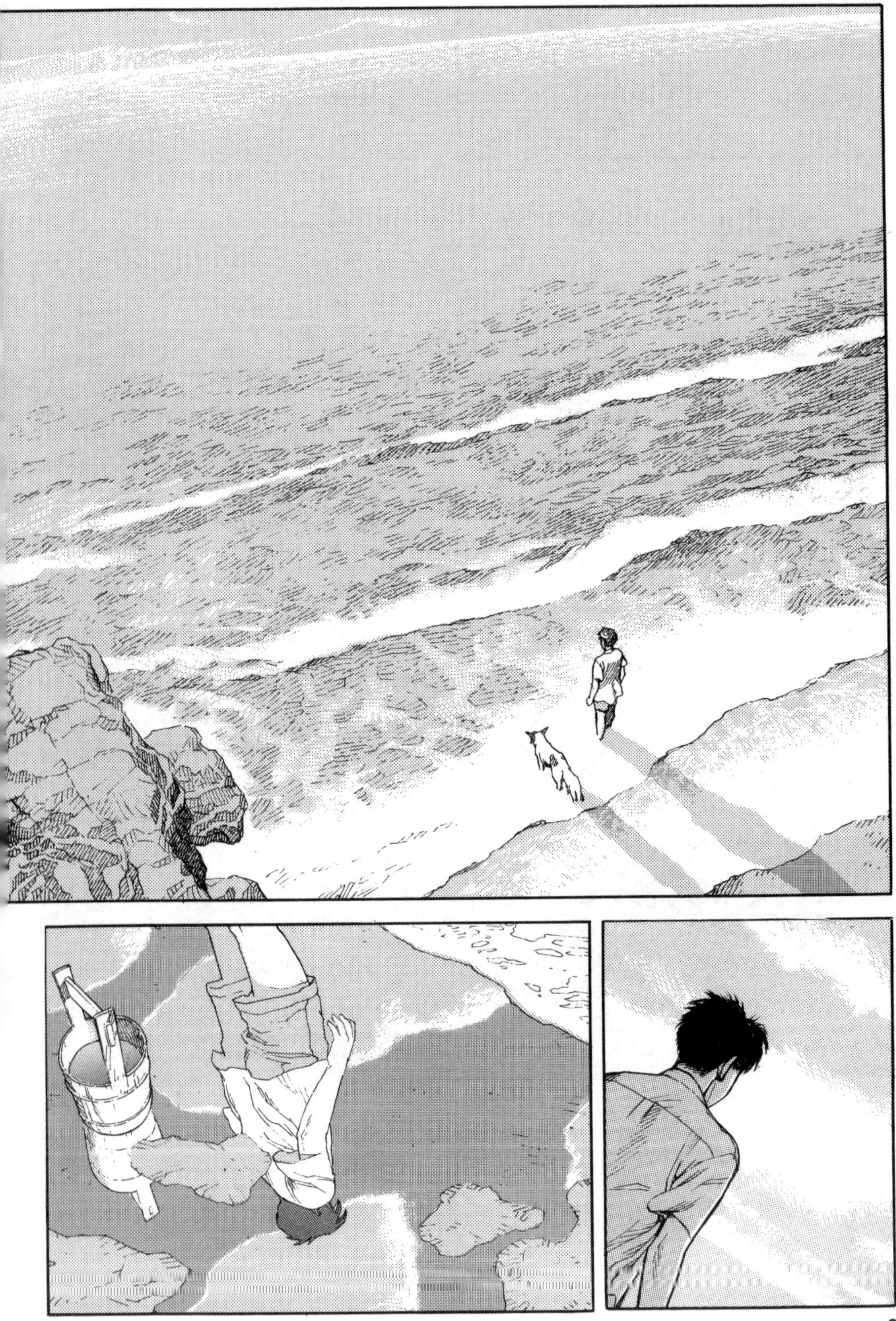

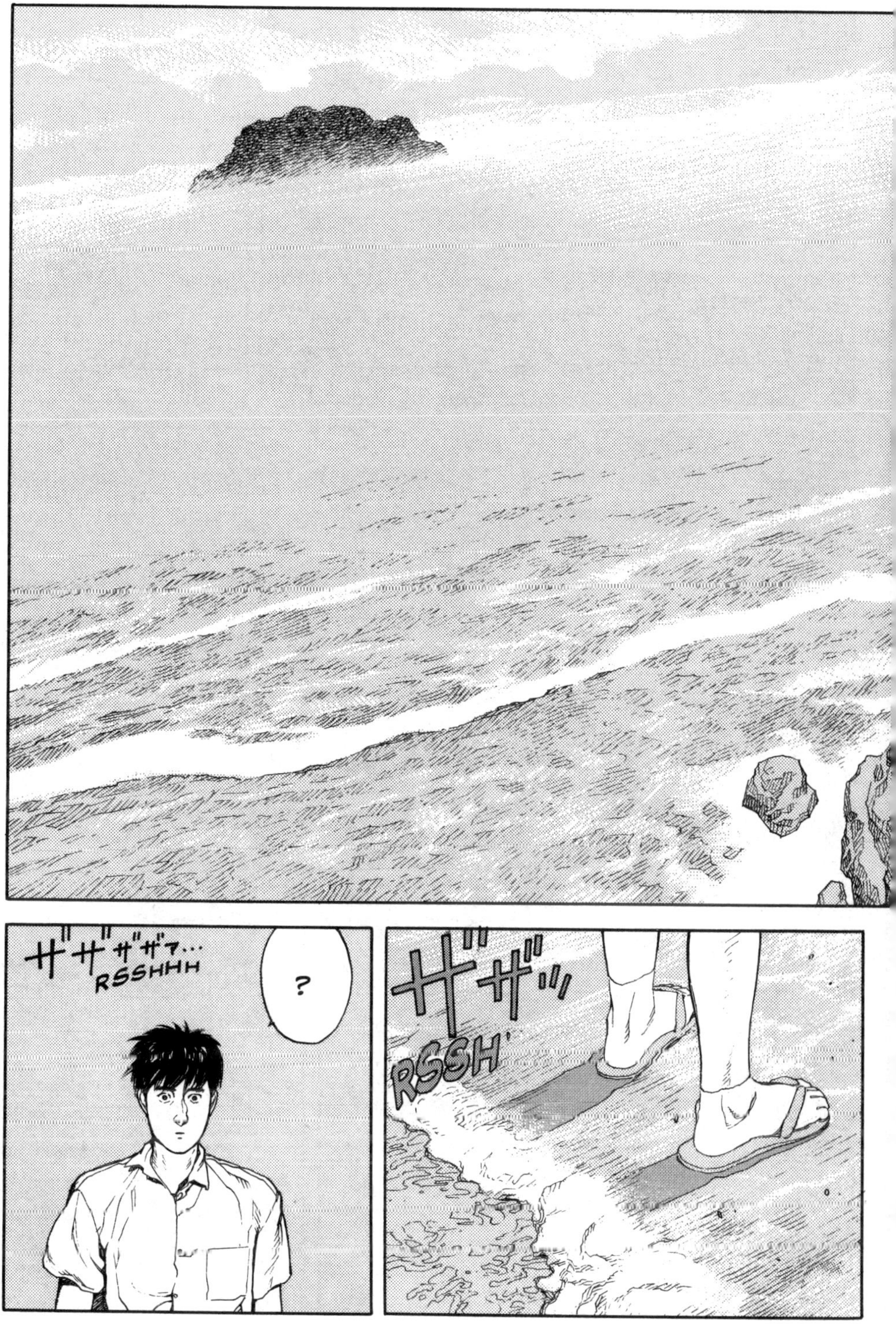
ザザッ
RSSH
ザザザザァ…
RSSHHH
?

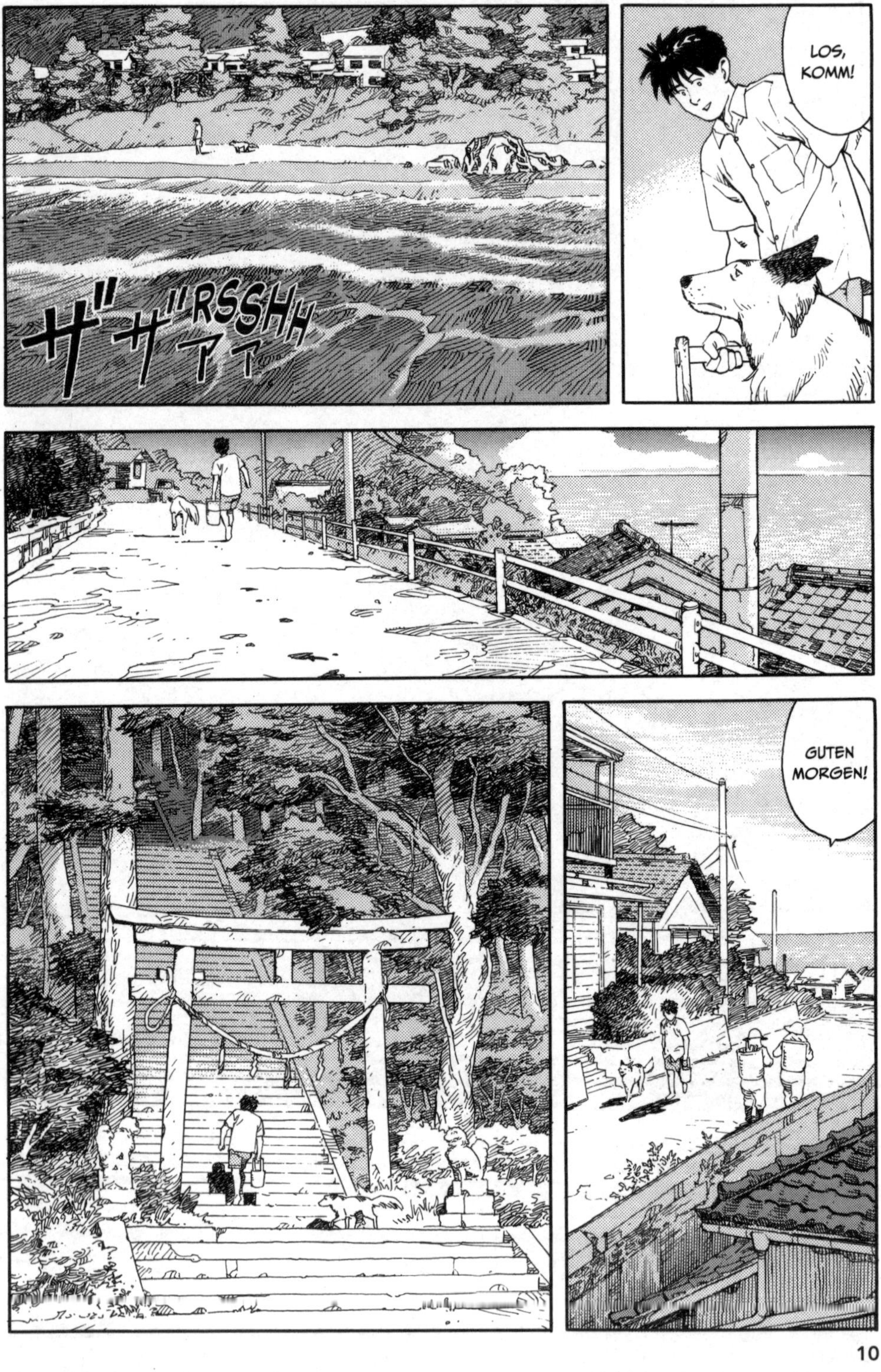
LOS, KOMM!
ザザアア RSSHH
GUTEN MORGEN!

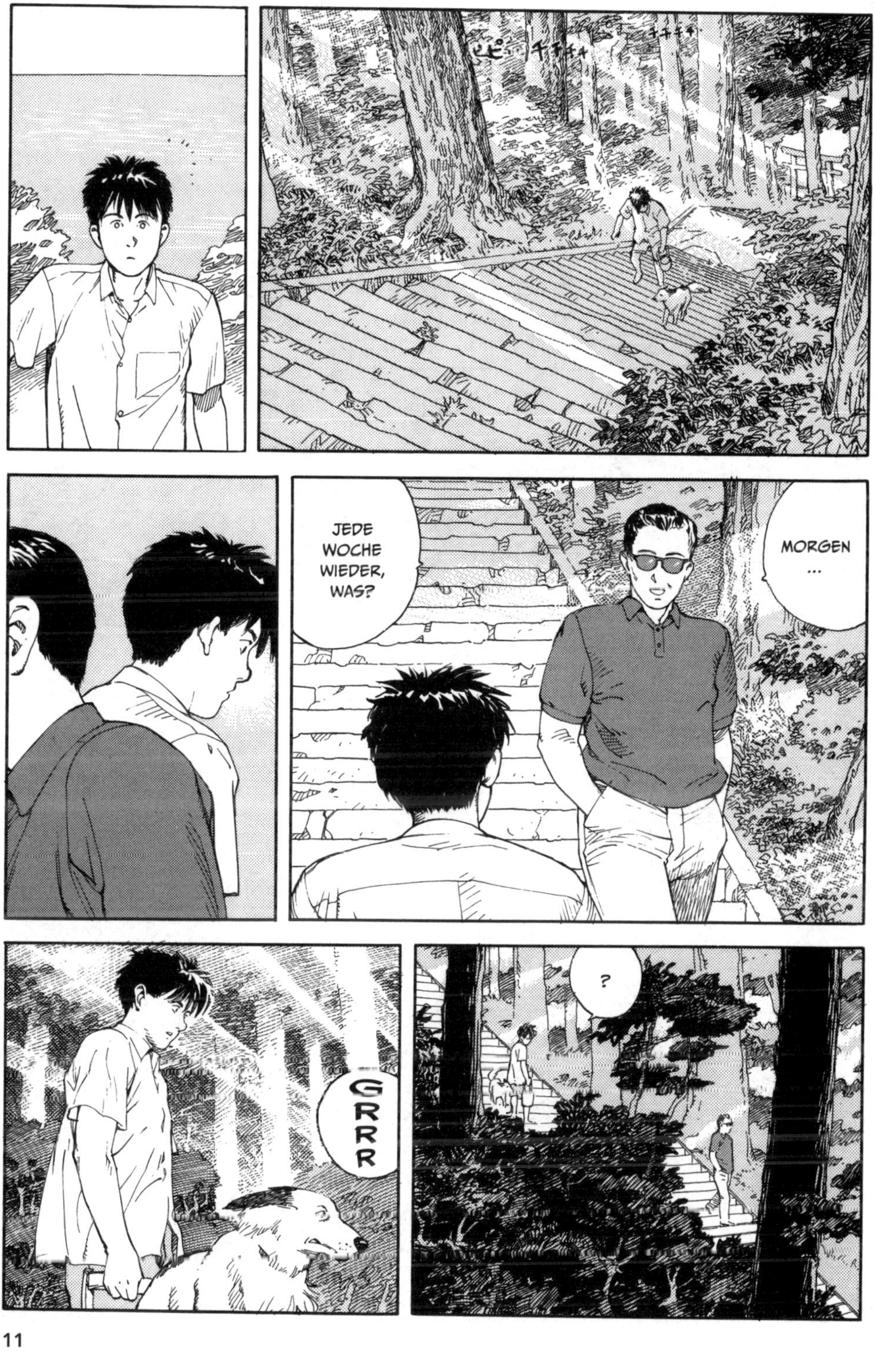
MORGEN ...
JEDE WOCHE WIEDER, WAS?
?
GRRR

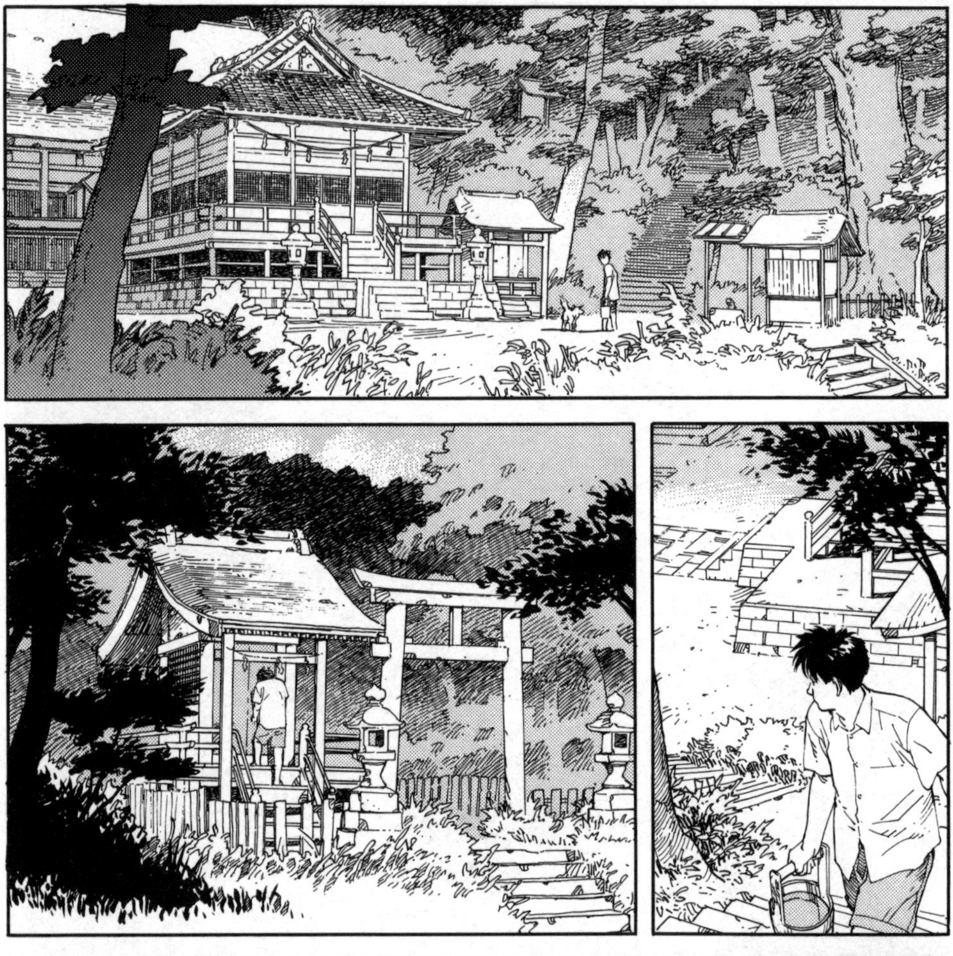
ギイッ
IEEK
ガチャッ
KLACK

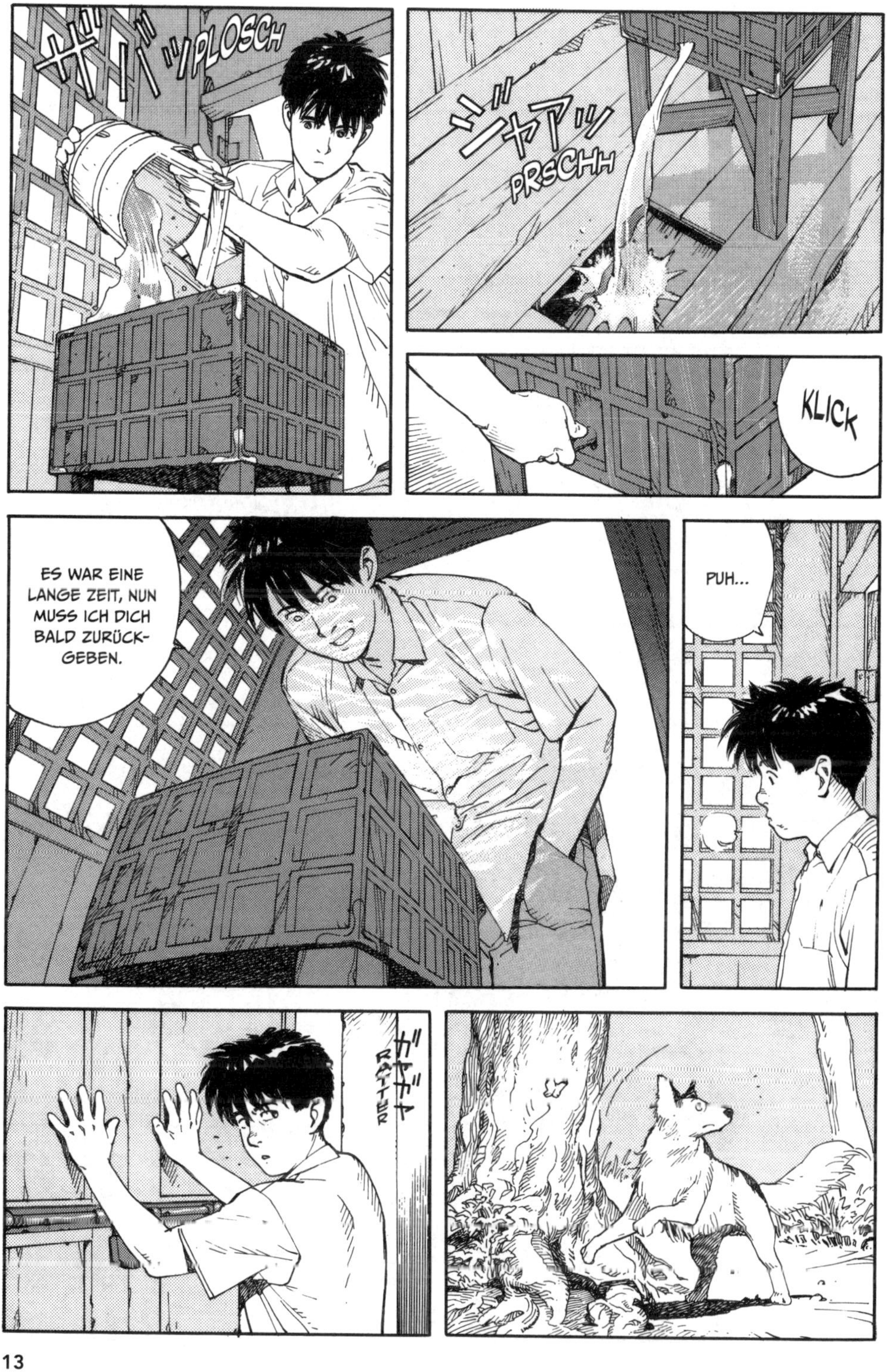
ザバッ PLOSCH
シャアッ PRSCHH
KLICK
ES WAR EINE LANGE ZEIT, NUN MUSS ICH DICH BALD ZURÜCK-GEBEN.
PUH...
ガタガタ RATTER

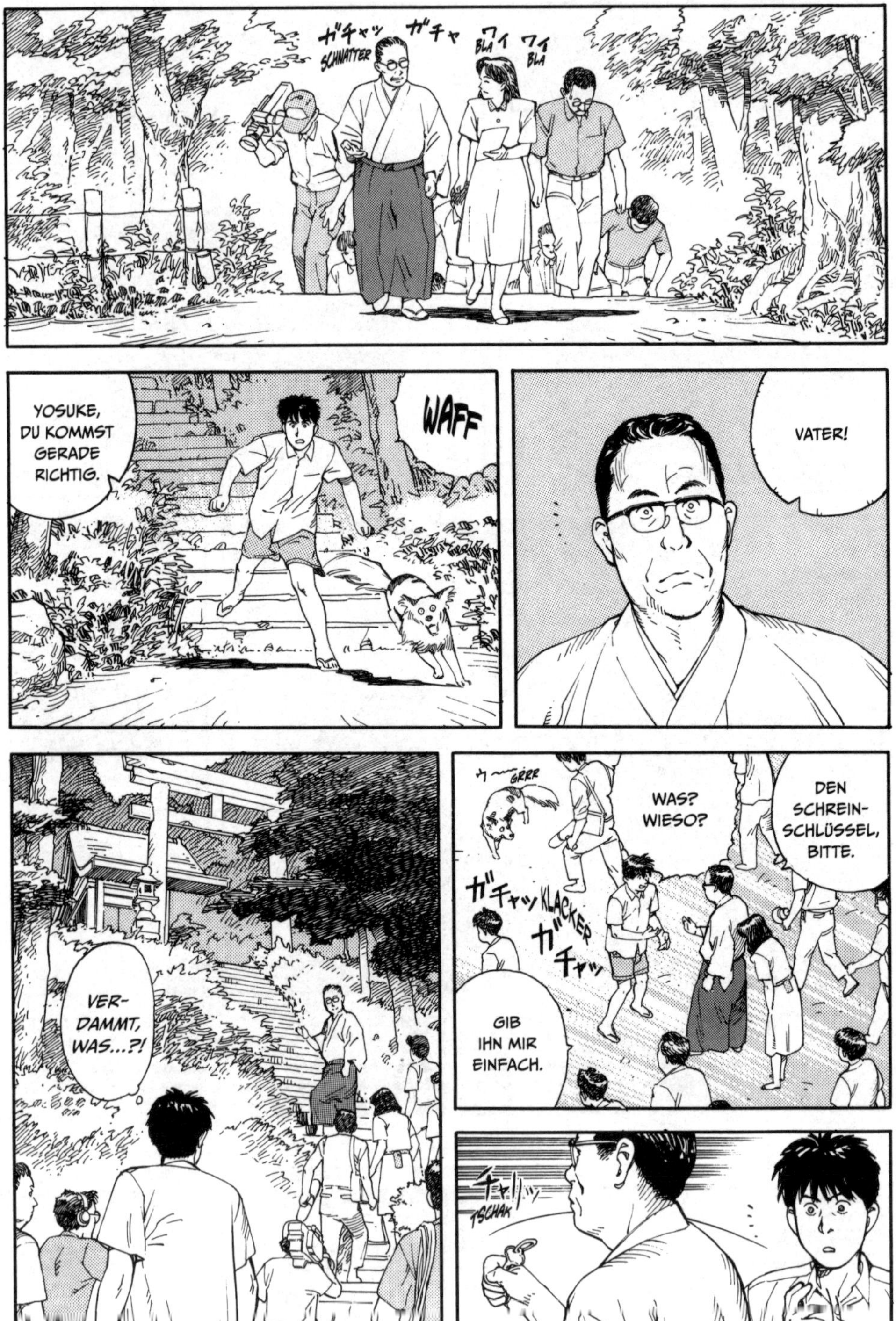
ガチャッ SCHNATTER
ガチャ
ワイ BLA
ワイ BLA
WAFF
YOSUKE, DU KOMMST GERADE RICHTIG.
VATER!
DEN SCHREIN-SCHLÜSSEL, BITTE.
WAS? WIESO?
ウ〜 GRRR
ガチャッ KLACKER
ガチャッ
GIB IHN MIR EINFACH.
VER-DAMMT, WAS...?!
チャリッ TSCHAK

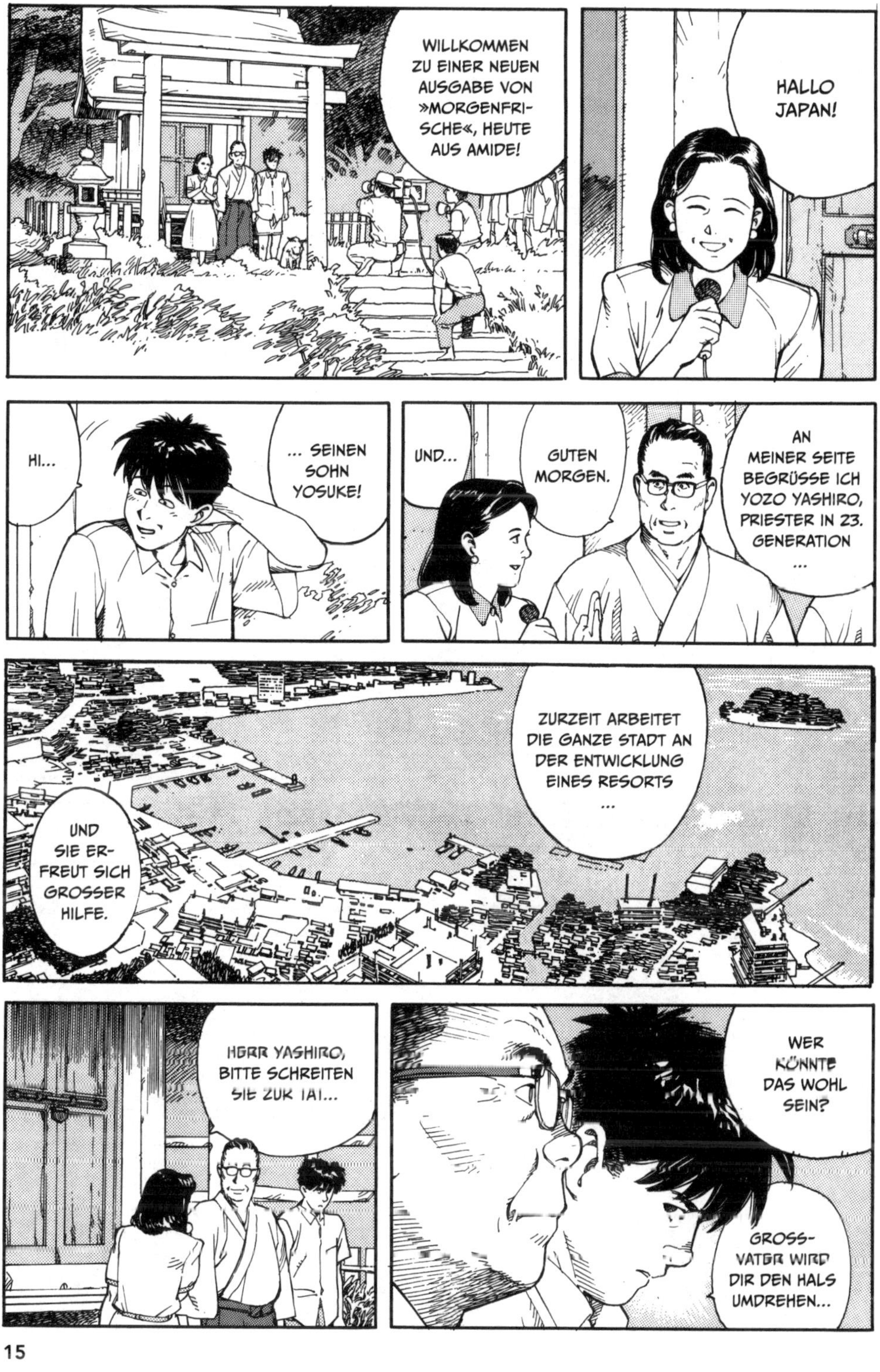
HALLO JAPAN!
WILLKOMMEN ZU EINER NEUEN AUSGABE VON »MORGENFRISCHE«, HEUTE AUS AMIDE!
AN MEINER SEITE BEGRÜSSE ICH YOZO YASHIRO, PRIESTER IN 23. GENERATION ...
GUTEN MORGEN.
UND...
... SEINEN SOHN YOSUKE!
HI...
ZURZEIT ARBEITET DIE GANZE STADT AN DER ENTWICKLUNG EINES RESORTS ...
UND SIE ERFREUT SICH GROSSER HILFE.
WER KÖNNTE DAS WOHL SEIN?
GROSSVATER WIRD DIR DEN HALS UMDREHEN...
HERR YASHIRO, BITTE SCHREITEN SIE ZUR TAT...

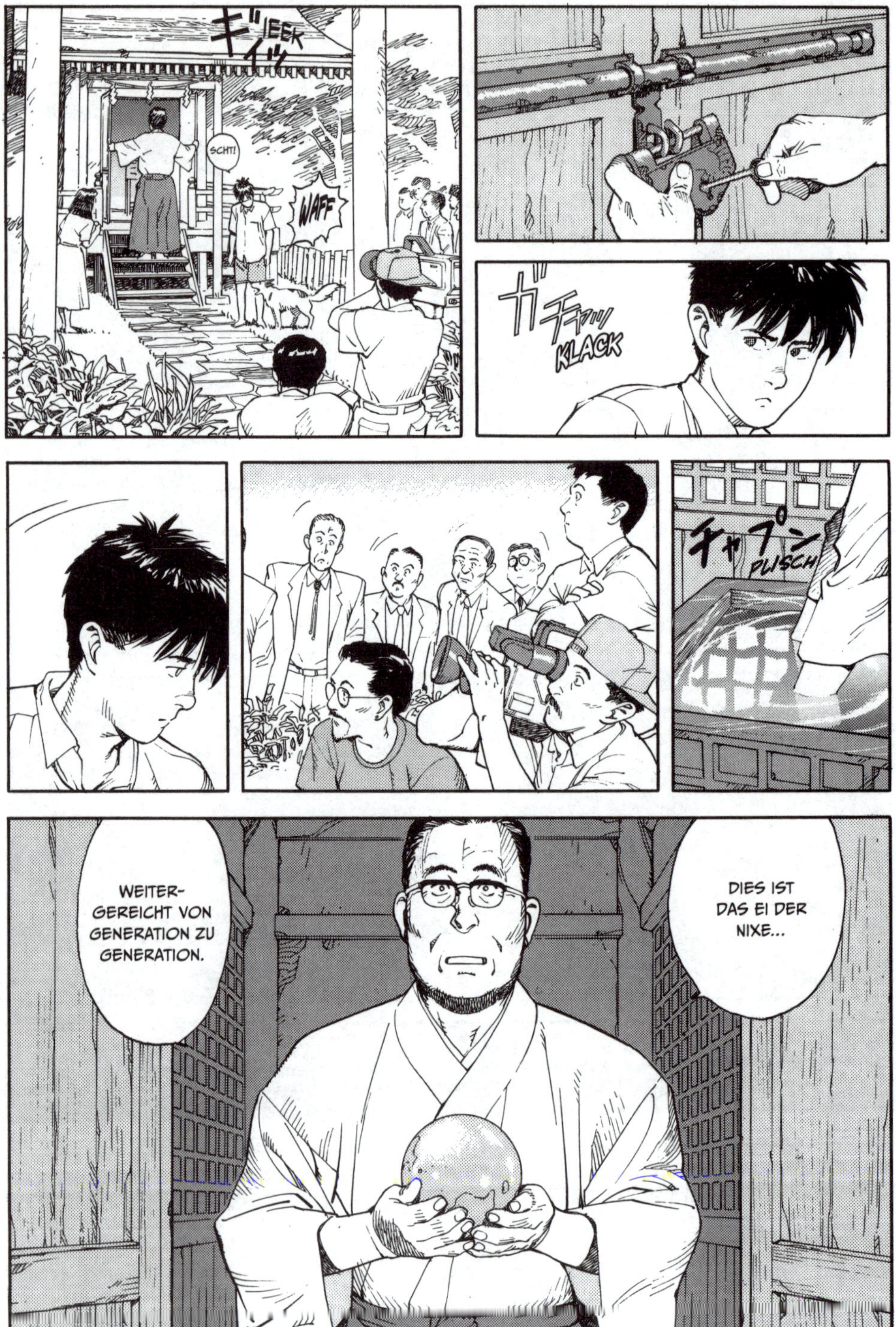
ギイッ
IEEK
SCHT!
WAFF
ガチャッ
KLACK
チャプン
PLISCH
DIES IST DAS EI DER NIXE...
WEITER-GEREICHT VON GENERATION ZU GENERATION.

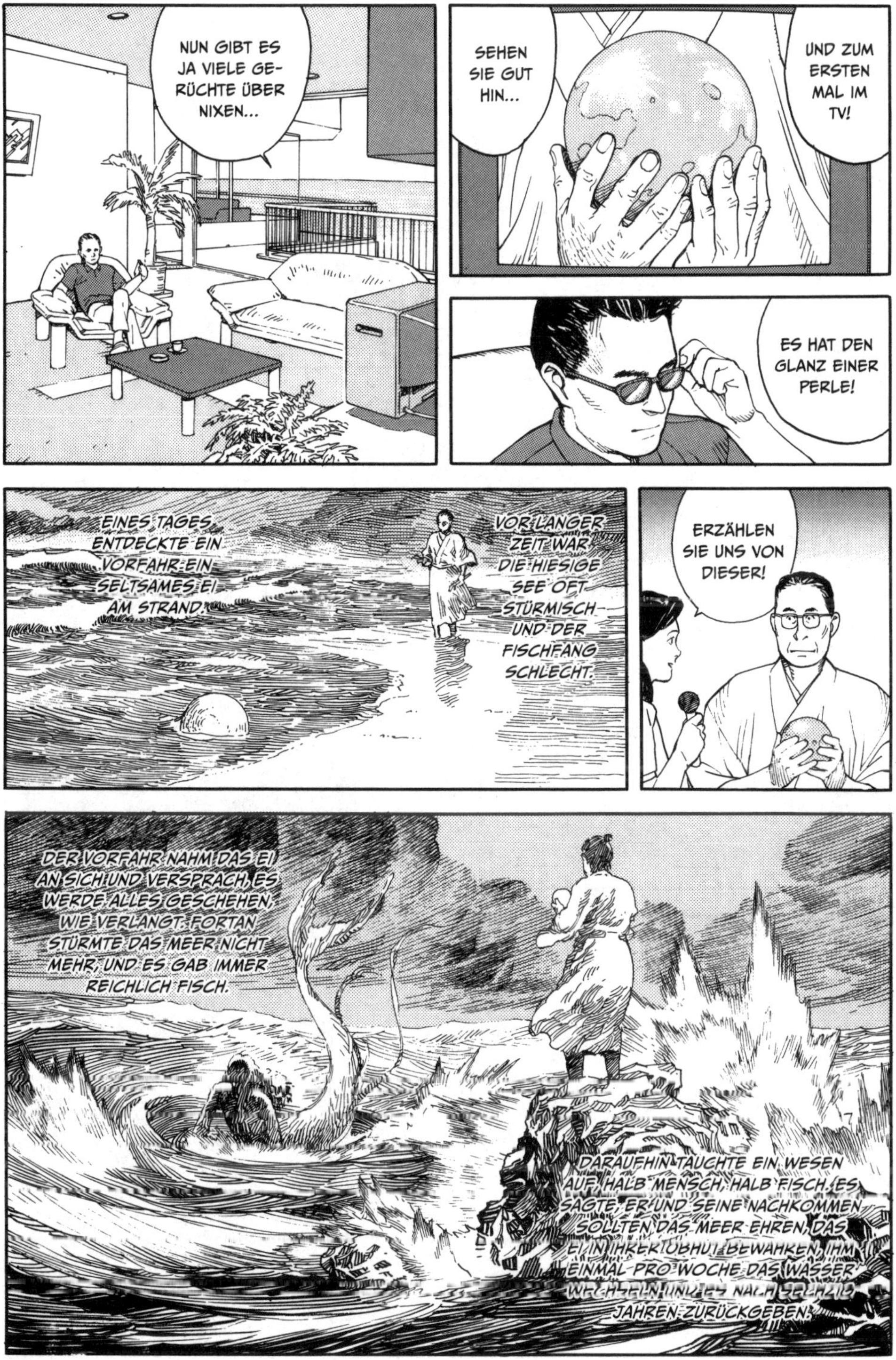
NUN GIBT ES JA VIELE GERÜCHTE ÜBER NIXEN...
SEHEN SIE GUT HIN...
UND ZUM ERSTEN MAL IM TV!
ES HAT DEN GLANZ EINER PERLE!
ERZÄHLEN SIE UNS VON DIESER!
VOR LANGER ZEIT WAR DIE HIESIGE SEE OFT STÜRMISCH UND DER FISCHFANG SCHLECHT.
EINES TAGES ENTDECKTE EIN VORFAHR EIN SELTSAMES EI AM STRAND.
DER VORFAHR NAHM DAS EI AN SICH UND VERSPRACH, ES WERDE ALLES GESCHEHEN, WIE VERLANGT. FORTAN STÜRMTE DAS MEER NICHT MEHR, UND ES GAB IMMER REICHLICH FISCH.
DARAUFHIN TAUCHTE EIN WESEN AUF, HALB MENSCH, HALB FISCH. ES SAGTE, ER UND SEINE NACHKOMMEN SOLLTEN DAS MEER EHREN, DAS EI IN IHRER OBHUT BEWAHREN, IHM EINMAL PRO WOCHE DAS WASSER WECHSELN UND ES NACH SECHZIG JAHREN ZURÜCKGEBEN.

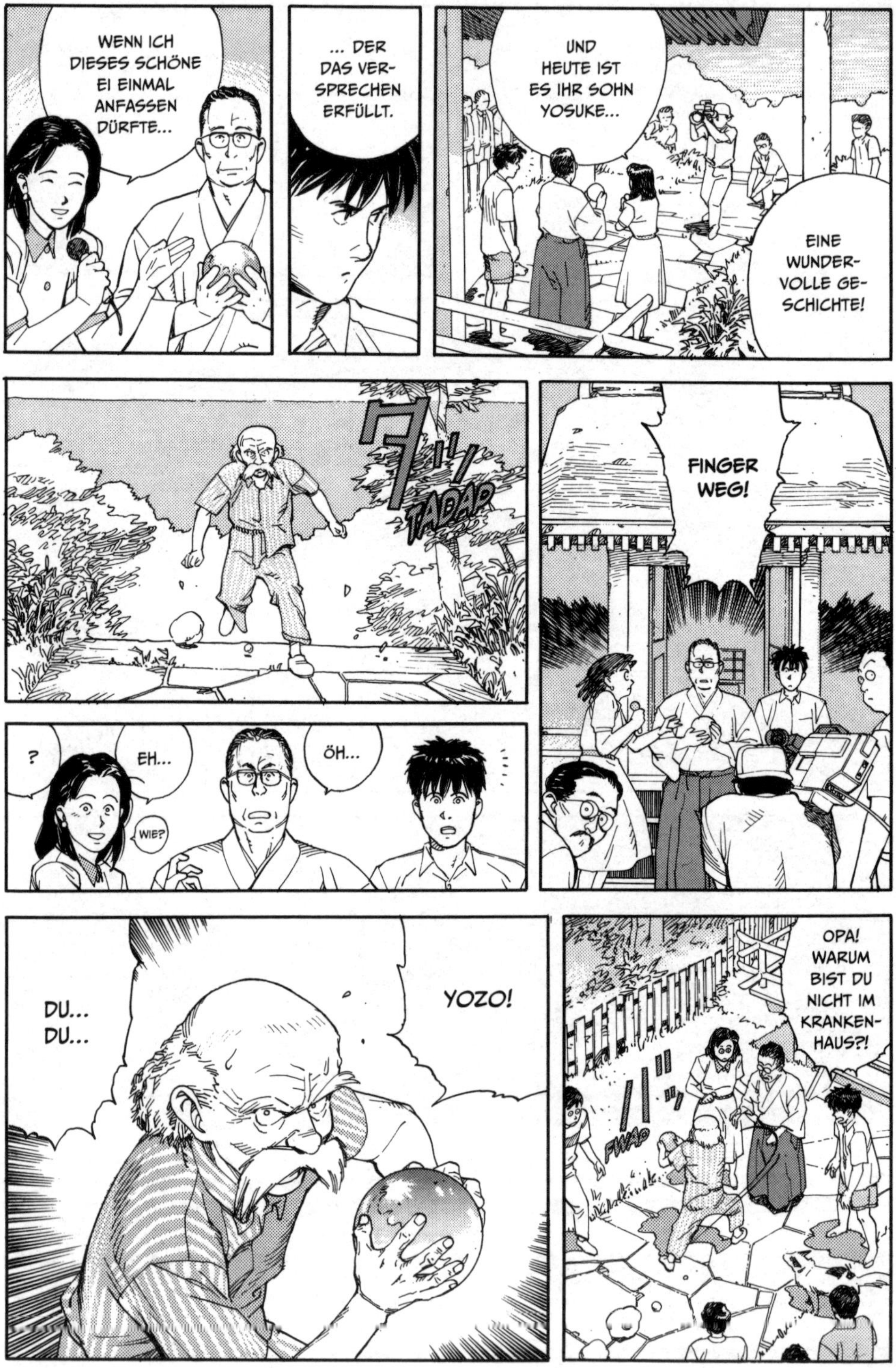
UND HEUTE IST ES IHR SOHN YOSUKE...
EINE WUNDERVOLLE GESCHICHTE!
... DER DAS VERSPRECHEN ERFÜLLT.
WENN ICH DIESES SCHÖNE EI EINMAL ANFASSEN DÜRFTE...
FINGER WEG!
TADAP
ÖH...
EH...
WIE?
?
OPA! WARUM BIST DU NICHT IM KRANKENHAUS?!
FWAP
YOZO!
DU... DU...

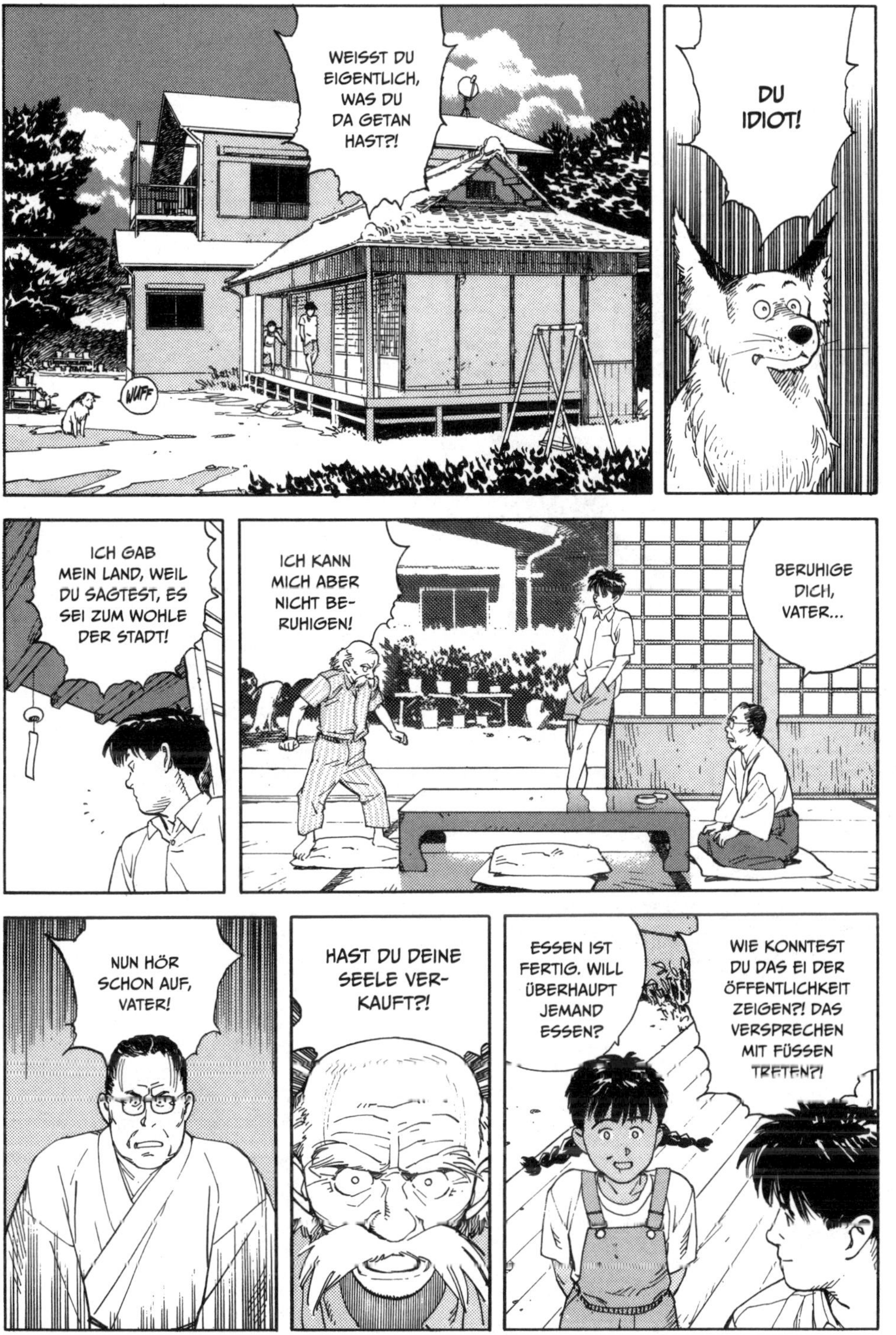
WEISST DU EIGENTLICH, WAS DU DA GETAN HAST?!
WUFF
DU IDIOT!
ICH GAB MEIN LAND, WEIL DU SAGTEST, ES SEI ZUM WOHLE DER STADT!
ICH KANN MICH ABER NICHT BE-RUHIGEN!
BERUHIGE DICH, VATER...
NUN HÖR SCHON AUF, VATER!
HAST DU DEINE SEELE VER-KAUFT?!
ESSEN IST FERTIG. WILL ÜBERHAUPT JEMAND ESSEN?
WIE KONNTEST DU DAS EI DER ÖFFENTLICHKEIT ZEIGEN?! DAS VERSPRECHEN MIT FÜSSEN TRETEN?!

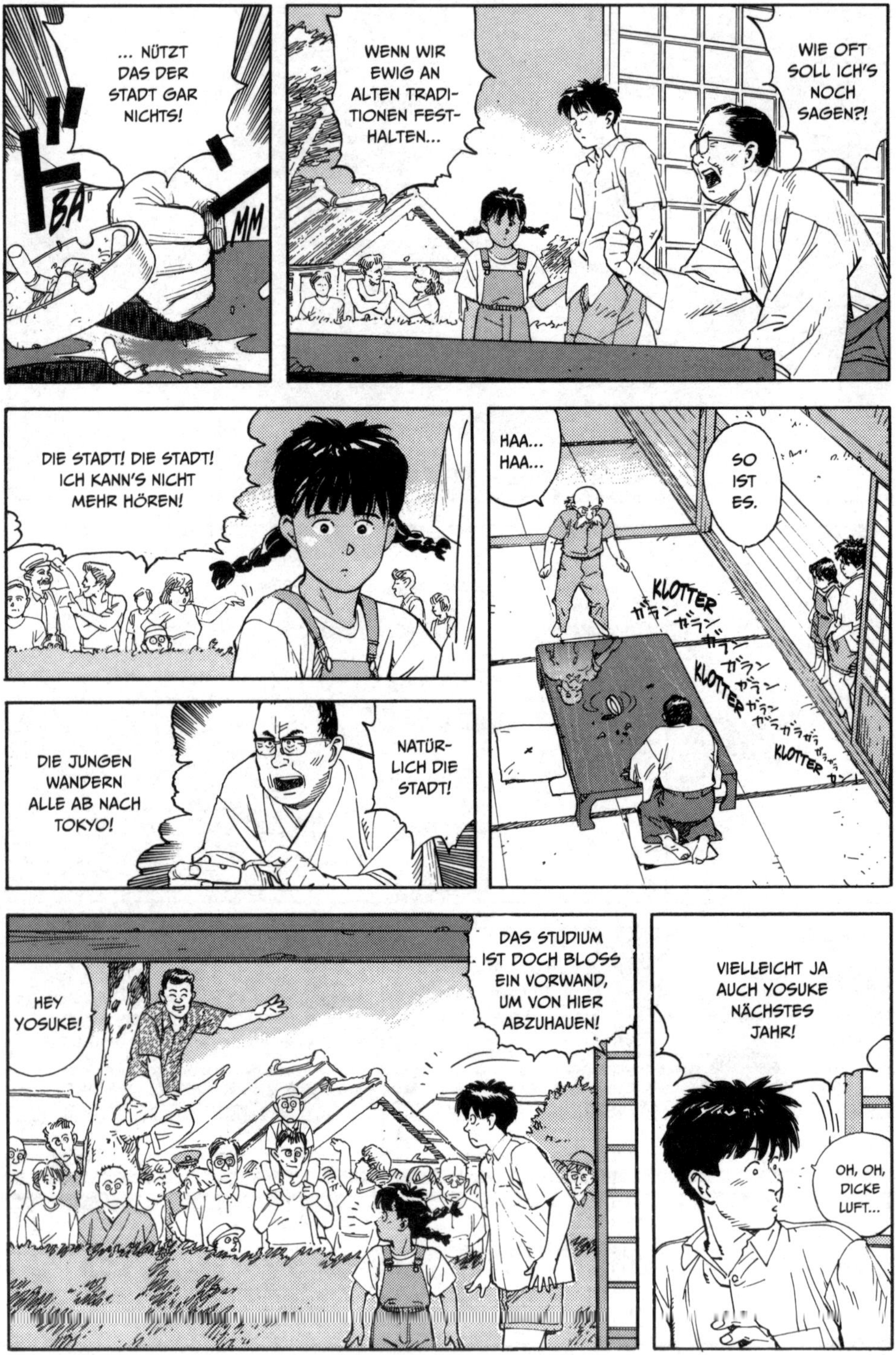
WIE OFT SOLL ICH'S NOCH SAGEN?!
WENN WIR EWIG AN ALTEN TRADITIONEN FESTHALTEN...
... NÜTZT DAS DER STADT GAR NICHTS!
BAMM
DIE STADT! DIE STADT! ICH KANN'S NICHT MEHR HÖREN!
NATÜRLICH DIE STADT!
DIE JUNGEN WANDERN ALLE AB NACH TOKYO!
HAA... HAA...
SO IST ES.
KLOTTER
KLOTTER
KLOTTER
VIELLEICHT JA AUCH YOSUKE NÄCHSTES JAHR!
OH, OH, DICKE LUFT...
DAS STUDIUM IST DOCH BLOSS EIN VORWAND, UM VON HIER ABZUHAUEN!
HEY YOSUKE!

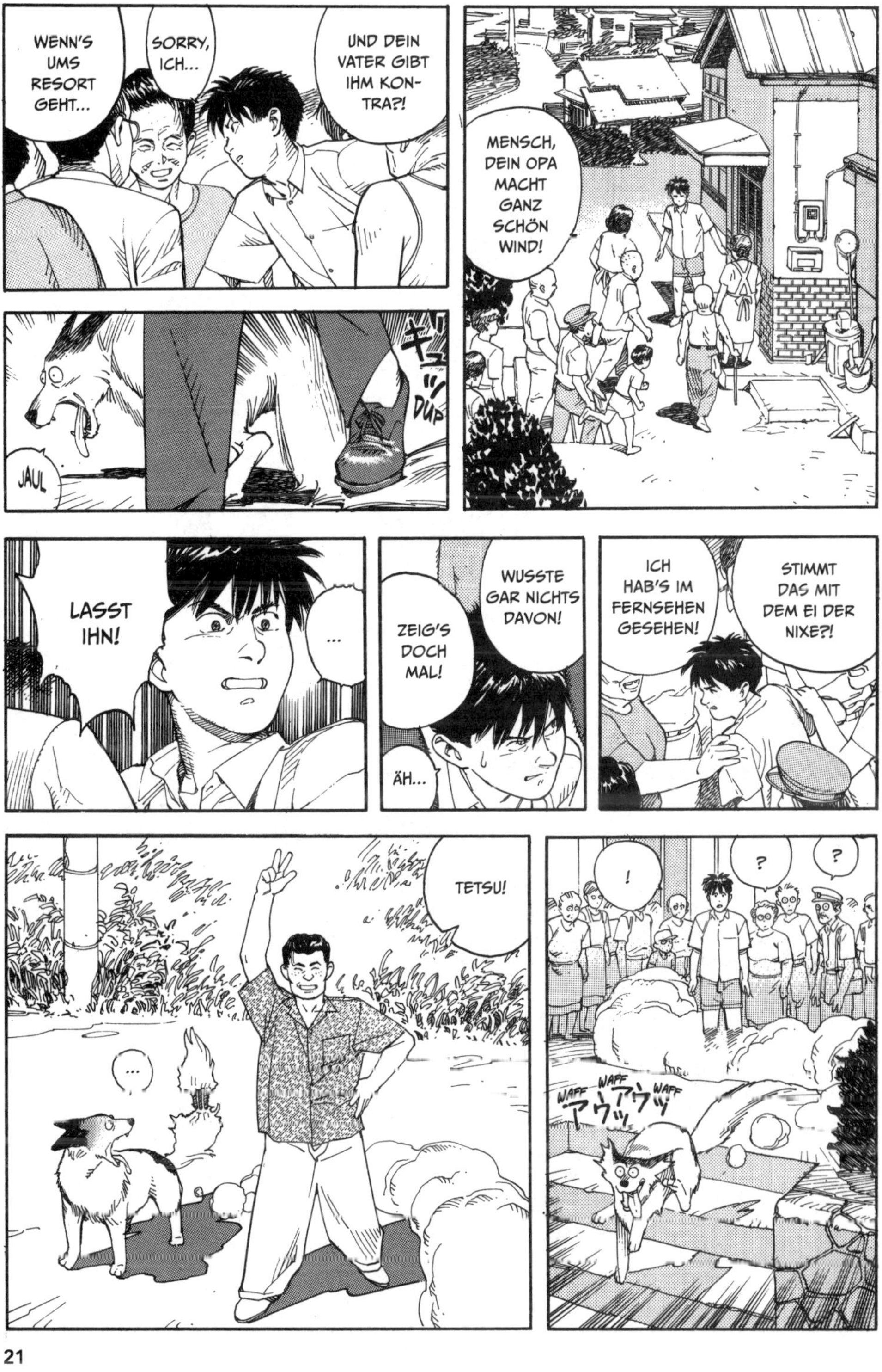
MENSCH, DEIN OPA MACHT GANZ SCHÖN WIND!
UND DEIN VATER GIBT IHM KONTRA?!
SORRY, ICH...
WENN'S UMS RESORT GEHT...
ギュッ
DUP
JAUL
STIMMT DAS MIT DEM EI DER NIXE?!
ICH HAB'S IM FERNSEHEN GESEHEN!
WUSSTE GAR NICHTS DAVON!
ZEIG'S DOCH MAL!
ÄH...
...
LASST IHN!
?
?
!
WAFF
アウッ
WAFF
アウッ
WAFF
TETSU!
...

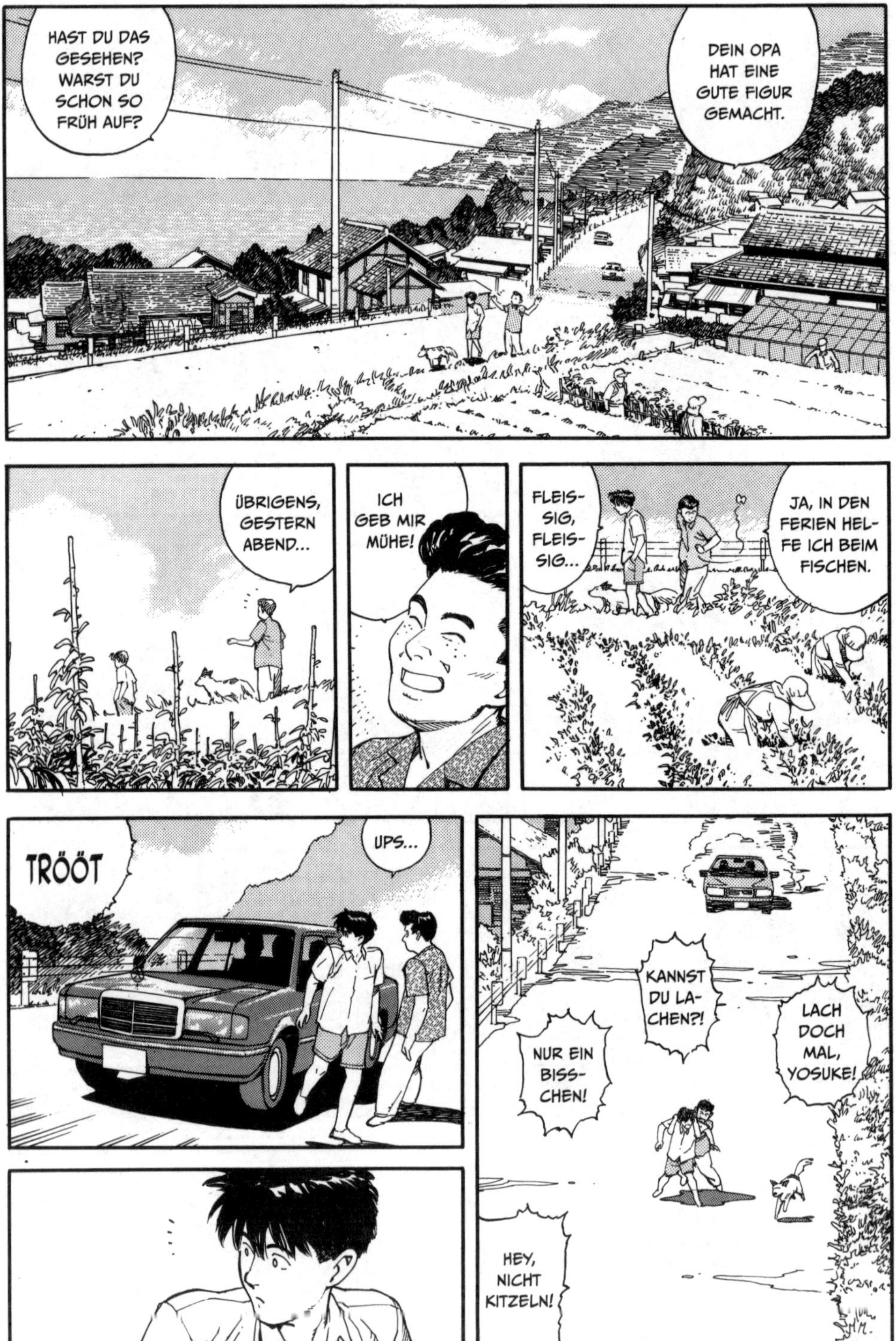
DEIN OPA HAT EINE GUTE FIGUR GEMACHT.
HAST DU DAS GESEHEN? WARST DU SCHON SO FRÜH AUF?
JA, IN DEN FERIEN HELFE ICH BEIM FISCHEN.
FLEISSIG, FLEISSIG...
ICH GEB MIR MÜHE!
ÜBRIGENS, GESTERN ABEND...
UPS...
TRÖÖT
KANNST DU LACHEN?!
LACH DOCH MAL, YOSUKE!
NUR EIN BISSCHEN!
HEY, NICHT KITZELN!

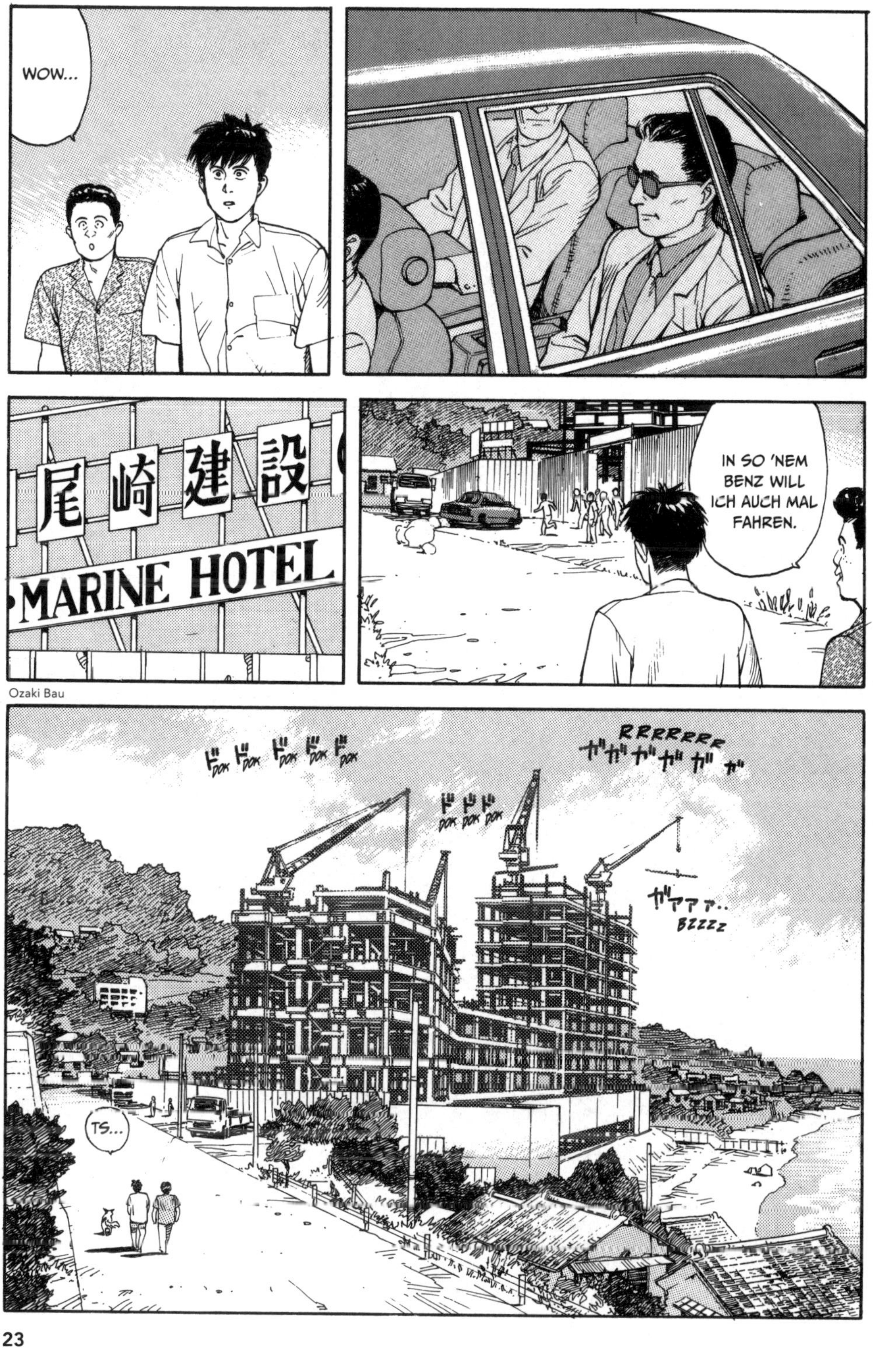
WOW...
IN SO 'NEM BENZ WILL ICH AUCH MAL FAHREN.
尾崎建設
MARINE HOTEL
Ozaki Bau
ドDOK ドDOK ドDOK ドDOK ドDOK
RRRRRRR
ガガガガガガ
ドドド DOK DOK DOK
ガァァァ.. BZZZZ
TS...

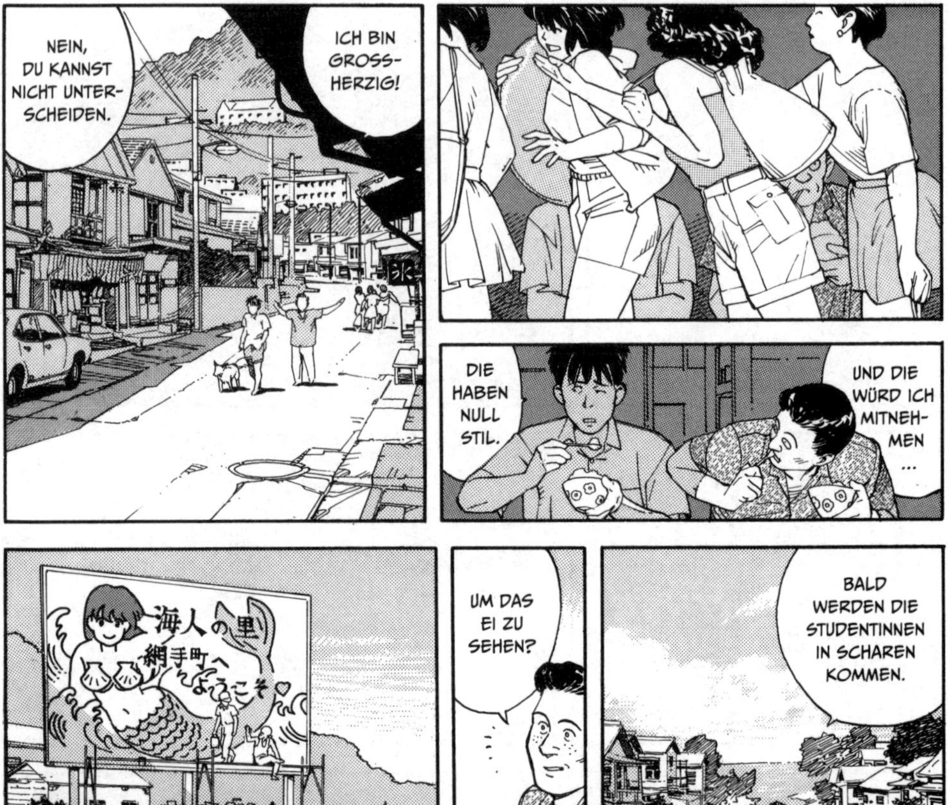

Willkommen in Amide! Heimat der Nixe!

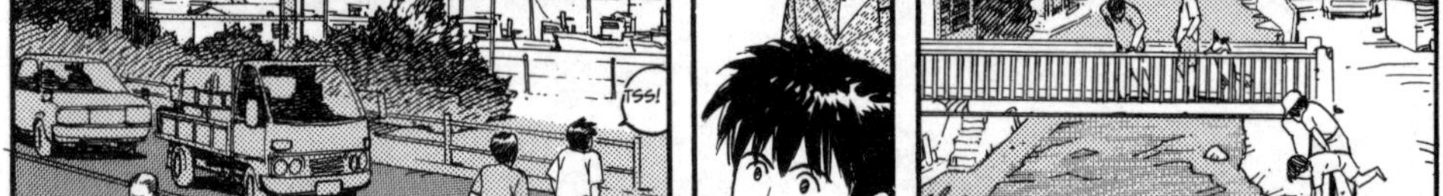

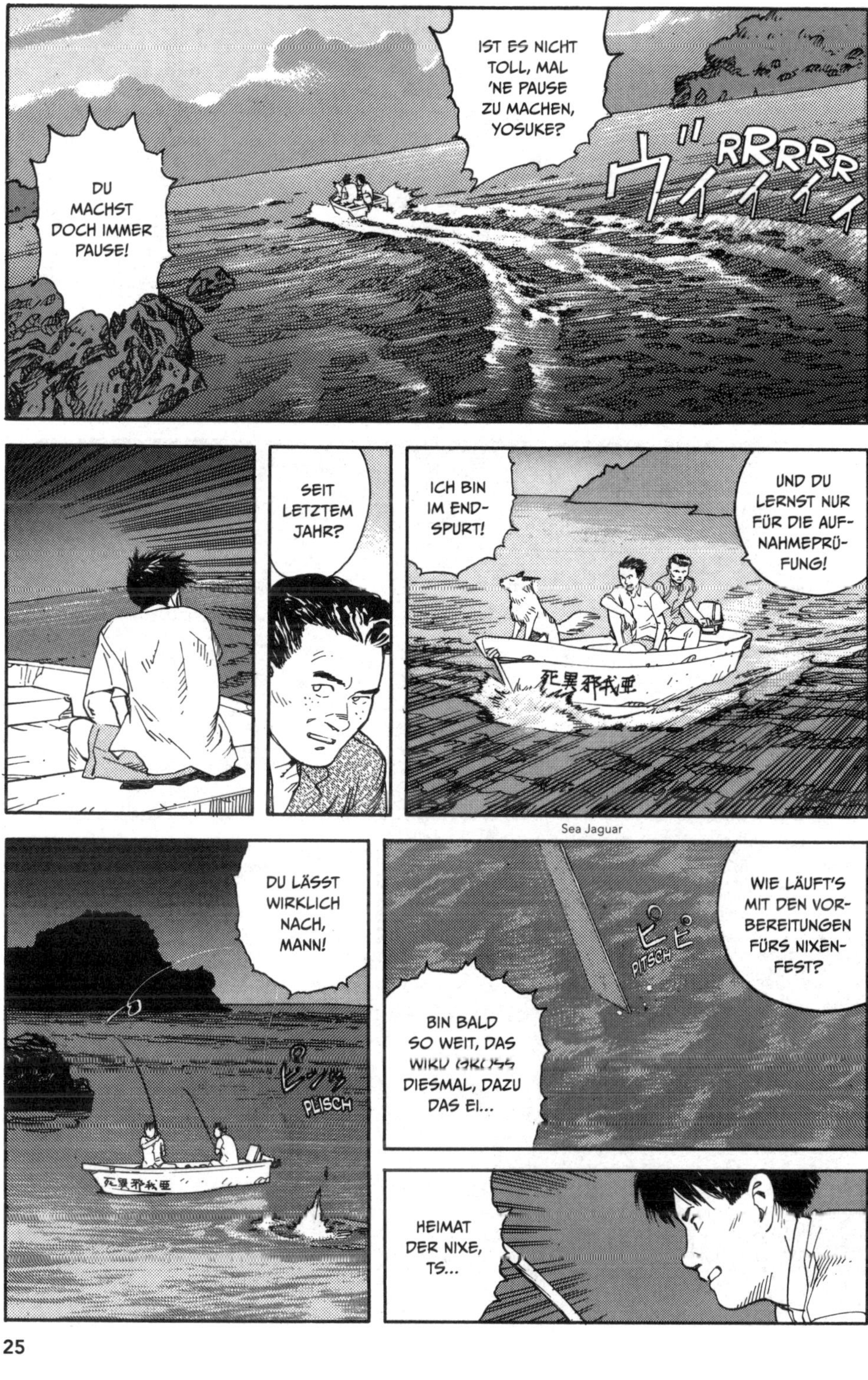
IST ES NICHT TOLL, MAL 'NE PAUSE ZU MACHEN, YOSUKE?
ヴィイイイイ
RRRRR
DU MACHST DOCH IMMER PAUSE!
UND DU LERNST NUR FÜR DIE AUFNAHMEPRÜFUNG!
ICH BIN IM ENDSPURT!
死異邪我亜
SEIT LETZTEM JAHR?
WIE LÄUFT'S MIT DEN VORBEREITUNGEN FÜRS NIXENFEST?
ピピ
PITSCH
BIN BALD SO WEIT, DAS WIRD GROSS DIESMAL, DAZU DAS EI...
DU LÄSST WIRKLICH NACH, MANN!
PLISCH
死異邪我亜
HEIMAT DER NIXE, TS...
Sea Jaguar

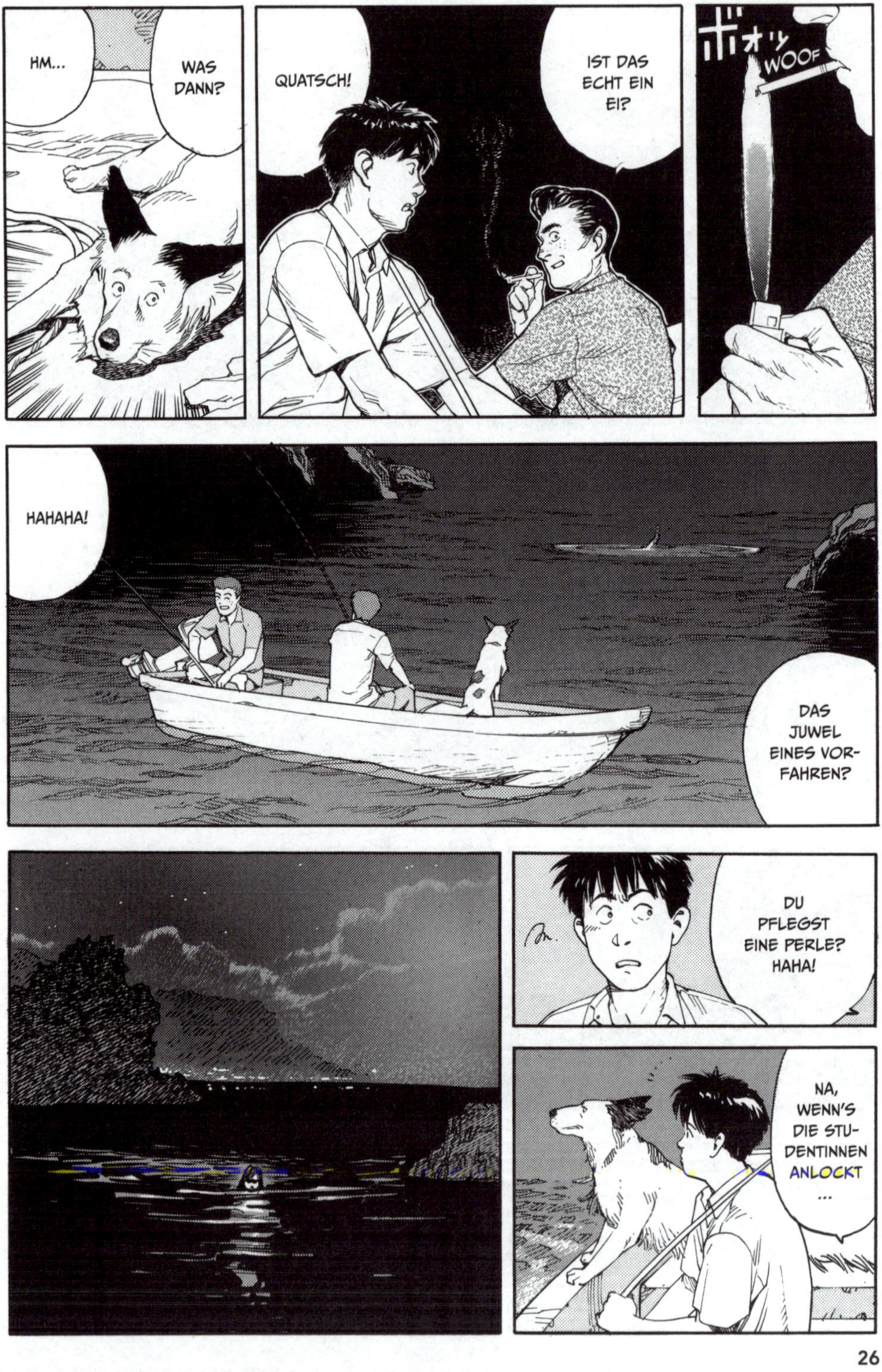
ボオッ
WOOF
IST DAS ECHT EIN EI?
QUATSCH!
WAS DANN?
HM...
DAS JUWEL EINES VORFAHREN?
HAHAHA!
DU PFLEGST EINE PERLE? HAHA!
NA, WENN'S DIE STUDENTINNEN ANLOCKT ...

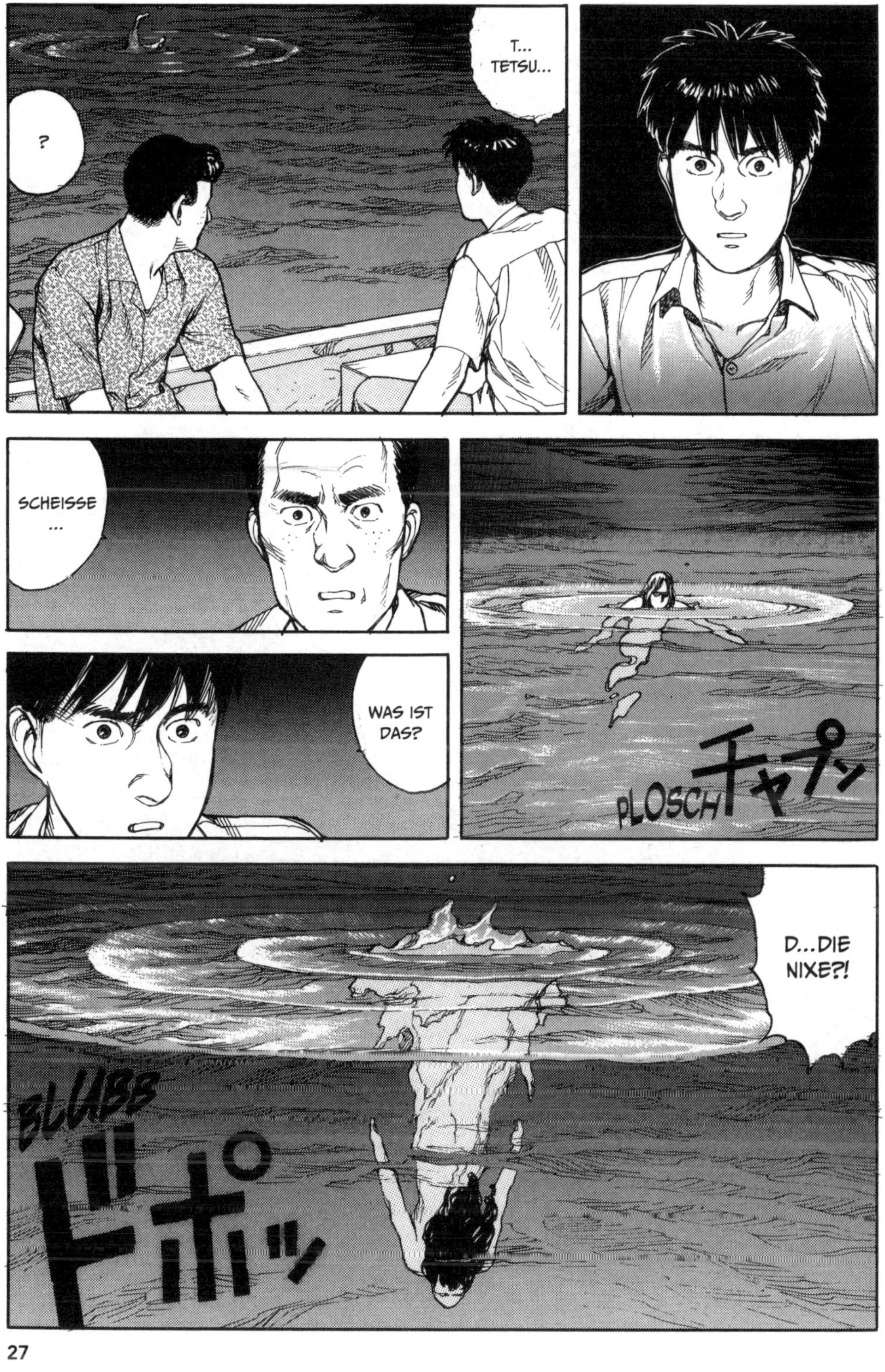
T... TETSU...
?
SCHEISSE ...
WAS IST DAS?
PLOSCH
チャプン
D...DIE NIXE?!
BLUBB
ドポッ

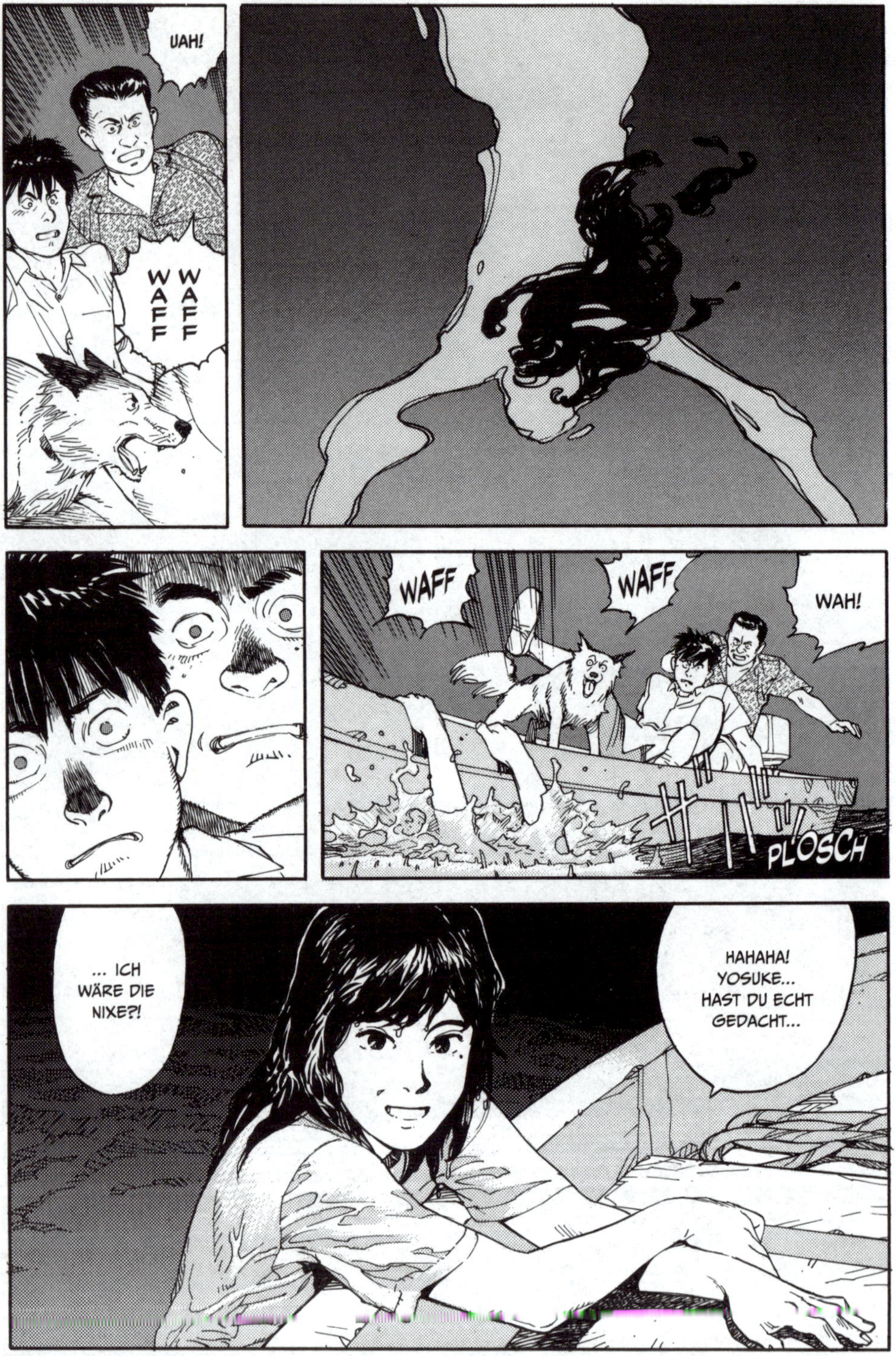
UAH!
WAFF WAFF
WAFF
WAFF
WAH!
PLOSCH
HAHAHA! YOSUKE... HAST DU ECHT GEDACHT...
... ICH WÄRE DIE NIXE?!

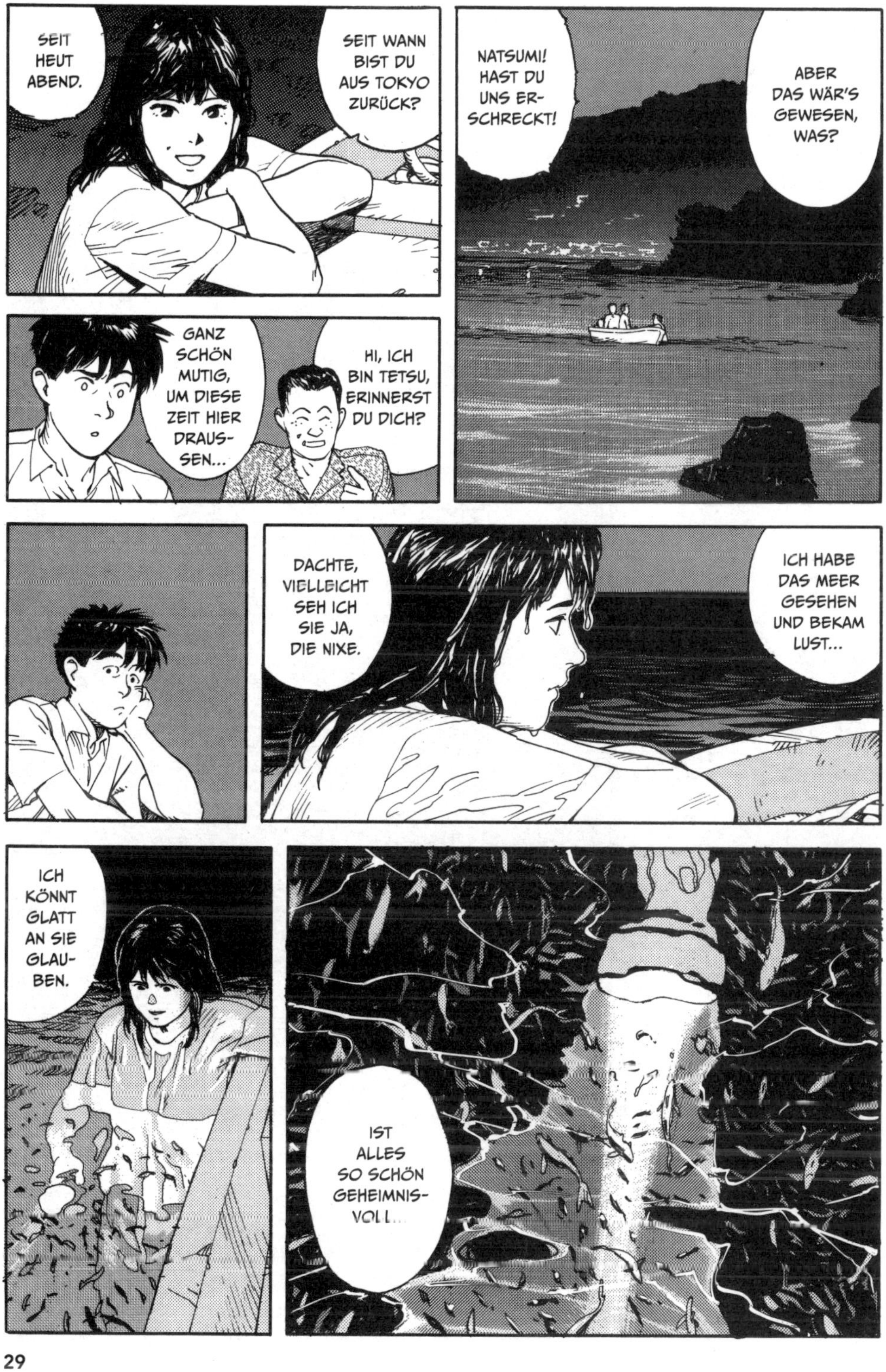
ABER DAS WÄR'S GEWESEN, WAS?
NATSUMI! HAST DU UNS ERSCHRECKT!
SEIT WANN BIST DU AUS TOKYO ZURÜCK?
SEIT HEUT ABEND.
HI, ICH BIN TETSU, ERINNERST DU DICH?
GANZ SCHÖN MUTIG, UM DIESE ZEIT HIER DRAUSSEN...
ICH HABE DAS MEER GESEHEN UND BEKAM LUST...
DACHTE, VIELLEICHT SEH ICH SIE JA, DIE NIXE.
IST ALLES SO SCHÖN GEHEIMNISVOLL...
ICH KÖNNT GLATT AN SIE GLAUBEN.

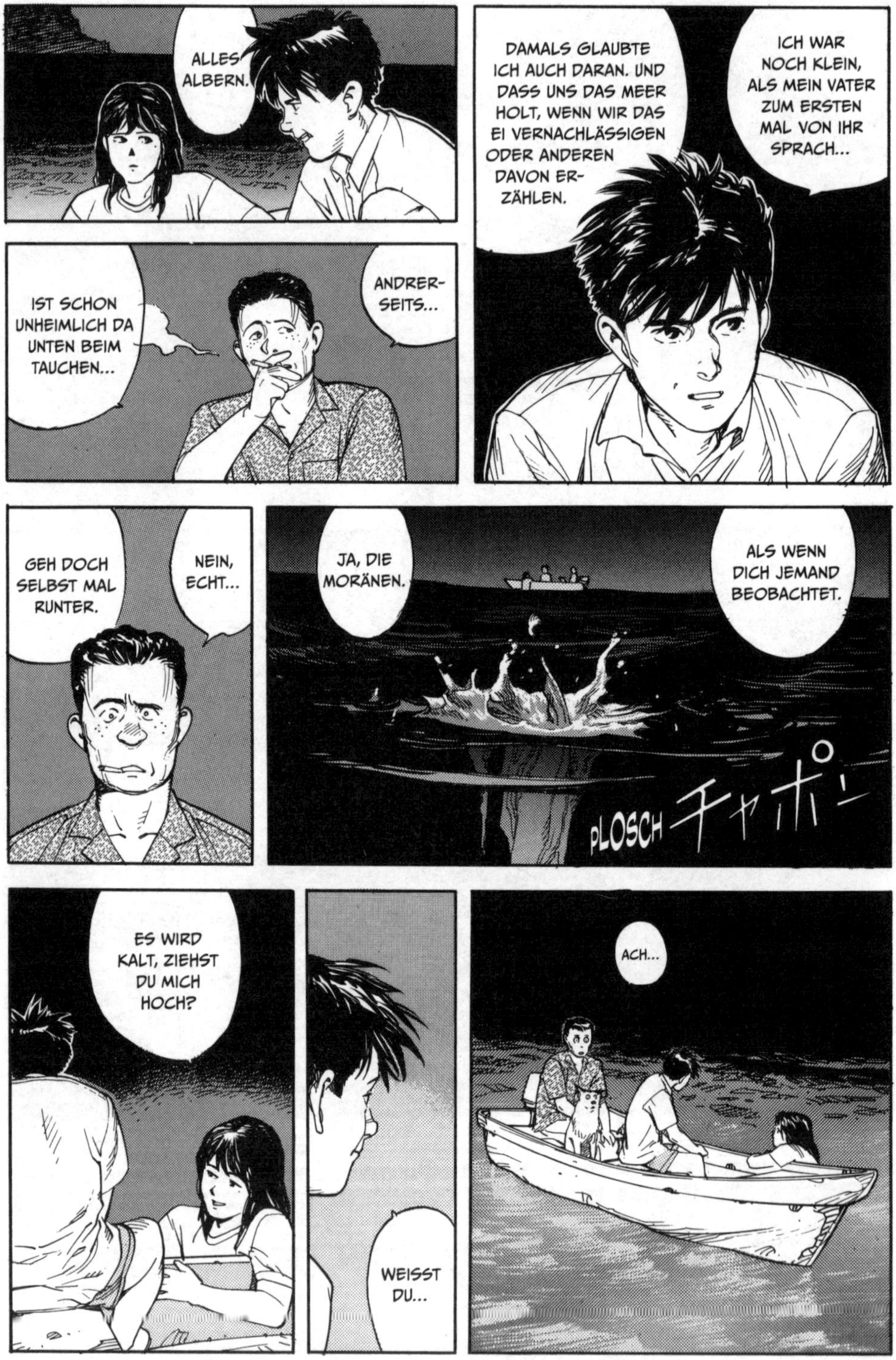
ICH WAR NOCH KLEIN, ALS MEIN VATER ZUM ERSTEN MAL VON IHR SPRACH...
DAMALS GLAUBTE ICH AUCH DARAN. UND DASS UNS DAS MEER HOLT, WENN WIR DAS EI VERNACHLÄSSIGEN ODER ANDEREN DAVON ERZÄHLEN.
ALLES ALBERN.
ANDRERSEITS...
IST SCHON UNHEIMLICH DA UNTEN BEIM TAUCHEN...
ALS WENN DICH JEMAND BEOBACHTET.
JA, DIE MORÄNEN.
PLOSCH チャポン
NEIN, ECHT...
GEH DOCH SELBST MAL RUNTER.
ACH...
WEISST DU...
ES WIRD KALT, ZIEHST DU MICH HOCH?

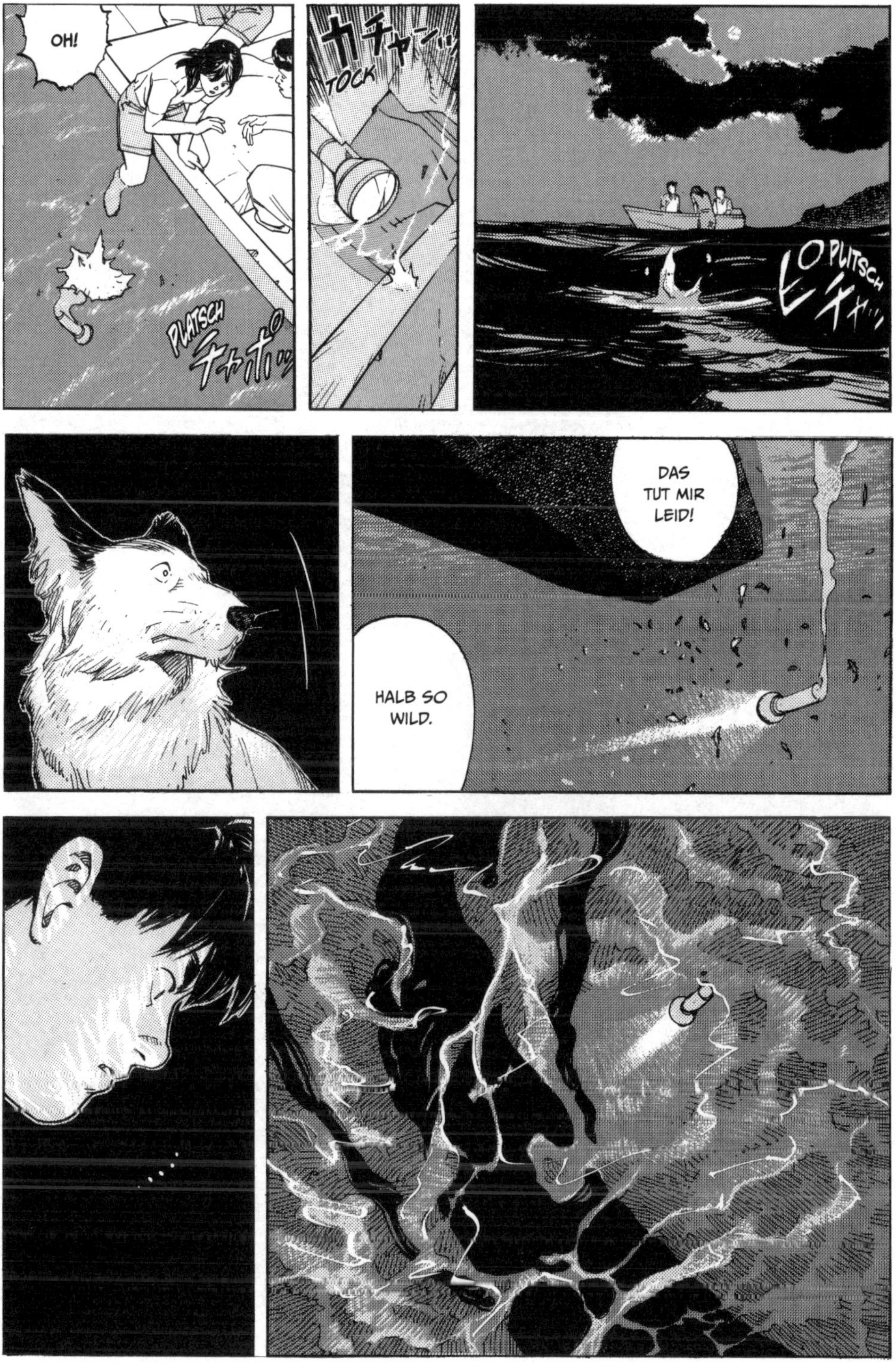
OH!
PLATSCH
TOCK
PLITSCH
DAS TUT MIR LEID!
HALB SO WILD.

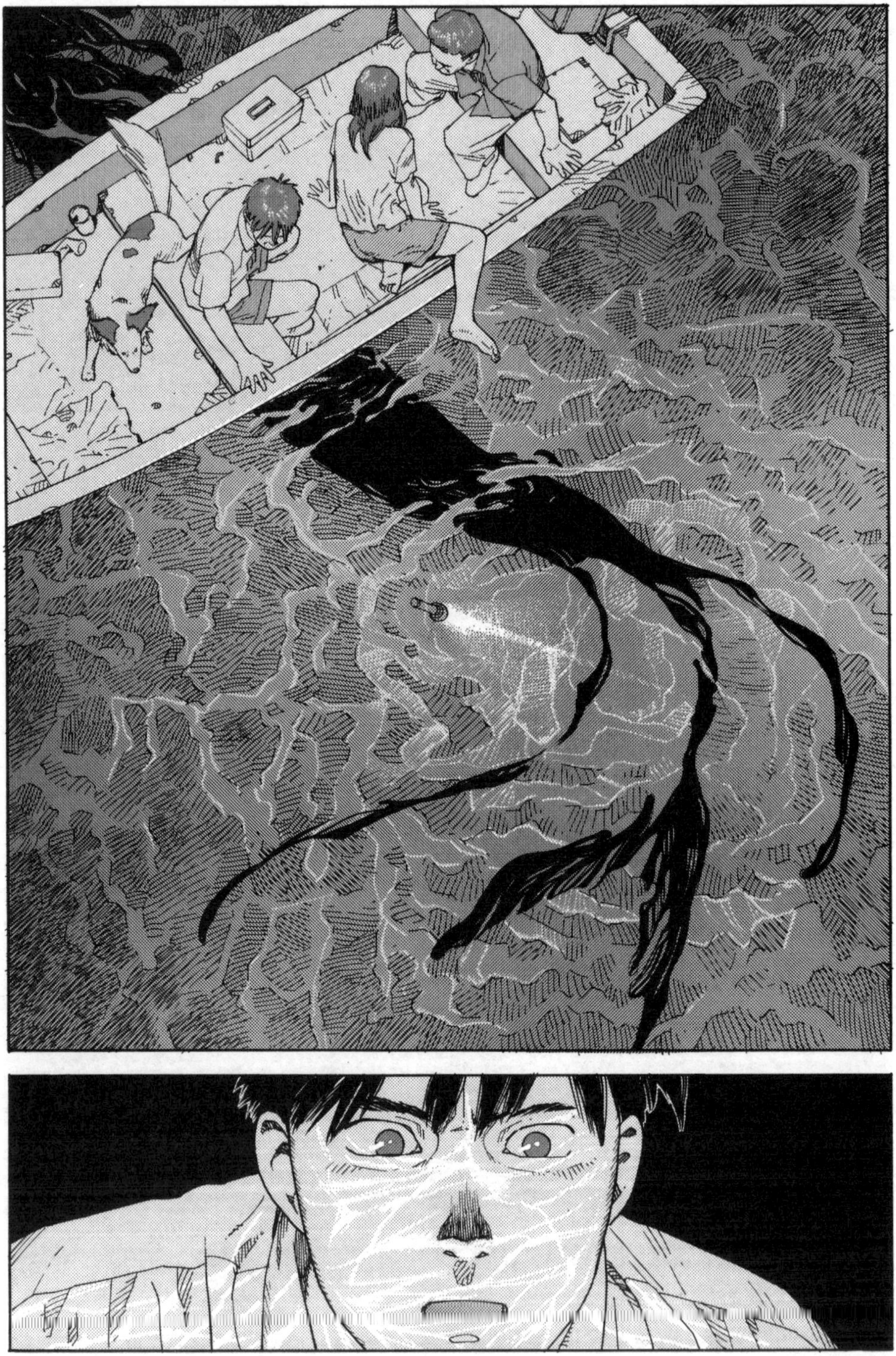

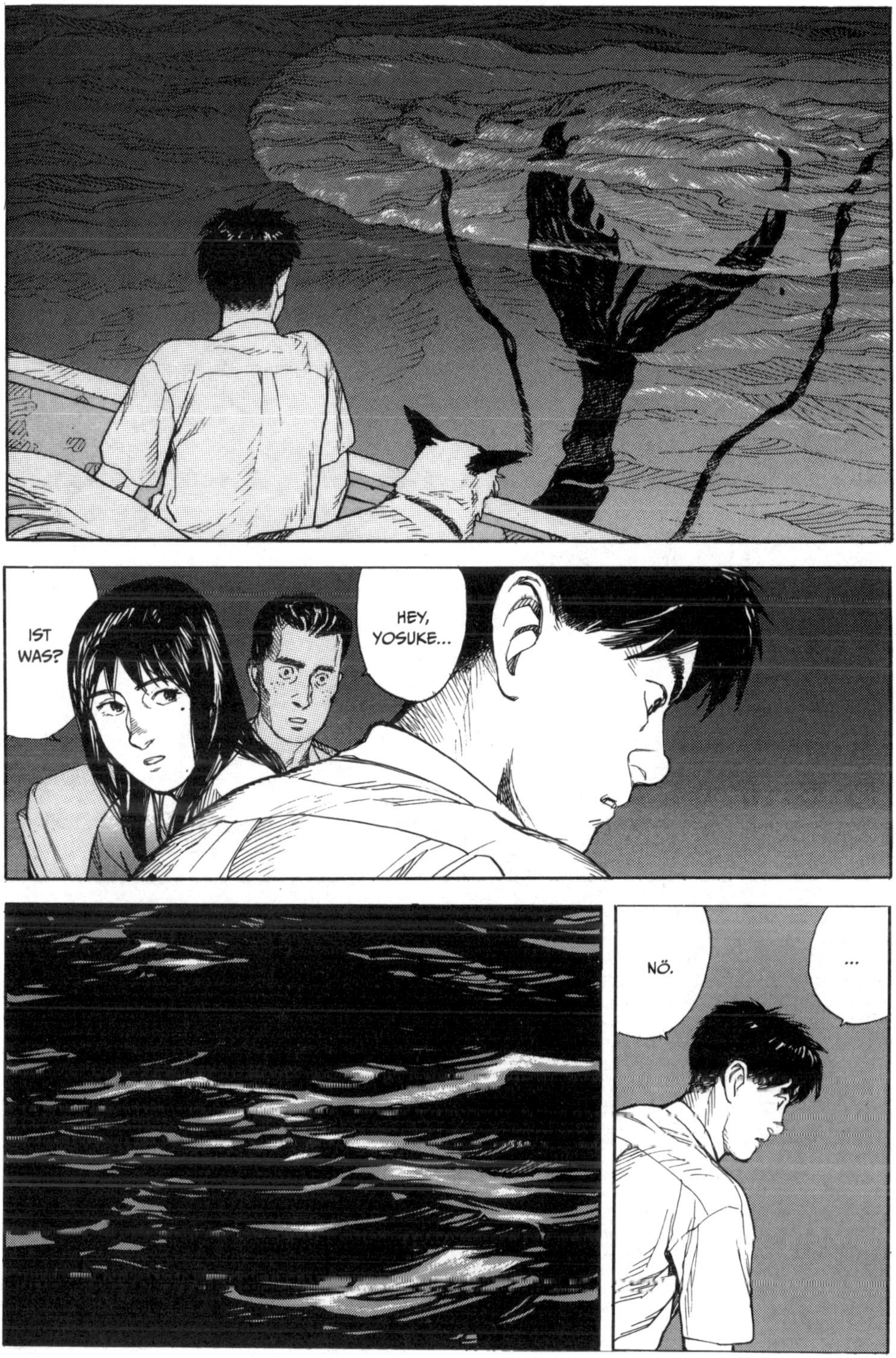
HEY, YOSUKE...
IST WAS?
...
NÖ.

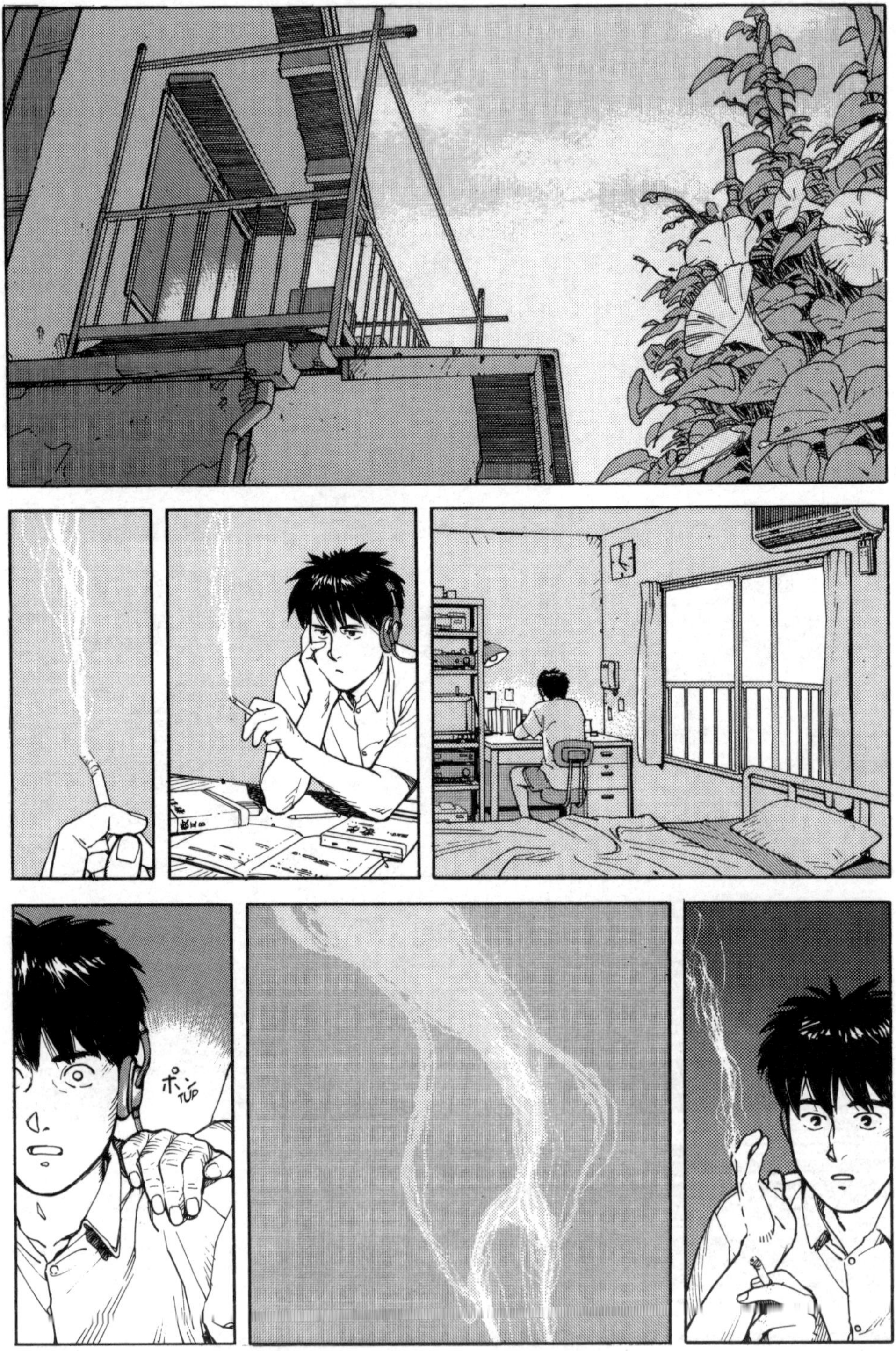
ポン
TUP

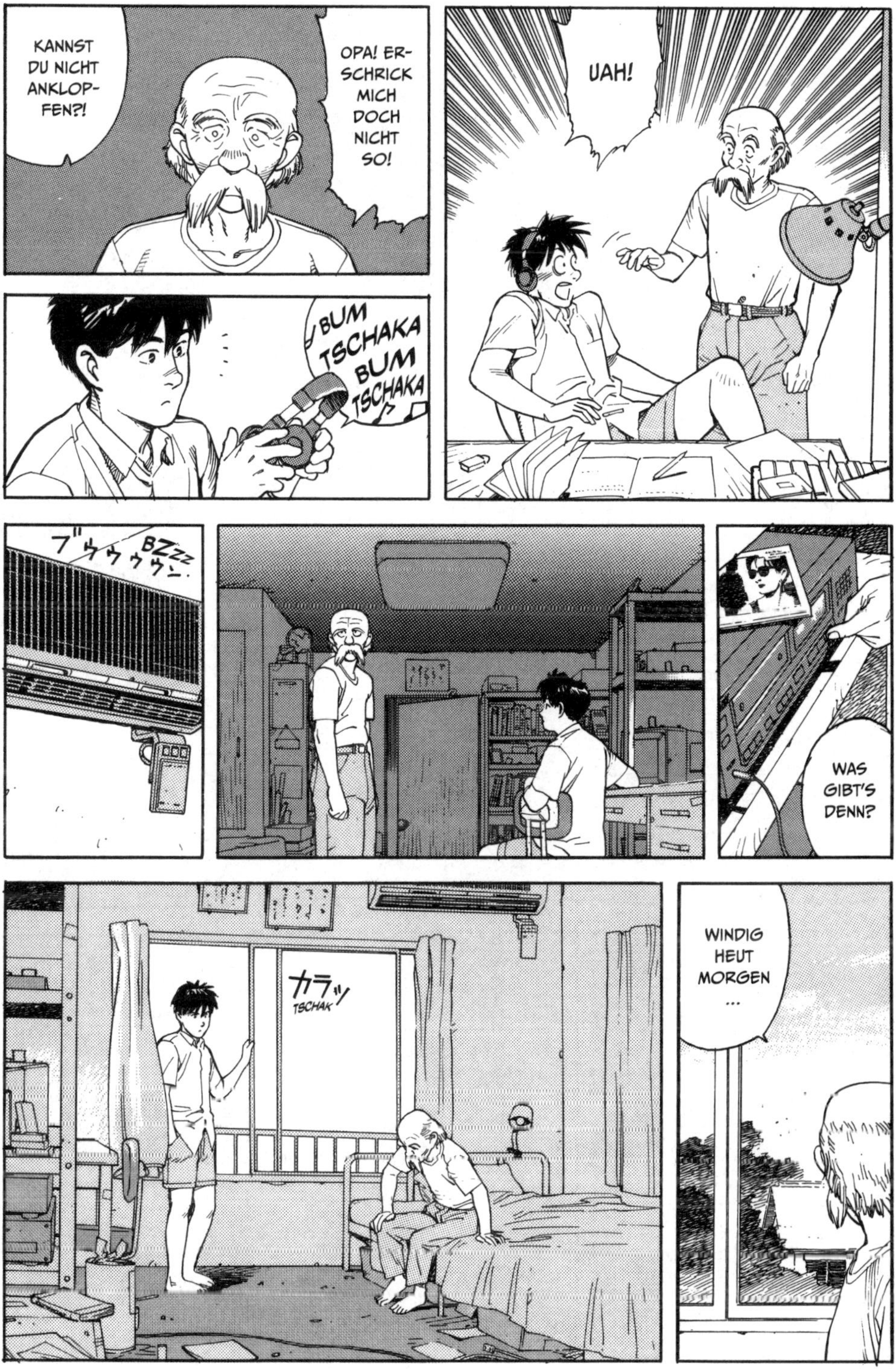
UAH!
OPA! ER-SCHRICK MICH DOCH NICHT SO!
KANNST DU NICHT ANKLOPFEN?!
BUM TSCHAKA BUM TSCHAKA
WAS GIBT'S DENN?
ブウウウウン
BZzz
WINDIG HEUT MORGEN ...
カラッ
TSCHAK

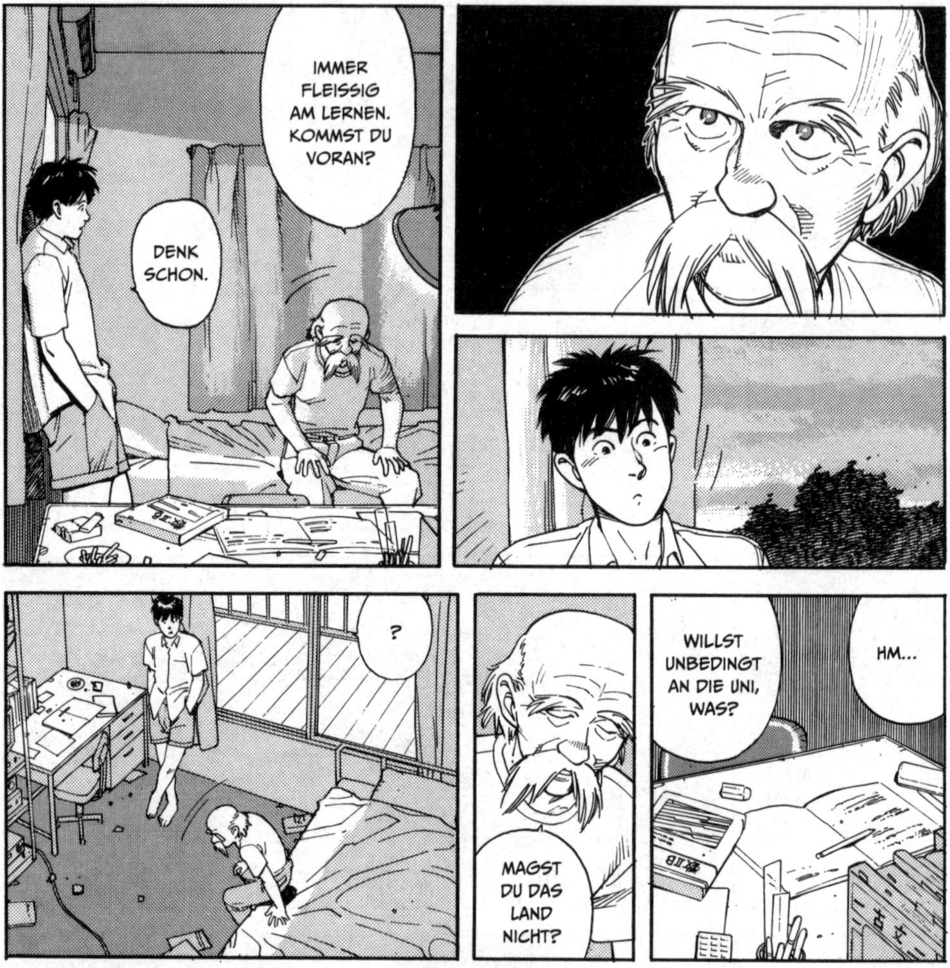
IMMER FLEISSIG AM LERNEN. KOMMST DU VORAN?
DENK SCHON.
HM...
WILLST UNBEDINGT AN DIE UNI, WAS?
MAGST DU DAS LAND NICHT?
?
SAG MAL, OPA...
MÜSSTEST DU NICHT IM KRANKENHAUS SEIN?
ÜBER-ARBEITE DICH NICHT.
パタン
KLACK

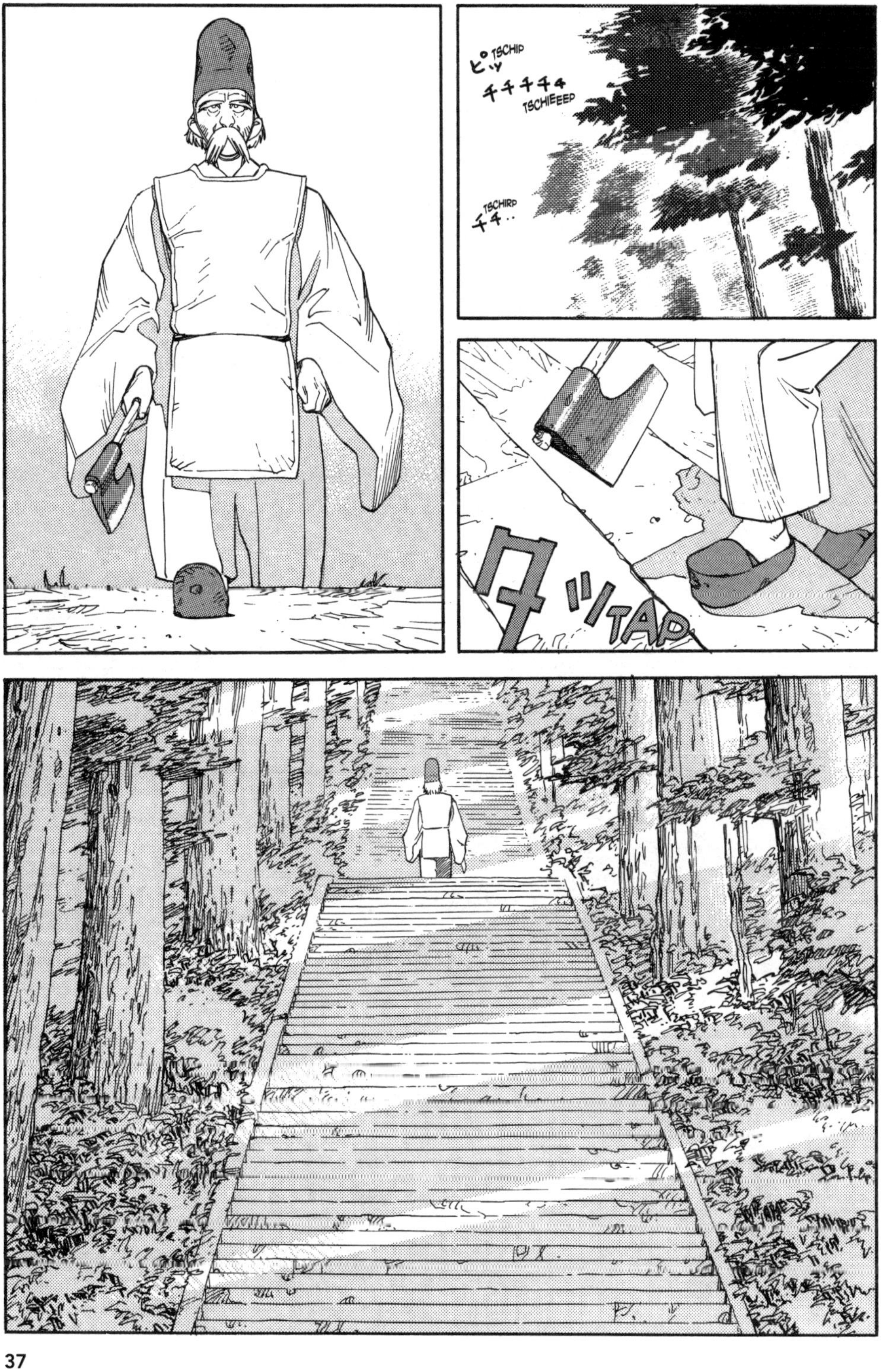

ピッ TSCHIP
チチチチ TSCHIEEEP
TSCHIRP チチ..
タッ TAP

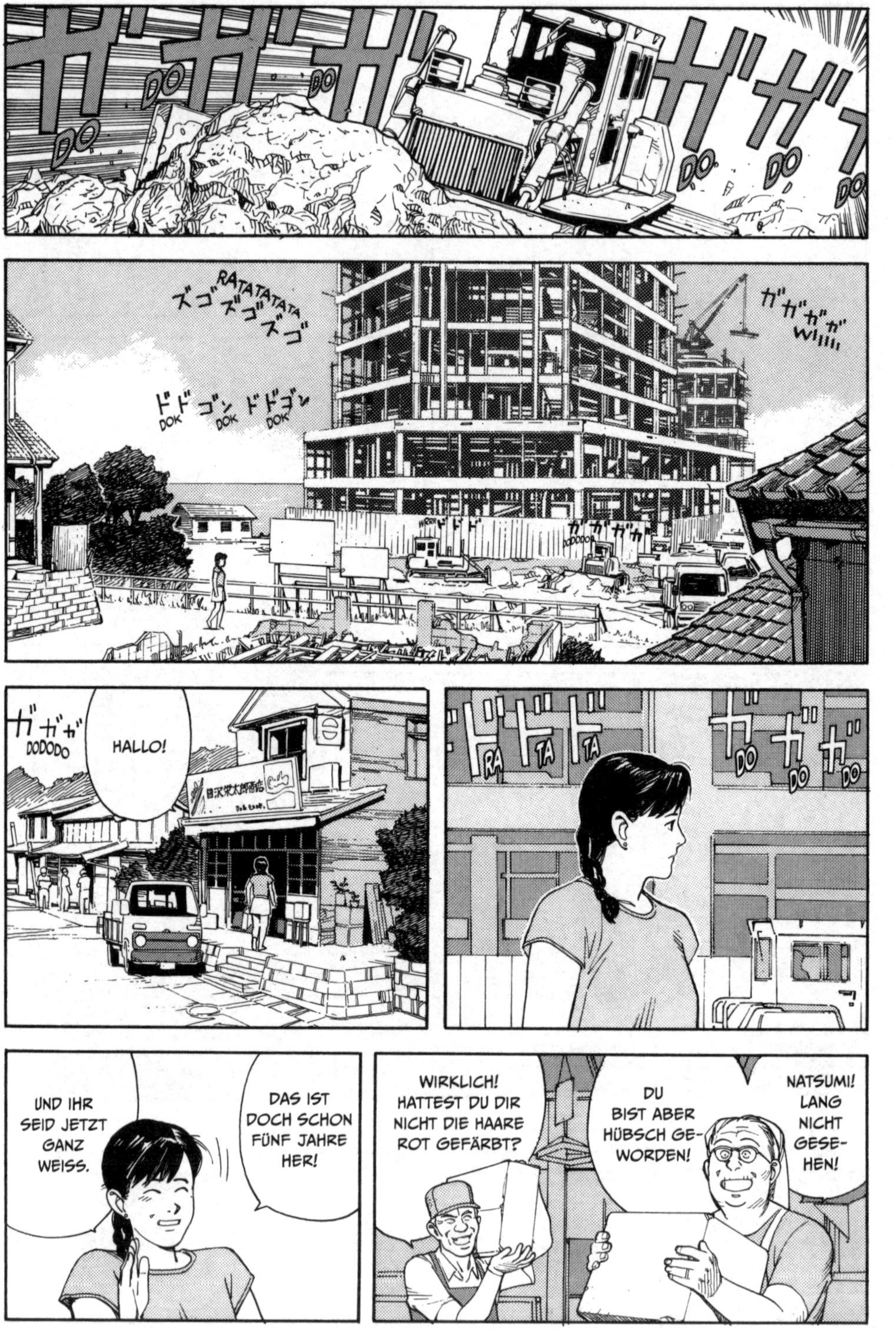
ガガガ
DO DO DO
ガガガ
DO DO DO
ガガガガ
WIIII
ズゴズゴズゴ
RATATATATA
ドドゴン ドドゴン
DOK DOK DOK
ドドド
RA TA TA
ガガガ
DO DO DO
ガガガ
DODODO
HALLO!
NATSUMI! LANG NICHT GESE-HEN!
DU BIST ABER HÜBSCH GE-WORDEN!
WIRKLICH! HATTEST DU DIR NICHT DIE HAARE ROT GEFÄRBT?
DAS IST DOCH SCHON FÜNF JAHRE HER!
UND IHR SEID JETZT GANZ WEISS.

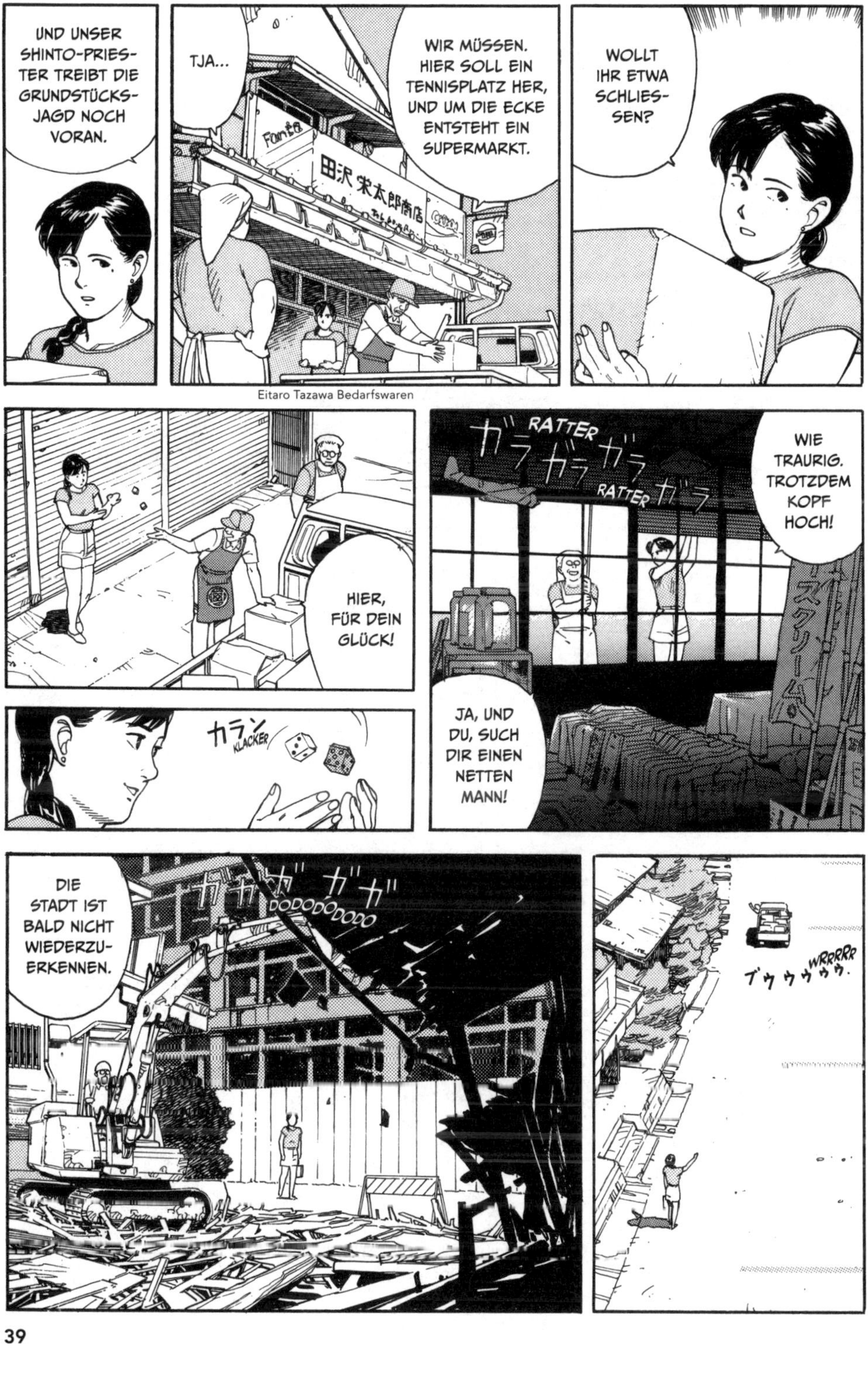
WOLLT IHR ETWA SCHLIES-SEN?
TJA...
WIR MÜSSEN. HIER SOLL EIN TENNISPLATZ HER, UND UM DIE ECKE ENTSTEHT EIN SUPERMARKT.
田沢 栄太郎商店
Eitaro Tazawa Bedarfswaren
UND UNSER SHINTO-PRIES-TER TREIBT DIE GRUNDSTÜCKS-JAGD NOCH VORAN.
ガラガラガラ RATTER
ガラ RATTER
WIE TRAURIG. TROTZDEM KOPF HOCH!
JA, UND DU, SUCH DIR EINEN NETTEN MANN!
HIER, FÜR DEIN GLÜCK!
カラン KLACKER
ブウウウウウ WRRRRR
ガガガガガ DODODODODO
DIE STADT IST BALD NICHT WIEDERZU-ERKENNEN.

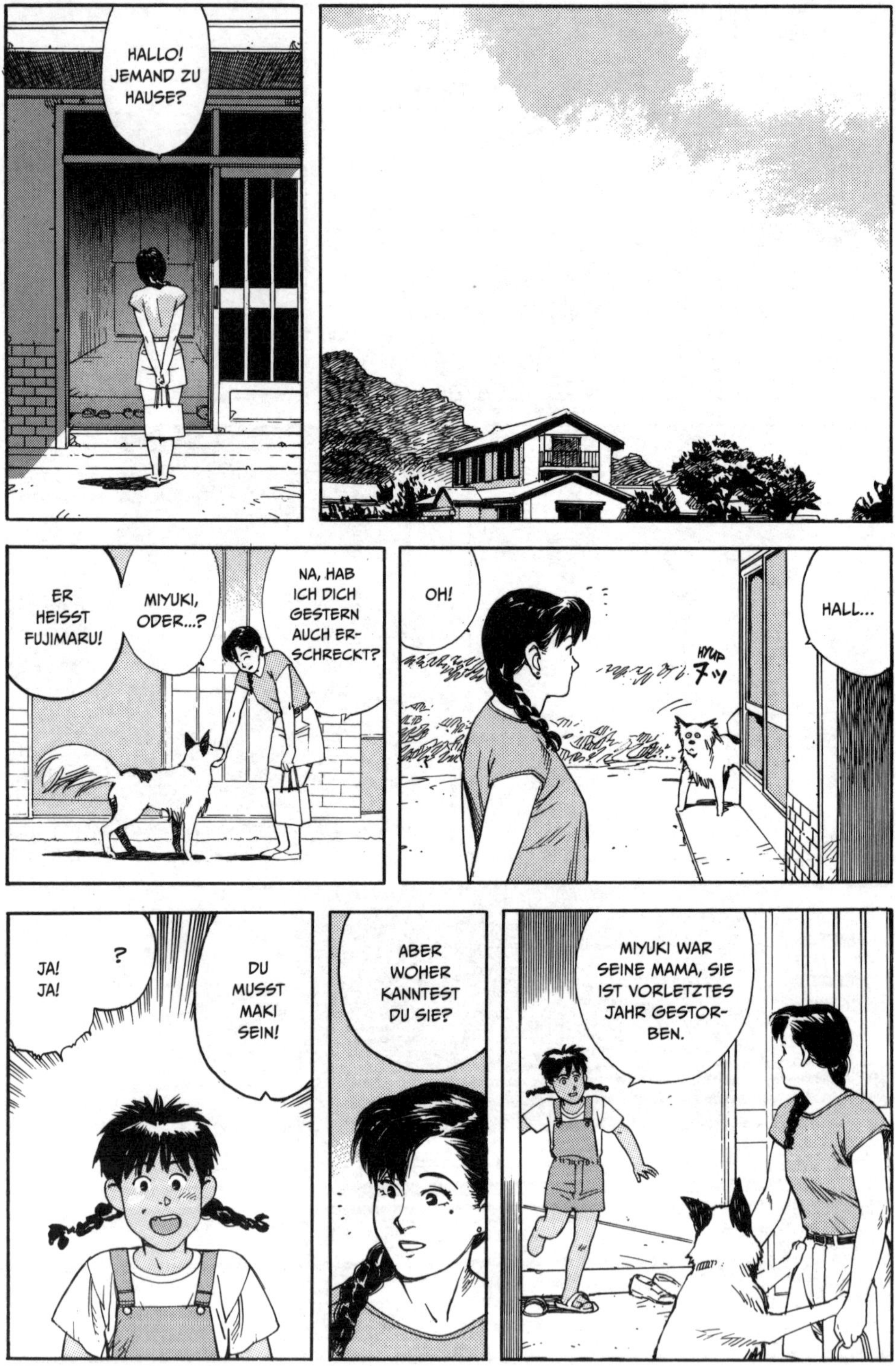
HALLO! JEMAND ZU HAUSE?
HALL...
OH!
HYUP
NA, HAB ICH DICH GESTERN AUCH ER-SCHRECKT?
MIYUKI, ODER...?
ER HEISST FUJIMARU!
MIYUKI WAR SEINE MAMA, SIE IST VORLETZTES JAHR GESTOR-BEN.
ABER WOHER KANNTEST DU SIE?
DU MUSST MAKI SEIN!
?
JA! JA!

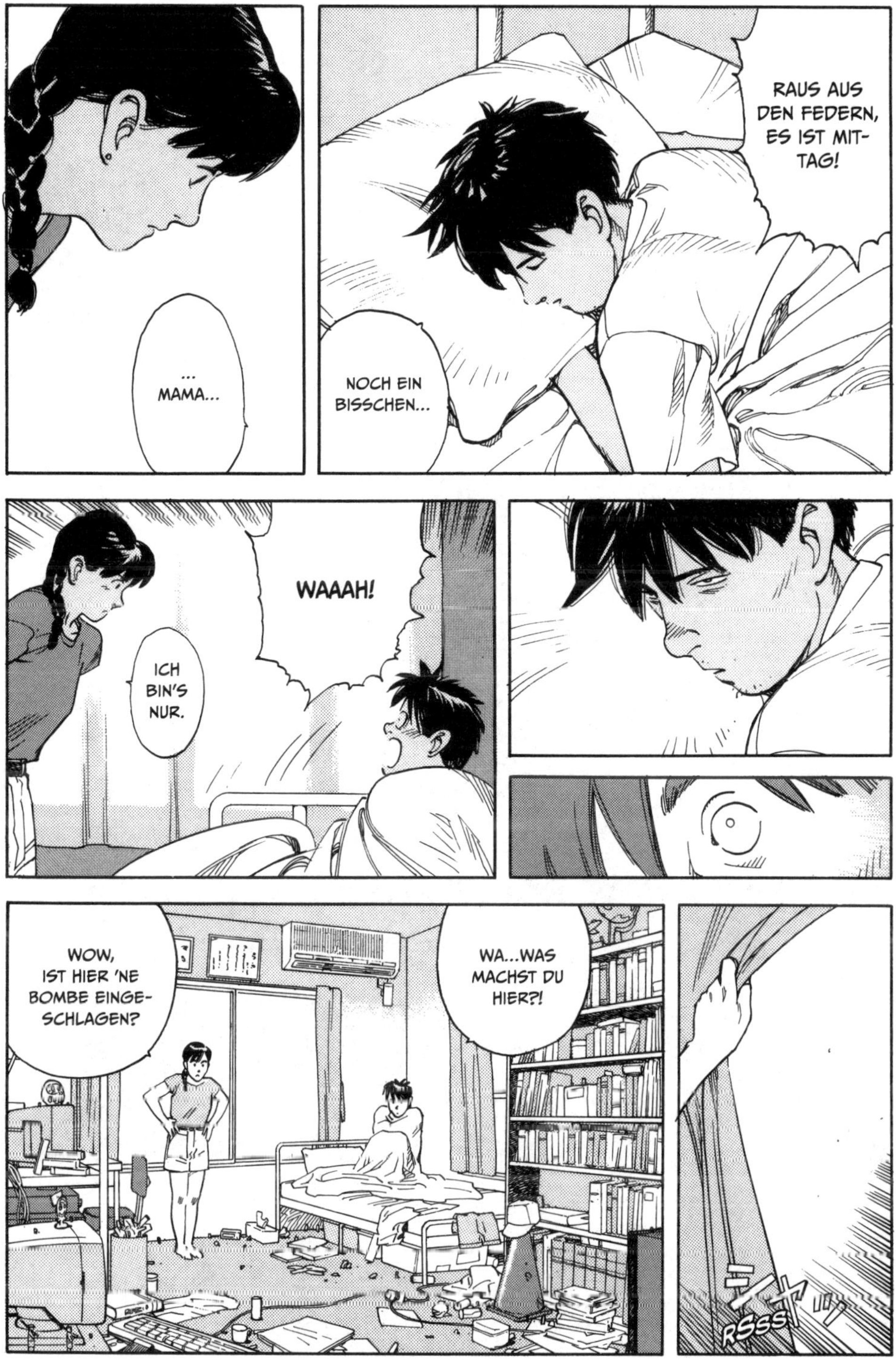
RAUS AUS DEN FEDERN, ES IST MITTAG!
NOCH EIN BISSCHEN...
... MAMA...
WAAAH!
ICH BIN'S NUR.
RSSS
WA...WAS MACHST DU HIER?!
WOW, IST HIER 'NE BOMBE EINGESCHLAGEN?

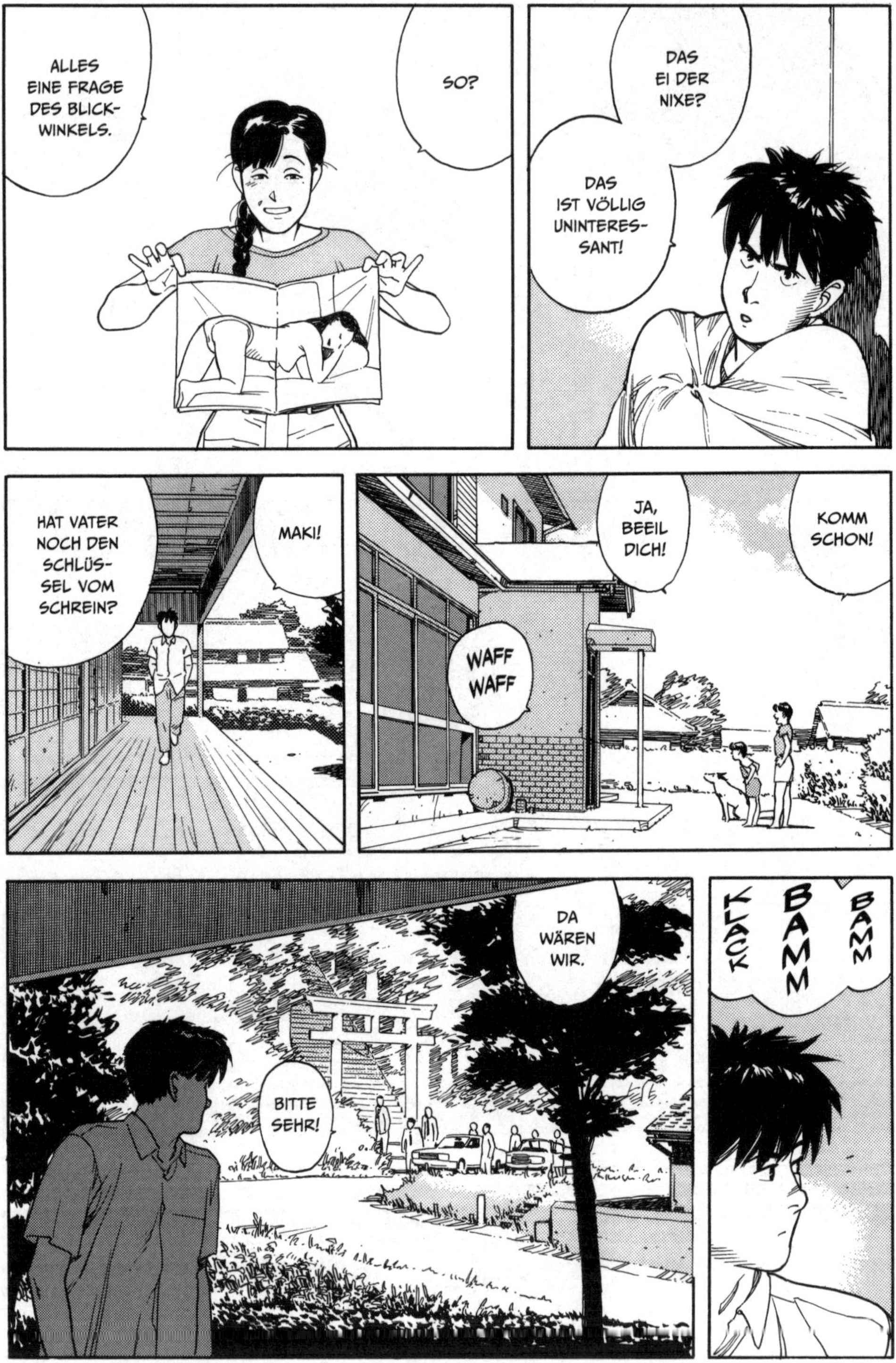
DAS EI DER NIXE?
DAS IST VÖLLIG UNINTERES-SANT!
SO?
ALLES EINE FRAGE DES BLICK-WINKELS.
KOMM SCHON!
JA, BEEIL DICH!
WAFF WAFF
MAKI!
HAT VATER NOCH DEN SCHLÜS-SEL VOM SCHREIN?
BAMM
BAMM
KLACK
DA WÄREN WIR.
BITTE SEHR!

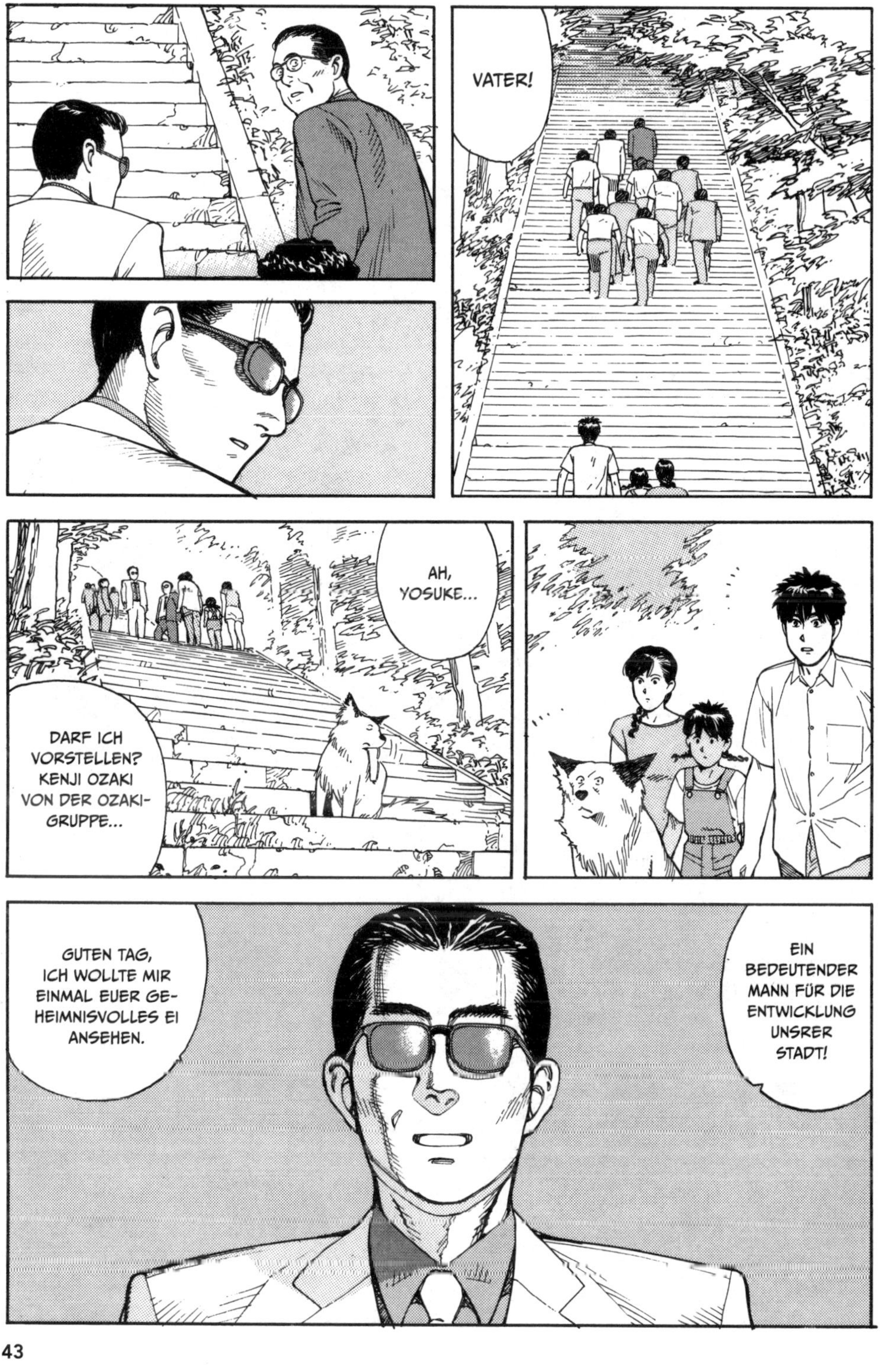

VATER!
AH, YOSUKE...
DARF ICH VORSTELLEN? KENJI OZAKI VON DER OZAKI-GRUPPE...
EIN BEDEUTENDER MANN FÜR DIE ENTWICKLUNG UNSRER STADT!
GUTEN TAG, ICH WOLLTE MIR EINMAL EUER GEHEIMNISVOLLES EI ANSEHEN.

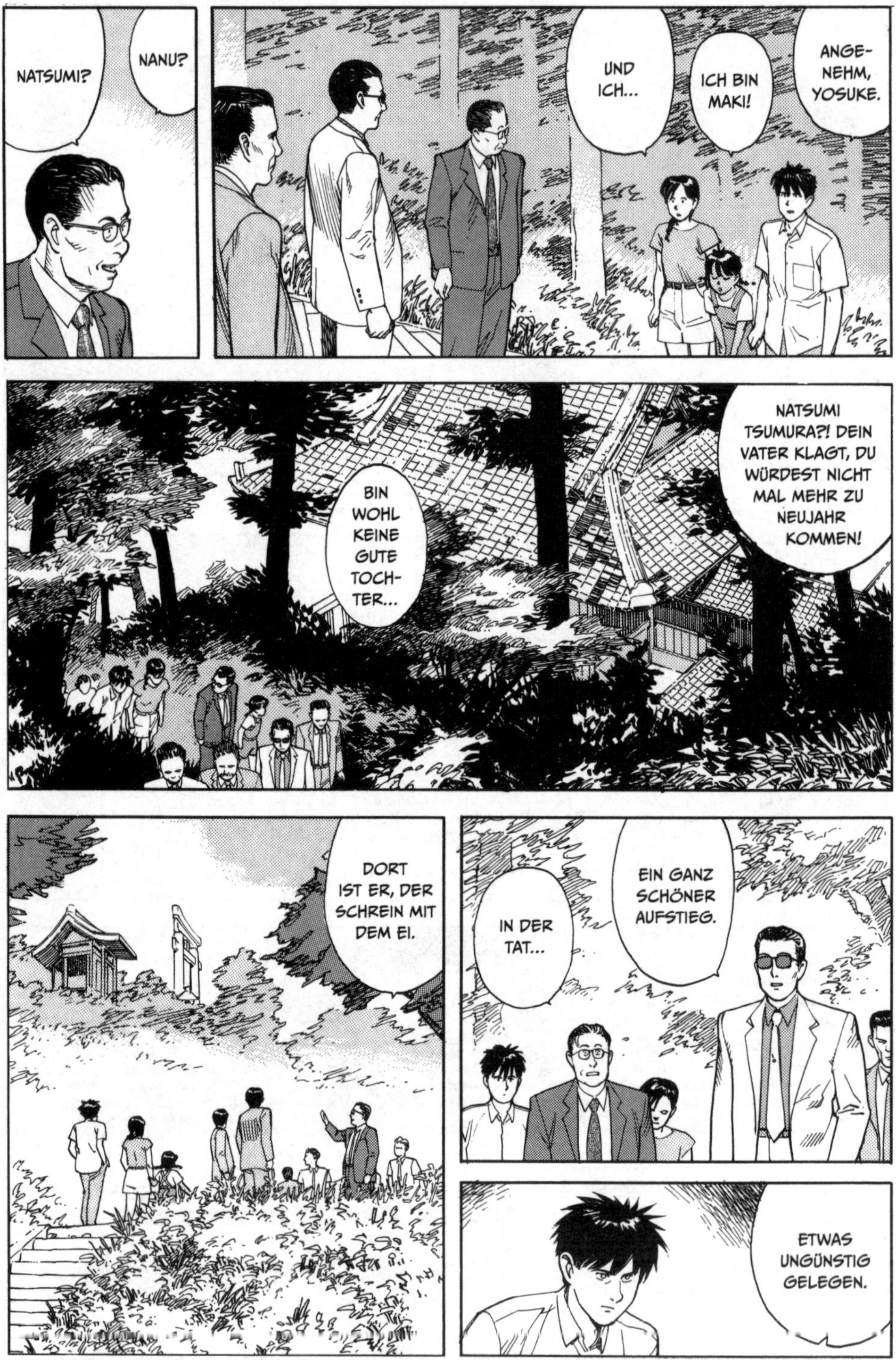
ANGE-NEHM, YOSUKE.
ICH BIN MAKI!
UND ICH...
NANU?
NATSUMI?
NATSUMI TSUMURA?! DEIN VATER KLAGT, DU WÜRDEST NICHT MAL MEHR ZU NEUJAHR KOMMEN!
BIN WOHL KEINE GUTE TOCH-TER...
EIN GANZ SCHÖNER AUFSTIEG.
IN DER TAT...
ETWAS UNGÜNSTIG GELEGEN.
DORT IST ER, DER SCHREIN MIT DEM EI.

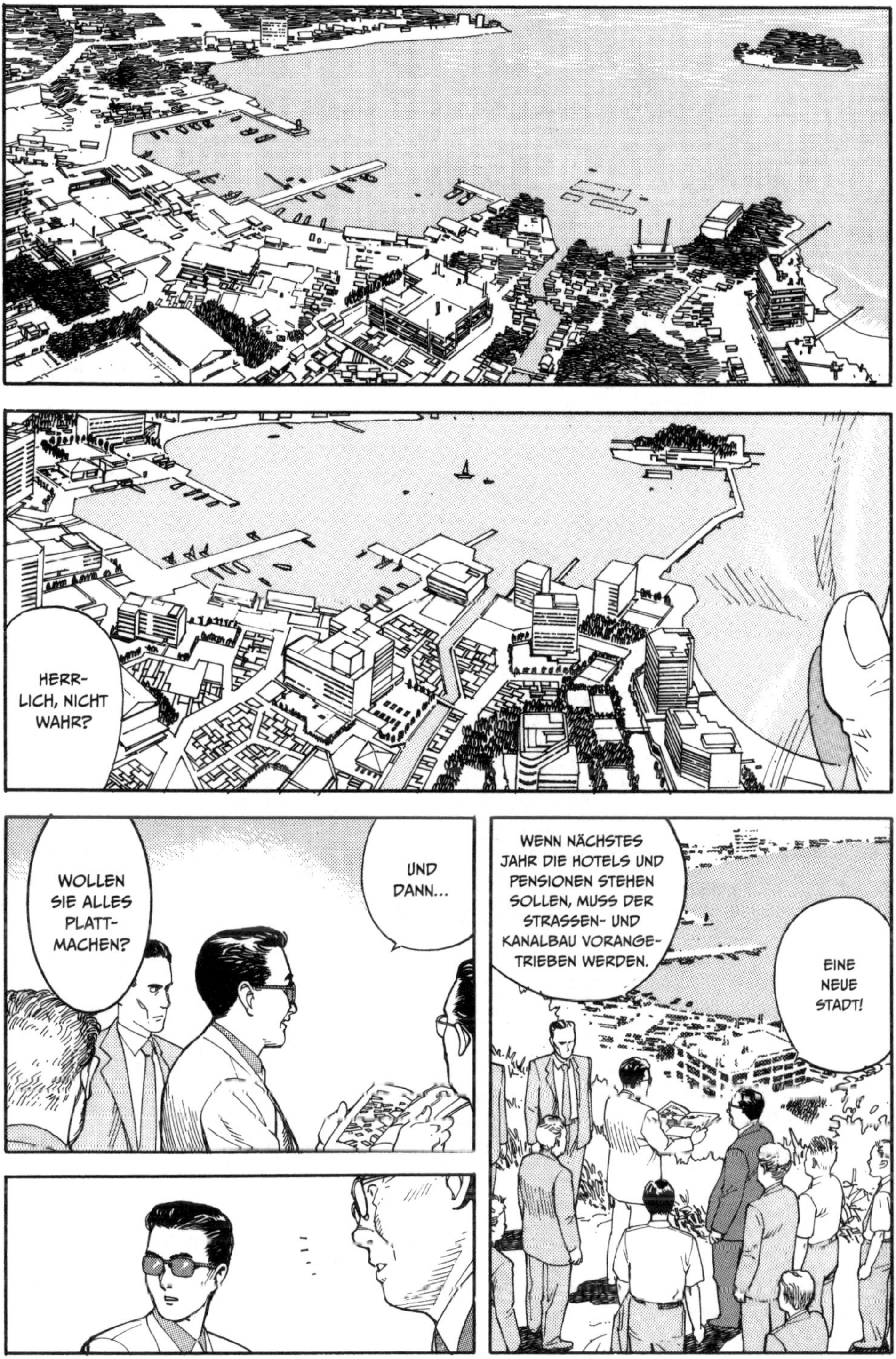
HERRLICH, NICHT WAHR?
EINE NEUE STADT!
WENN NÄCHSTES JAHR DIE HOTELS UND PENSIONEN STEHEN SOLLEN, MUSS DER STRASSEN- UND KANALBAU VORANGETRIEBEN WERDEN.
UND DANN...
WOLLEN SIE ALLES PLATTMACHEN?

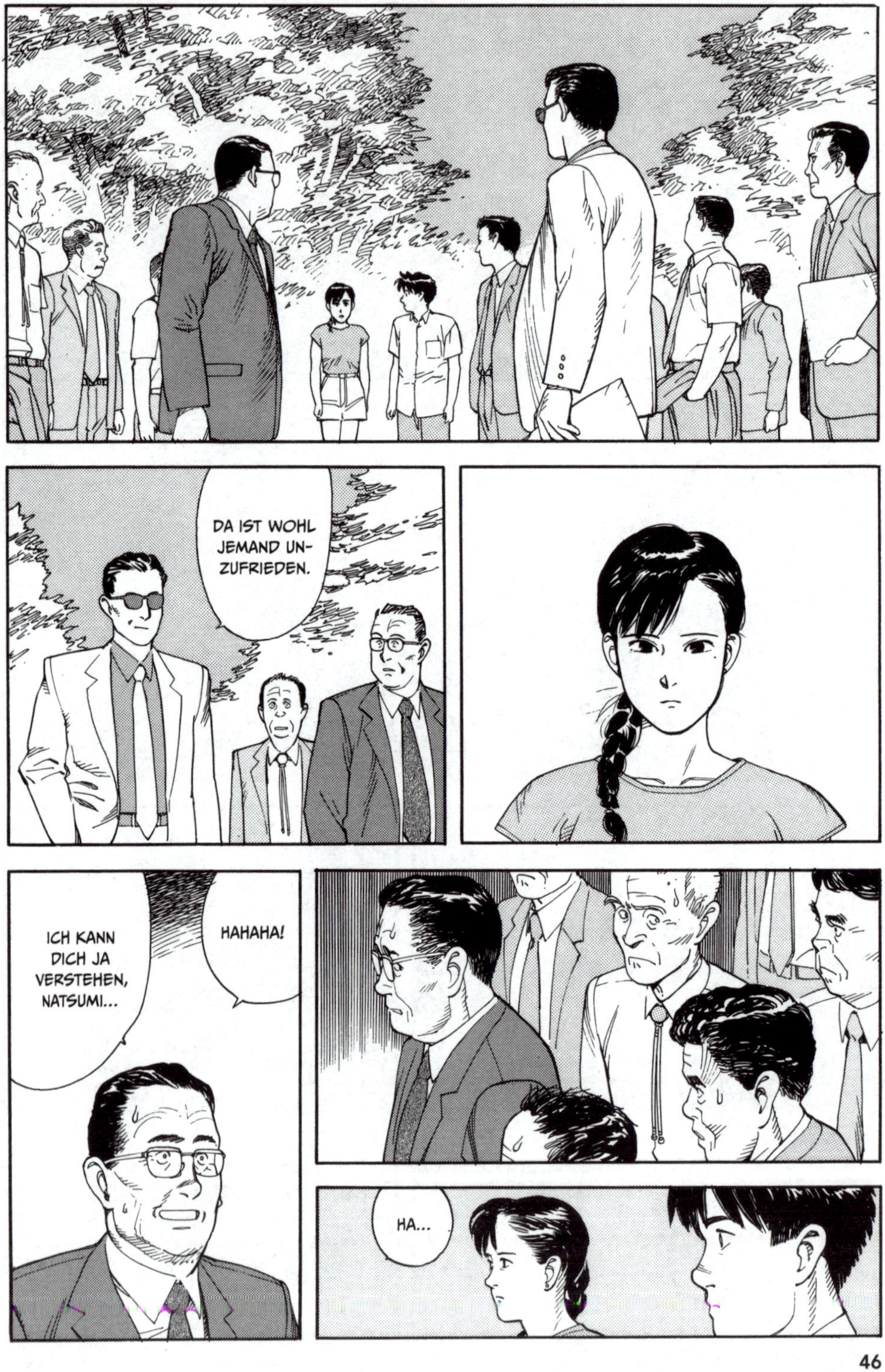

DA IST WOHL JEMAND UN-ZUFRIEDEN.
ICH KANN DICH JA VERSTEHEN, NATSUMI...
HAHAHA!
HA...

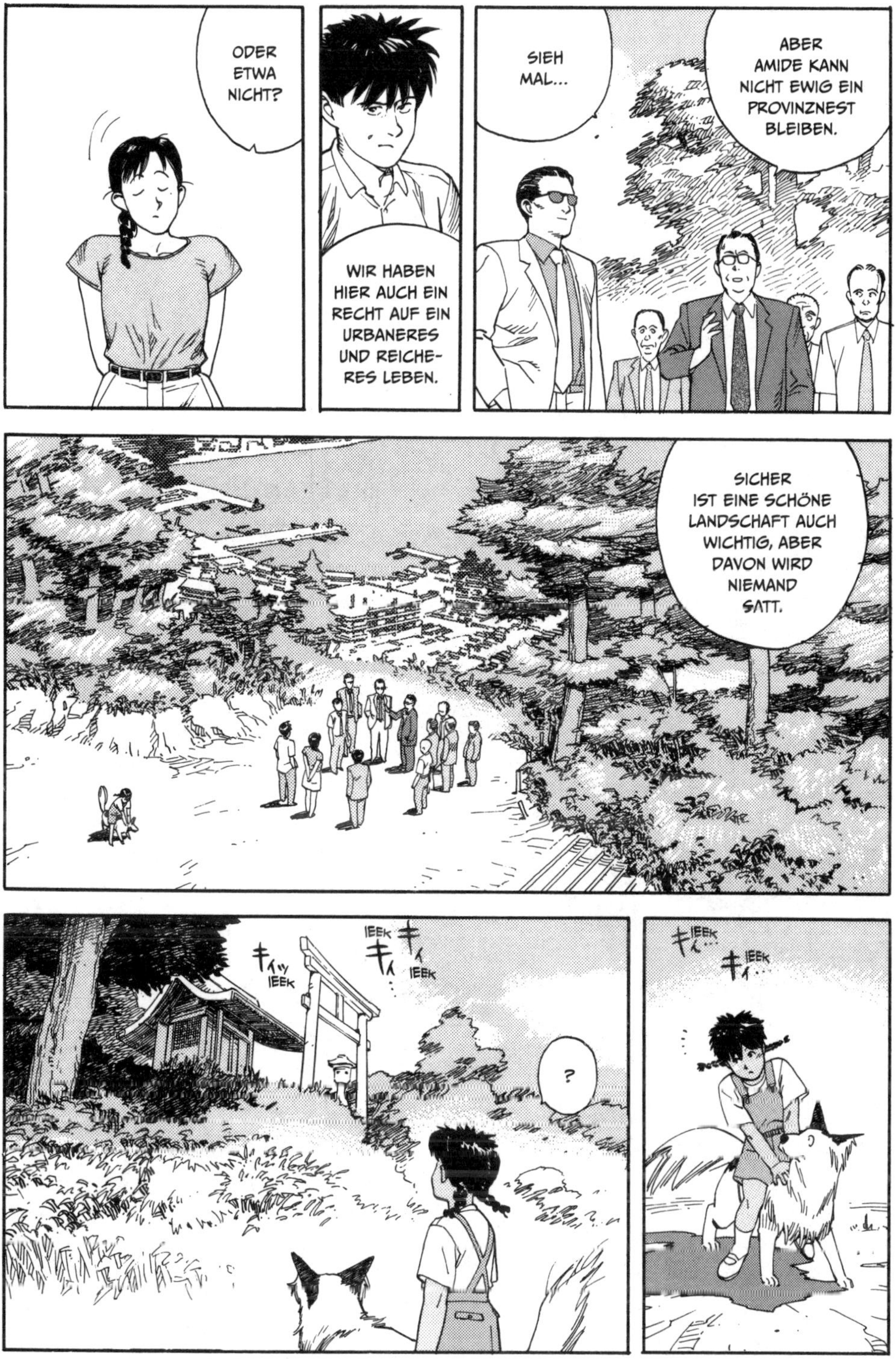
ODER ETWA NICHT?
WIR HABEN HIER AUCH EIN RECHT AUF EIN URBANERES UND REICHERES LEBEN.
SIEH MAL...
ABER AMIDE KANN NICHT EWIG EIN PROVINZNEST BLEIBEN.
SICHER IST EINE SCHÖNE LANDSCHAFT AUCH WICHTIG, ABER DAVON WIRD NIEMAND SATT.
キィッ IEEK
キィ IEEK
キィ IEEK
?
キィ... IEEK
キィ... IEEK

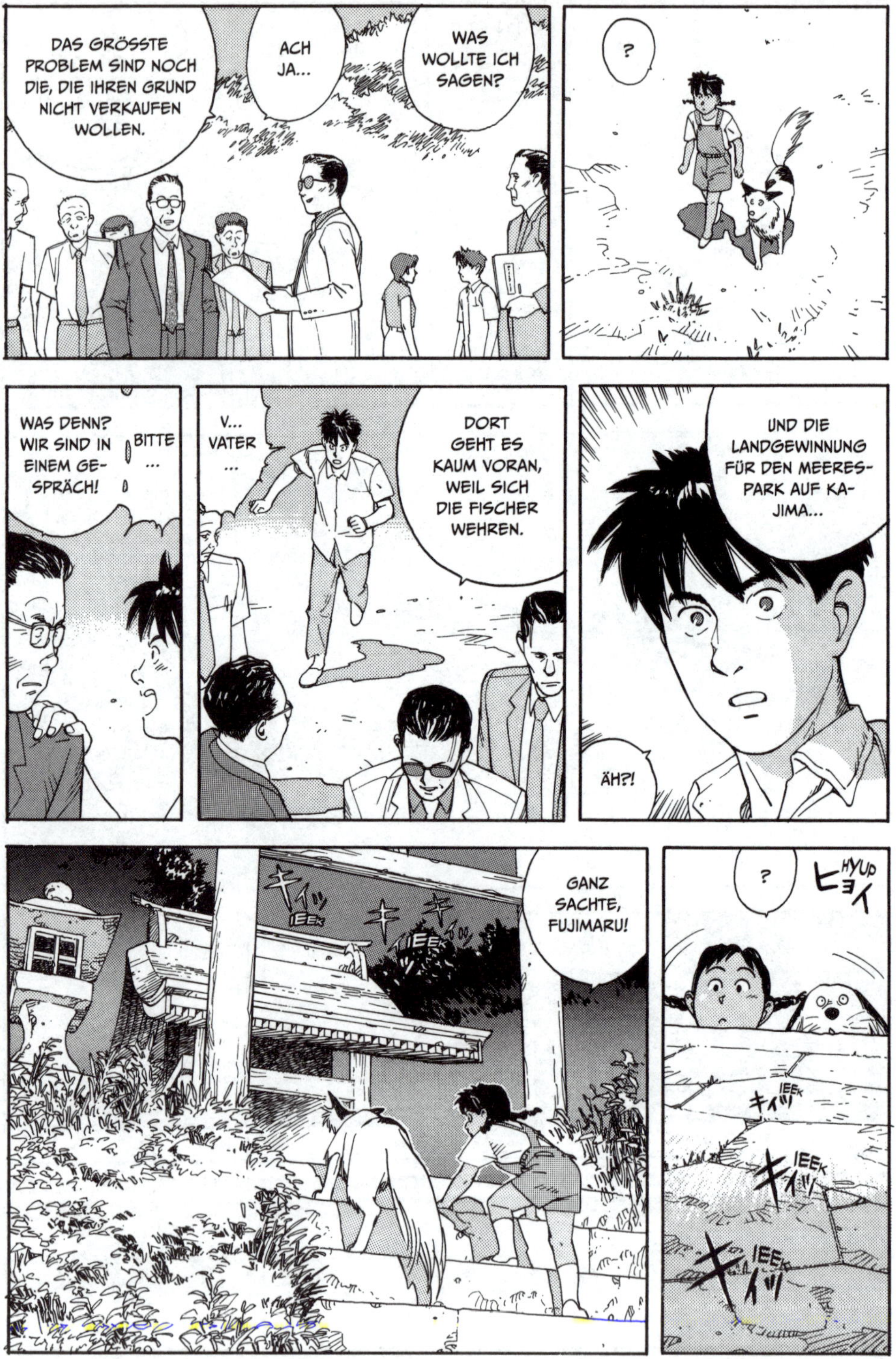
?
WAS WOLLTE ICH SAGEN?
ACH JA...
DAS GRÖSSTE PROBLEM SIND NOCH DIE, DIE IHREN GRUND NICHT VERKAUFEN WOLLEN.
UND DIE LANDGEWINNUNG FÜR DEN MEERES-PARK AUF KA-JIMA...
ÄH?!
DORT GEHT ES KAUM VORAN, WEIL SICH DIE FISCHER WEHREN.
V... VATER ...
BITTE ...
WAS DENN? WIR SIND IN EINEM GE-SPRÄCH!
?
HYUP
IEEK
IEEK
IEEK
GANZ SACHTE, FUJIMARU!
IEEK
IEEK

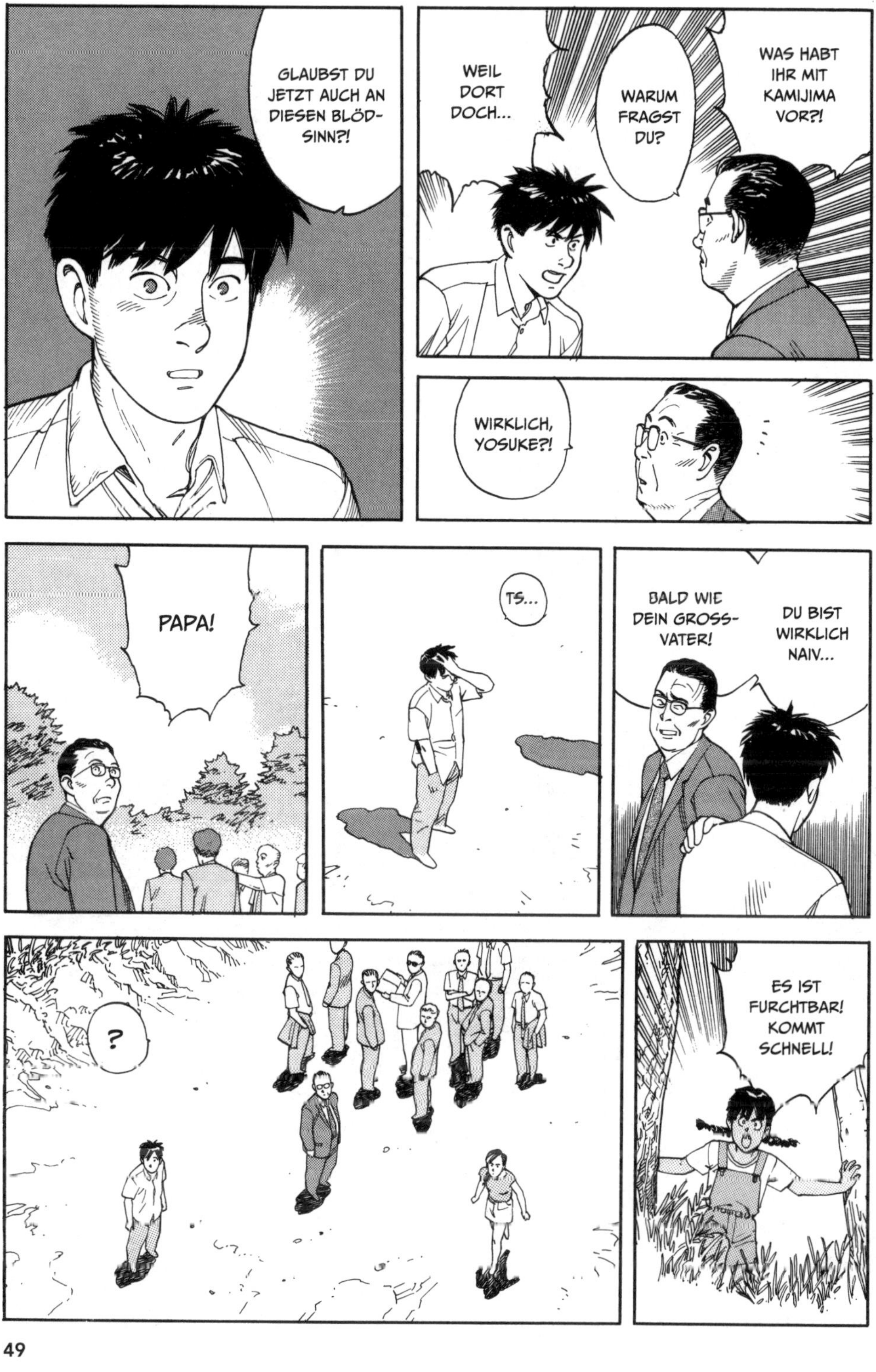
WAS HABT IHR MIT KAMIJIMA VOR?!
WARUM FRAGST DU?
WEIL DORT DOCH...
GLAUBST DU JETZT AUCH AN DIESEN BLÖD-SINN?!
WIRKLICH, YOSUKE?!
DU BIST WIRKLICH NAIV...
BALD WIE DEIN GROSS-VATER!
TS...
PAPA!
ES IST FURCHTBAR! KOMMT SCHNELL!
?

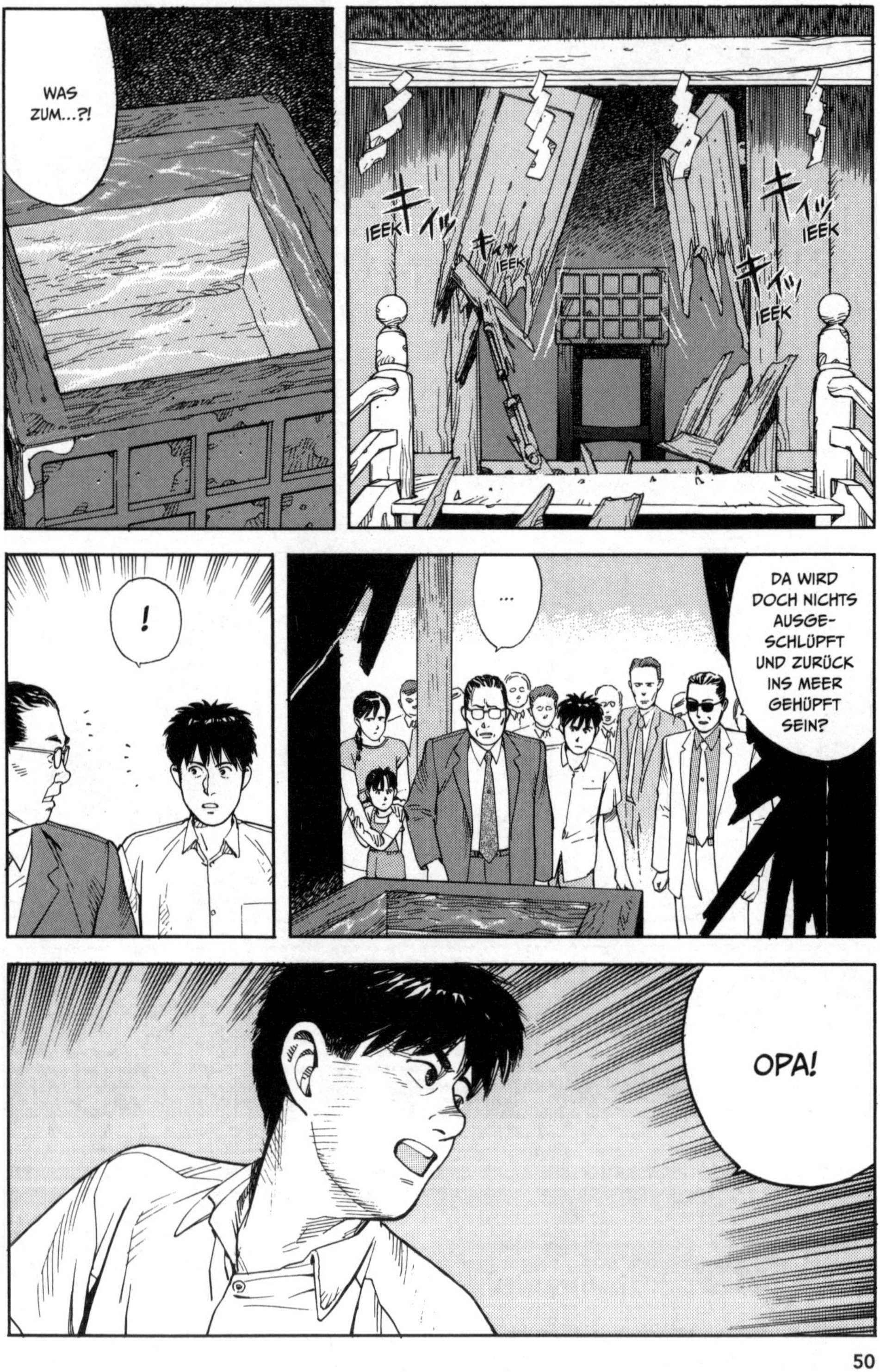
IEEK
IEEK
IEEK
IEEK
WAS ZUM...?!
DA WIRD DOCH NICHTS AUSGE-SCHLÜPFT UND ZURÜCK INS MEER GEHÜPFT SEIN?
...
!
OPA!

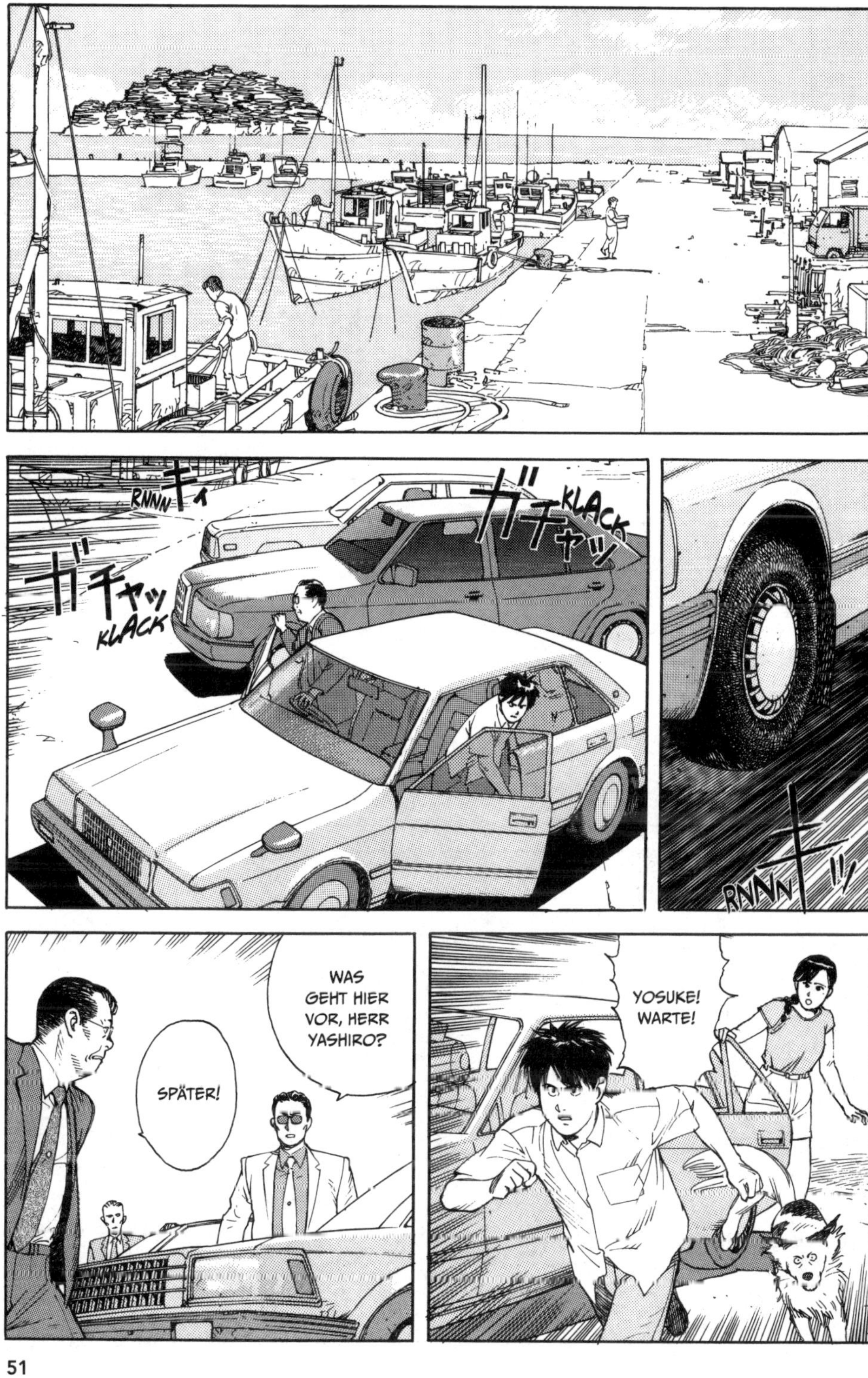
RNNN キィ
ガチャッ KLACK
ガチャッ KLACK
RNNN キッ
WAS GEHT HIER VOR, HERR YASHIRO?
SPÄTER!
YOSUKE! WARTE!

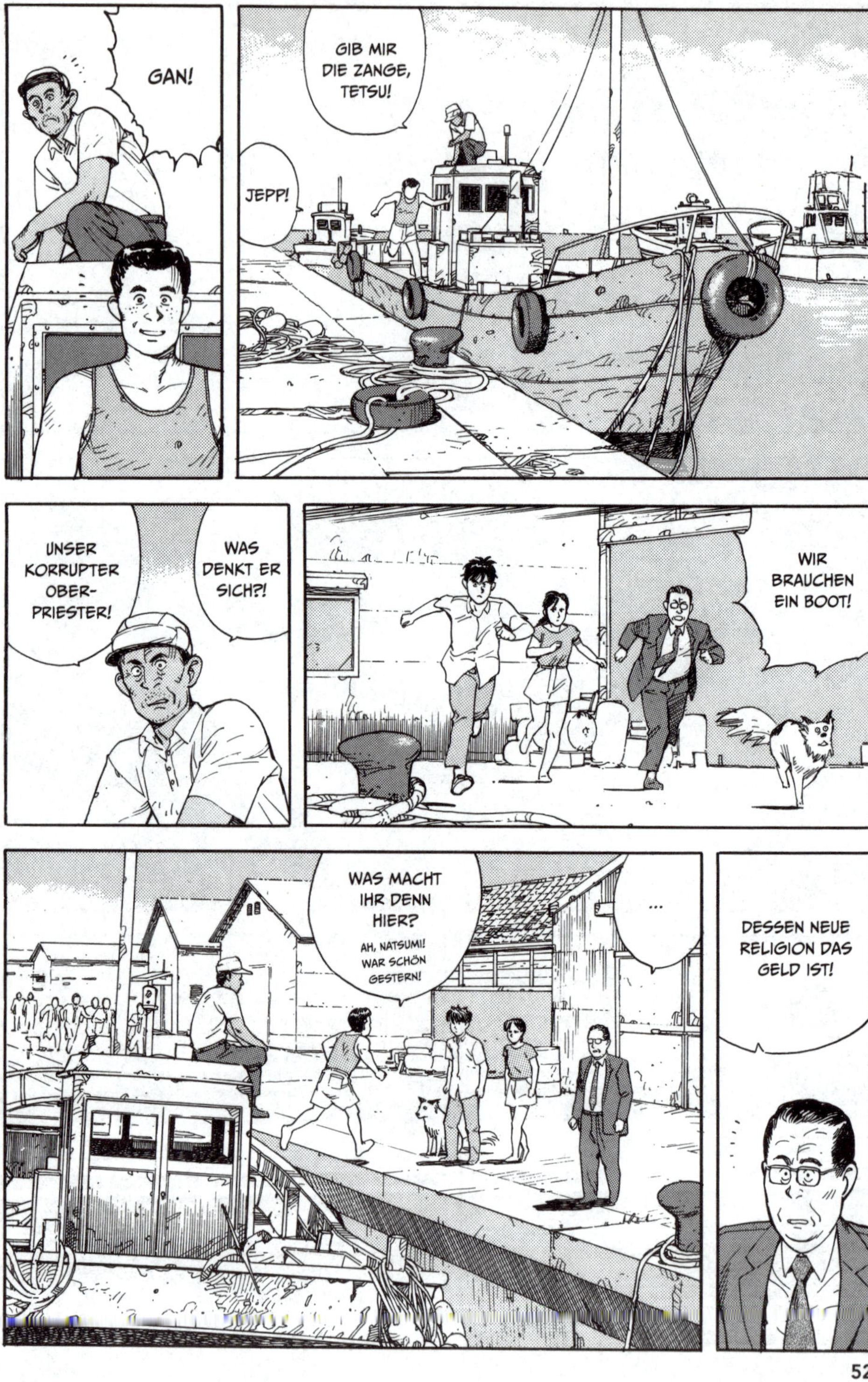
GAN!
GIB MIR DIE ZANGE, TETSU!
JEPP!
UNSER KORRUPTER OBER-PRIESTER!
WAS DENKT ER SICH?!
WIR BRAUCHEN EIN BOOT!
WAS MACHT IHR DENN HIER?
AH, NATSUMI! WAR SCHÖN GESTERN!
...
DESSEN NEUE RELIGION DAS GELD IST!

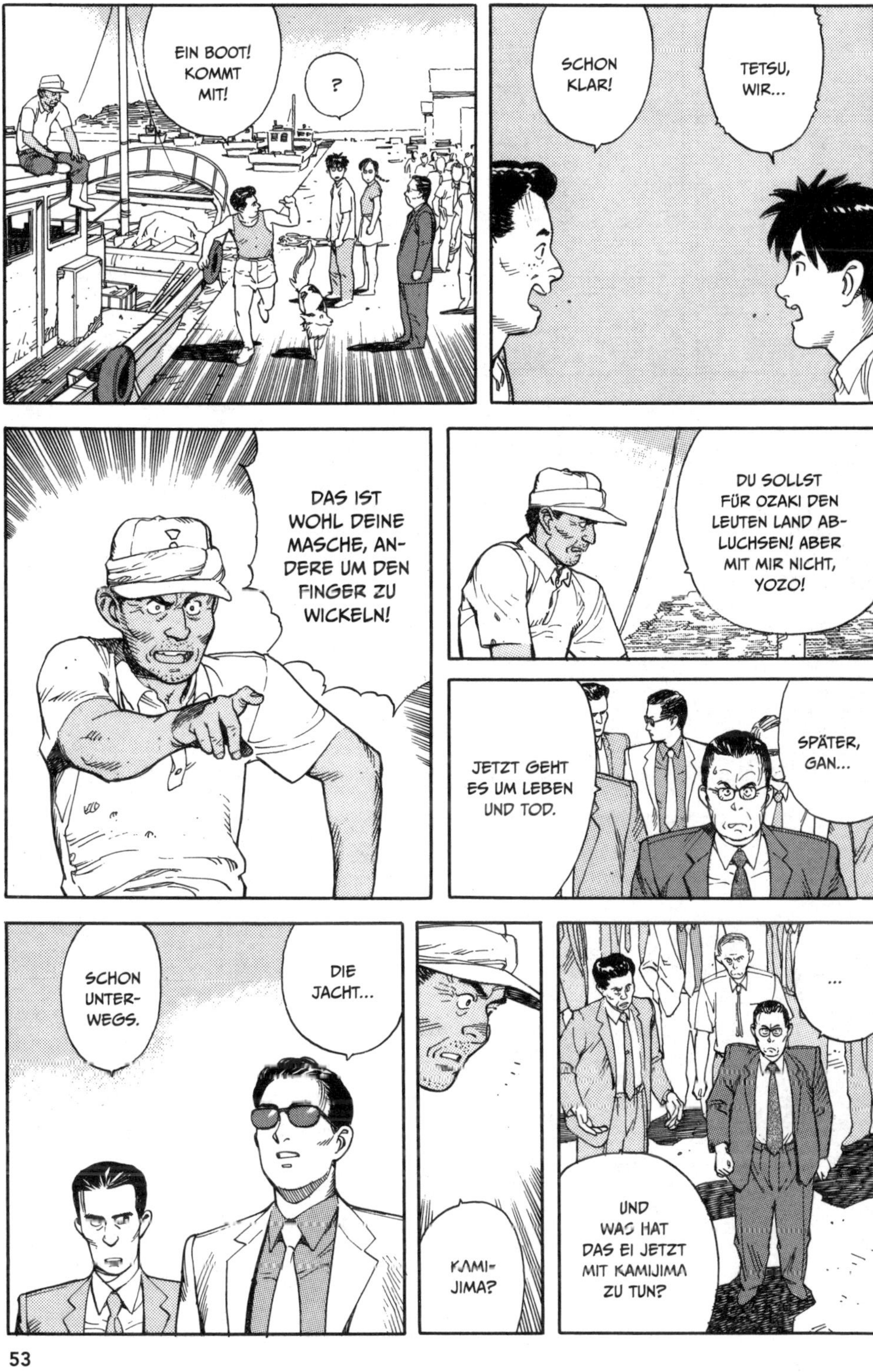

TETSU, WIR...
SCHON KLAR!
EIN BOOT! KOMMT MIT!
?
DU SOLLST FÜR OZAKI DEN LEUTEN LAND AB-LUCHSEN! ABER MIT MIR NICHT, YOZO!
DAS IST WOHL DEINE MASCHE, AN-DERE UM DEN FINGER ZU WICKELN!
SPÄTER, GAN...
JETZT GEHT ES UM LEBEN UND TOD.
...
UND WAS HAT DAS EI JETZT MIT KAMIJIMA ZU TUN?
KAMI-JIMA?
DIE JACHT...
SCHON UNTER-WEGS.

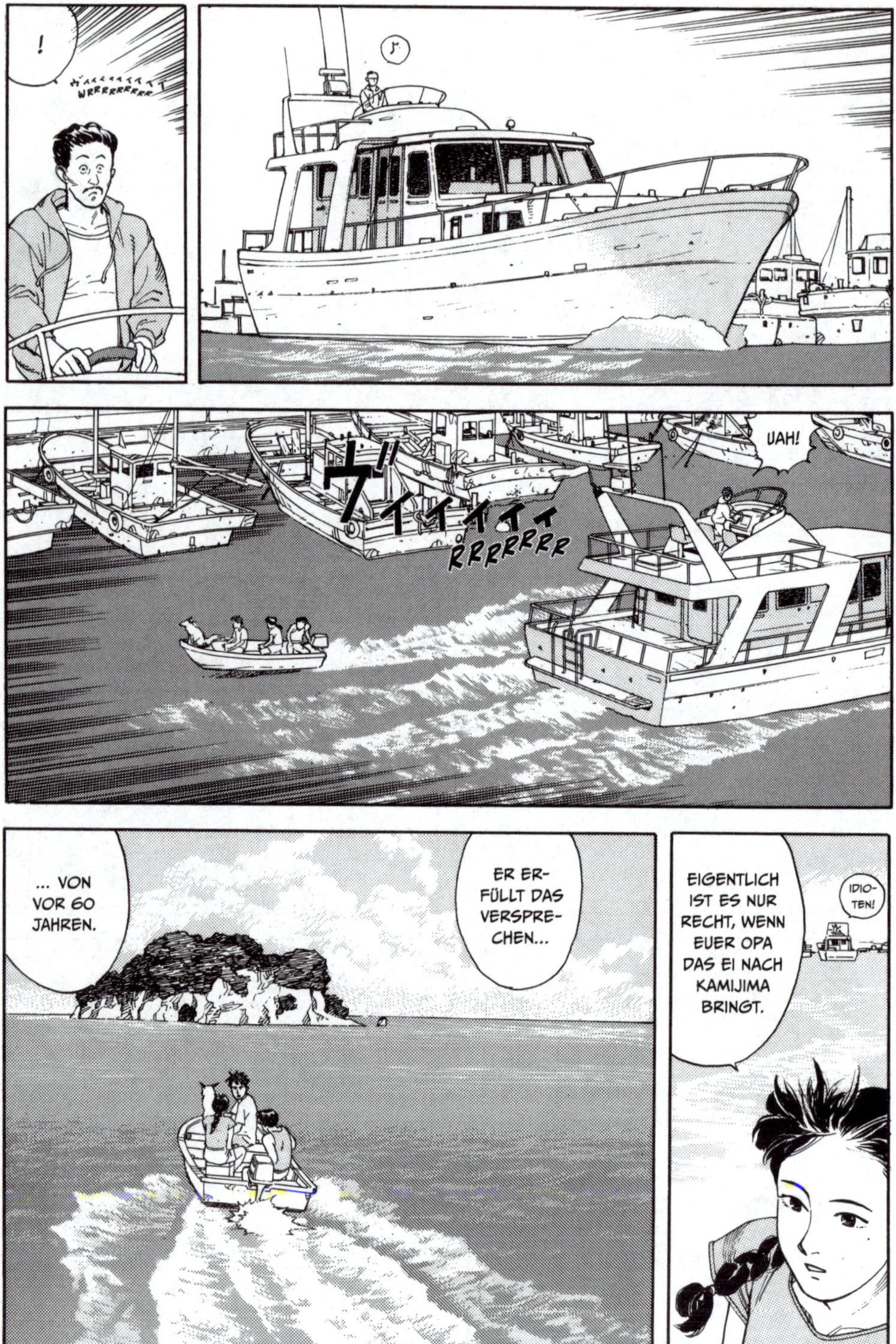
♪
!
WRRRRRRRR
UAH!
ヴィィィィィ
RRRRRRR
IDIO-
TEN!
EIGENTLICH IST ES NUR RECHT, WENN EUER OPA DAS EI NACH KAMIJIMA BRINGT.
ER ER-
FÜLLT DAS VERSPRE-
CHEN...
... VON VOR 60 JAHREN.

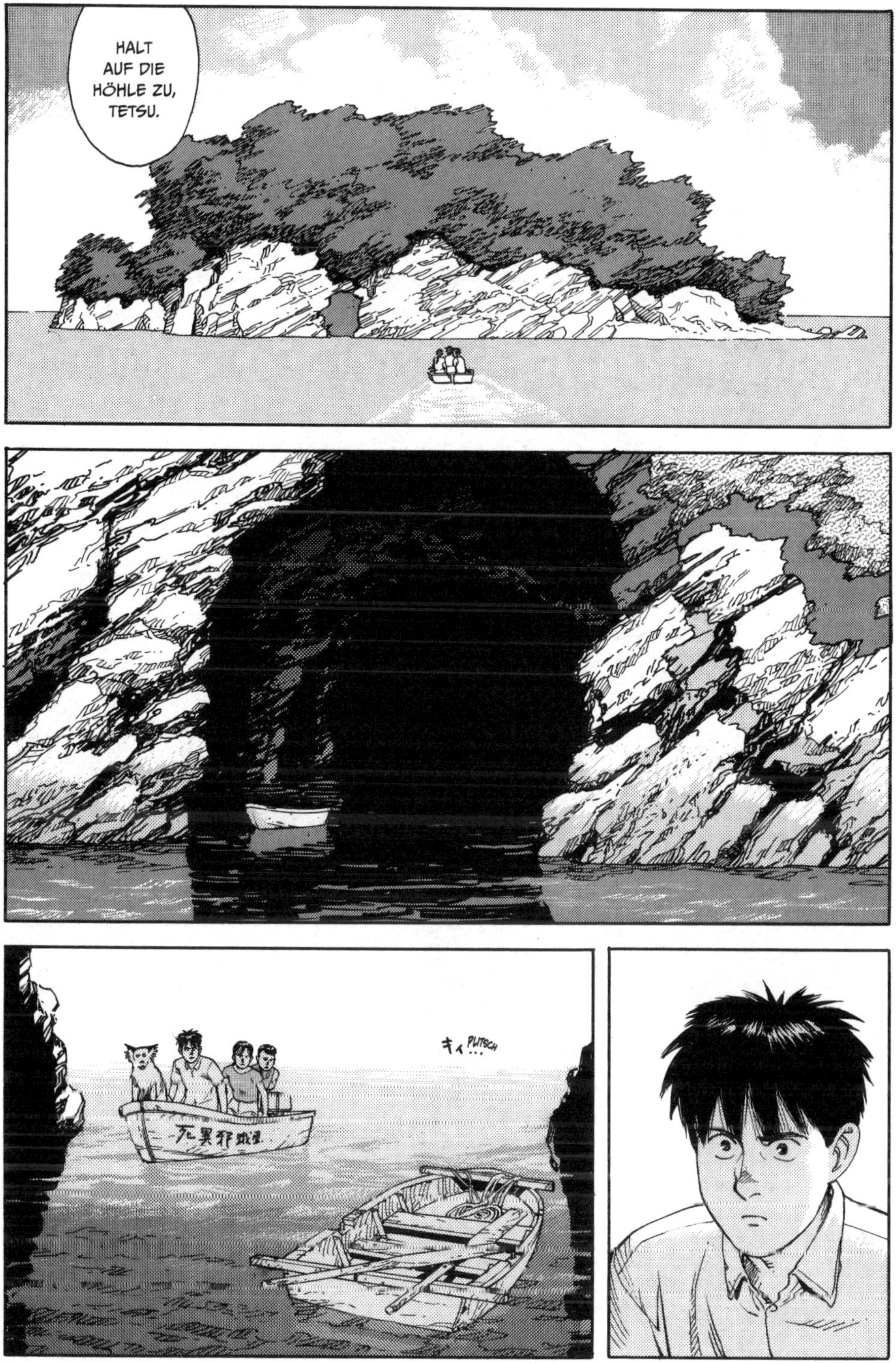
HALT AUF DIE HÖHLE ZU, TETSU.
キィ
PLITSCH...

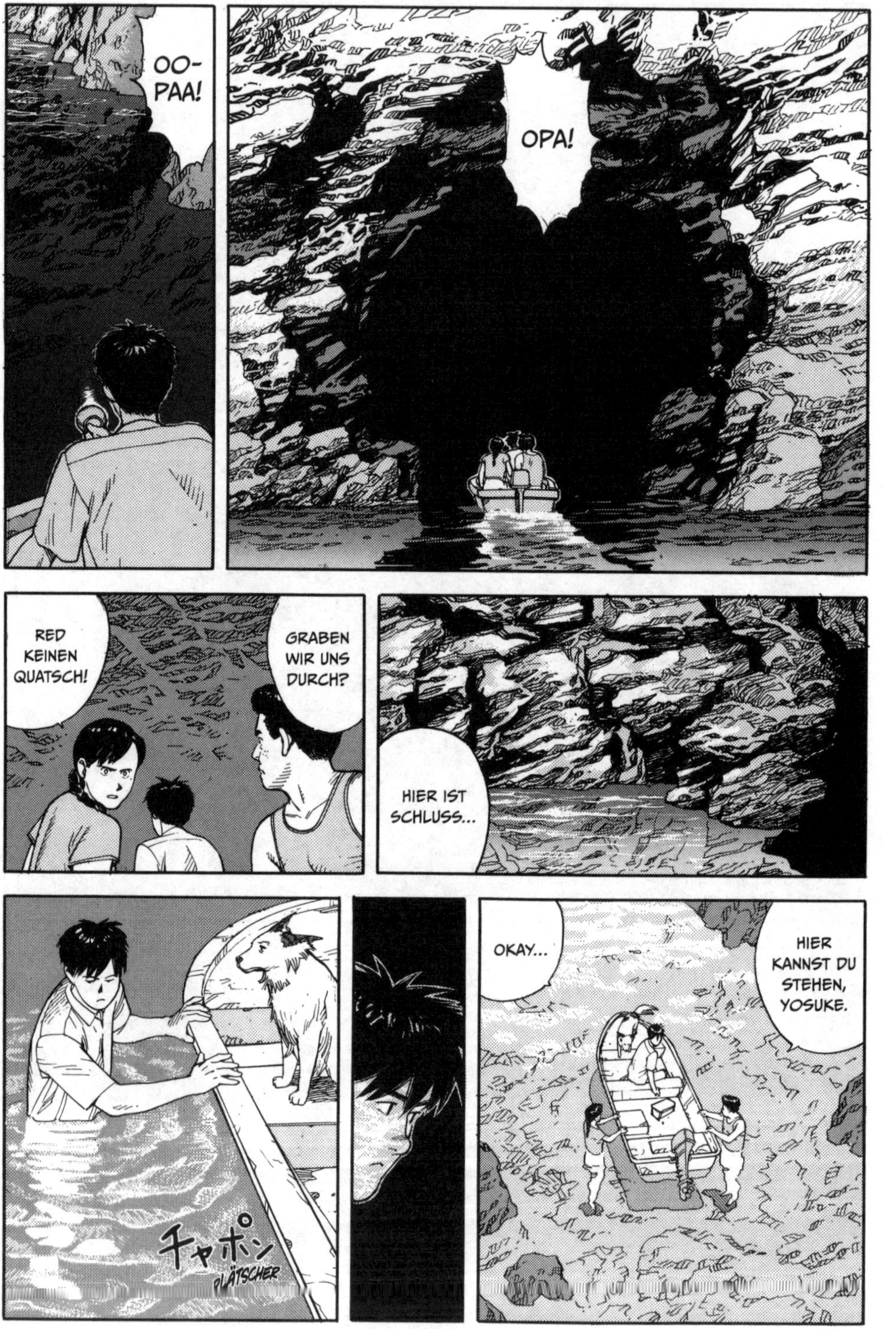
OO-
PAA!
OPA!
RED KEINEN QUATSCH!
GRABEN WIR UNS DURCH?
HIER IST SCHLUSS...
チャポン
PLÄTSCHER
OKAY...
HIER KANNST DU STEHEN, YOSUKE.

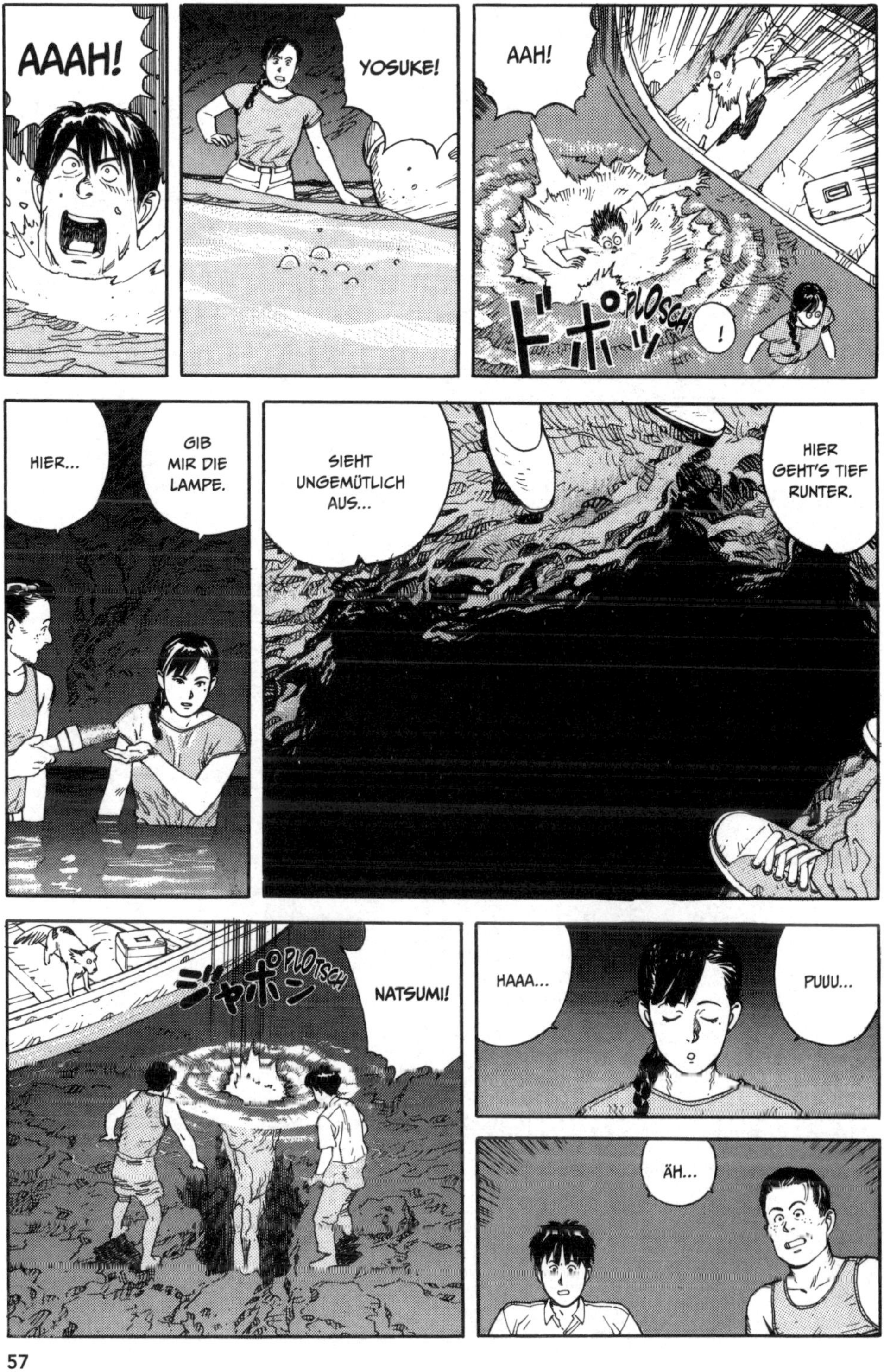

AAH!
ドボッ
PLOSCH
!
YOSUKE!
AAAH!
HIER GEHT'S TIEF RUNTER.
SIEHT UNGEMÜTLICH AUS...
GIB MIR DIE LAMPE.
HIER...
PUUU...
HAAA...
ÄH...
NATSUMI!
ジャポン
PLOTSCH

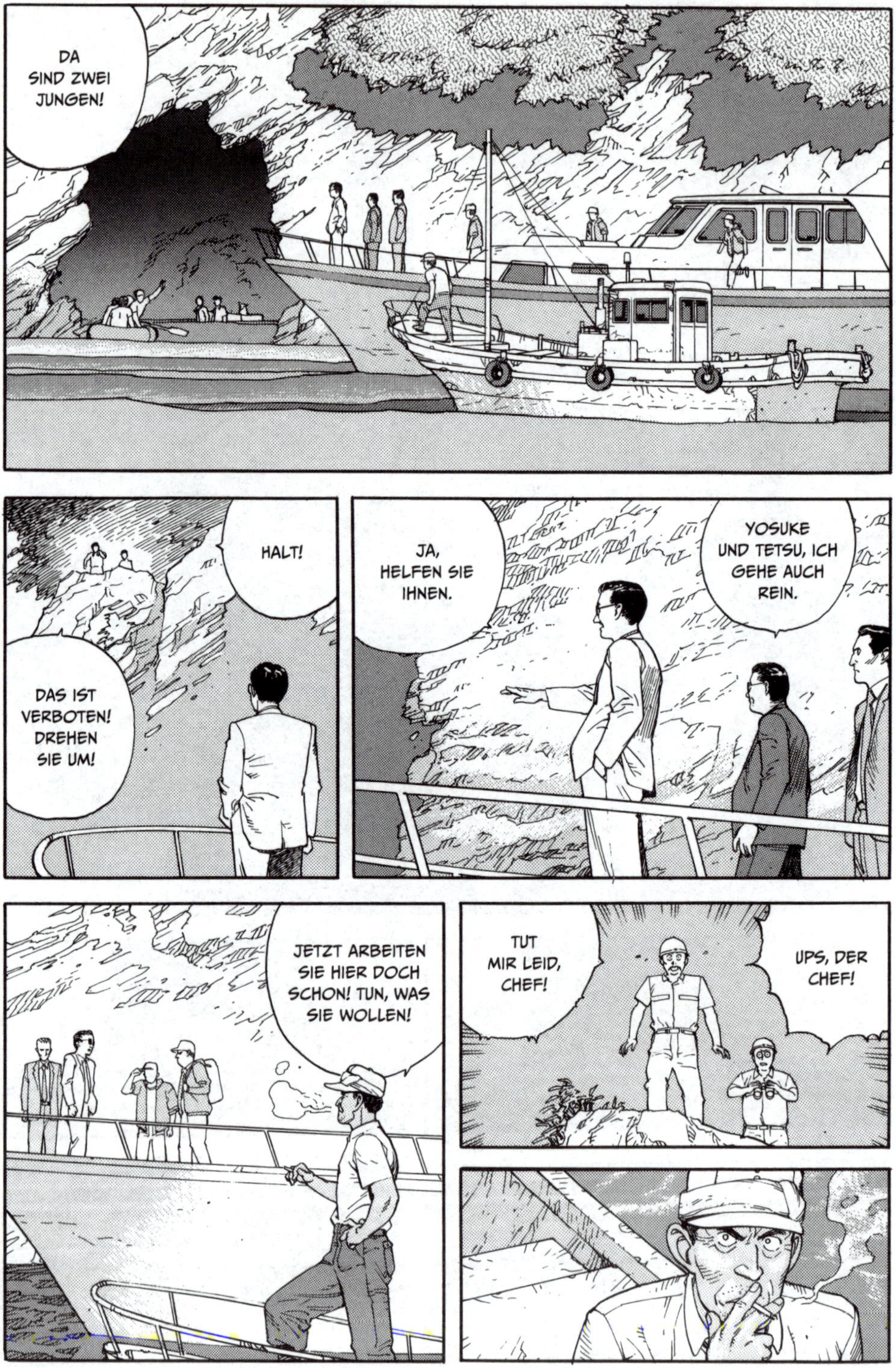
DA SIND ZWEI JUNGEN!
YOSUKE UND TETSU, ICH GEHE AUCH REIN.
JA, HELFEN SIE IHNEN.
HALT!
DAS IST VERBOTEN! DREHEN SIE UM!
UPS, DER CHEF!
TUT MIR LEID, CHEF!
JETZT ARBEITEN SIE HIER DOCH SCHON! TUN, WAS SIE WOLLEN!

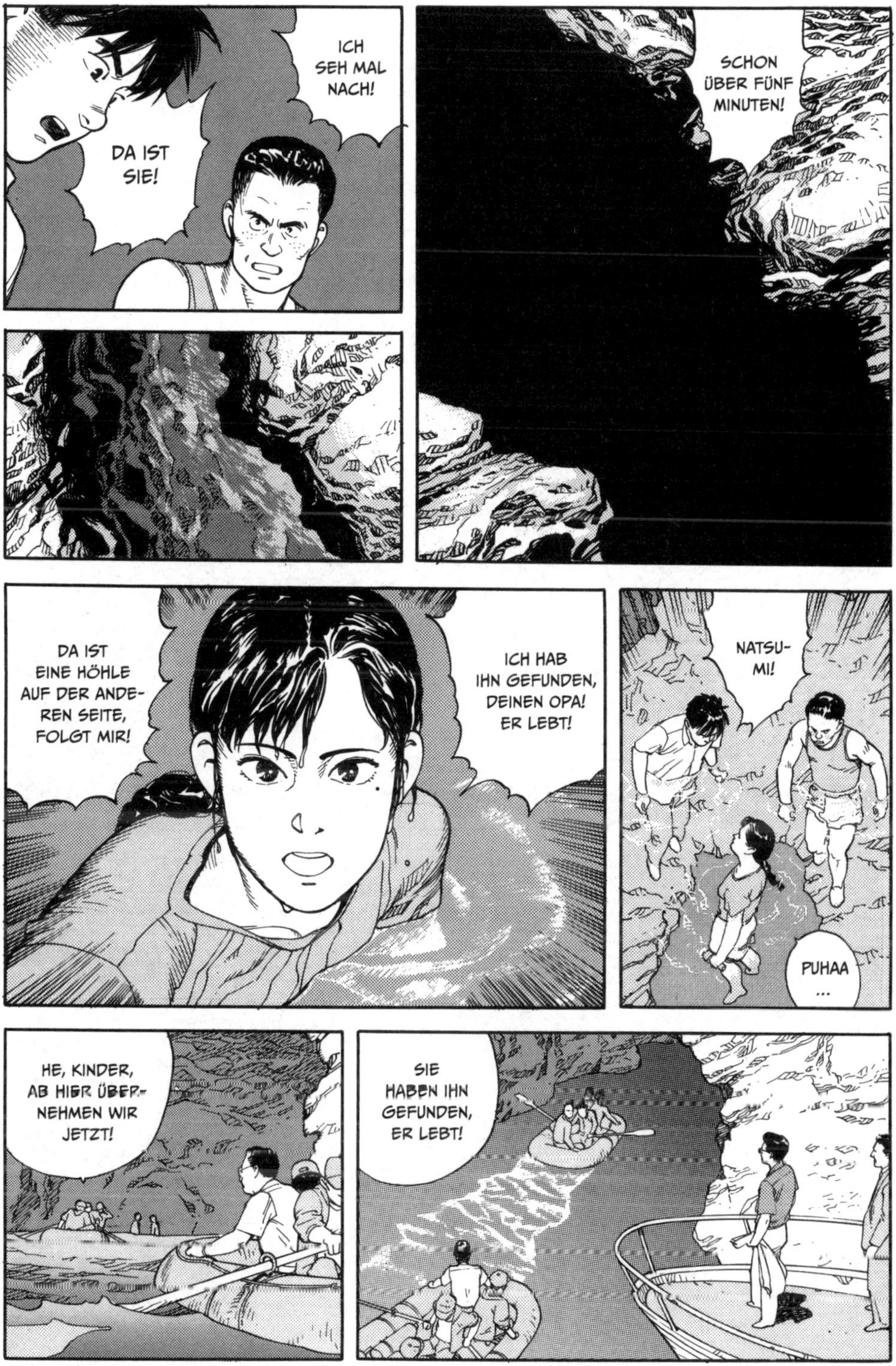
SCHON ÜBER FÜNF MINUTEN!
ICH SEH MAL NACH!
DA IST SIE!
NATSUMI!
PUHAA ...
ICH HAB IHN GEFUNDEN, DEINEN OPA! ER LEBT!
DA IST EINE HÖHLE AUF DER ANDEREN SEITE, FOLGT MIR!
SIE HABEN IHN GEFUNDEN, ER LEBT!
HE, KINDER, AB HIER ÜBERNEHMEN WIR JETZT!

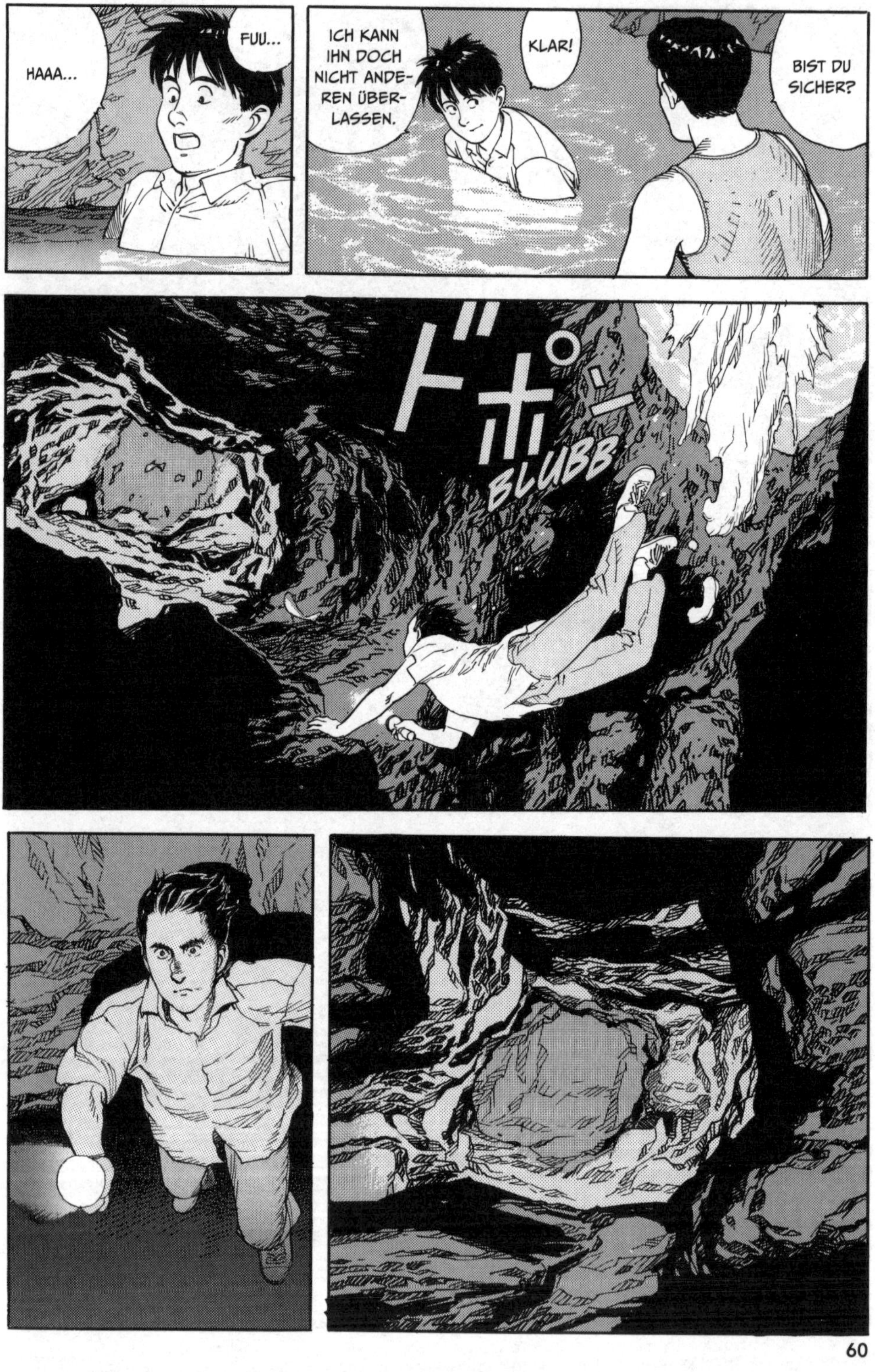
BIST DU SICHER?
KLAR!
ICH KANN IHN DOCH NICHT ANDEREN ÜBERLASSEN.
FUU...
HAAA...
ドポー
BLUBB

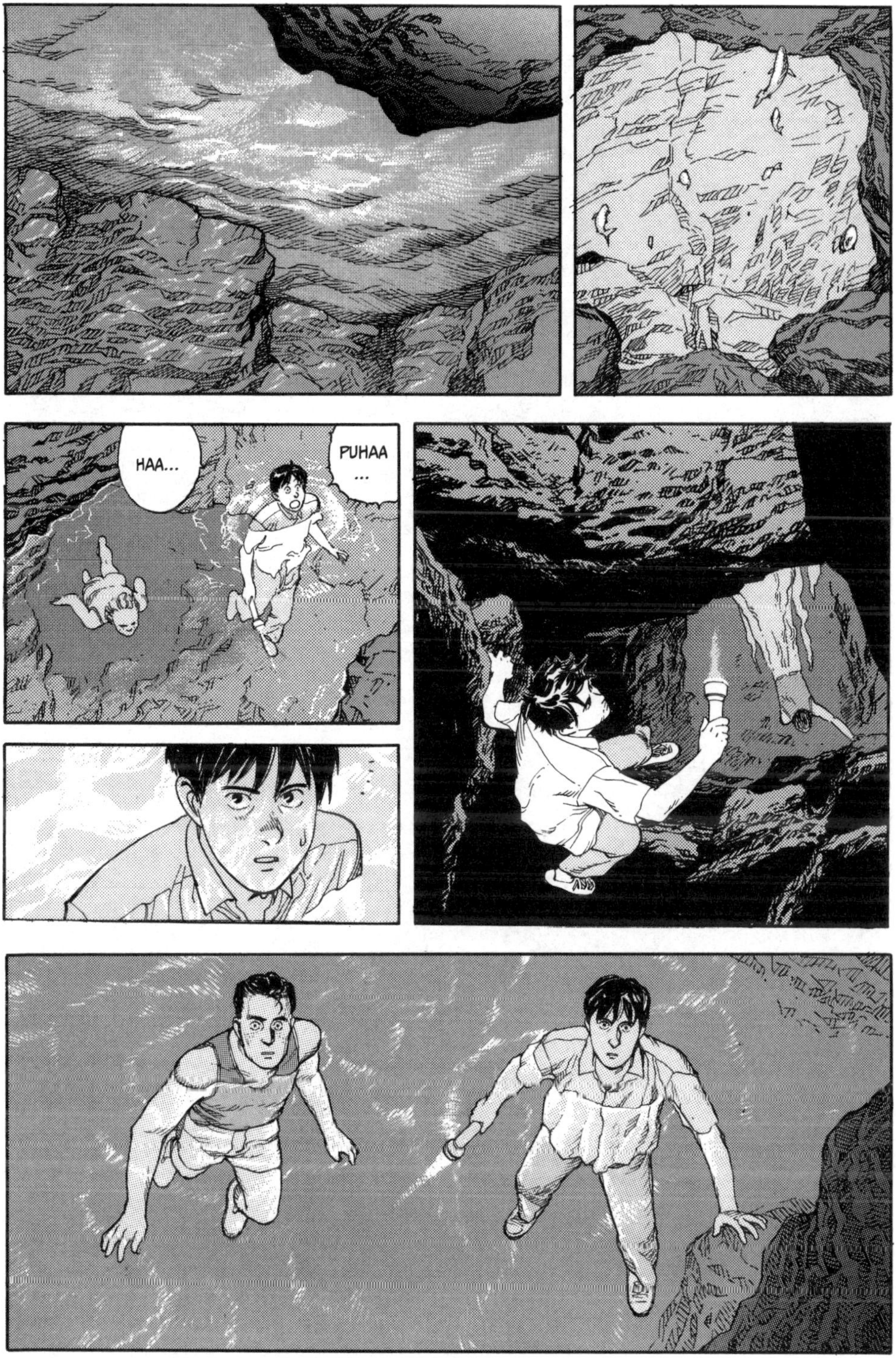
PUHAA
...
HAA...
...

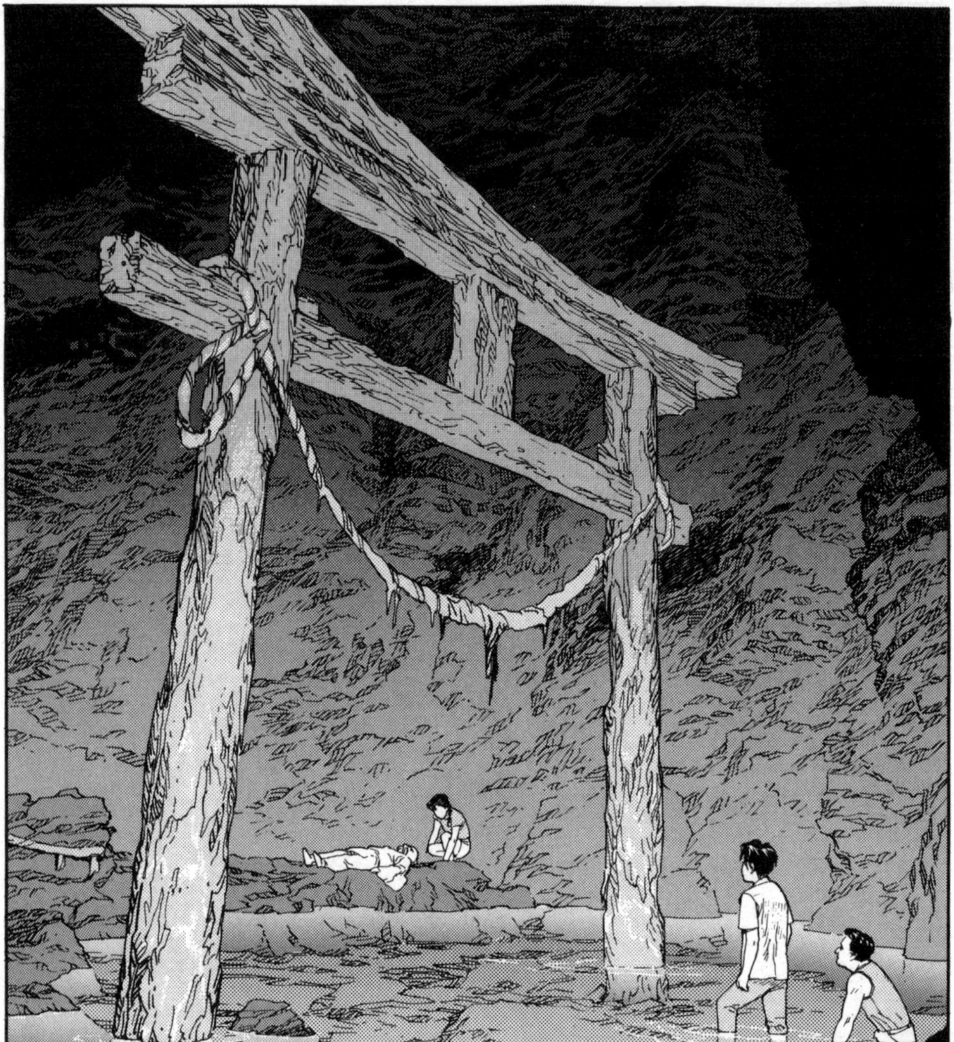

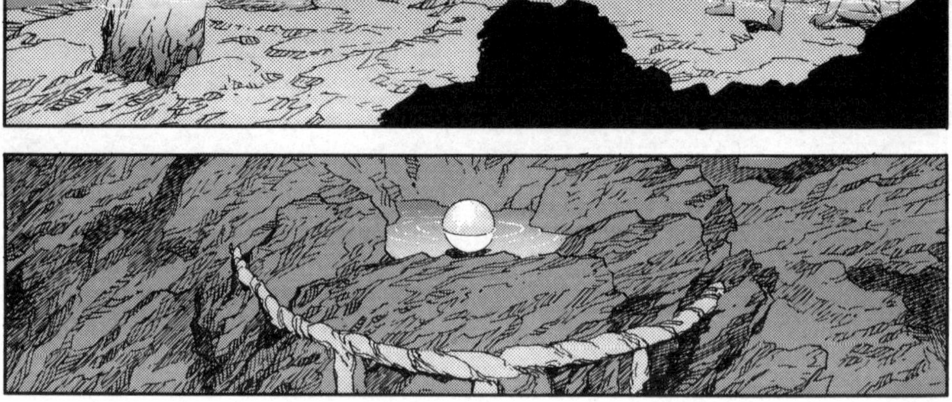

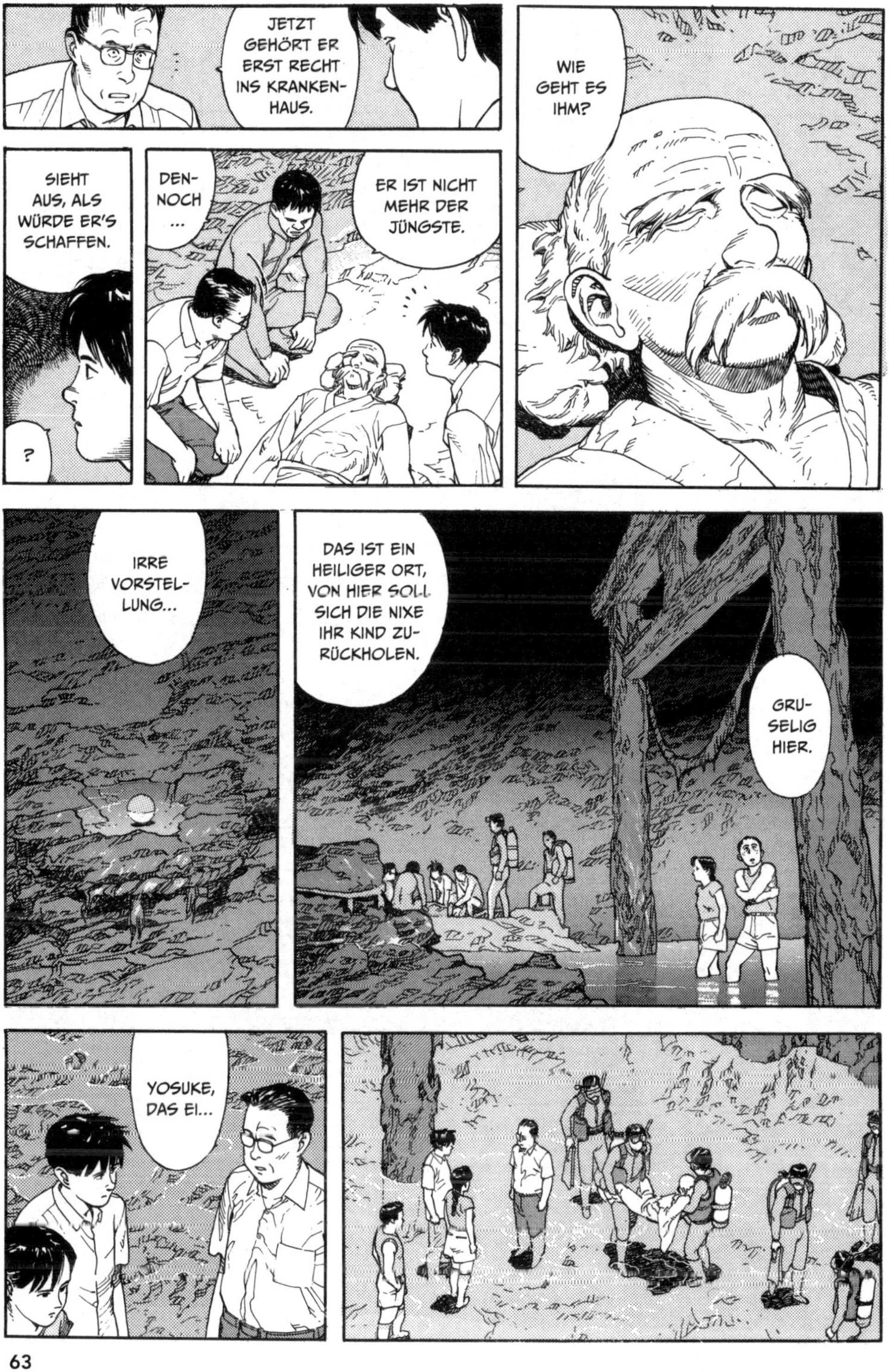
JETZT GEHÖRT ER ERST RECHT INS KRANKENHAUS.
WIE GEHT ES IHM?
ER IST NICHT MEHR DER JÜNGSTE.
DEN-NOCH ...
SIEHT AUS, ALS WÜRDE ER'S SCHAFFEN.
?
DAS IST EIN HEILIGER ORT, VON HIER SOLL SICH DIE NIXE IHR KIND ZURÜCKHOLEN.
GRU-SELIG HIER.
IRRE VORSTEL-LUNG...
YOSUKE, DAS EI...

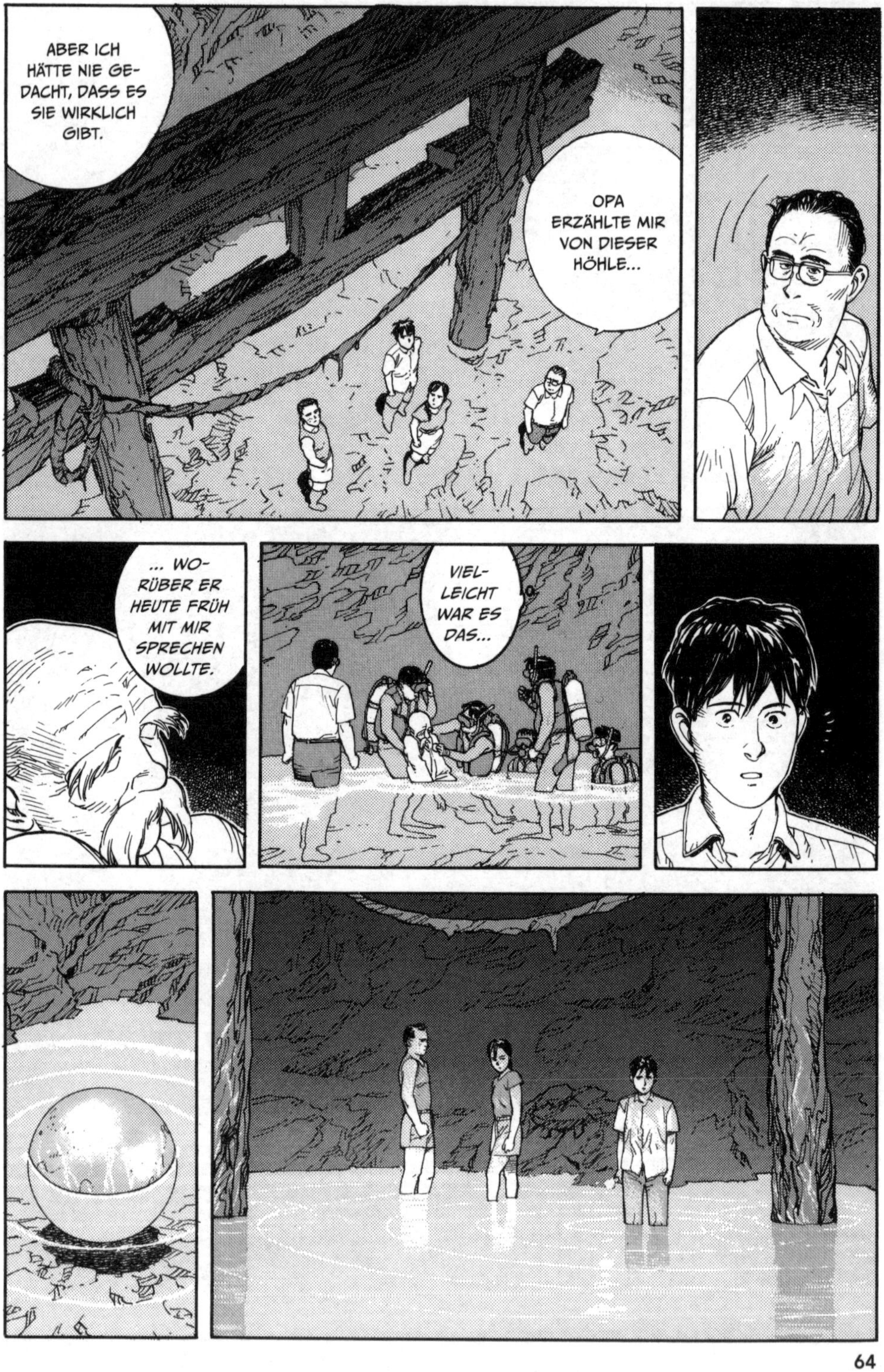
ABER ICH HÄTTE NIE GE-DACHT, DASS ES SIE WIRKLICH GIBT.
OPA ERZÄHLTE MIR VON DIESER HÖHLE...
... WO-RÜBER ER HEUTE FRÜH MIT MIR SPRECHEN WOLLTE.
VIEL-LEICHT WAR ES DAS...

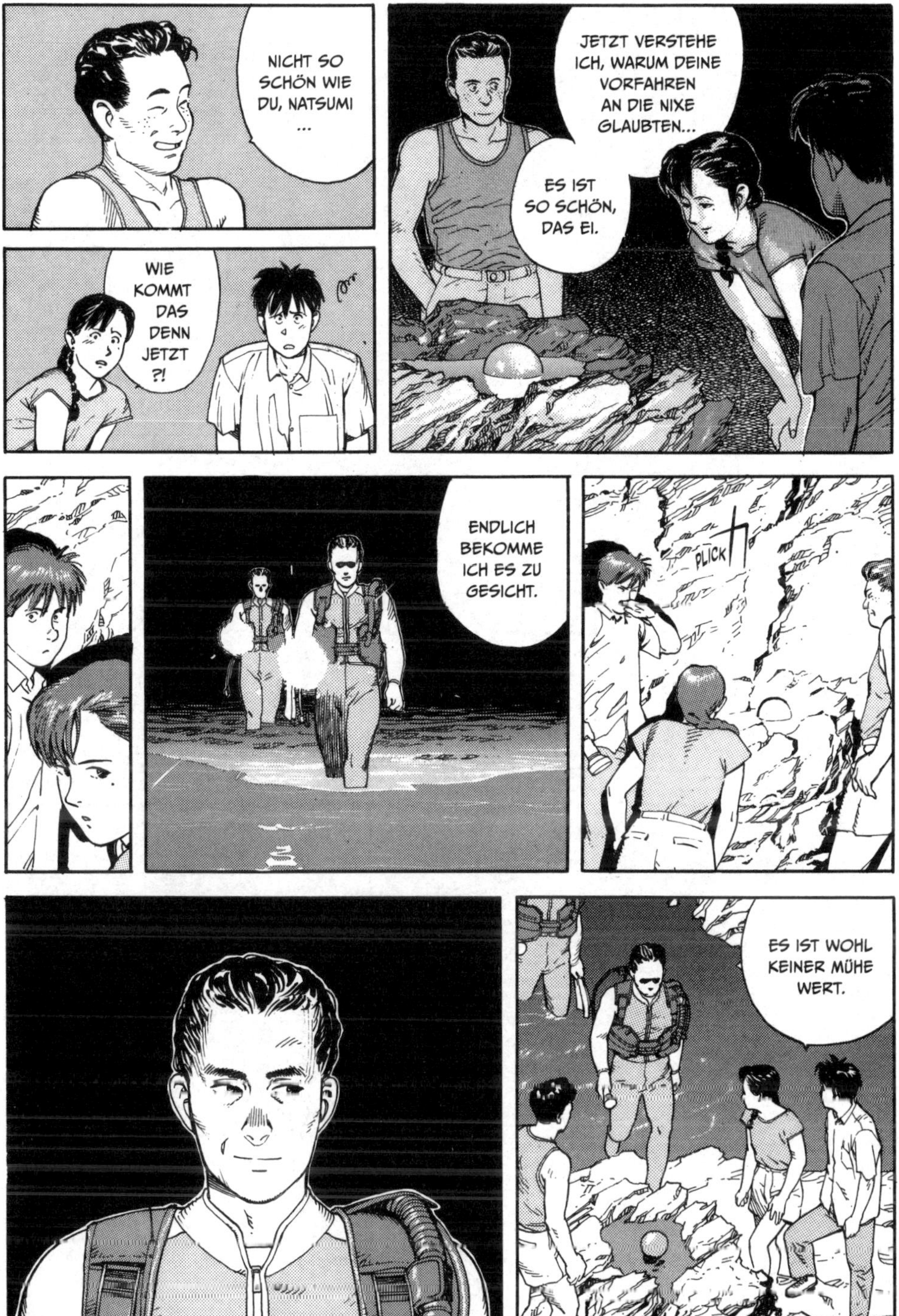
JETZT VERSTEHE ICH, WARUM DEINE VORFAHREN AN DIE NIXE GLAUBTEN...
ES IST SO SCHÖN, DAS EI.
NICHT SO SCHÖN WIE DU, NATSUMI ...
WIE KOMMT DAS DENN JETZT ?!
PLICK
ENDLICH BEKOMME ICH ES ZU GESICHT.
ES IST WOHL KEINER MÜHE WERT.

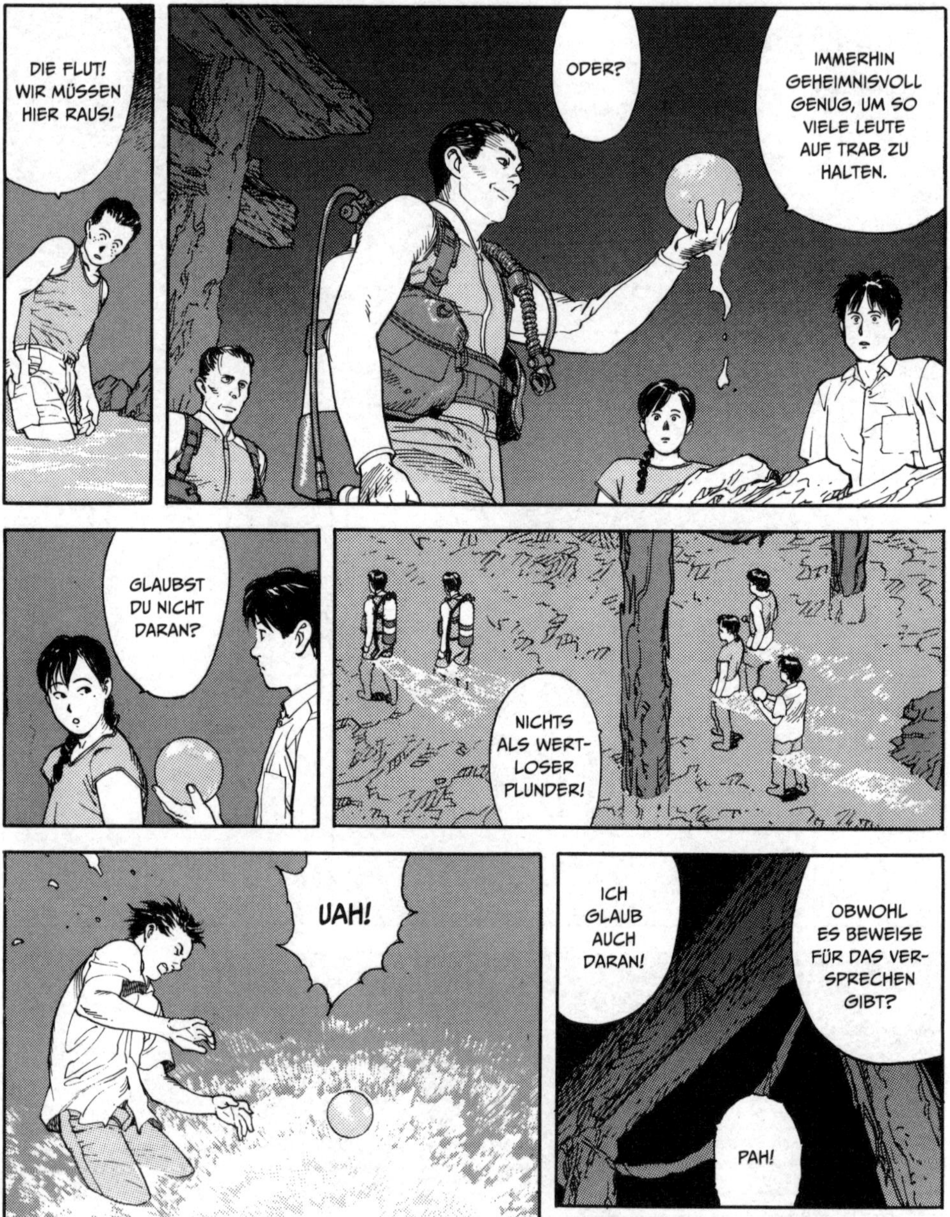

IMMERHIN GEHEIMNISVOLL GENUG, UM SO VIELE LEUTE AUF TRAB ZU HALTEN.
ODER?
DIE FLUT! WIR MÜSSEN HIER RAUS!
NICHTS ALS WERTLOSER PLUNDER!
GLAUBST DU NICHT DARAN?
OBWOHL ES BEWEISE FÜR DAS VERSPRECHEN GIBT?
ICH GLAUB AUCH DARAN!
PAH!
MOMENT, IRGENDETWAS...
?!
UAH!

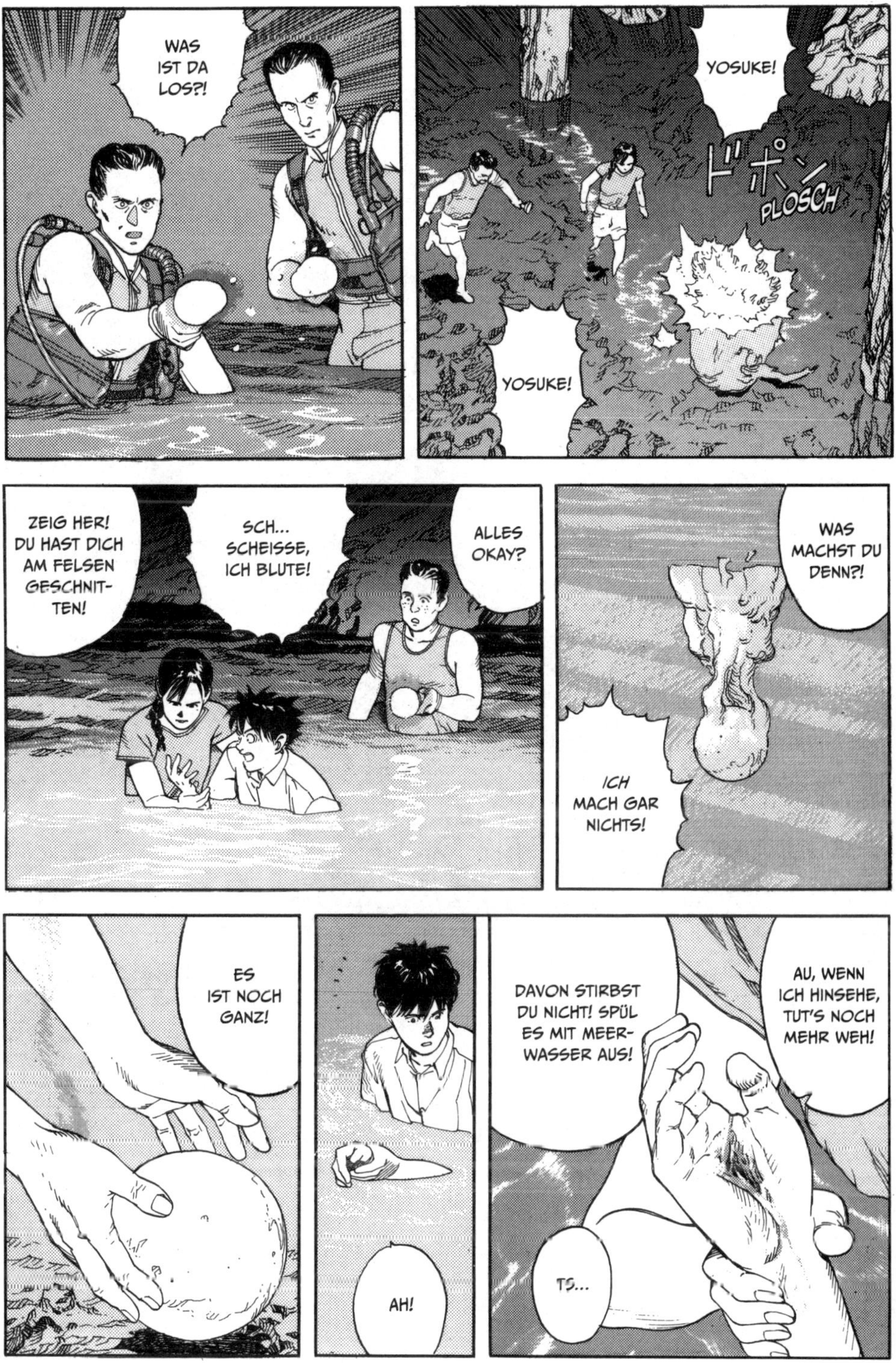
YOSUKE!
ドポン
PLOSCH
YOSUKE!
WAS IST DA LOS?!
WAS MACHST DU DENN?!
ICH MACH GAR NICHTS!
ALLES OKAY?
SCH... SCHEISSE, ICH BLUTE!
ZEIG HER! DU HAST DICH AM FELSEN GESCHNITTEN!
AU, WENN ICH HINSEHE, TUT'S NOCH MEHR WEH!
DAVON STIRBST DU NICHT! SPÜL ES MIT MEERWASSER AUS!
TS...
AH!
ES IST NOCH GANZ!

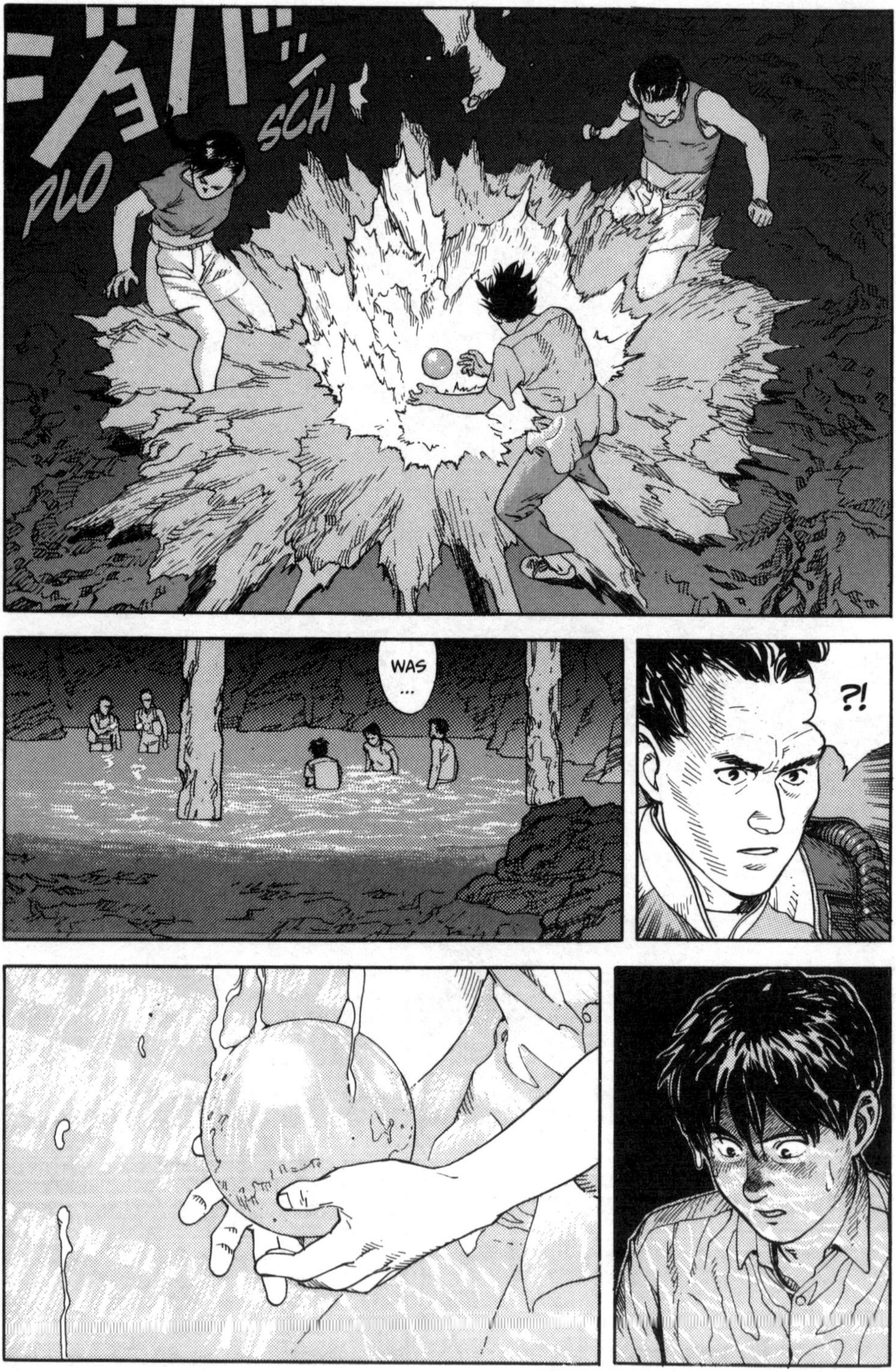
PLO
SCH
WAS ...
?!

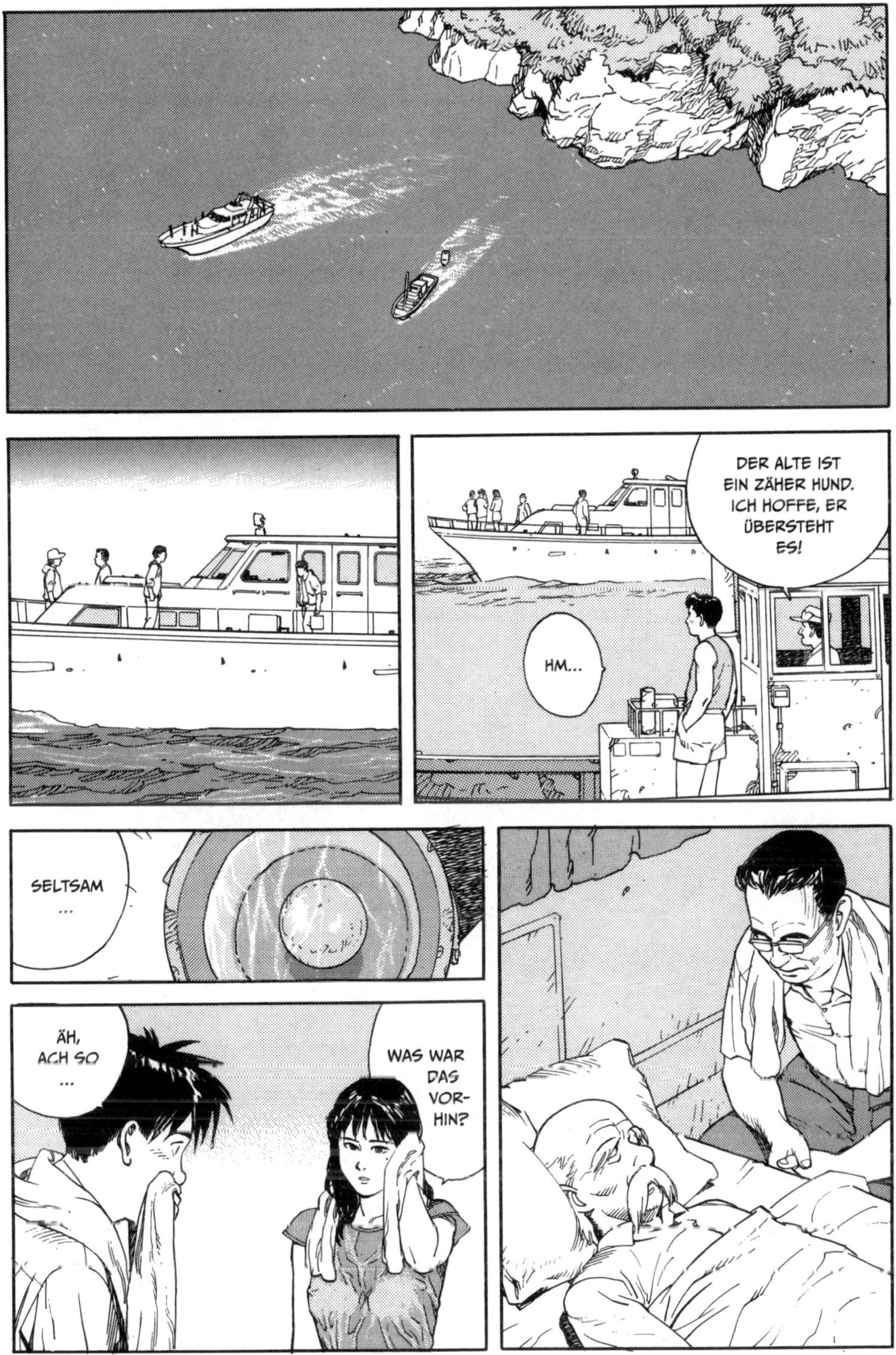
DER ALTE IST EIN ZÄHER HUND. ICH HOFFE, ER ÜBERSTEHT ES!
HM...
SELTSAM ...
ÄH, ACH SO ...
WAS WAR DAS VOR-HIN?

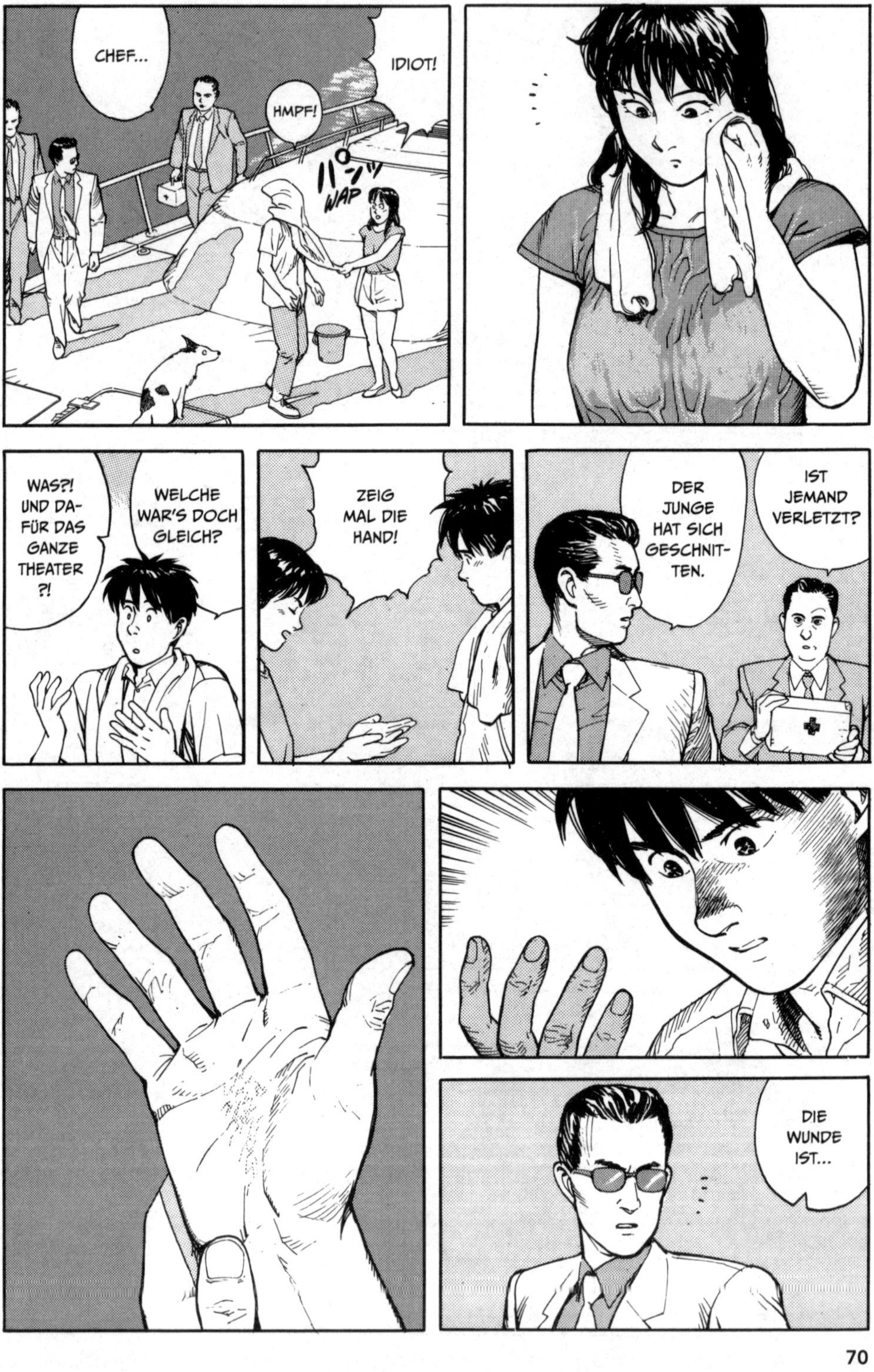
IDIOT!
HMPF!
パンッ
WAP
CHEF...
IST JEMAND VERLETZT?
DER JUNGE HAT SICH GESCHNIT-TEN.
ZEIG MAL DIE HAND!
WELCHE WAR'S DOCH GLEICH?
WAS?! UND DA-FÜR DAS GANZE THEATER ?!
DIE WUNDE IST...

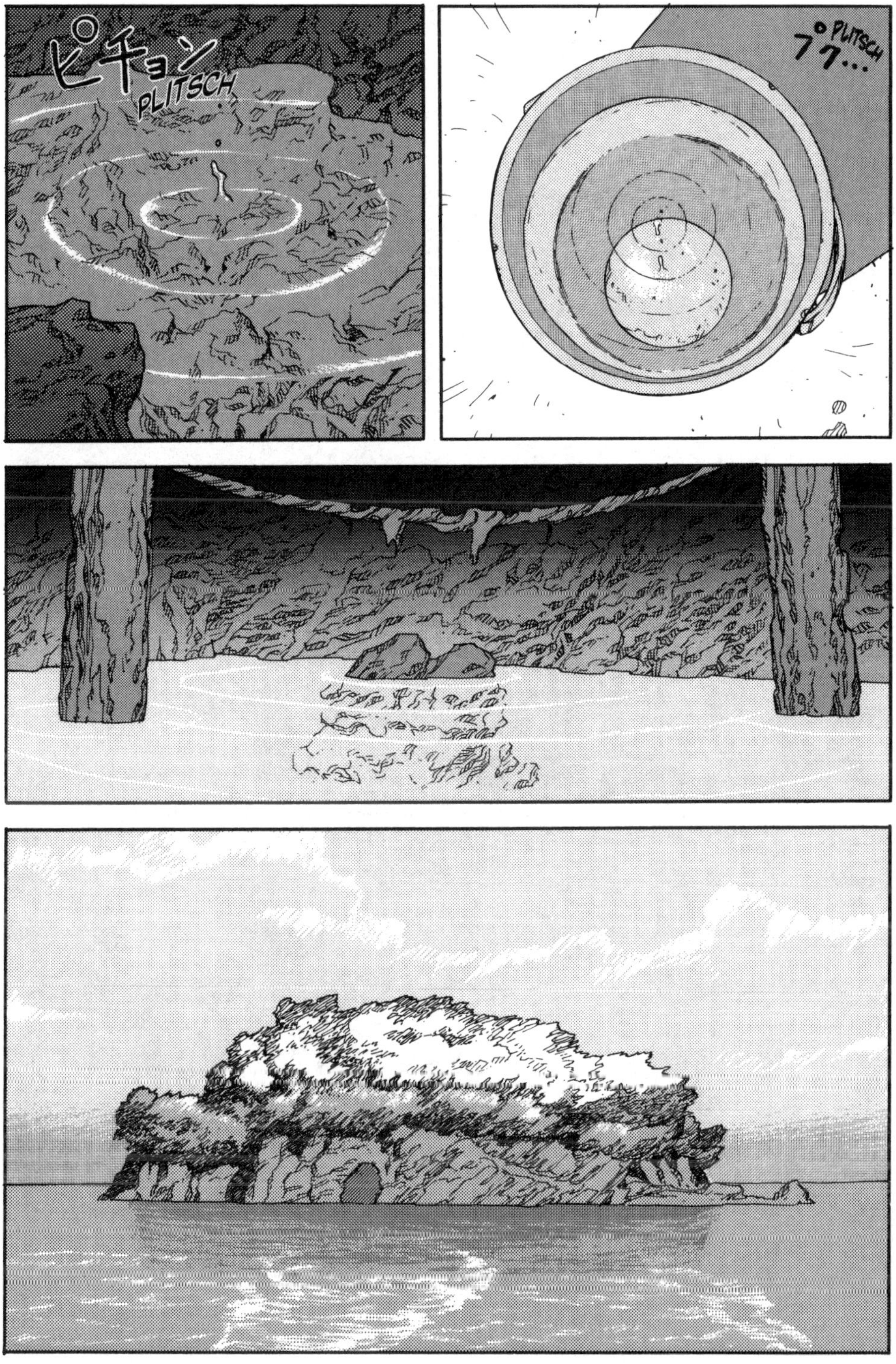
ピチョン
PLITSCH
プク…
PLITSCH

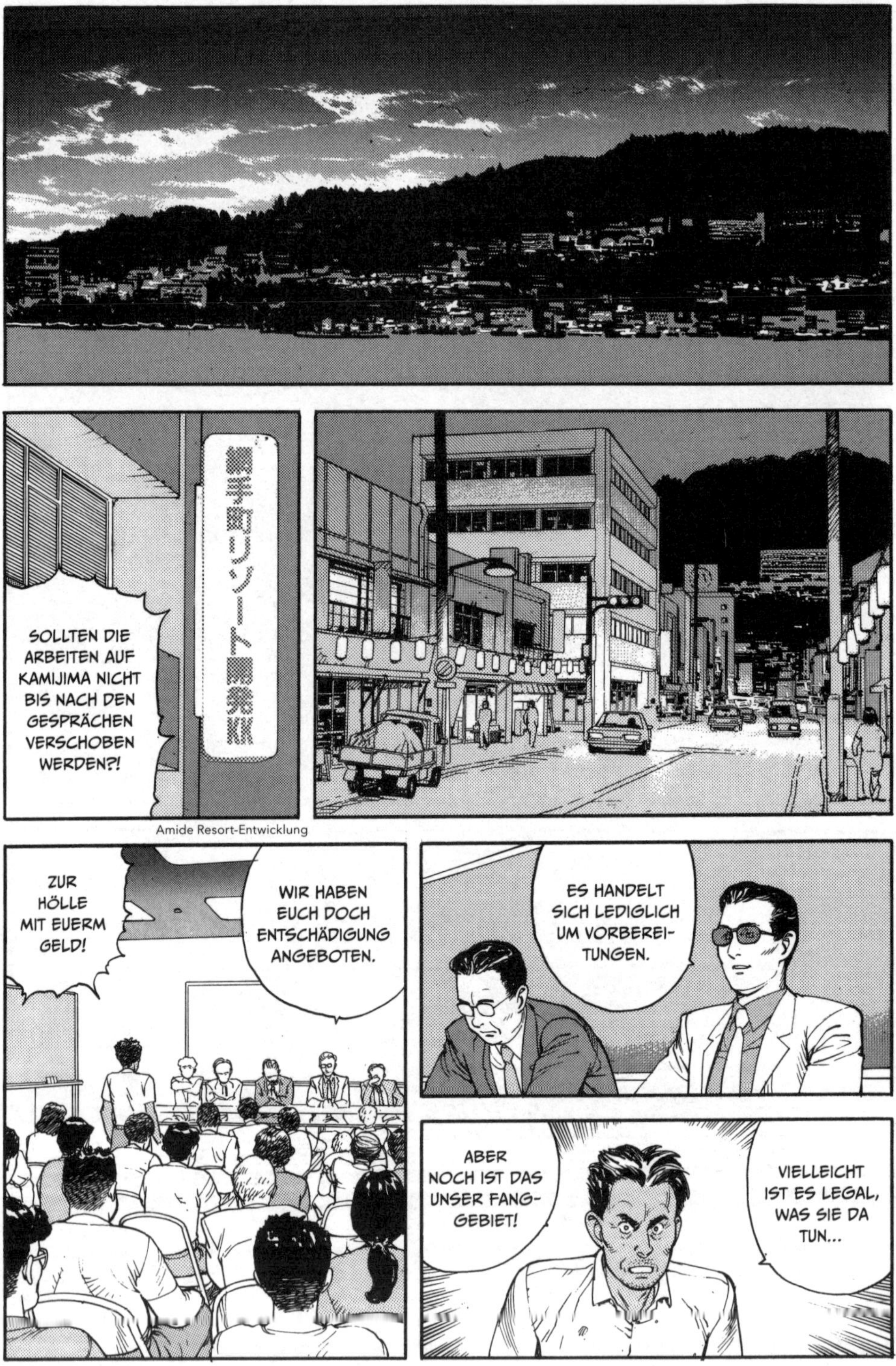
SOLLTEN DIE ARBEITEN AUF KAMIJIMA NICHT BIS NACH DEN GESPRÄCHEN VERSCHOBEN WERDEN?!
Amide Resort-Entwicklung
ES HANDELT SICH LEDIGLICH UM VORBEREI-TUNGEN.
VIELLEICHT IST ES LEGAL, WAS SIE DA TUN...
ABER NOCH IST DAS UNSER FANG-GEBIET!
WIR HABEN EUCH DOCH ENTSCHÄDIGUNG ANGEBOTEN.
ZUR HÖLLE MIT EUERM GELD!

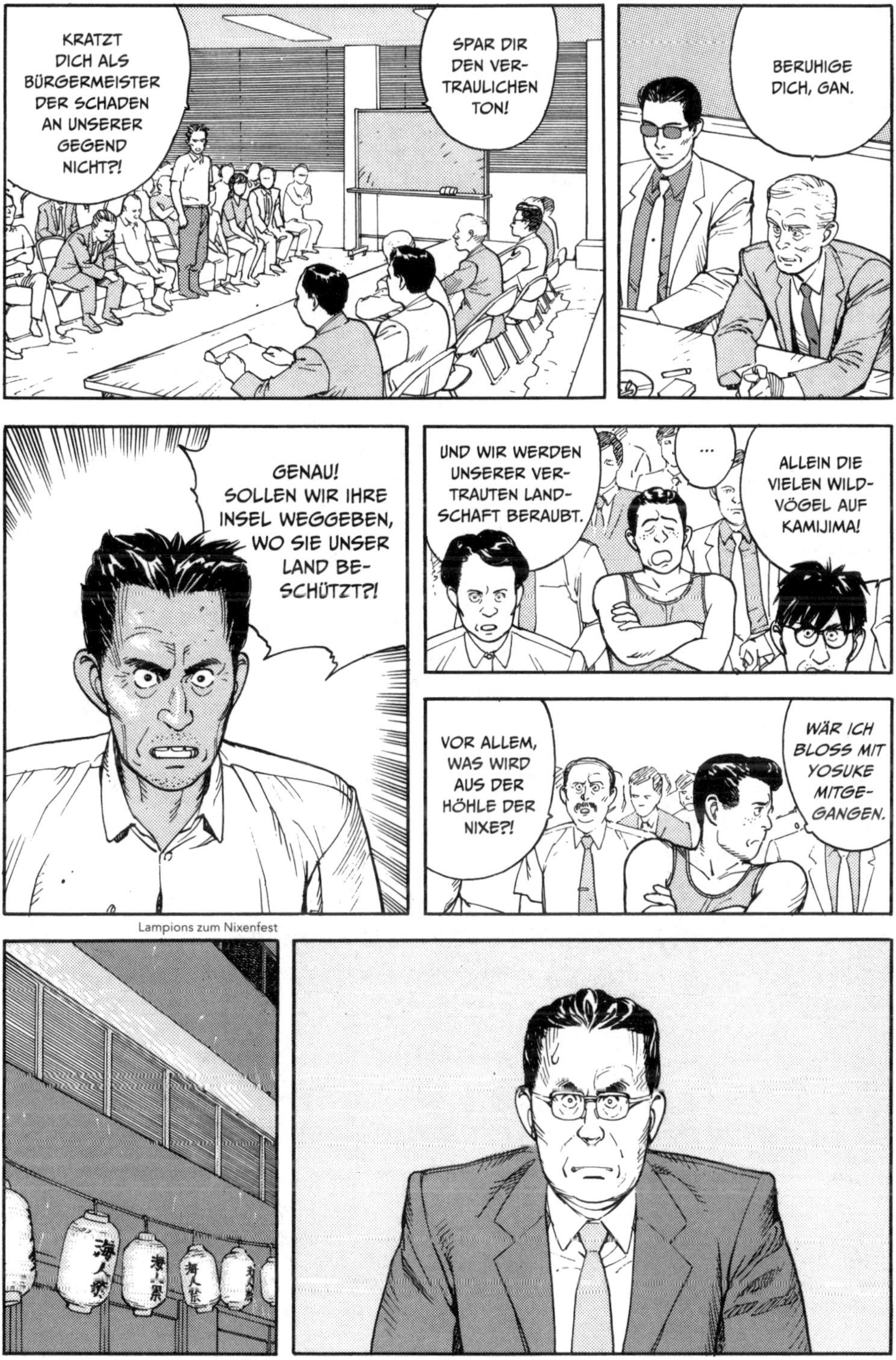

Lampions zum Nixenfest

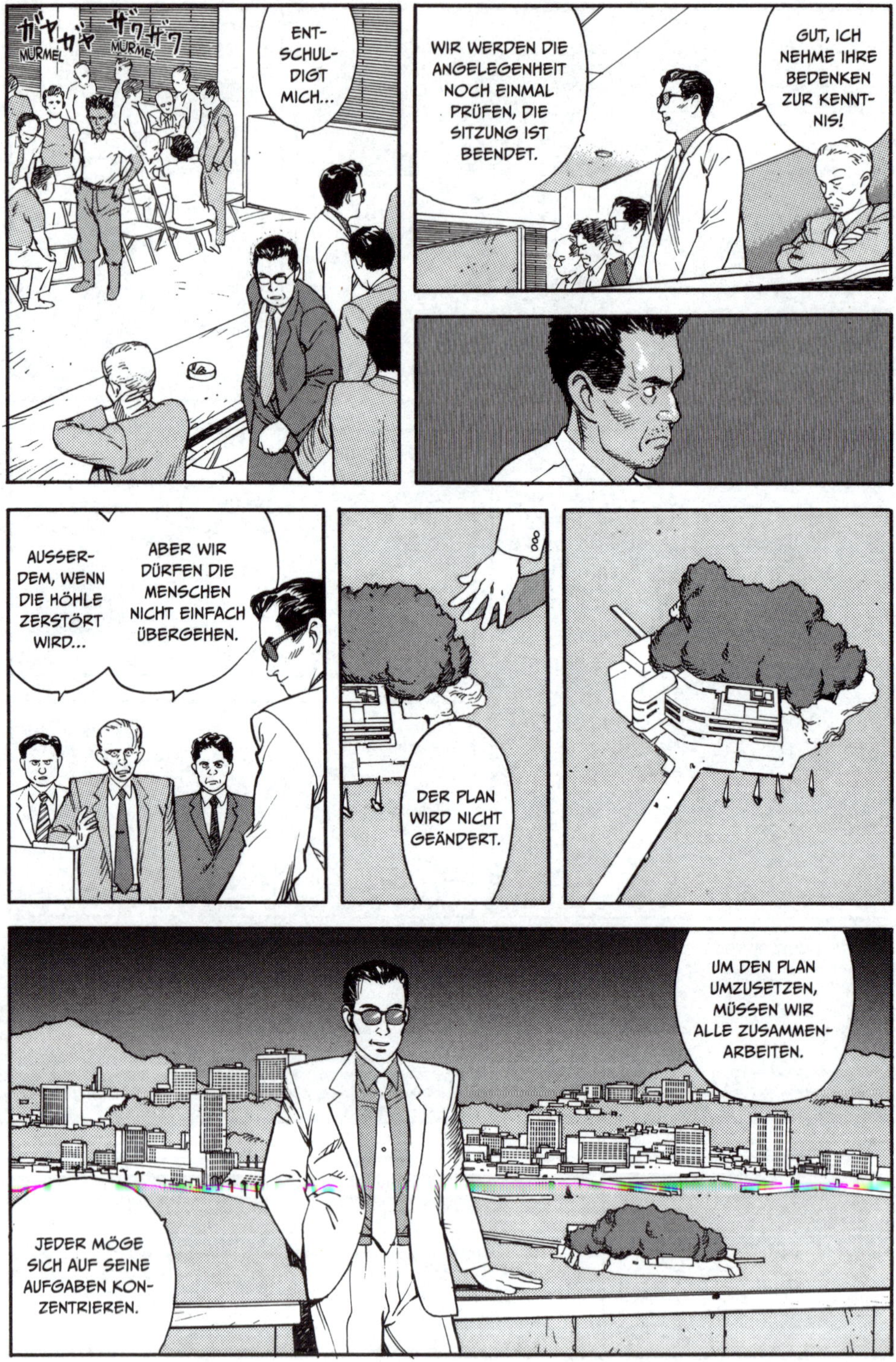
ガヤガヤ
MURMEL
ザワザワ
MURMEL
ENT-SCHUL-DIGT MICH...
WIR WERDEN DIE ANGELEGENHEIT NOCH EINMAL PRÜFEN, DIE SITZUNG IST BEENDET.
GUT, ICH NEHME IHRE BEDENKEN ZUR KENNT-NIS!
AUSSER-DEM, WENN DIE HÖHLE ZERSTÖRT WIRD...
ABER WIR DÜRFEN DIE MENSCHEN NICHT EINFACH ÜBERGEHEN.
DER PLAN WIRD NICHT GEÄNDERT.
UM DEN PLAN UMZUSETZEN, MÜSSEN WIR ALLE ZUSAMMEN-ARBEITEN.
JEDER MÖGE SICH AUF SEINE AUFGABEN KON-ZENTRIEREN.

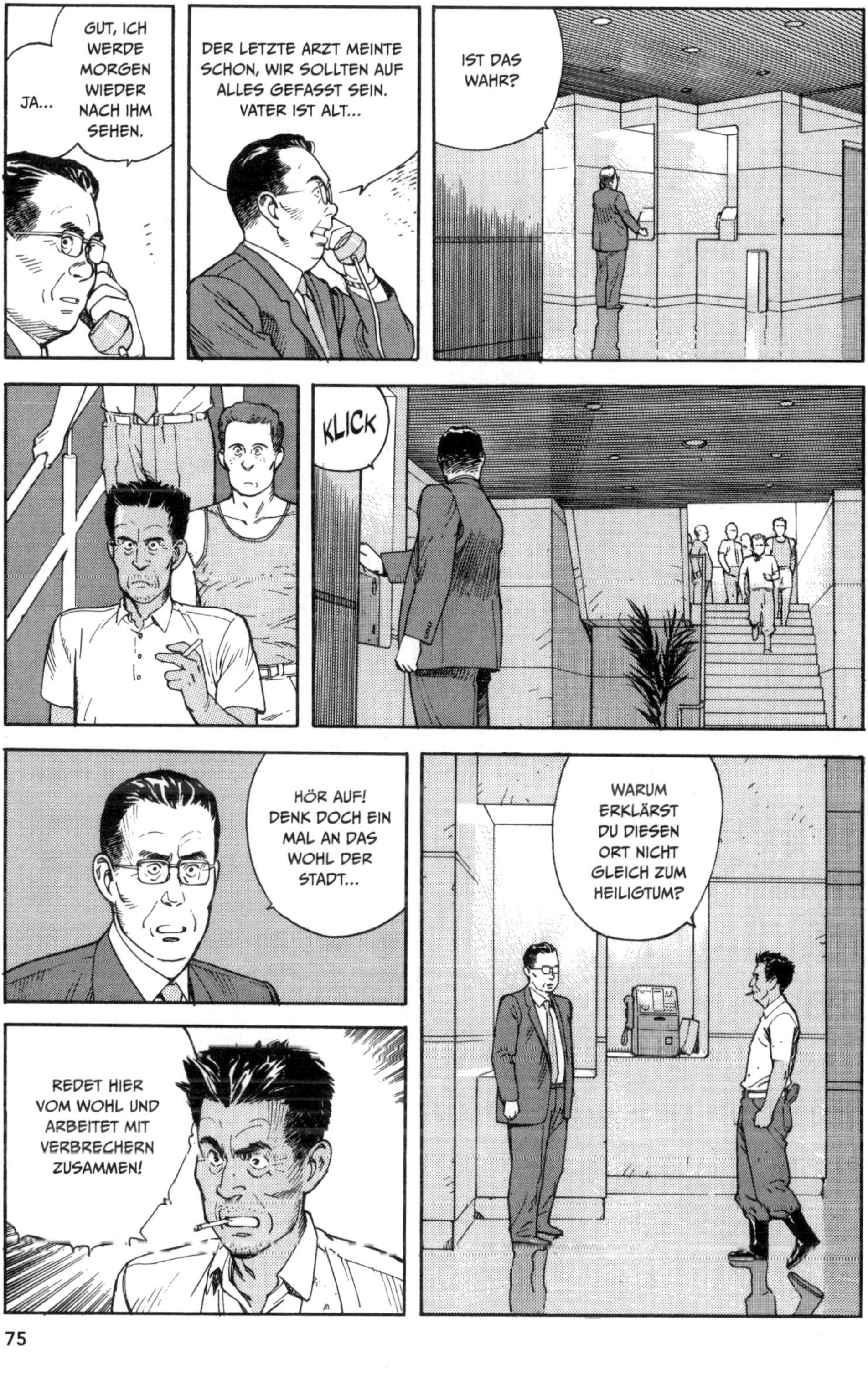
IST DAS WAHR?
DER LETZTE ARZT MEINTE SCHON, WIR SOLLTEN AUF ALLES GEFASST SEIN. VATER IST ALT...
JA...
GUT, ICH WERDE MORGEN WIEDER NACH IHM SEHEN.
KLICK
WARUM ERKLÄRST DU DIESEN ORT NICHT GLEICH ZUM HEILIGTUM?
HÖR AUF! DENK DOCH EIN MAL AN DAS WOHL DER STADT...
REDET HIER VOM WOHL UND ARBEITET MIT VERBRECHERN ZUSAMMEN!

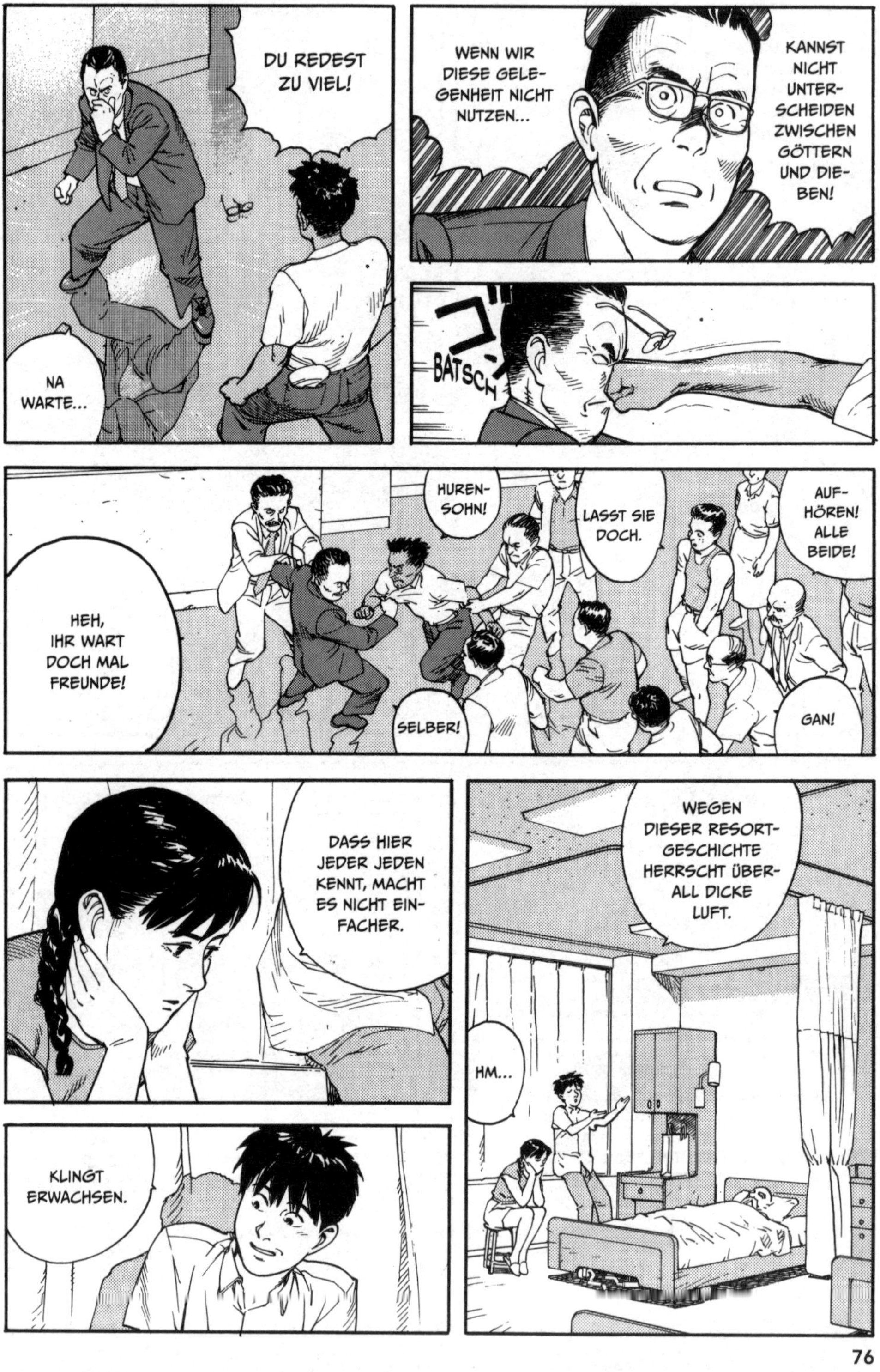
KANNST NICHT UNTERSCHEIDEN ZWISCHEN GÖTTERN UND DIEBEN!
WENN WIR DIESE GELEGENHEIT NICHT NUTZEN...
BATSCH
DU REDEST ZU VIEL!
NA WARTE...
AUFHÖREN! ALLE BEIDE!
LASST SIE DOCH.
HURENSOHN!
GAN!
SELBER!
HEH, IHR WART DOCH MAL FREUNDE!
WEGEN DIESER RESORTGESCHICHTE HERRSCHT ÜBERALL DICKE LUFT.
HM...
DASS HIER JEDER JEDEN KENNT, MACHT ES NICHT EINFACHER.
KLINGT ERWACHSEN.

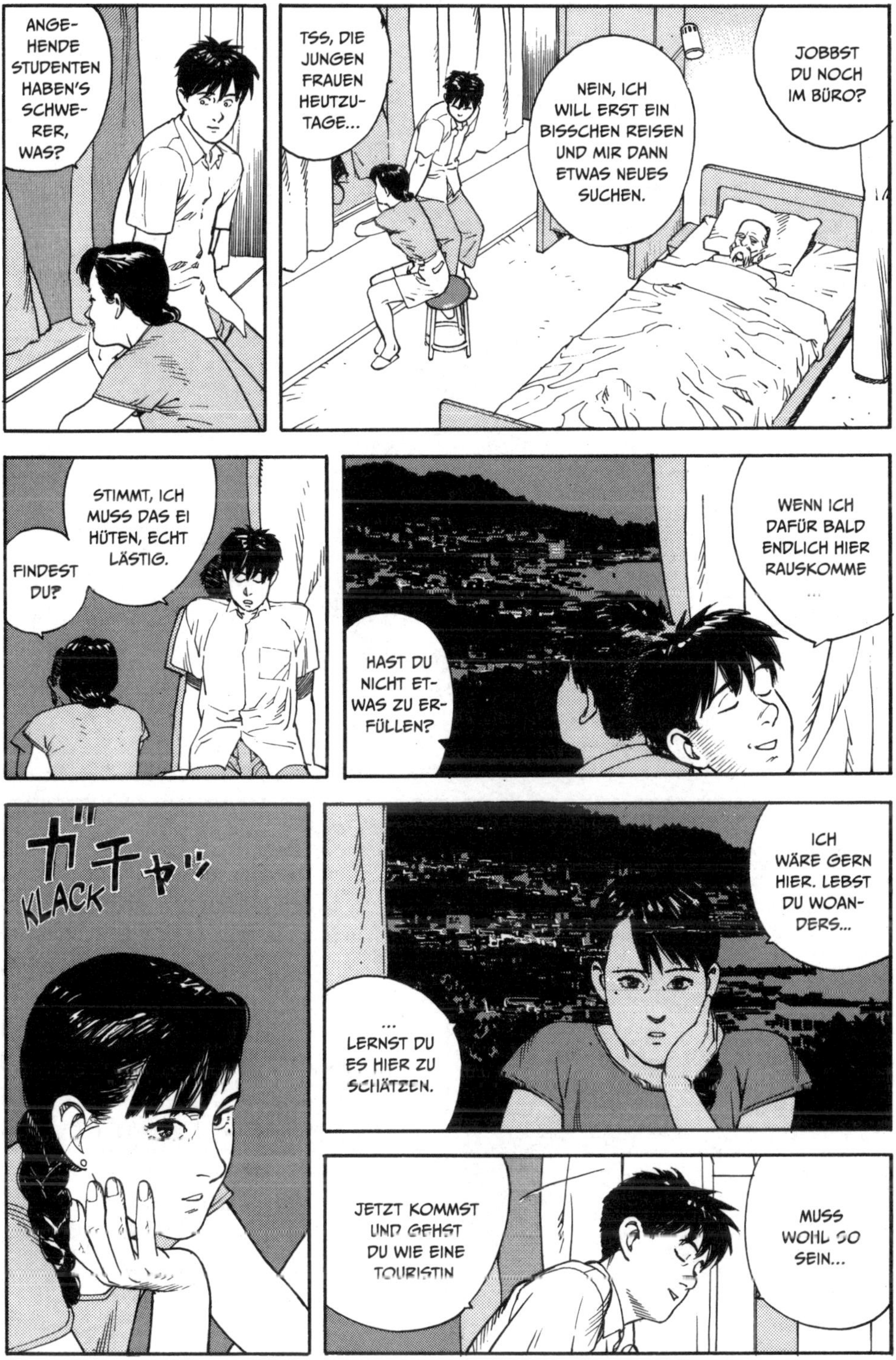
JOBBST DU NOCH IM BÜRO?
NEIN, ICH WILL ERST EIN BISSCHEN REISEN UND MIR DANN ETWAS NEUES SUCHEN.
TSS, DIE JUNGEN FRAUEN HEUTZUTAGE…
ANGEHENDE STUDENTEN HABEN'S SCHWERER, WAS?
WENN ICH DAFÜR BALD ENDLICH HIER RAUSKOMME …
HAST DU NICHT ETWAS ZU ERFÜLLEN?
STIMMT, ICH MUSS DAS EI HÜTEN, ECHT LÄSTIG.
FINDEST DU?
ICH WÄRE GERN HIER. LEBST DU WOANDERS…
… LERNST DU ES HIER ZU SCHÄTZEN.
MUSS WOHL SO SEIN…
JETZT KOMMST UND GEHST DU WIE EINE TOURISTIN
ガチャッ
KLACK

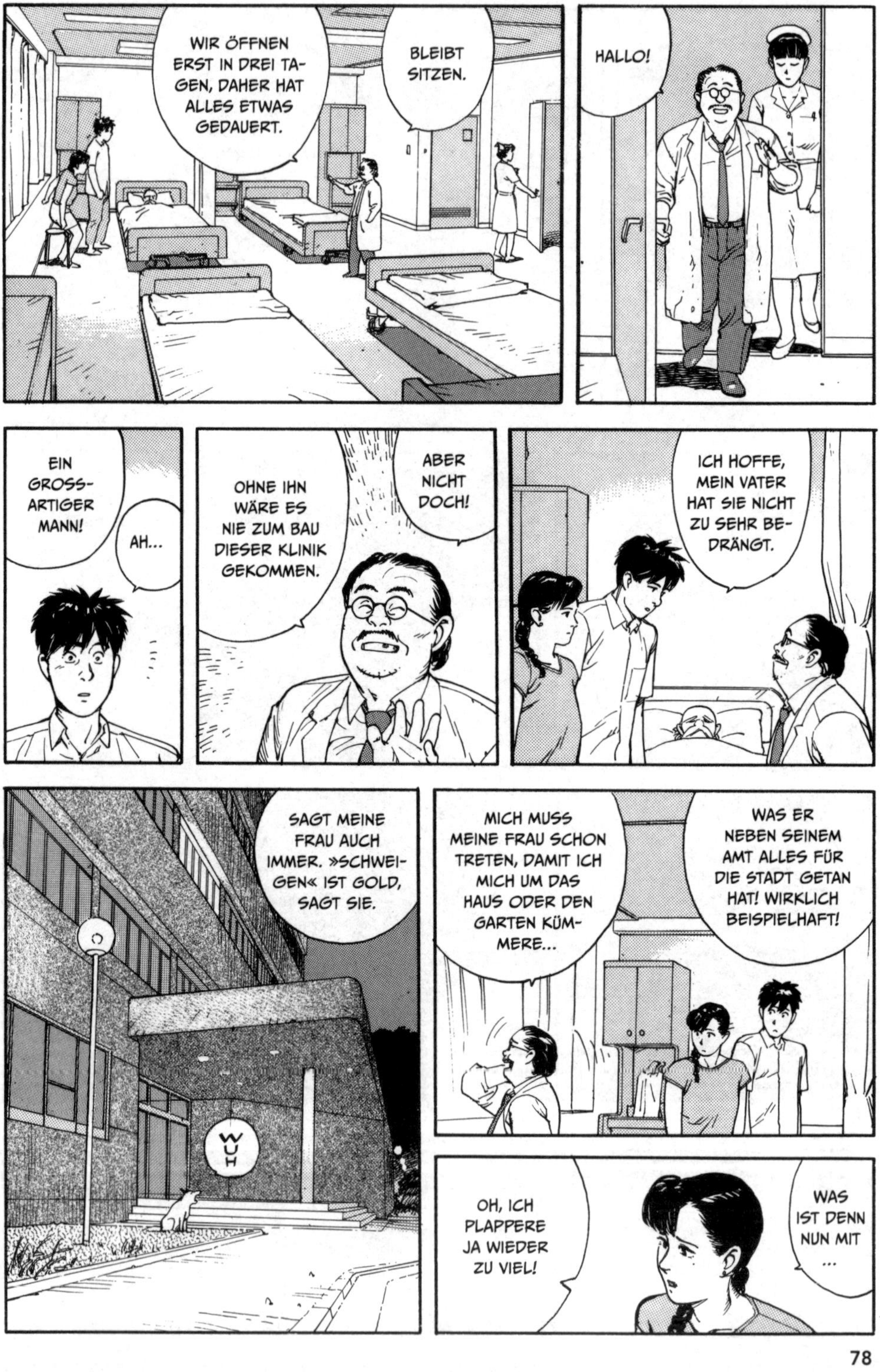

HALLO!
BLEIBT SITZEN.
WIR ÖFFNEN ERST IN DREI TAGEN, DAHER HAT ALLES ETWAS GEDAUERT.
ICH HOFFE, MEIN VATER HAT SIE NICHT ZU SEHR BEDRÄNGT.
ABER NICHT DOCH!
OHNE IHN WÄRE ES NIE ZUM BAU DIESER KLINIK GEKOMMEN.
EIN GROSSARTIGER MANN!
AH...
WAS ER NEBEN SEINEM AMT ALLES FÜR DIE STADT GETAN HAT! WIRKLICH BEISPIELHAFT!
MICH MUSS MEINE FRAU SCHON TRETEN, DAMIT ICH MICH UM DAS HAUS ODER DEN GARTEN KÜMMERE...
WAS IST DENN NUN MIT ...
OH, ICH PLAPPERE JA WIEDER ZU VIEL!
SAGT MEINE FRAU AUCH IMMER. »SCHWEIGEN« IST GOLD, SAGT SIE.
WUH

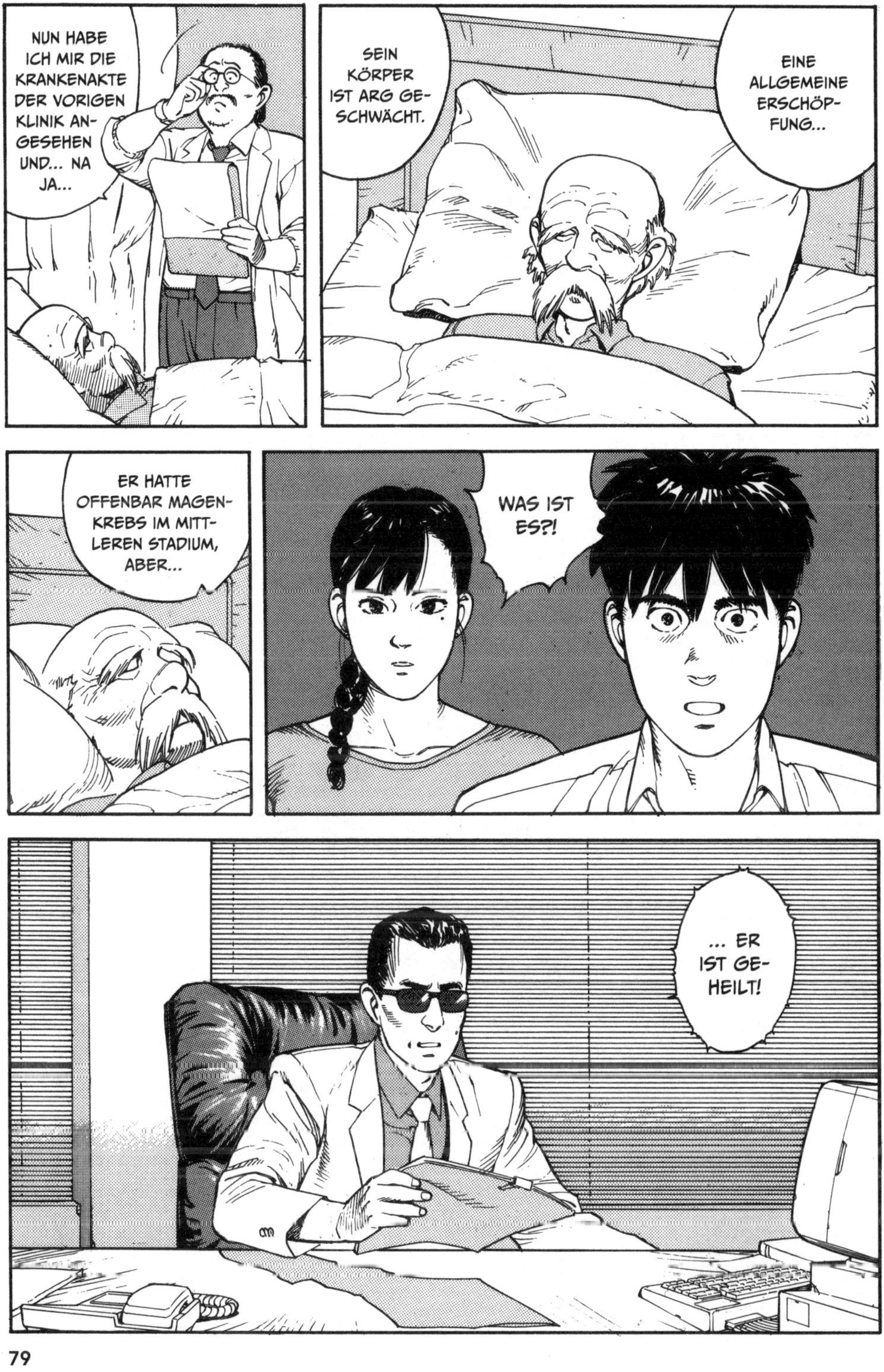
NUN HABE ICH MIR DIE KRANKENAKTE DER VORIGEN KLINIK ANGESEHEN UND... NA JA...
SEIN KÖRPER IST ARG GESCHWÄCHT.
EINE ALLGEMEINE ERSCHÖPFUNG...
ER HATTE OFFENBAR MAGENKREBS IM MITTLEREN STADIUM, ABER...
WAS IST ES?!
... ER IST GEHEILT!

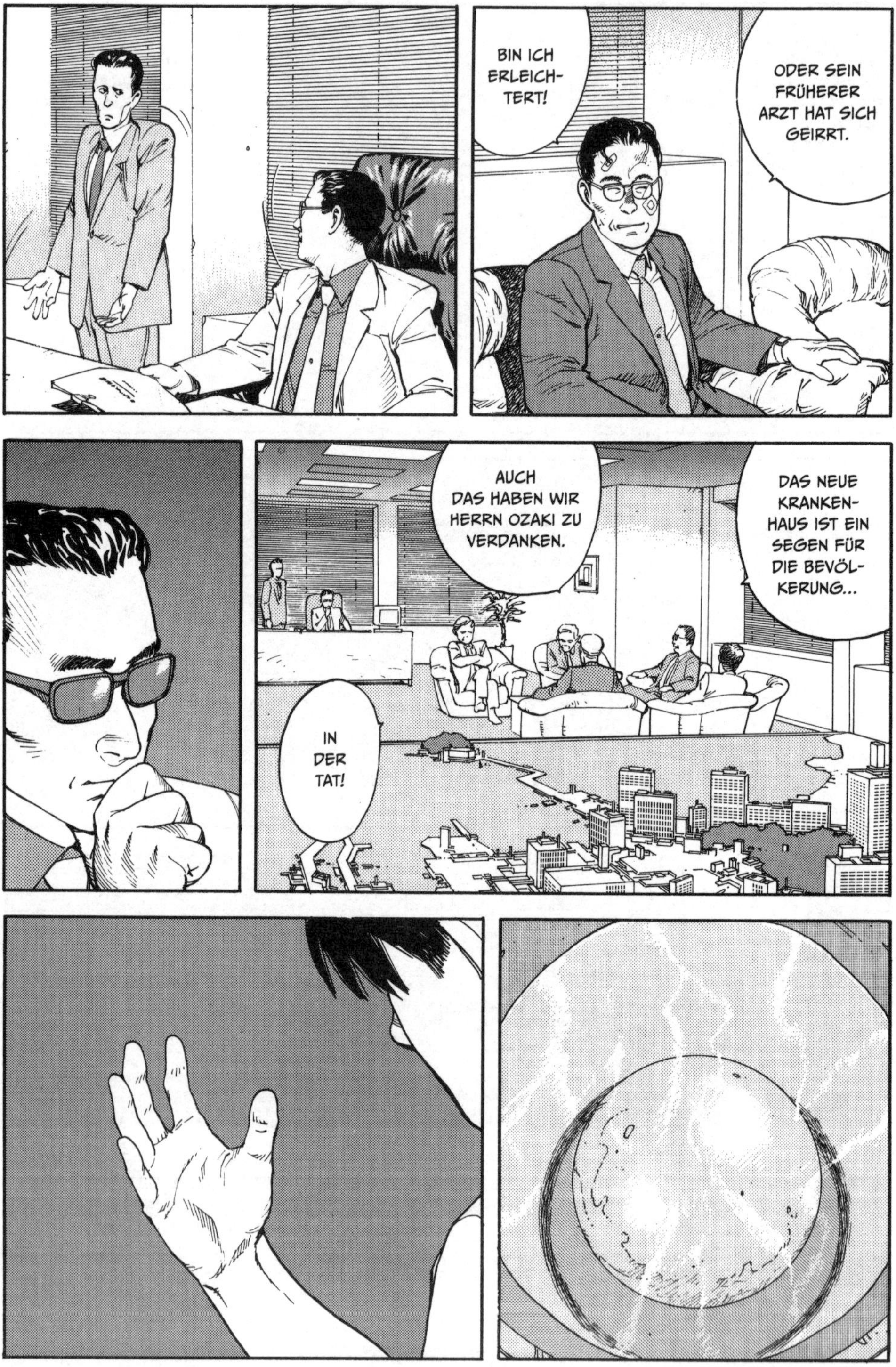
ODER SEIN FRÜHERER ARZT HAT SICH GEIRRT.
BIN ICH ERLEICHTERT!
DAS NEUE KRANKENHAUS IST EIN SEGEN FÜR DIE BEVÖLKERUNG...
AUCH DAS HABEN WIR HERRN OZAKI ZU VERDANKEN.
IN DER TAT!

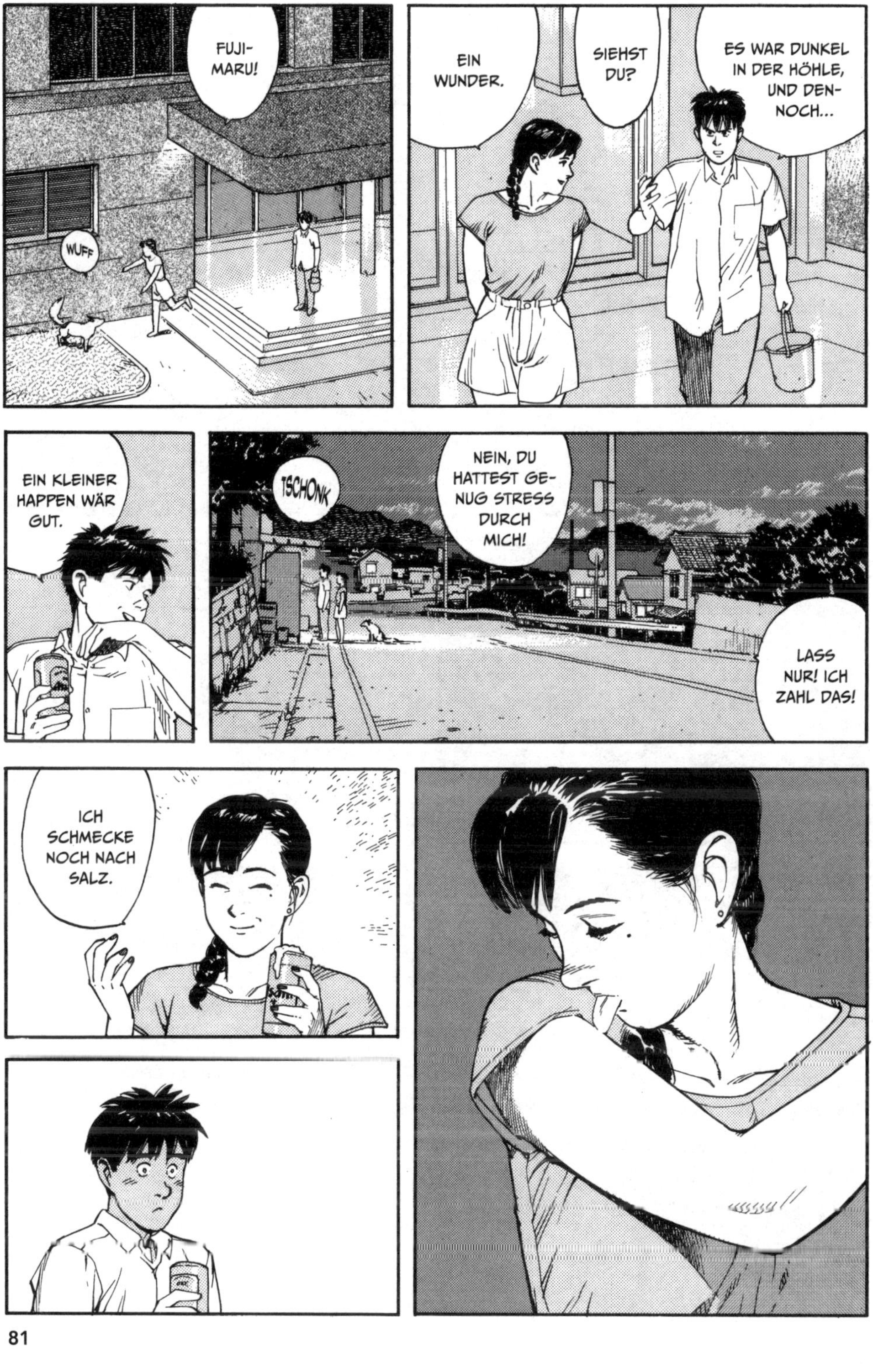
ES WAR DUNKEL IN DER HÖHLE, UND DENNOCH...
SIEHST DU?
EIN WUNDER.
FUJI-MARU!
WUFF
LASS NUR! ICH ZAHL DAS!
NEIN, DU HATTEST GENUG STRESS DURCH MICH!
TSCHONK
EIN KLEINER HAPPEN WÄR GUT.
ICH SCHMECKE NOCH NACH SALZ.

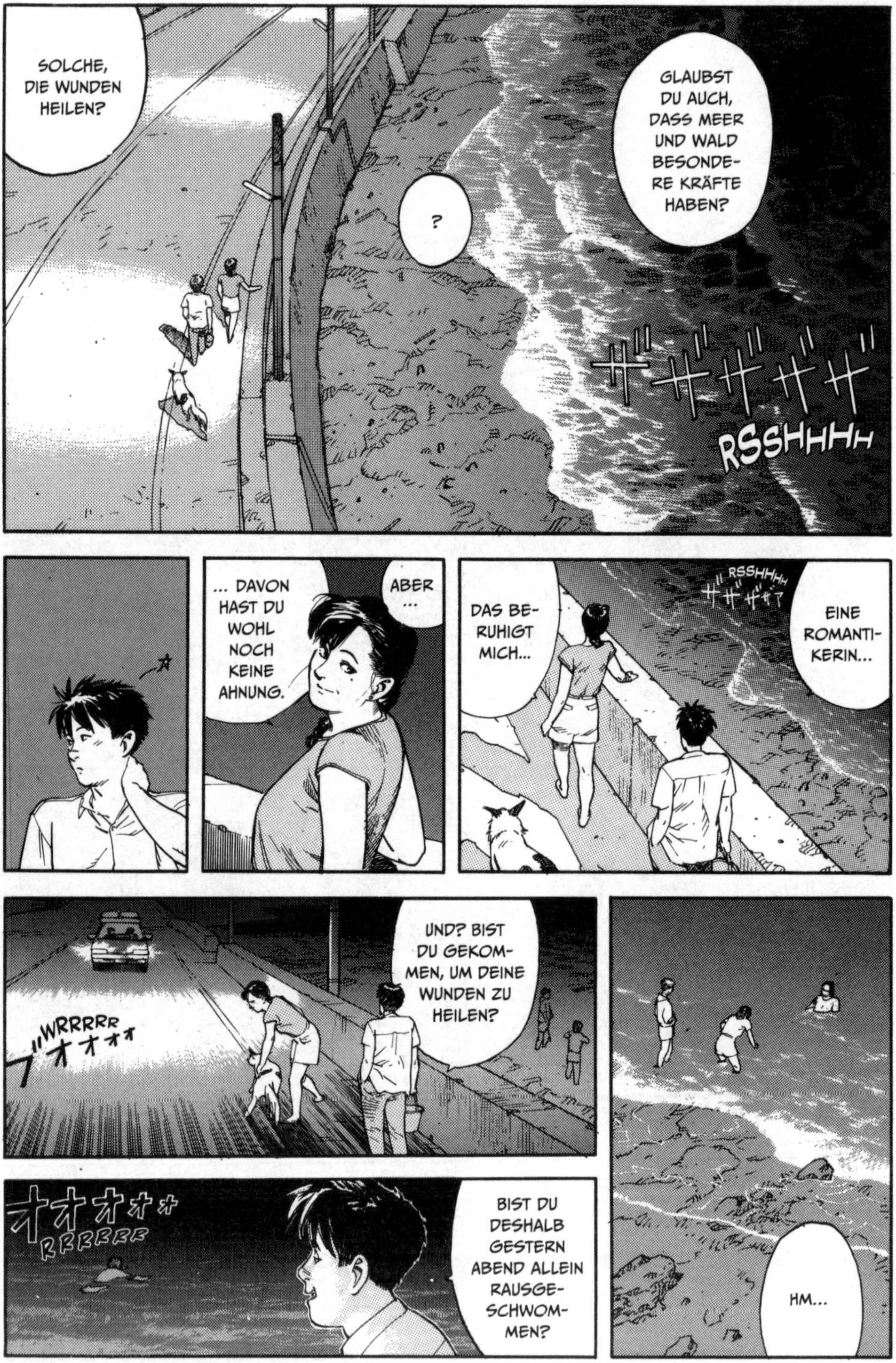
Glaubst du auch, dass Meer und Wald besondere Kräfte haben?
?
Solche, die Wunden heilen?
ザザザザザ
RSSHHHH
Eine Romantikerin...
RSSHHHH
ザザザザァ
Das beruhigt mich...
Aber ...
... davon hast du wohl noch keine Ahnung.
Und? Bist du gekommen, um deine Wunden zu heilen?
WRRRRR
ブオオオォ
Hm...
オオオォォ
RRRRRR
Bist du deshalb gestern Abend allein rausgeschwommen?

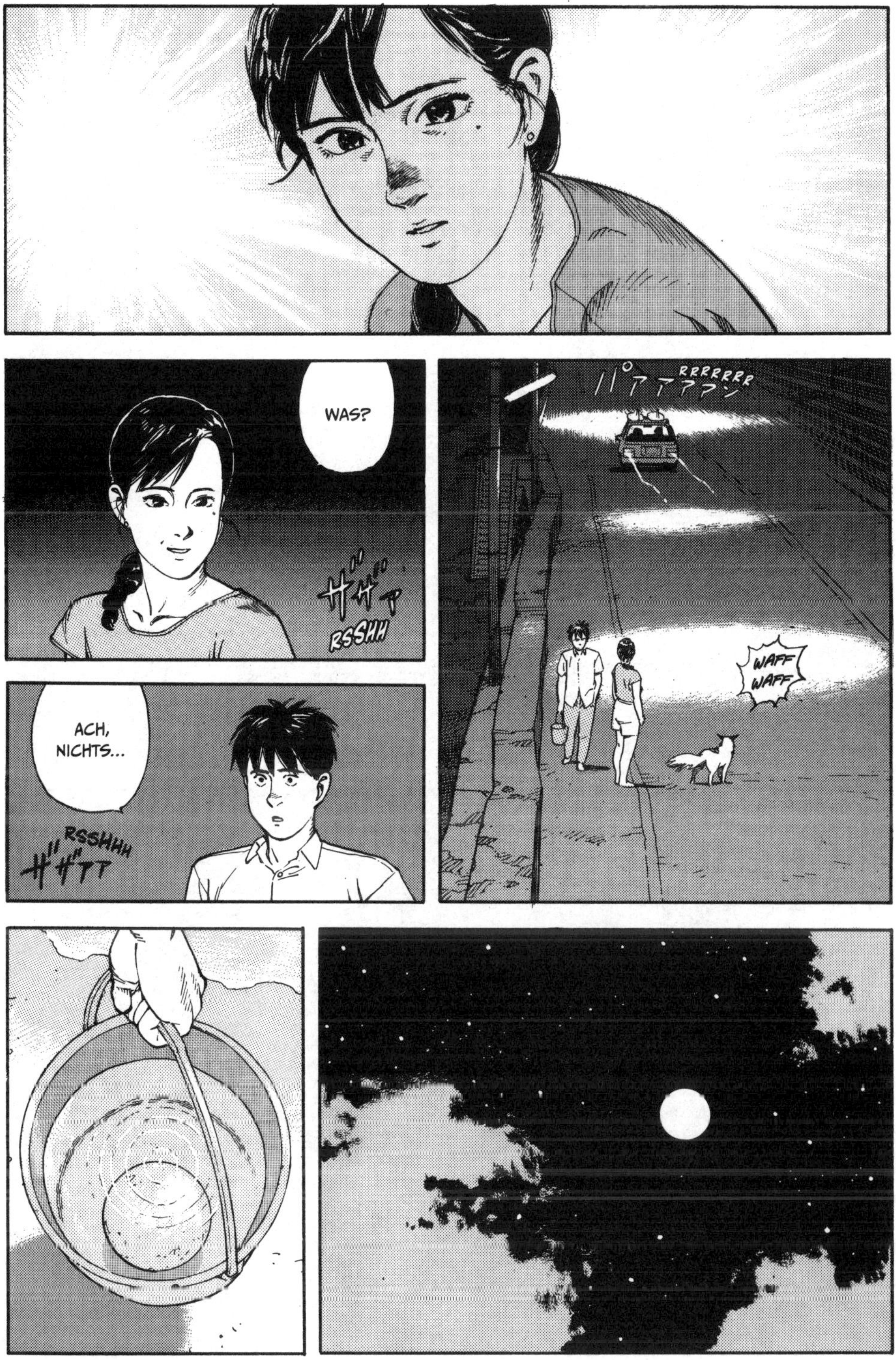
パァァアアン
RRRRRRR
WAFF WAFF
WAS?
ザザァ
RSSHH
ACH, NICHTS...
ザザァァ
RSSHHH

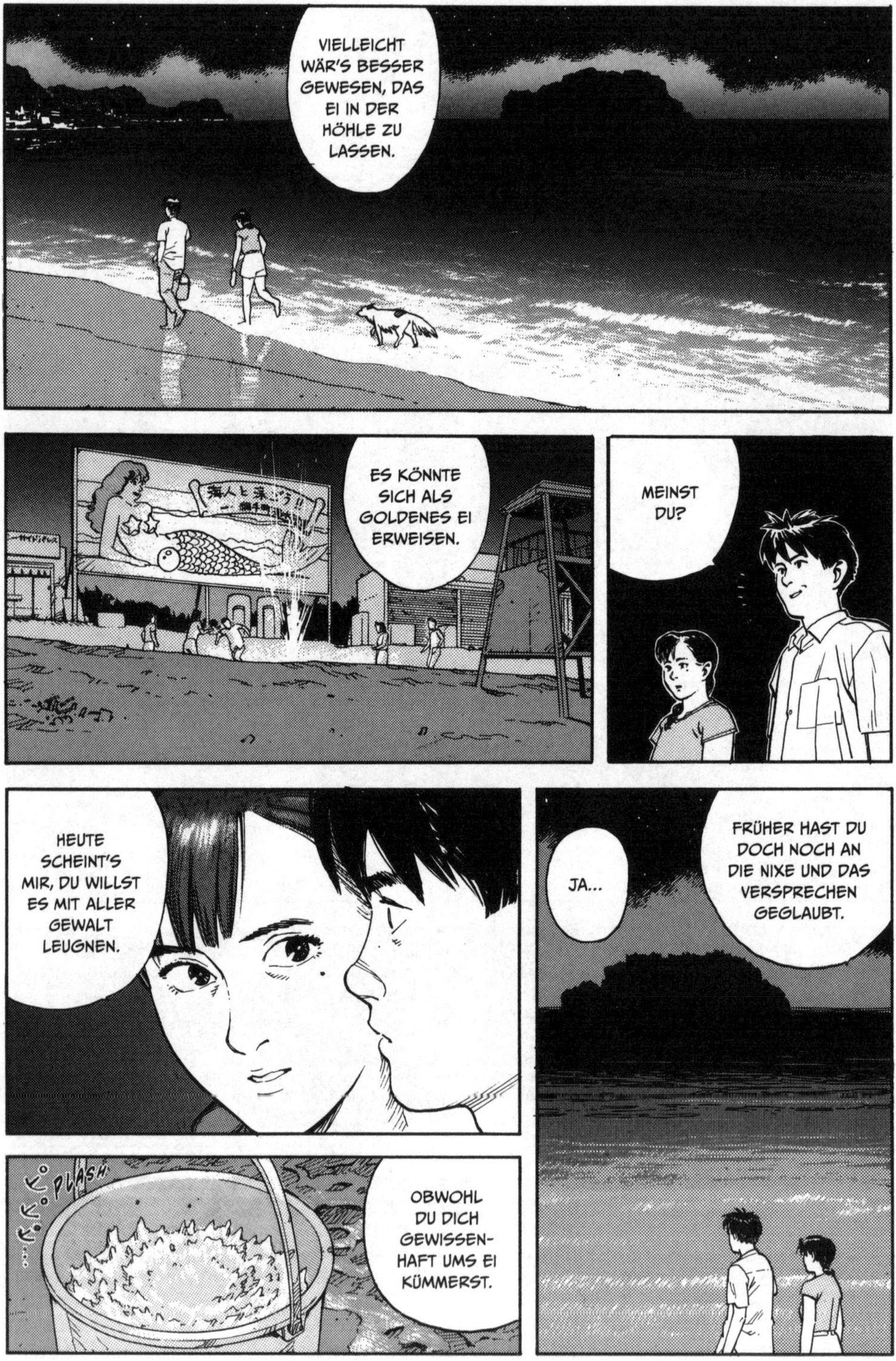
VIELLEICHT WÄR'S BESSER GEWESEN, DAS EI IN DER HÖHLE ZU LASSEN.
MEINST DU?
ES KÖNNTE SICH ALS GOLDENES EI ERWEISEN.
FRÜHER HAST DU DOCH NOCH AN DIE NIXE UND DAS VERSPRECHEN GEGLAUBT.
JA...
HEUTE SCHEINT'S MIR, DU WILLST ES MIT ALLER GEWALT LEUGNEN.
PLASH
OBWOHL DU DICH GEWISSENHAFT UMS EI KÜMMERST.

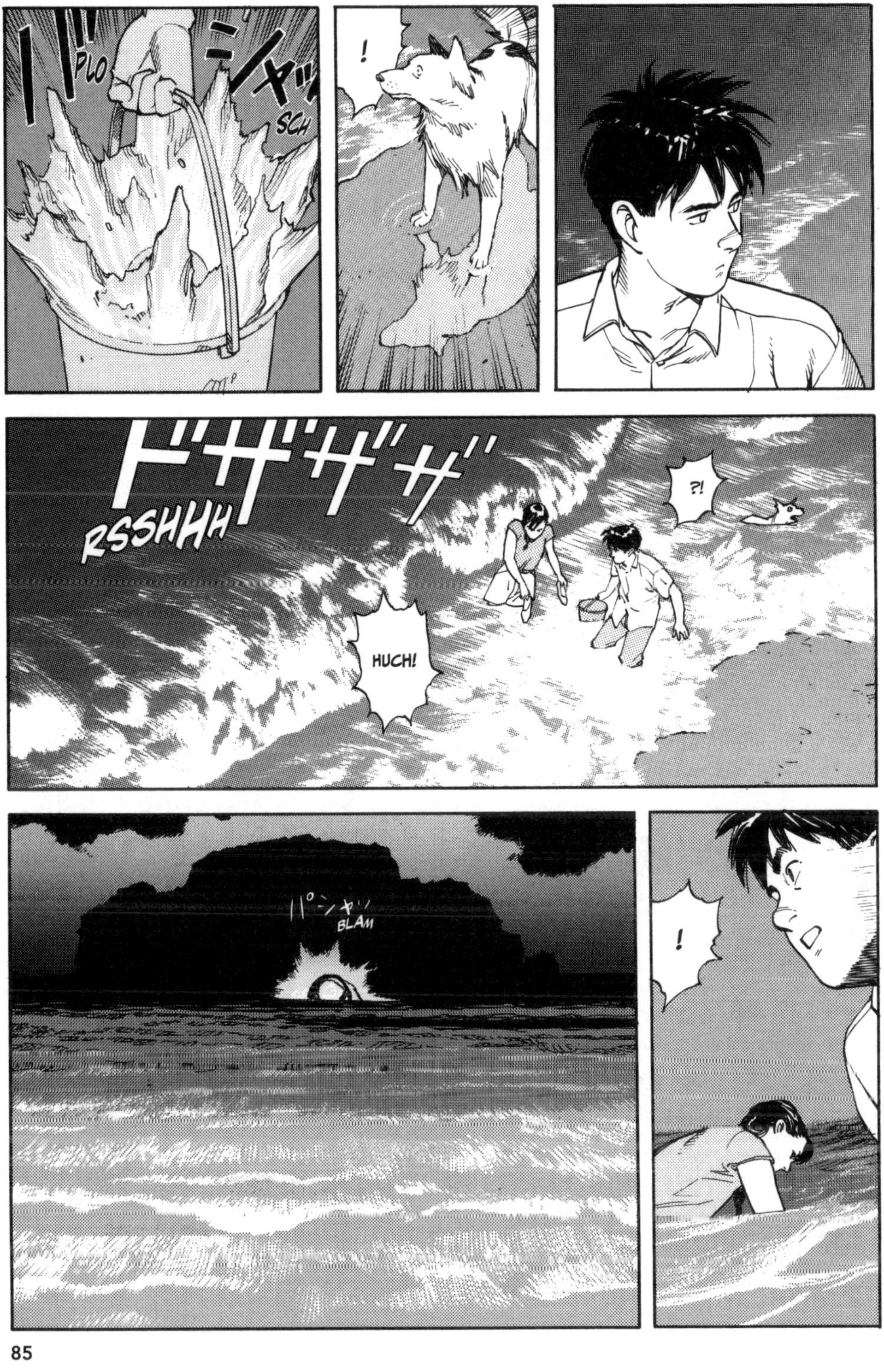
ドボ
PLO
ジャッ
SCH
!
ドザザザ
RSSHHH
?!
HUCH!
パンッ
BLAM
!

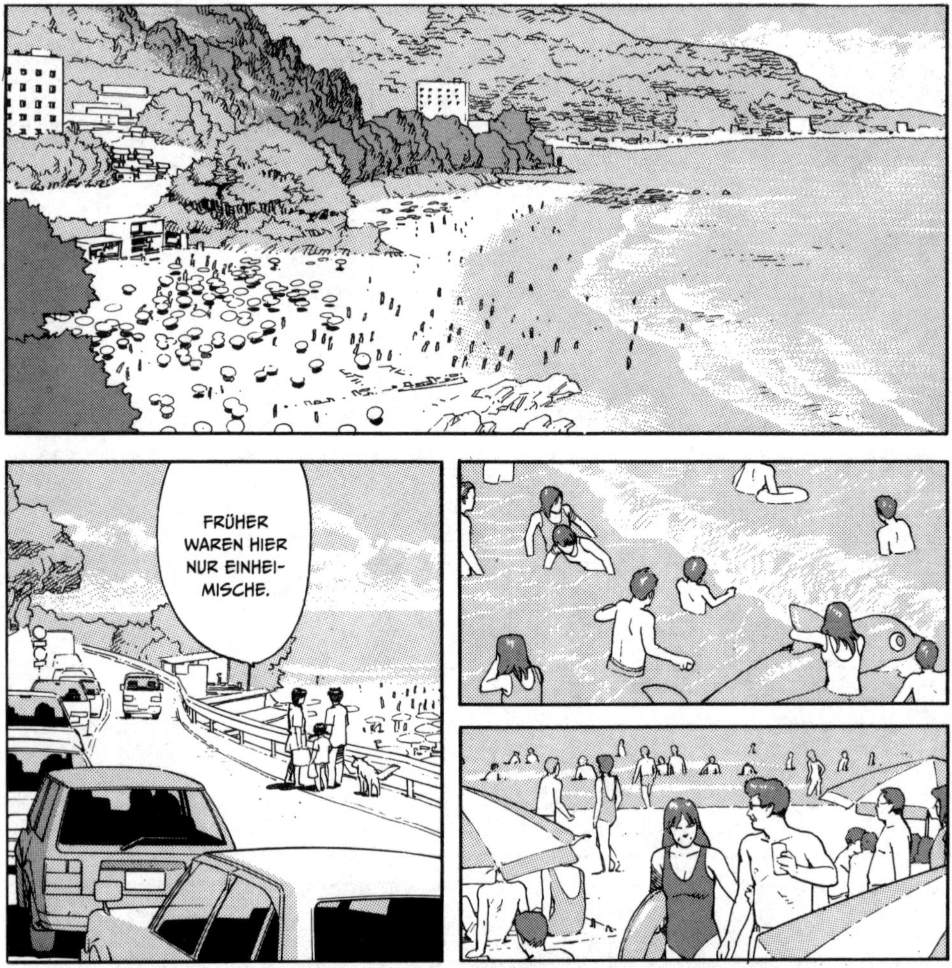

* im jap. Original: »Hitode«, kann Menschenmenge oder Seestern heissen

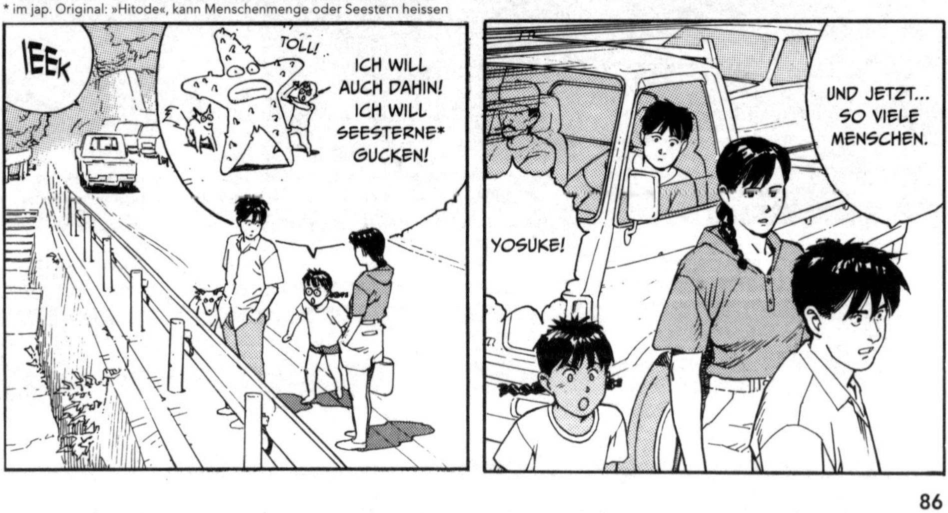

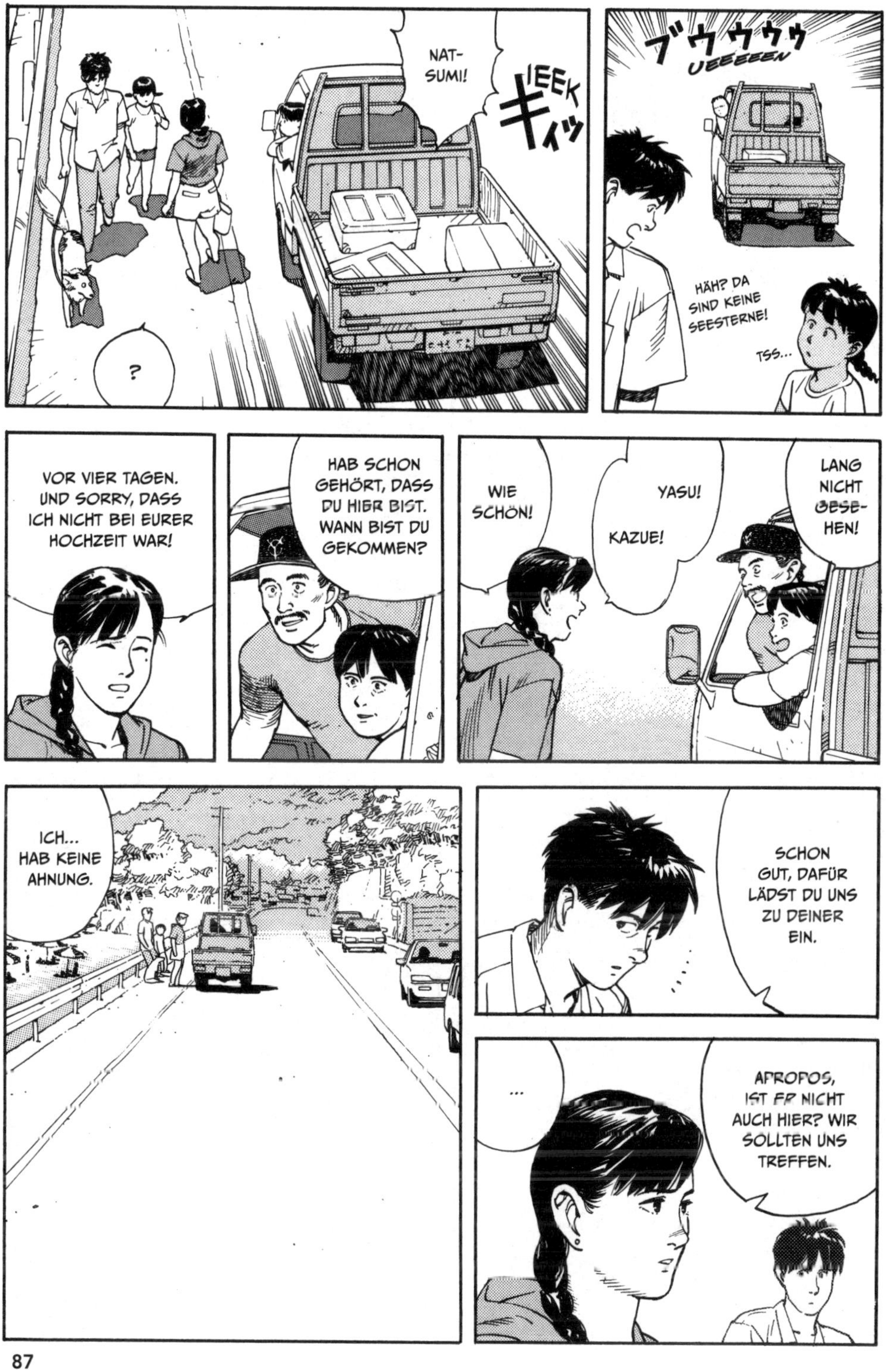
ブウウウウ
UEEEEEN
HÄH? DA SIND KEINE SEESTERNE!
TSS...
NAT-SUMI!
IEEK
キイッ
?
LANG NICHT GESEHEN!
YASU!
KAZUE!
WIE SCHÖN!
HAB SCHON GEHÖRT, DASS DU HIER BIST. WANN BIST DU GEKOMMEN?
VOR VIER TAGEN. UND SORRY, DASS ICH NICHT BEI EURER HOCHZEIT WAR!
SCHON GUT, DAFÜR LÄDST DU UNS ZU DEINER EIN.
...
APROPOS, IST ER NICHT AUCH HIER? WIR SOLLTEN UNS TREFFEN.
...
ICH... HAB KEINE AHNUNG.

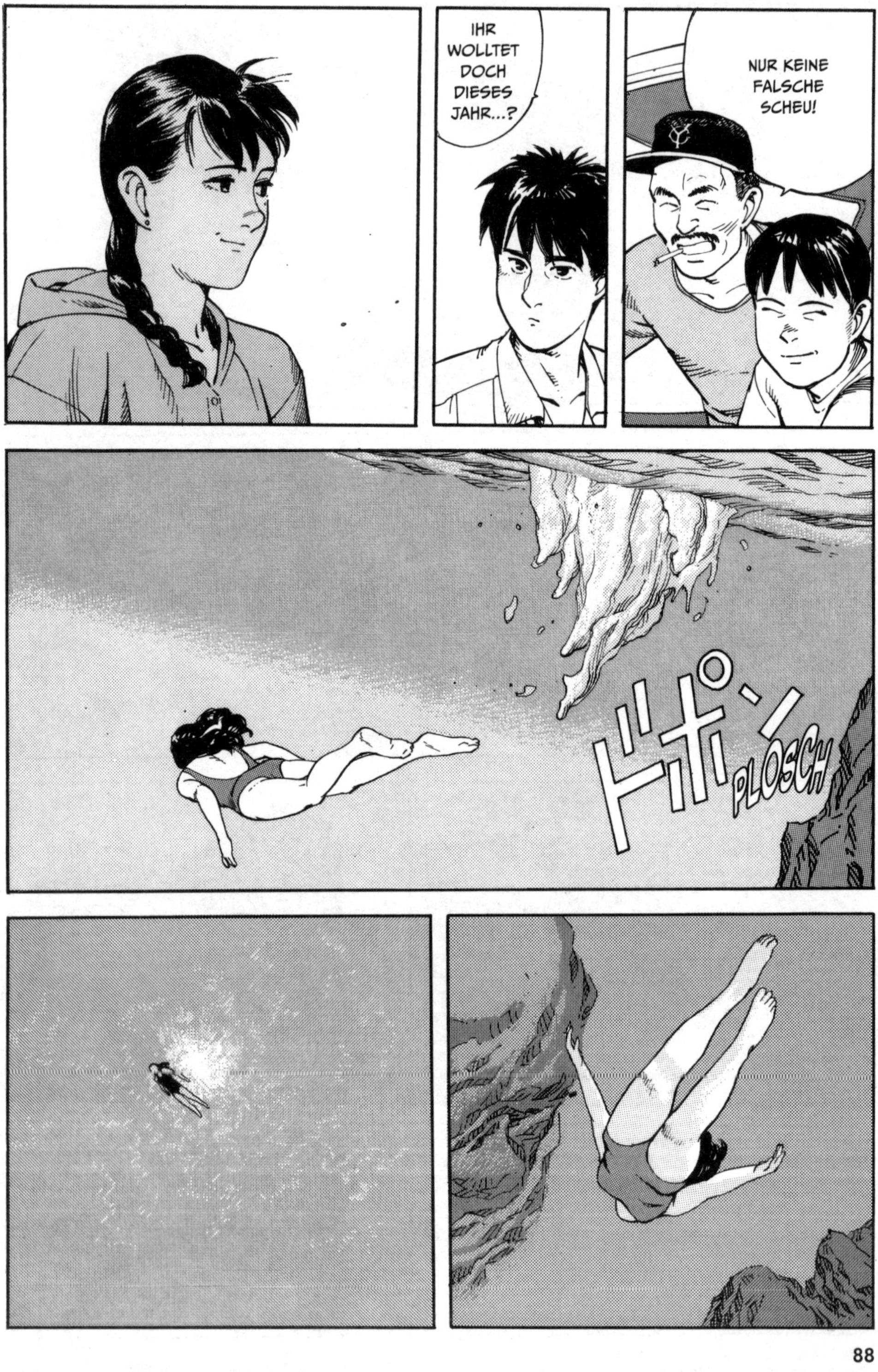
IHR WOLLTET DOCH DIESES JAHR...?
NUR KEINE FALSCHE SCHEU!
ドポーン
PLOSCH

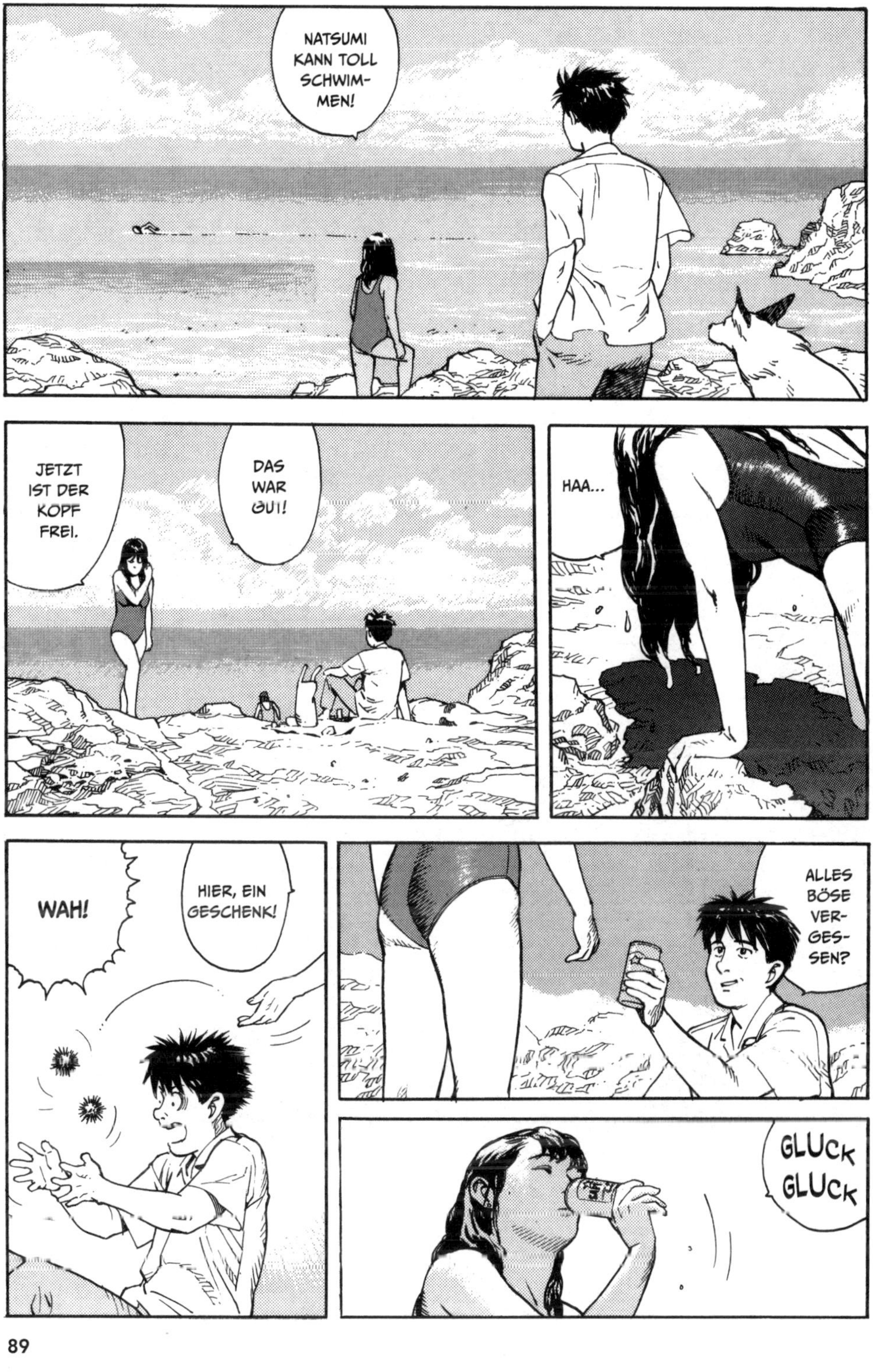
NATSUMI KANN TOLL SCHWIM-MEN!
HAA...
DAS WAR GUT!
JETZT IST DER KOPF FREI.
ALLES BÖSE VER-GES-SEN?
GLUCK GLUCK
HIER, EIN GESCHENK!
WAH!

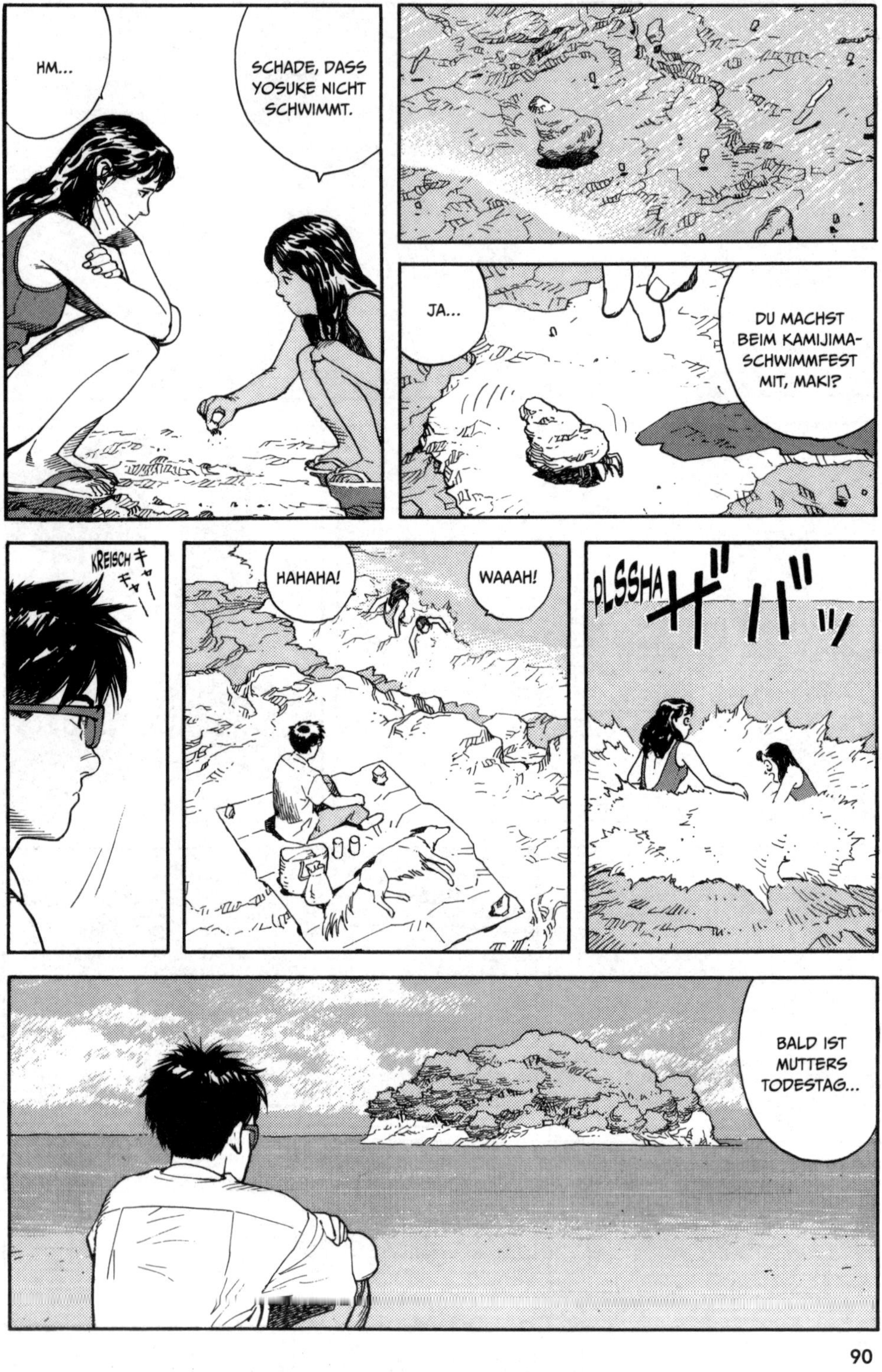
SCHADE, DASS YOSUKE NICHT SCHWIMMT.
HM...
DU MACHST BEIM KAMIJIMA-SCHWIMMFEST MIT, MAKI?
JA...
PLSSHA ザバッ
WAAAH!
HAHAHA!
KREISCH キャーキャー
BALD IST MUTTERS TODESTAG...

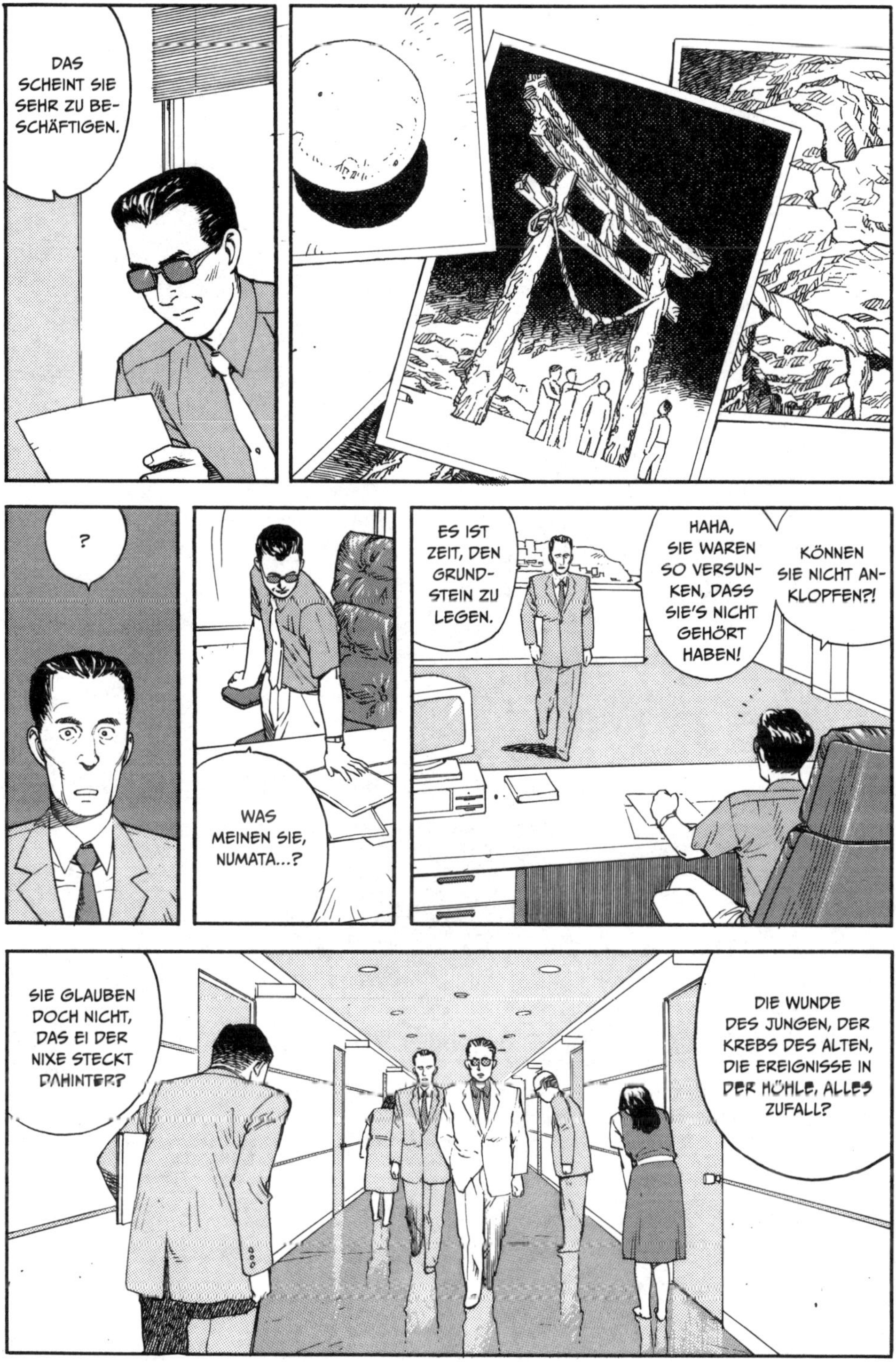

DAS SCHEINT SIE SEHR ZU BESCHÄFTIGEN.
KÖNNEN SIE NICHT ANKLOPFEN?!
HAHA, SIE WAREN SO VERSUNKEN, DASS SIE'S NICHT GEHÖRT HABEN!
ES IST ZEIT, DEN GRUNDSTEIN ZU LEGEN.
WAS MEINEN SIE, NUMATA...?
?
DIE WUNDE DES JUNGEN, DER KREBS DES ALTEN, DIE EREIGNISSE IN DER HÖHLE, ALLES ZUFALL?
SIE GLAUBEN DOCH NICHT, DAS EI DER NIXE STECKT DAHINTER?

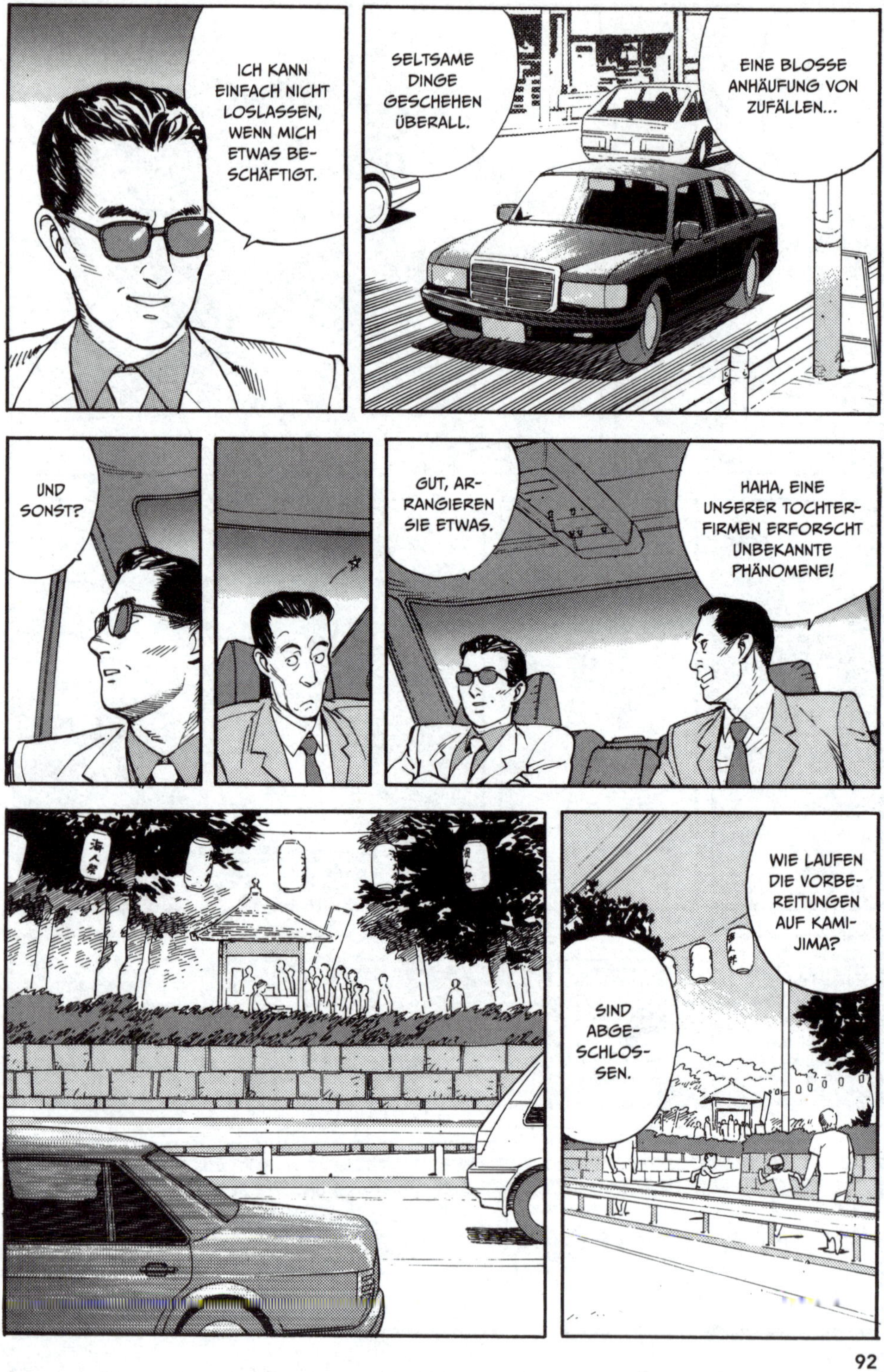
ICH KANN EINFACH NICHT LOSLASSEN, WENN MICH ETWAS BESCHÄFTIGT.
SELTSAME DINGE GESCHEHEN ÜBERALL.
EINE BLOSSE ANHÄUFUNG VON ZUFÄLLEN...
UND SONST?
GUT, ARRANGIEREN SIE ETWAS.
HAHA, EINE UNSERER TOCHTERFIRMEN ERFORSCHT UNBEKANNTE PHÄNOMENE!
WIE LAUFEN DIE VORBEREITUNGEN AUF KAMIJIMA?
SIND ABGESCHLOSSEN.

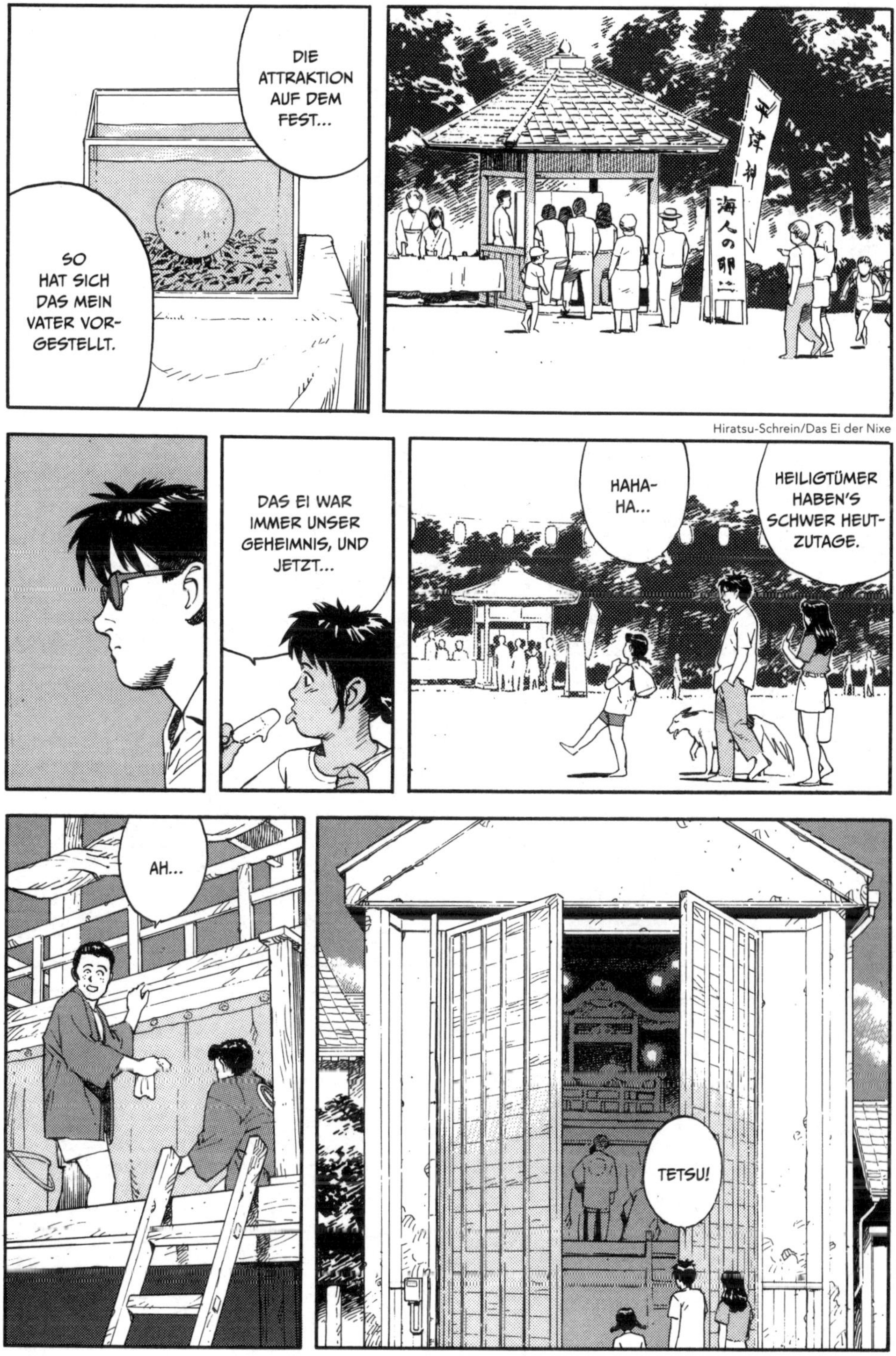

Hiratsu-Schrein/Das Ei der Nixe

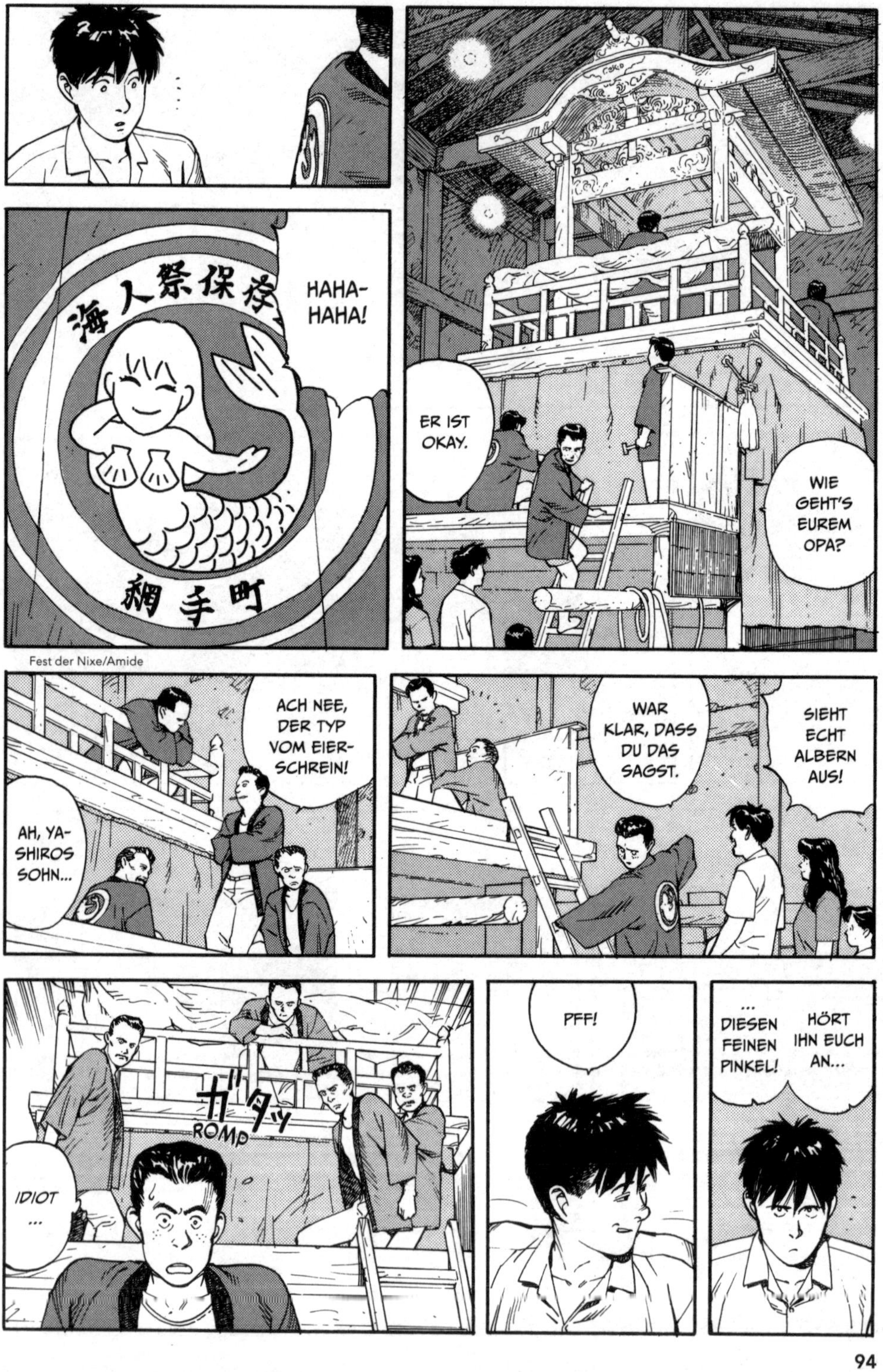

Fest der Nixe/Amide

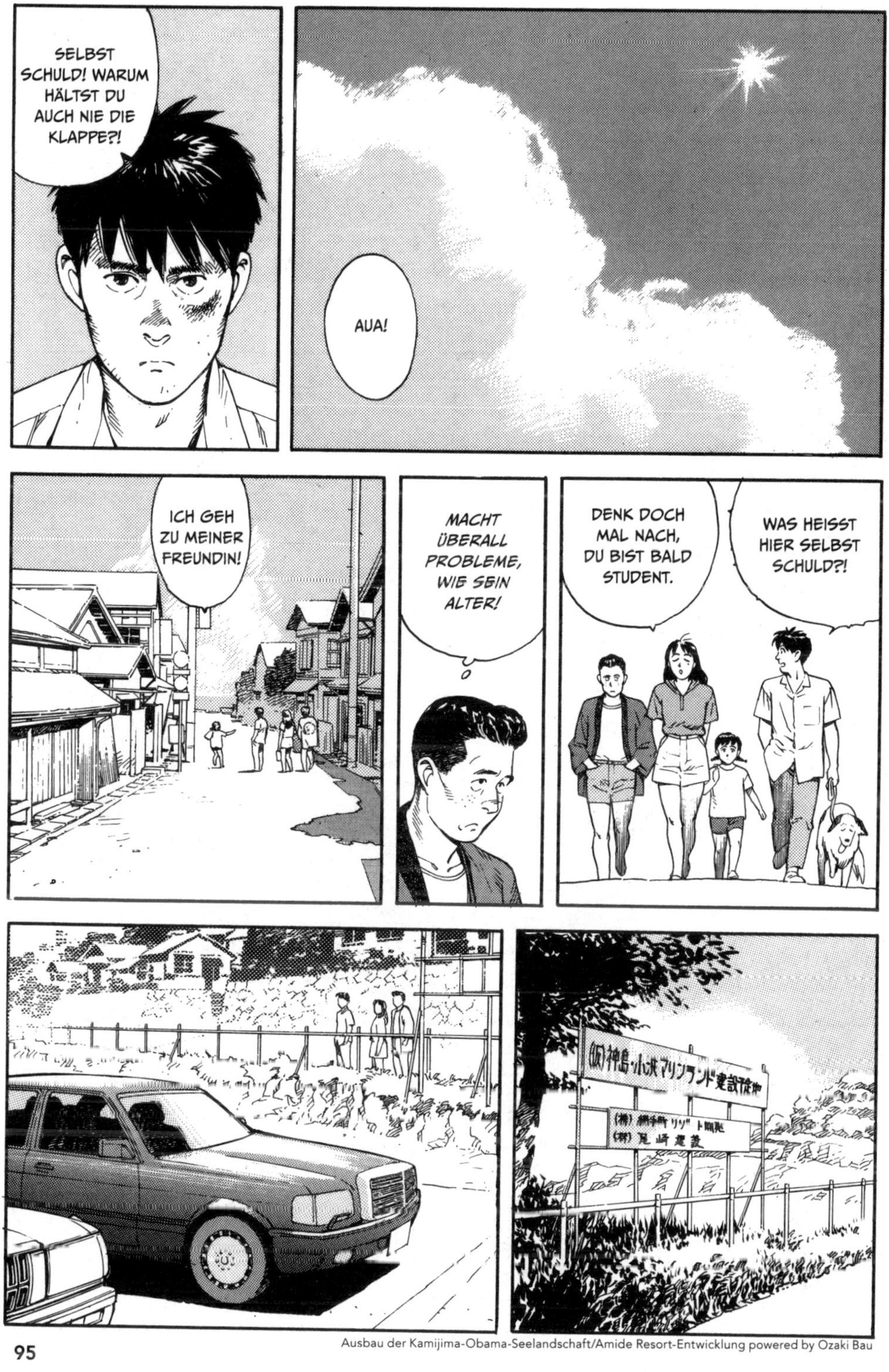

Ausbau der Kamijima-Obama-Seelandschaft/Amide Resort-Entwicklung powered by Ozaki Bau

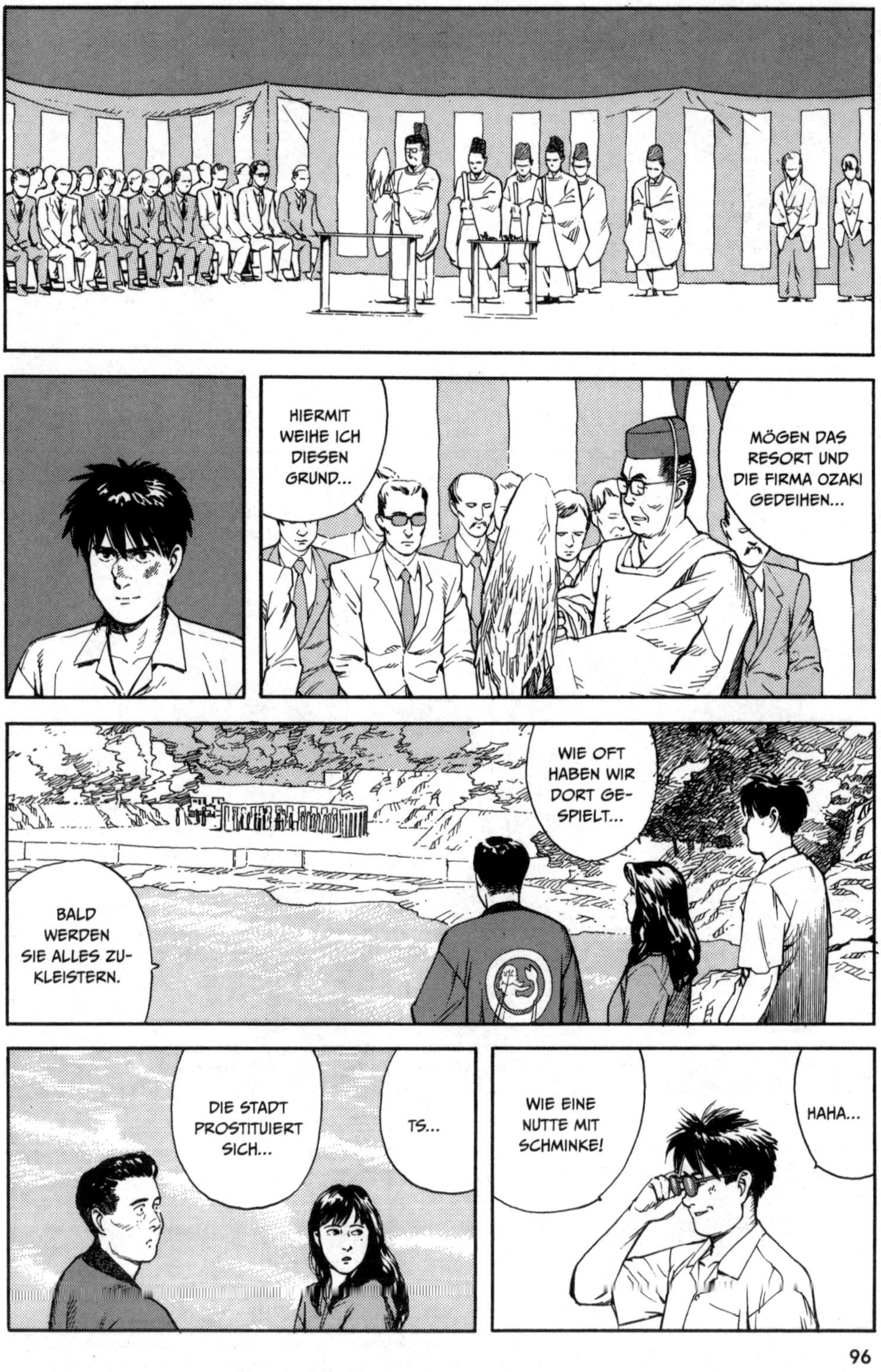
HIERMIT WEIHE ICH DIESEN GRUND...
MÖGEN DAS RESORT UND DIE FIRMA OZAKI GEDEIHEN...
WIE OFT HABEN WIR DORT GE-SPIELT...
BALD WERDEN SIE ALLES ZU-KLEISTERN.
DIE STADT PROSTITUIERT SICH...
TS...
WIE EINE NUTTE MIT SCHMINKE!
HAHA...

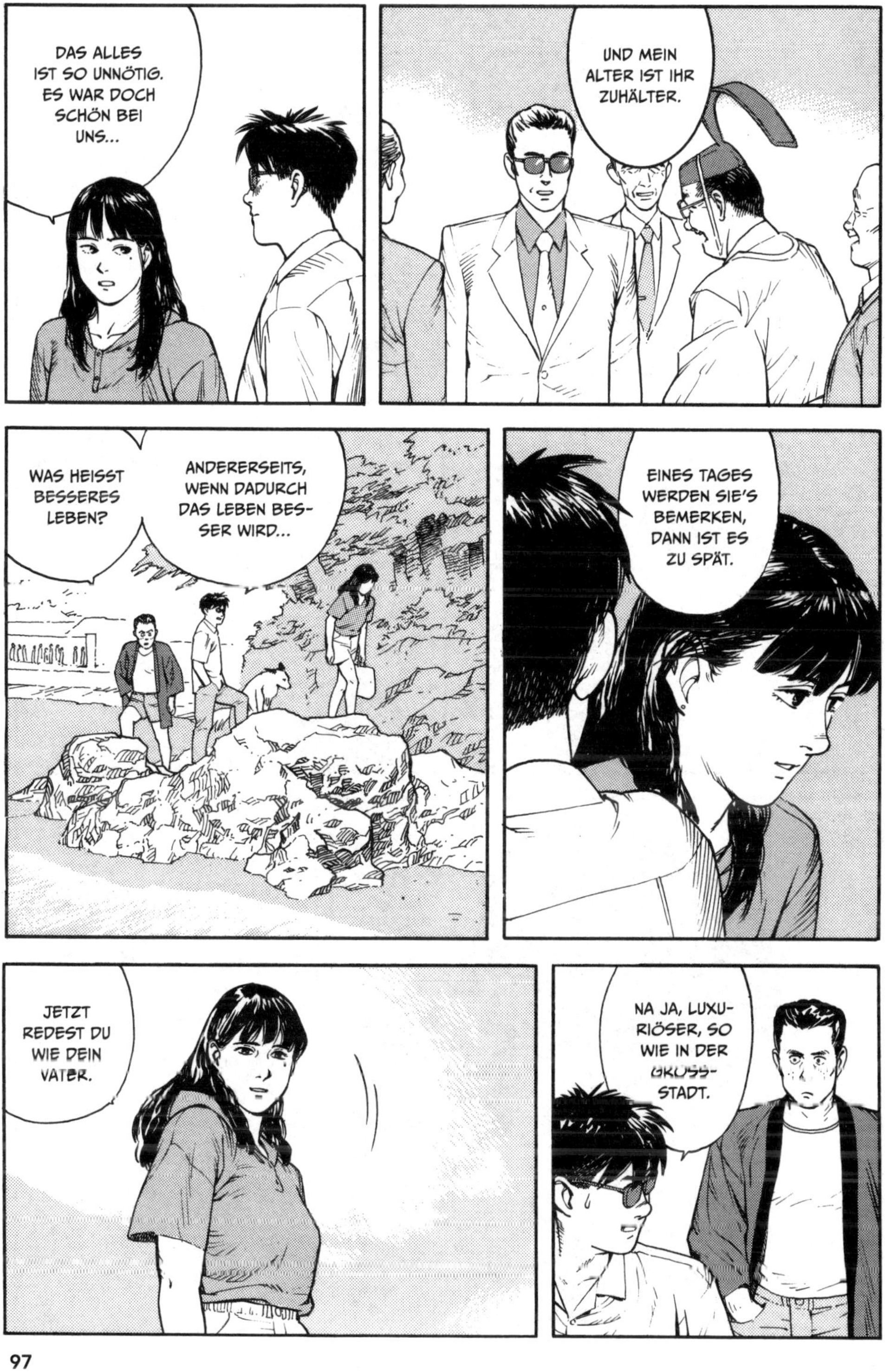
UND MEIN ALTER IST IHR ZUHÄLTER.
DAS ALLES IST SO UNNÖTIG. ES WAR DOCH SCHÖN BEI UNS...
EINES TAGES WERDEN SIE'S BEMERKEN, DANN IST ES ZU SPÄT.
ANDERERSEITS, WENN DADURCH DAS LEBEN BESSER WIRD...
WAS HEISST BESSERES LEBEN?
NA JA, LUXURIÖSER, SO WIE IN DER GROSSSTADT.
JETZT REDEST DU WIE DEIN VATER.

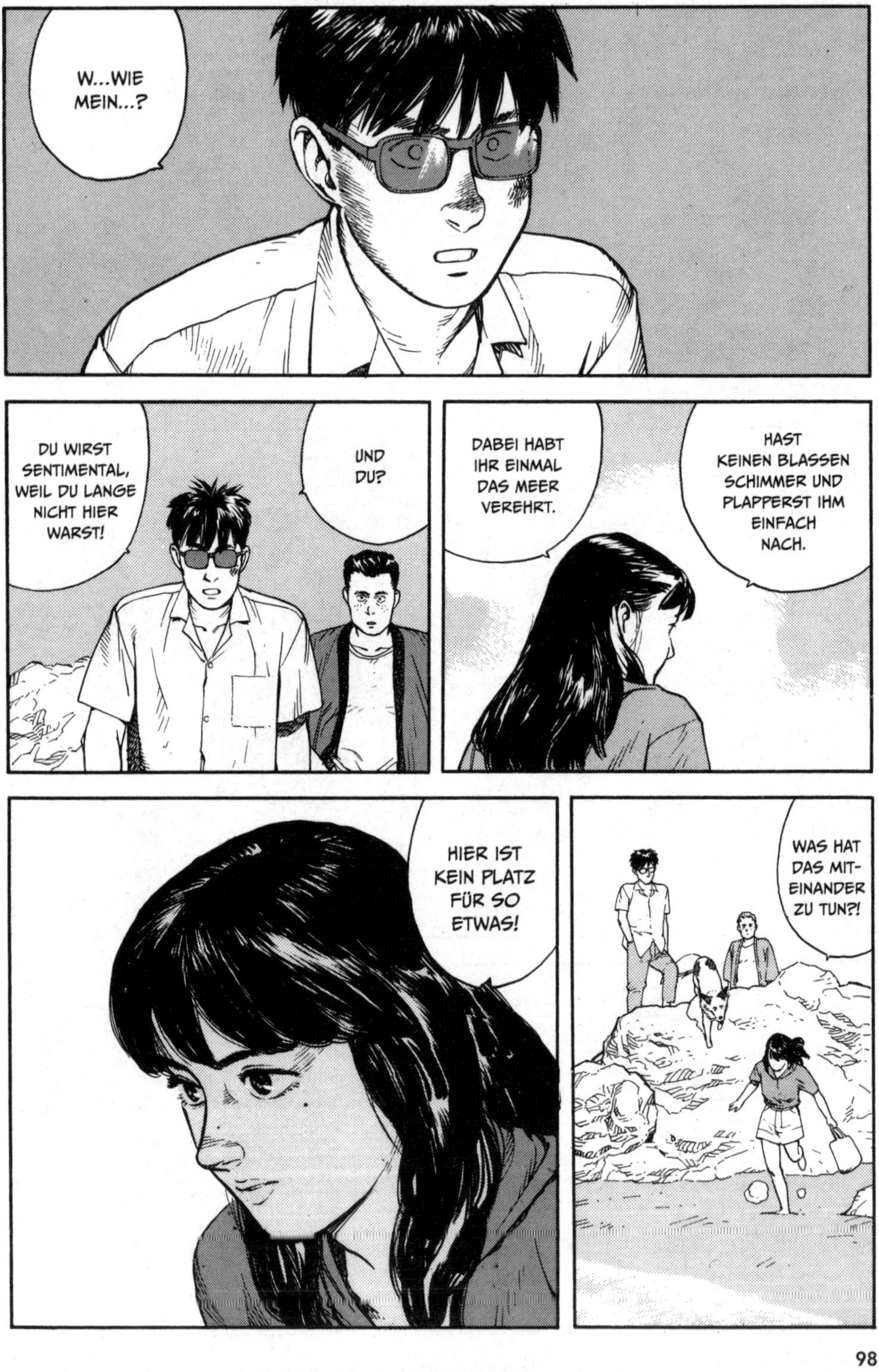
W...WIE MEIN...?
HAST KEINEN BLASSEN SCHIMMER UND PLAPPERST IHM EINFACH NACH.
DABEI HABT IHR EINMAL DAS MEER VEREHRT.
UND DU?
DU WIRST SENTIMENTAL, WEIL DU LANGE NICHT HIER WARST!
WAS HAT DAS MIT-EINANDER ZU TUN?!
HIER IST KEIN PLATZ FÜR SO ETWAS!

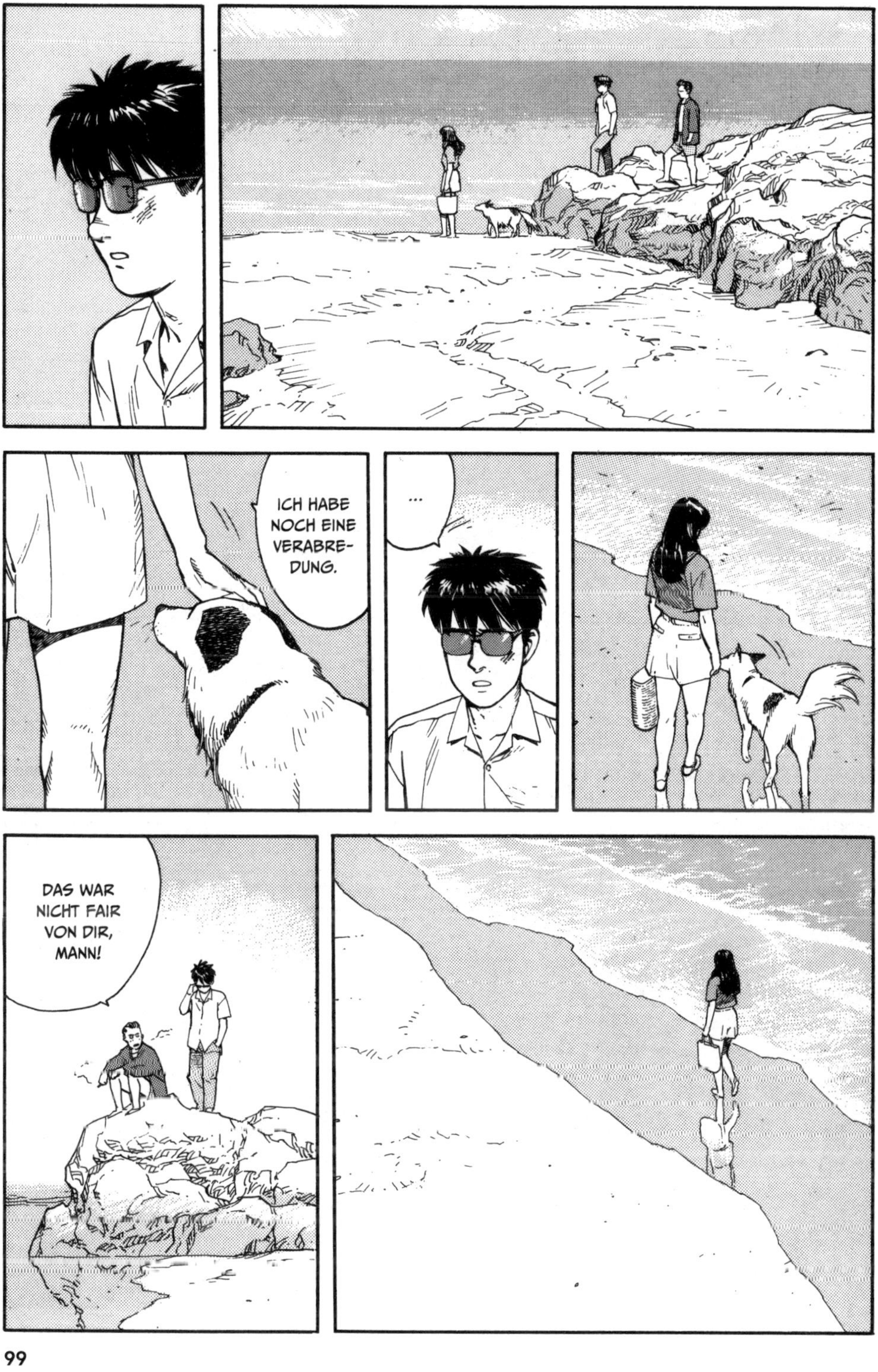
ICH HABE NOCH EINE VERABREDUNG.
...
DAS WAR NICHT FAIR VON DIR, MANN!

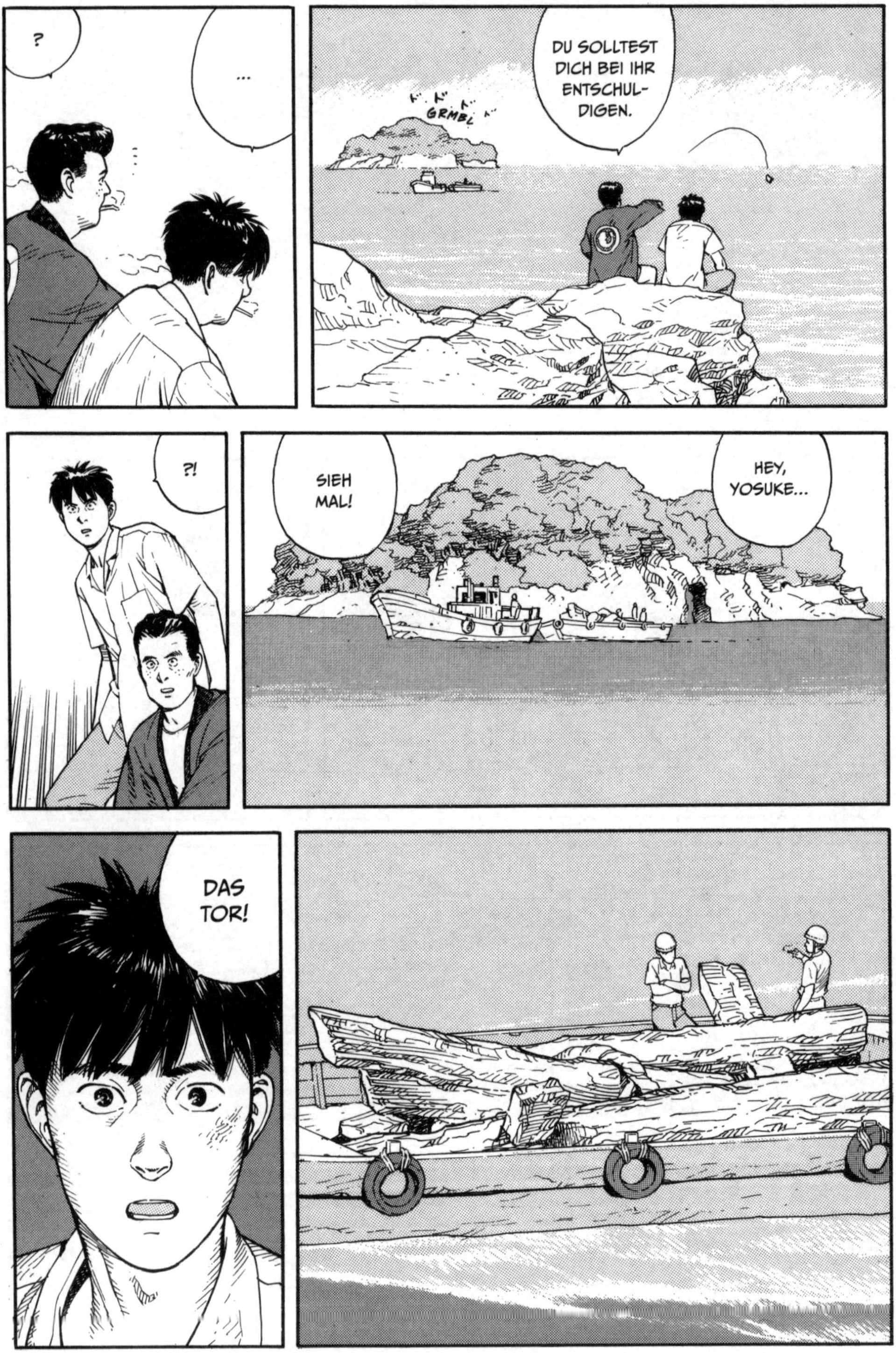
DU SOLLTEST DICH BEI IHR ENTSCHULDIGEN.
GRMBL
...
?
HEY, YOSUKE...
SIEH MAL!
?!
DAS TOR!

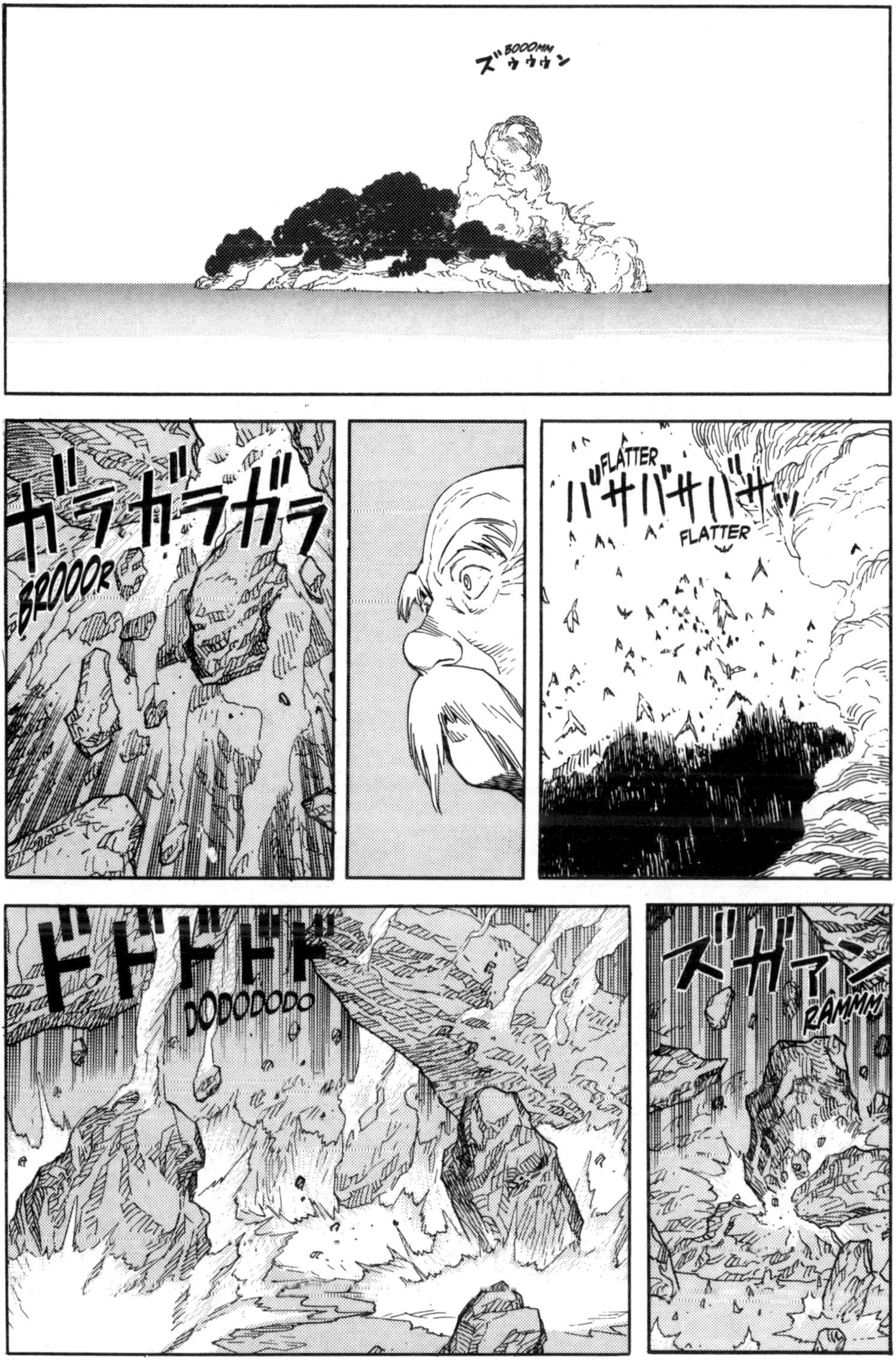

BOOOMM
ズウウウン
FLATTER
バサバサバサッ
FLATTER
ガラガラガラ
BROOOR
ズガァン
RAMMM
ドドドドドド
DODODODO

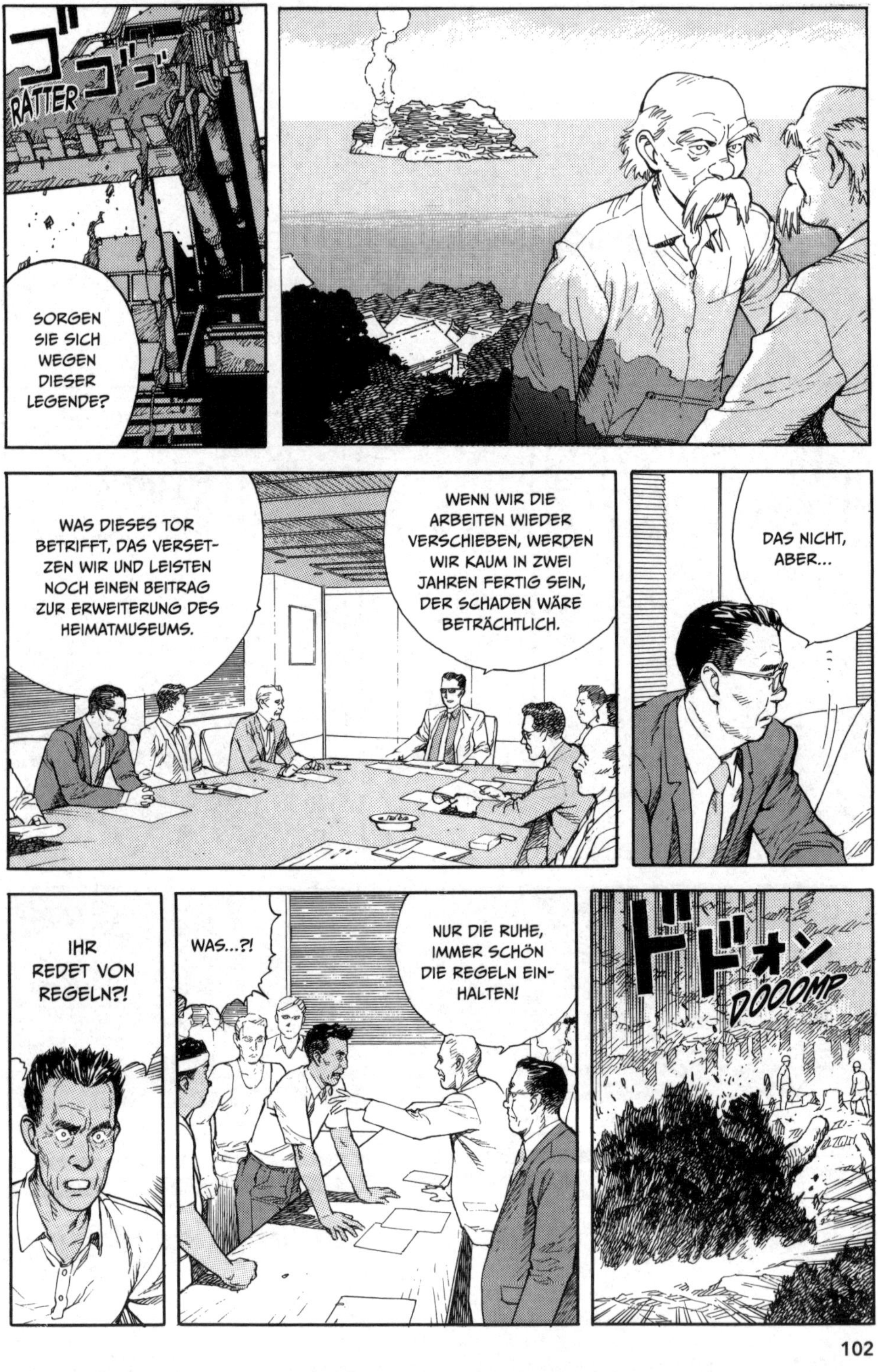
ゴゴゴ
RATTER
SORGEN SIE SICH WEGEN DIESER LEGENDE?
WAS DIESES TOR BETRIFFT, DAS VERSETZEN WIR UND LEISTEN NOCH EINEN BEITRAG ZUR ERWEITERUNG DES HEIMATMUSEUMS.
WENN WIR DIE ARBEITEN WIEDER VERSCHIEBEN, WERDEN WIR KAUM IN ZWEI JAHREN FERTIG SEIN, DER SCHADEN WÄRE BETRÄCHTLICH.
DAS NICHT, ABER...
IHR REDET VON REGELN?!
WAS...?!
NUR DIE RUHE, IMMER SCHÖN DIE REGELN EINHALTEN!
ドドォン
DOOOMP

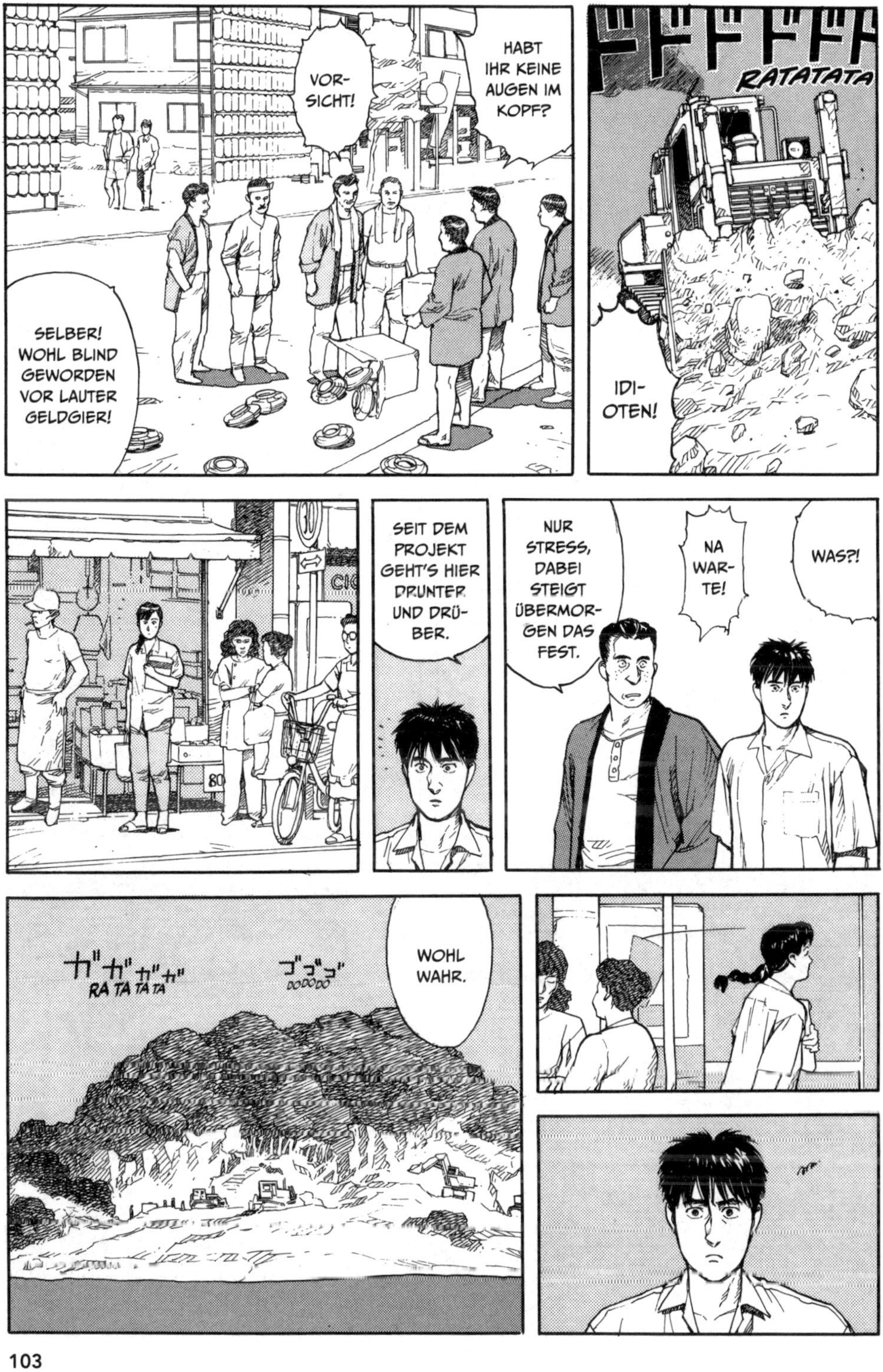
ドドドドドド
RATATATA
IDI-
OTEN!
HABT IHR KEINE AUGEN IM KOPF?
VOR-
SICHT!
SELBER! WOHL BLIND GEWORDEN VOR LAUTER GELDGIER!
WAS?!
NA WAR-
TE!
NUR STRESS, DABEI STEIGT ÜBERMOR-
GEN DAS FEST.
SEIT DEM PROJEKT GEHT'S HIER DRUNTER UND DRÜ-
BER.
WOHL WAHR.
ゴゴゴ
DODODO
ガガガガ
RA TA TA TA

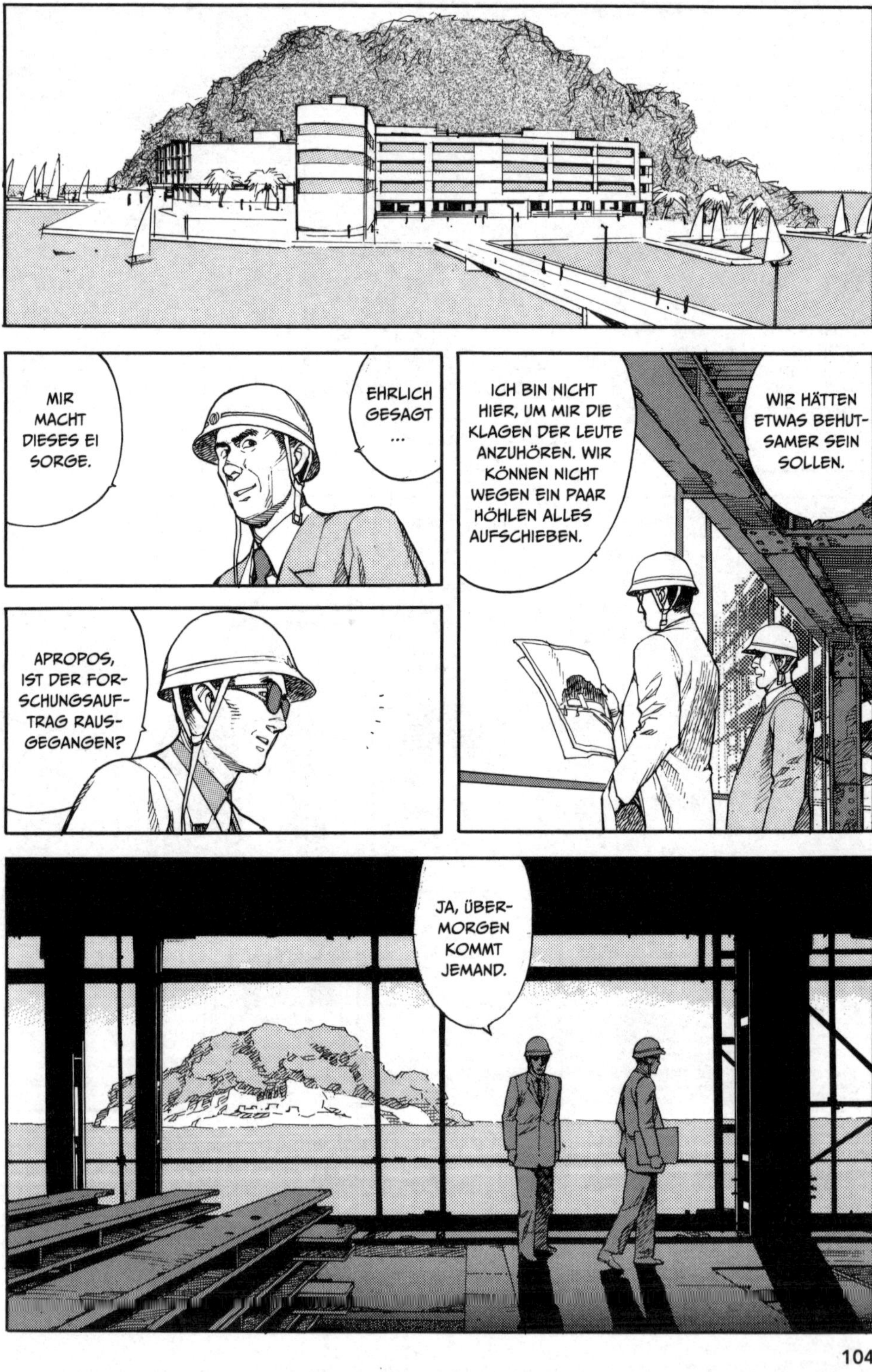
MIR MACHT DIESES EI SORGE.
EHRLICH GESAGT ...
ICH BIN NICHT HIER, UM MIR DIE KLAGEN DER LEUTE ANZUHÖREN. WIR KÖNNEN NICHT WEGEN EIN PAAR HÖHLEN ALLES AUFSCHIEBEN.
WIR HÄTTEN ETWAS BEHUTSAMER SEIN SOLLEN.
APROPOS, IST DER FORSCHUNGSAUFTRAG RAUSGEGANGEN?
JA, ÜBERMORGEN KOMMT JEMAND.

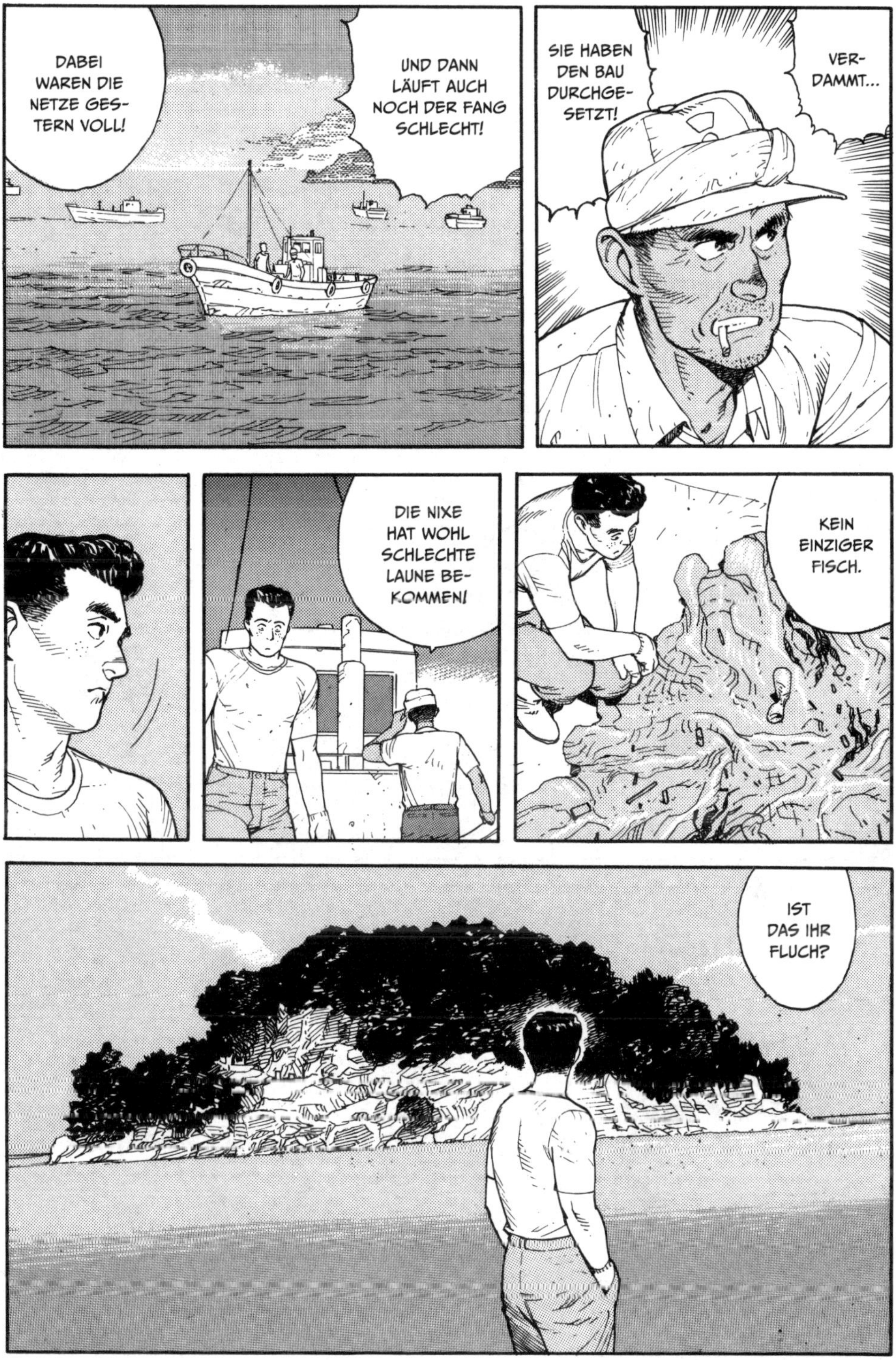
VER-
DAMMT...
SIE HABEN DEN BAU DURCHGE-SETZT!
UND DANN LÄUFT AUCH NOCH DER FANG SCHLECHT!
DABEI WAREN DIE NETZE GES-TERN VOLL!
KEIN EINZIGER FISCH.
DIE NIXE HAT WOHL SCHLECHTE LAUNE BE-KOMMEN!
IST DAS IHR FLUCH?

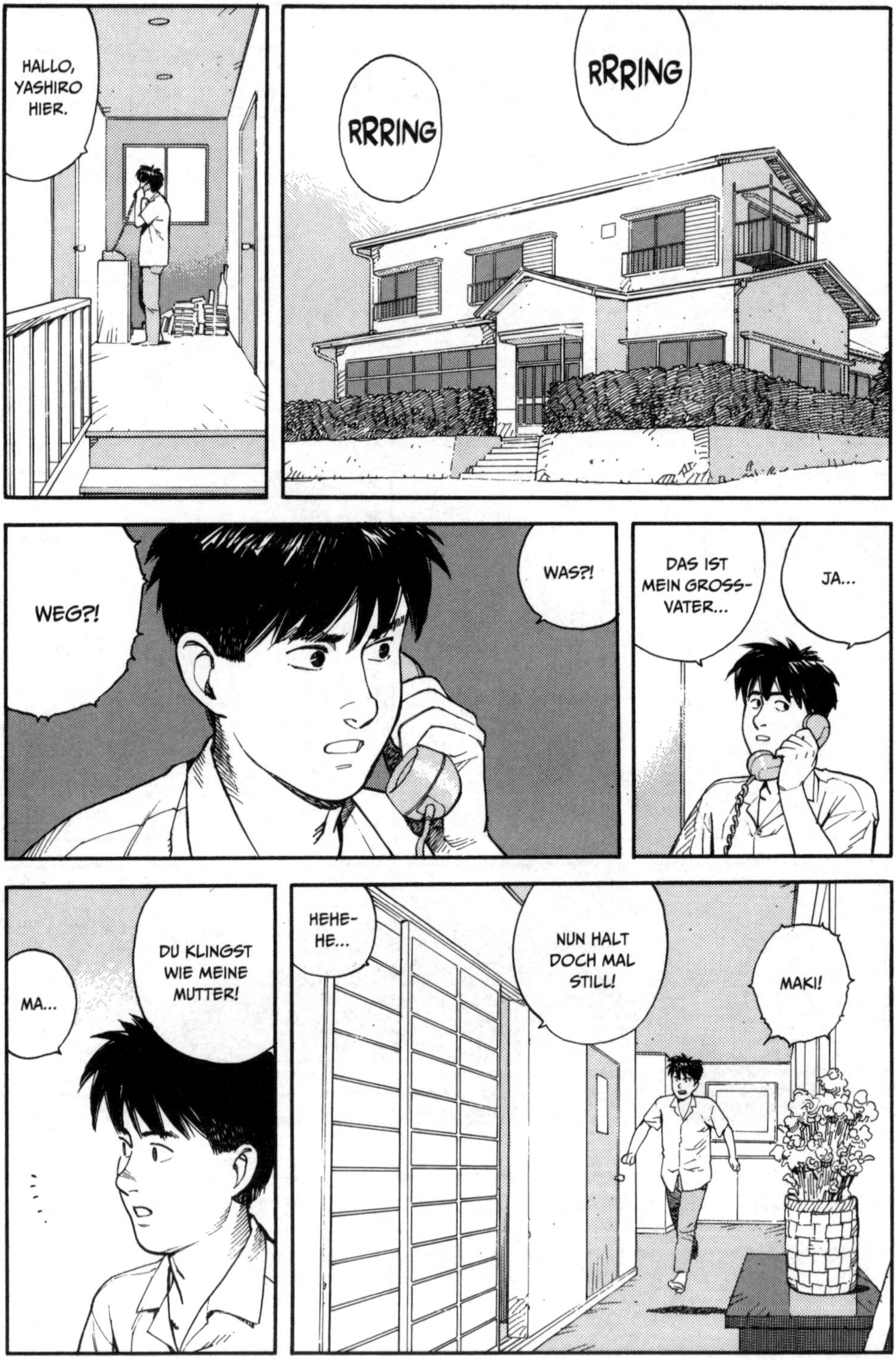
RRRING
RRRING
HALLO, YASHIRO HIER.
JA...
DAS IST MEIN GROSS-VATER...
WAS?!
WEG?!
MAKI!
NUN HALT DOCH MAL STILL!
HEHEHE...
DU KLINGST WIE MEINE MUTTER!
MA...

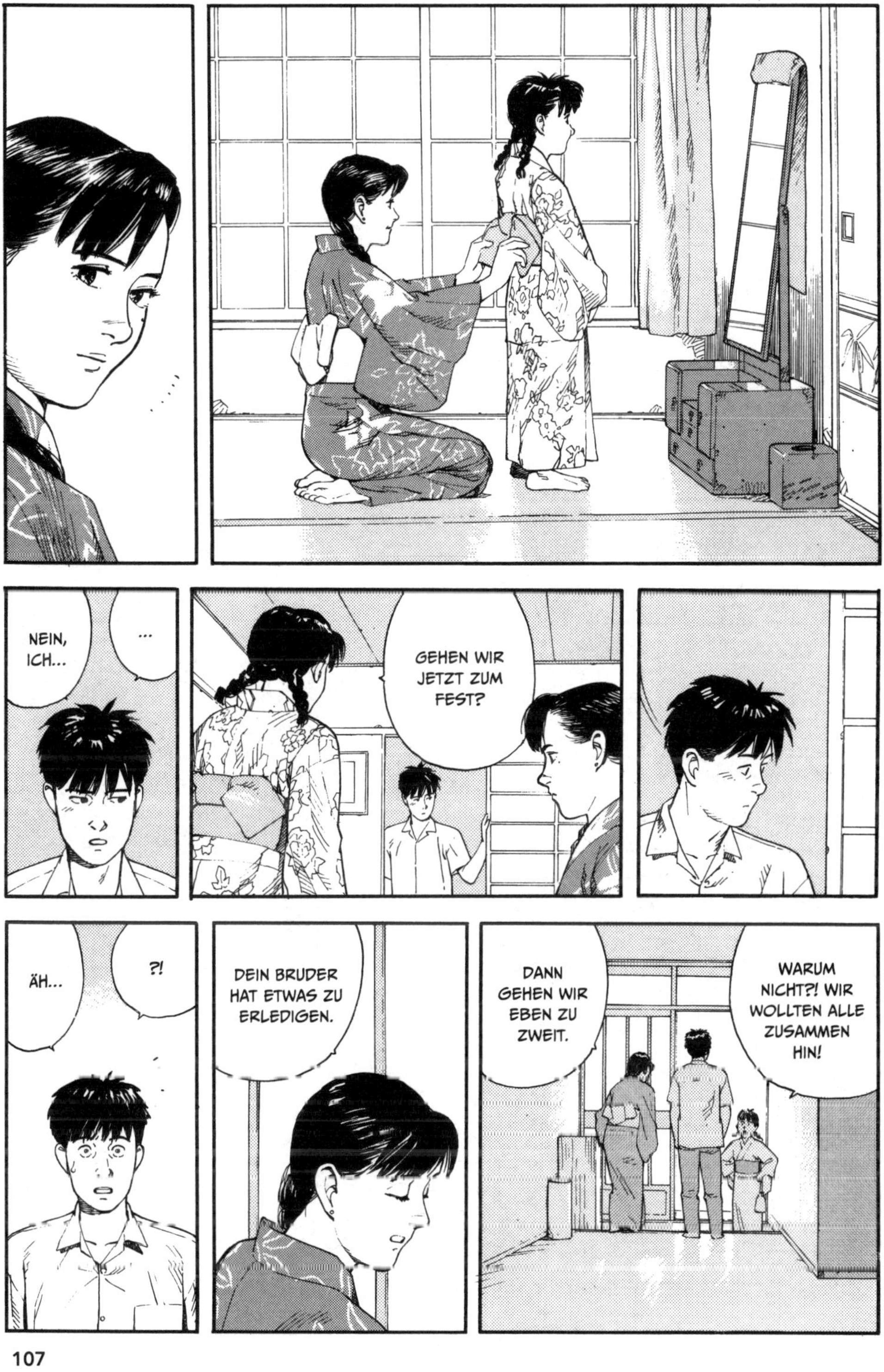
GEHEN WIR JETZT ZUM FEST?
...
NEIN, ICH...
WARUM NICHT?! WIR WOLLTEN ALLE ZUSAMMEN HIN!
DANN GEHEN WIR EBEN ZU ZWEIT.
DEIN BRUDER HAT ETWAS ZU ERLEDIGEN.
?!
ÄH...

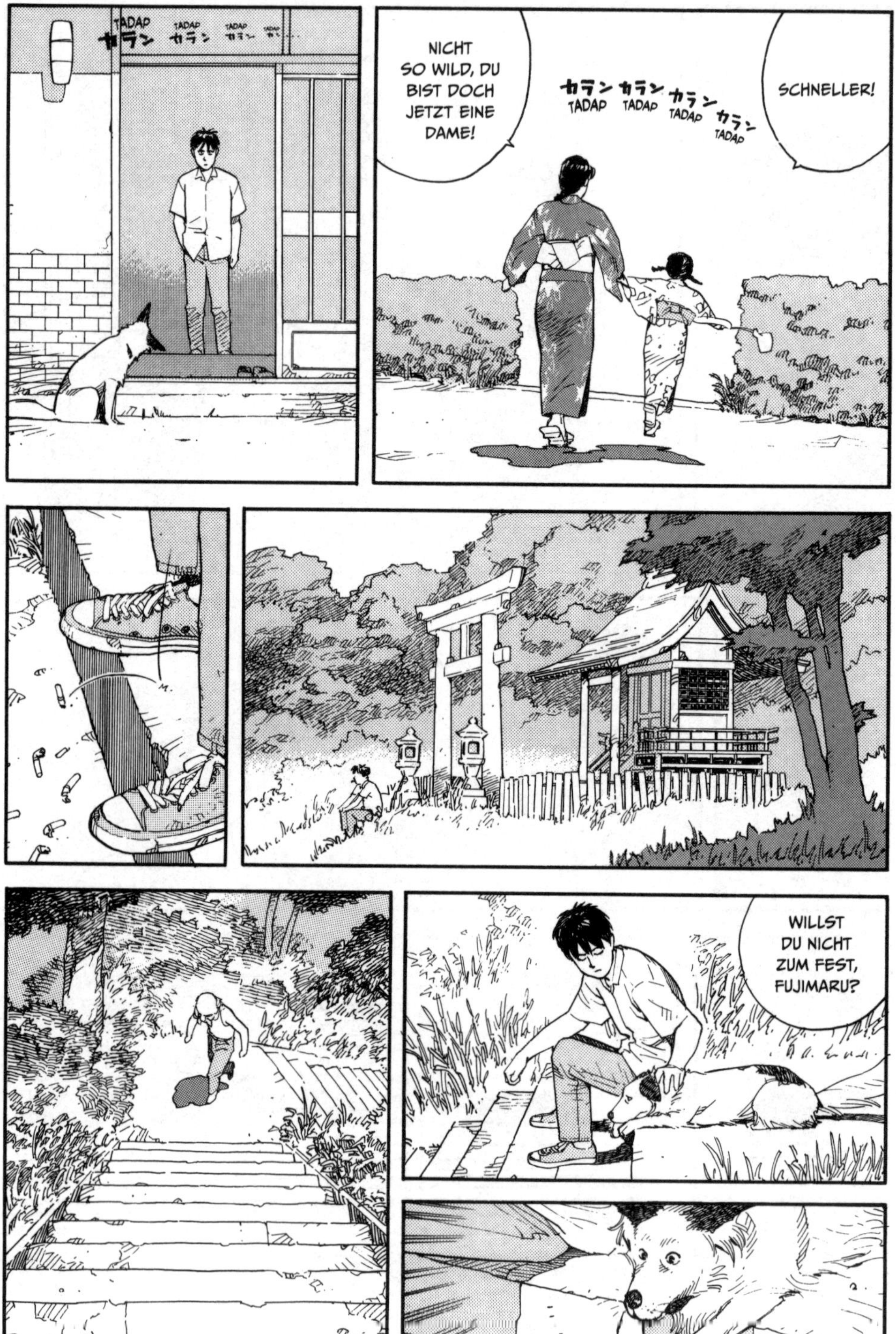
SCHNELLER!
カラン TADAP カラン TADAP カラン TADAP カラン TADAP
NICHT SO WILD, DU BIST DOCH JETZT EINE DAME!
TADAP カラン TADAP カラン TADAP
WILLST DU NICHT ZUM FEST, FUJIMARU?

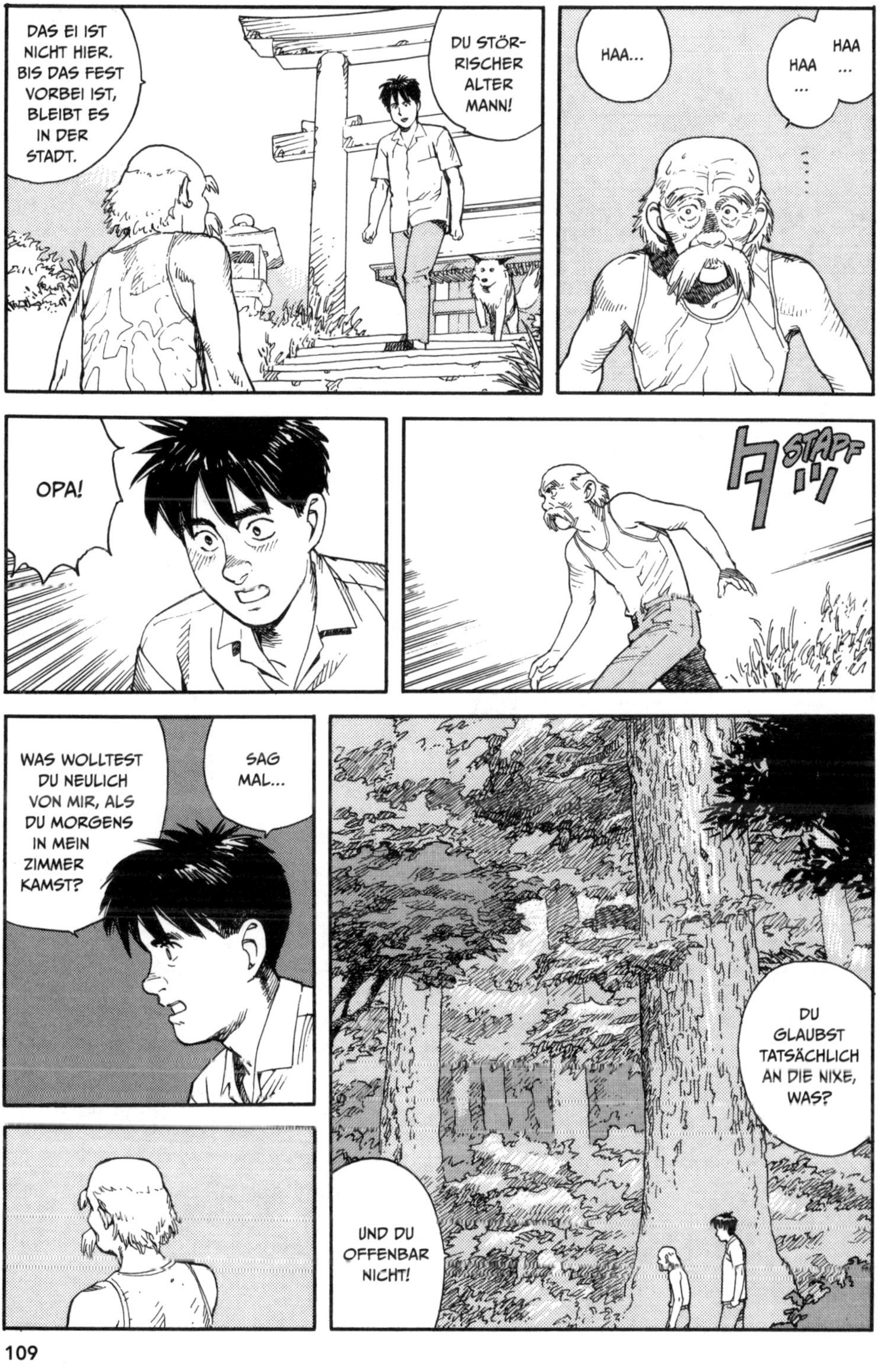
HAA...
HAA ...
HAA ...
DU STÖR-RISCHER ALTER MANN!
DAS EI IST NICHT HIER. BIS DAS FEST VORBEI IST, BLEIBT ES IN DER STADT.
STAPF
OPA!
DU GLAUBST TATSÄCHLICH AN DIE NIXE, WAS?
UND DU OFFENBAR NICHT!
SAG MAL...
WAS WOLLTEST DU NEULICH VON MIR, ALS DU MORGENS IN MEIN ZIMMER KAMST?

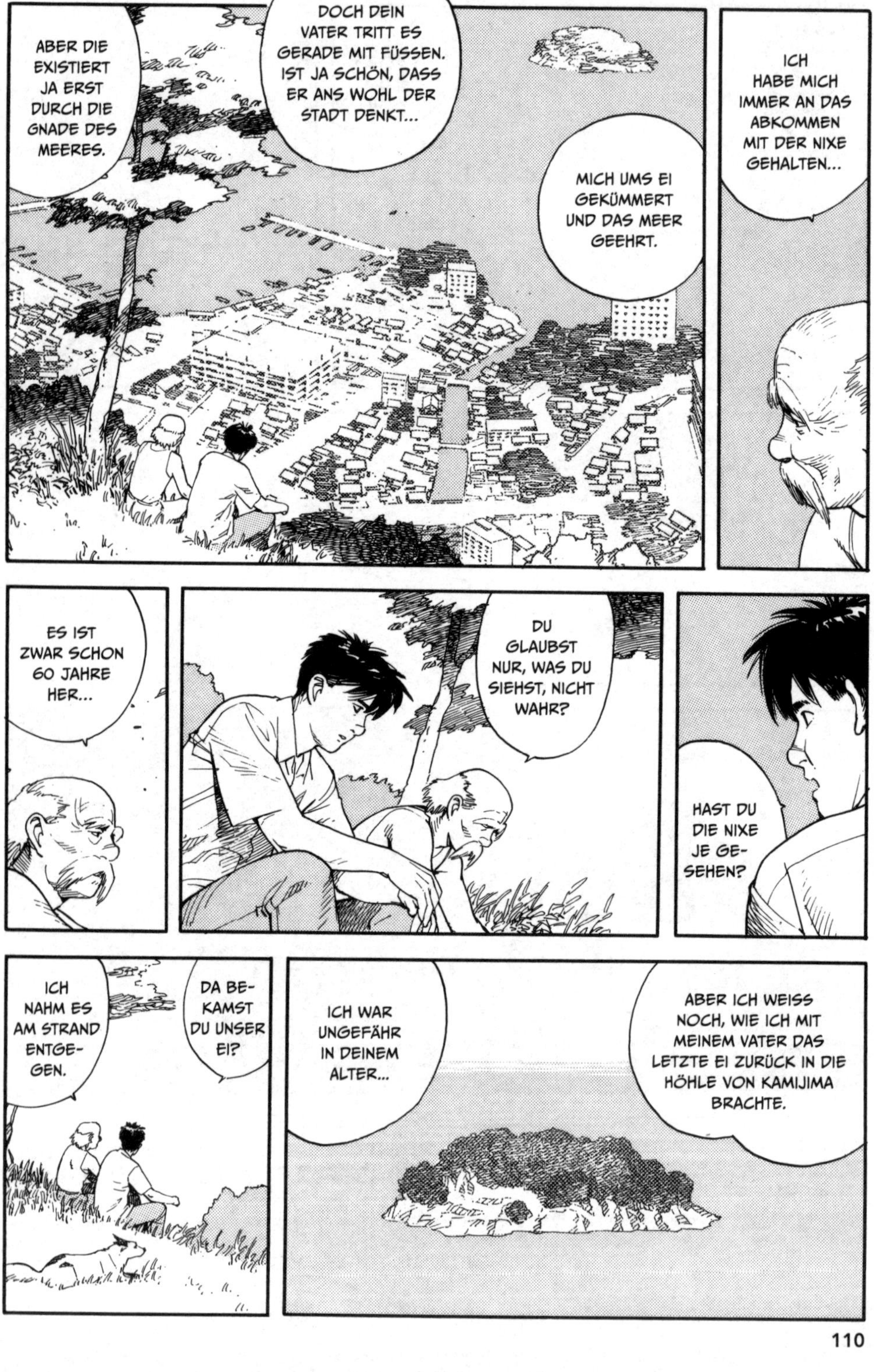
ABER DIE EXISTIERT JA ERST DURCH DIE GNADE DES MEERES.
DOCH DEIN VATER TRITT ES GERADE MIT FÜSSEN. IST JA SCHÖN, DASS ER ANS WOHL DER STADT DENKT...
ICH HABE MICH IMMER AN DAS ABKOMMEN MIT DER NIXE GEHALTEN...
MICH UMS EI GEKÜMMERT UND DAS MEER GEEHRT.
ES IST ZWAR SCHON 60 JAHRE HER...
DU GLAUBST NUR, WAS DU SIEHST, NICHT WAHR?
HAST DU DIE NIXE JE GE-SEHEN?
ICH NAHM ES AM STRAND ENTGEG-EN.
DA BE-KAMST DU UNSER EI?
ICH WAR UNGEFÄHR IN DEINEM ALTER...
ABER ICH WEISS NOCH, WIE ICH MIT MEINEM VATER DAS LETZTE EI ZURÜCK IN DIE HÖHLE VON KAMIJIMA BRACHTE.

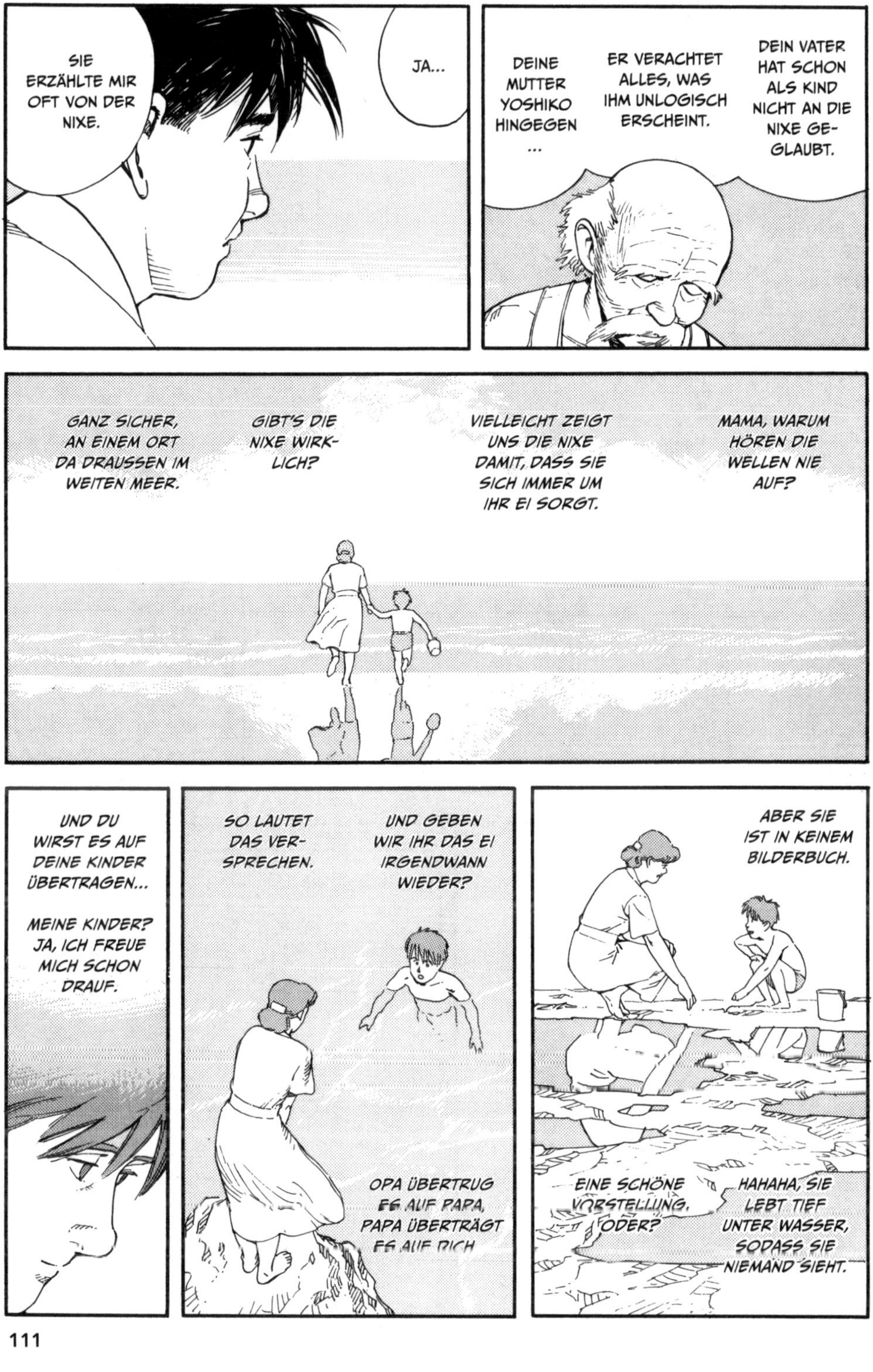
DEIN VATER HAT SCHON ALS KIND NICHT AN DIE NIXE GEGLAUBT.
ER VERACHTET ALLES, WAS IHM UNLOGISCH ERSCHEINT.
DEINE MUTTER YOSHIKO HINGEGEN ...
JA...
SIE ERZÄHLTE MIR OFT VON DER NIXE.
MAMA, WARUM HÖREN DIE WELLEN NIE AUF?
VIELLEICHT ZEIGT UNS DIE NIXE DAMIT, DASS SIE SICH IMMER UM IHR EI SORGT.
GIBT'S DIE NIXE WIRKLICH?
GANZ SICHER, AN EINEM ORT DA DRAUSSEN IM WEITEN MEER.
ABER SIE IST IN KEINEM BILDERBUCH.
HAHAHA, SIE LEBT TIEF UNTER WASSER, SODASS SIE NIEMAND SIEHT.
EINE SCHÖNE VORSTELLUNG, ODER?
UND GEBEN WIR IHR DAS EI IRGENDWANN WIEDER?
SO LAUTET DAS VERSPRECHEN.
OPA ÜBERTRUG ES AUF PAPA, PAPA ÜBERTRÄGT ES AUF DICH
UND DU WIRST ES AUF DEINE KINDER ÜBERTRAGEN...
MEINE KINDER? JA, ICH FREUE MICH SCHON DRAUF.

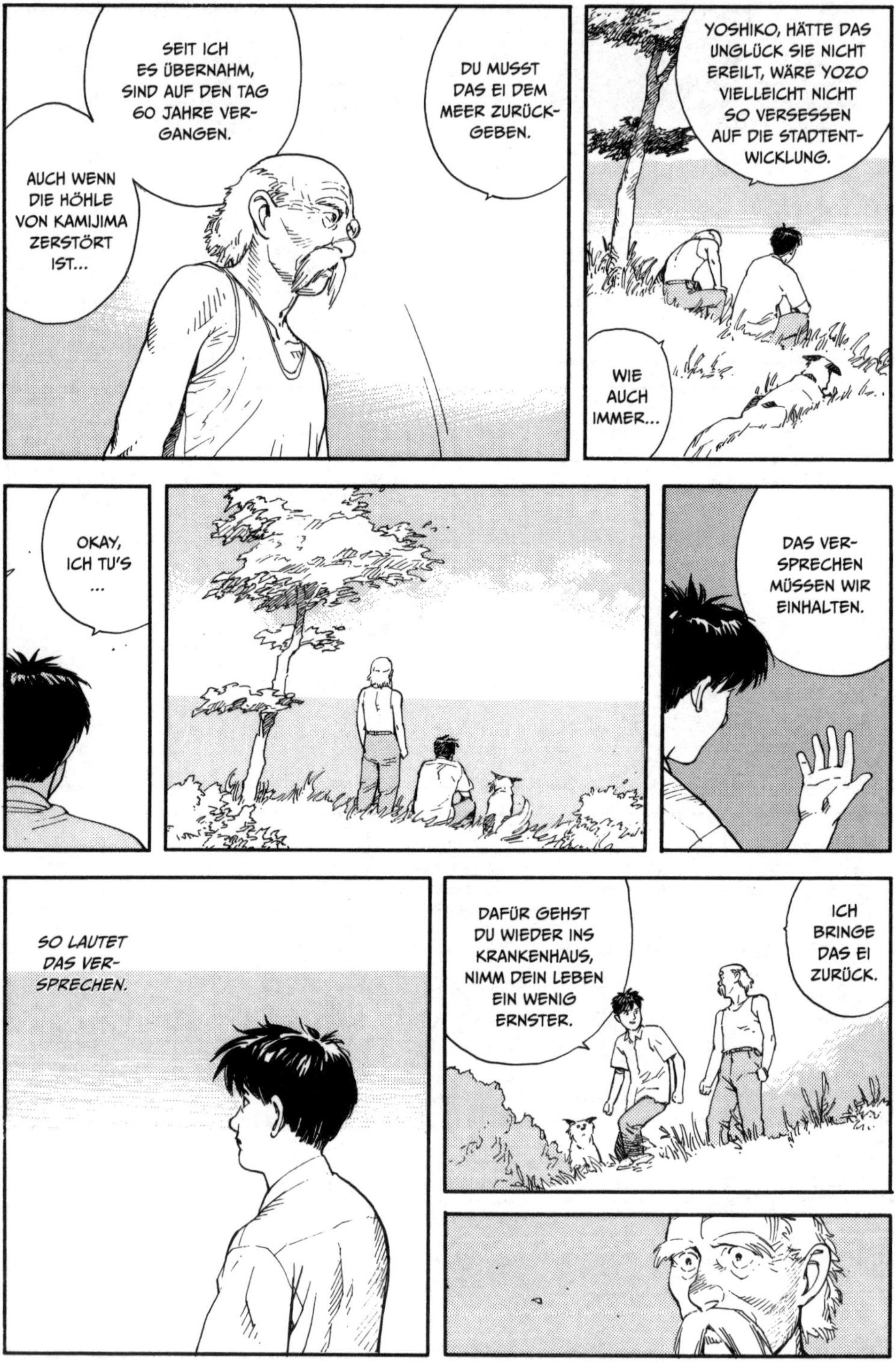
YOSHIKO, HÄTTE DAS UNGLÜCK SIE NICHT EREILT, WÄRE YOZO VIELLEICHT NICHT SO VERSESSEN AUF DIE STADTENTWICKLUNG.
WIE AUCH IMMER…
DU MUSST DAS EI DEM MEER ZURÜCKGEBEN.
SEIT ICH ES ÜBERNAHM, SIND AUF DEN TAG 60 JAHRE VERGANGEN.
AUCH WENN DIE HÖHLE VON KAMIJIMA ZERSTÖRT IST…
DAS VERSPRECHEN MÜSSEN WIR EINHALTEN.
OKAY, ICH TU'S …
ICH BRINGE DAS EI ZURÜCK.
DAFÜR GEHST DU WIEDER INS KRANKENHAUS, NIMM DEIN LEBEN EIN WENIG ERNSTER.
SO LAUTET DAS VERSPRECHEN.

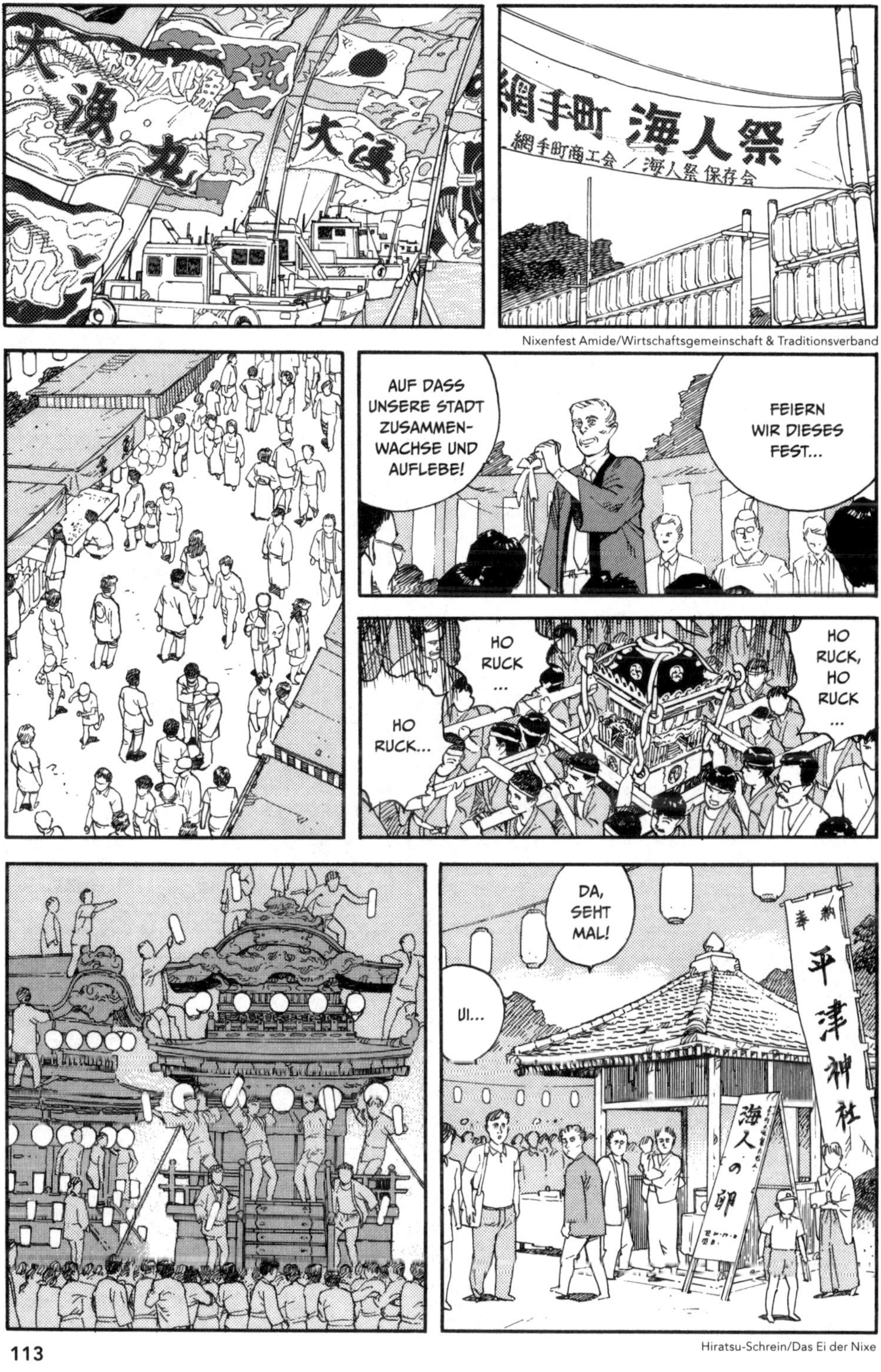

網手町 海人祭
網手町商工会／海人祭保存会
Nixenfest Amide/Wirtschaftsgemeinschaft & Traditionsverband
FEIERN WIR DIESES FEST...
AUF DASS UNSERE STADT ZUSAMMEN-WACHSE UND AUFLEBE!
HO RUCK, HO RUCK ...
HO RUCK ...
HO RUCK...
DA, SEHT MAL!
UI...
奉納
平津神社
海人の卵
Hiratsu-Schrein/Das Ei der Nixe

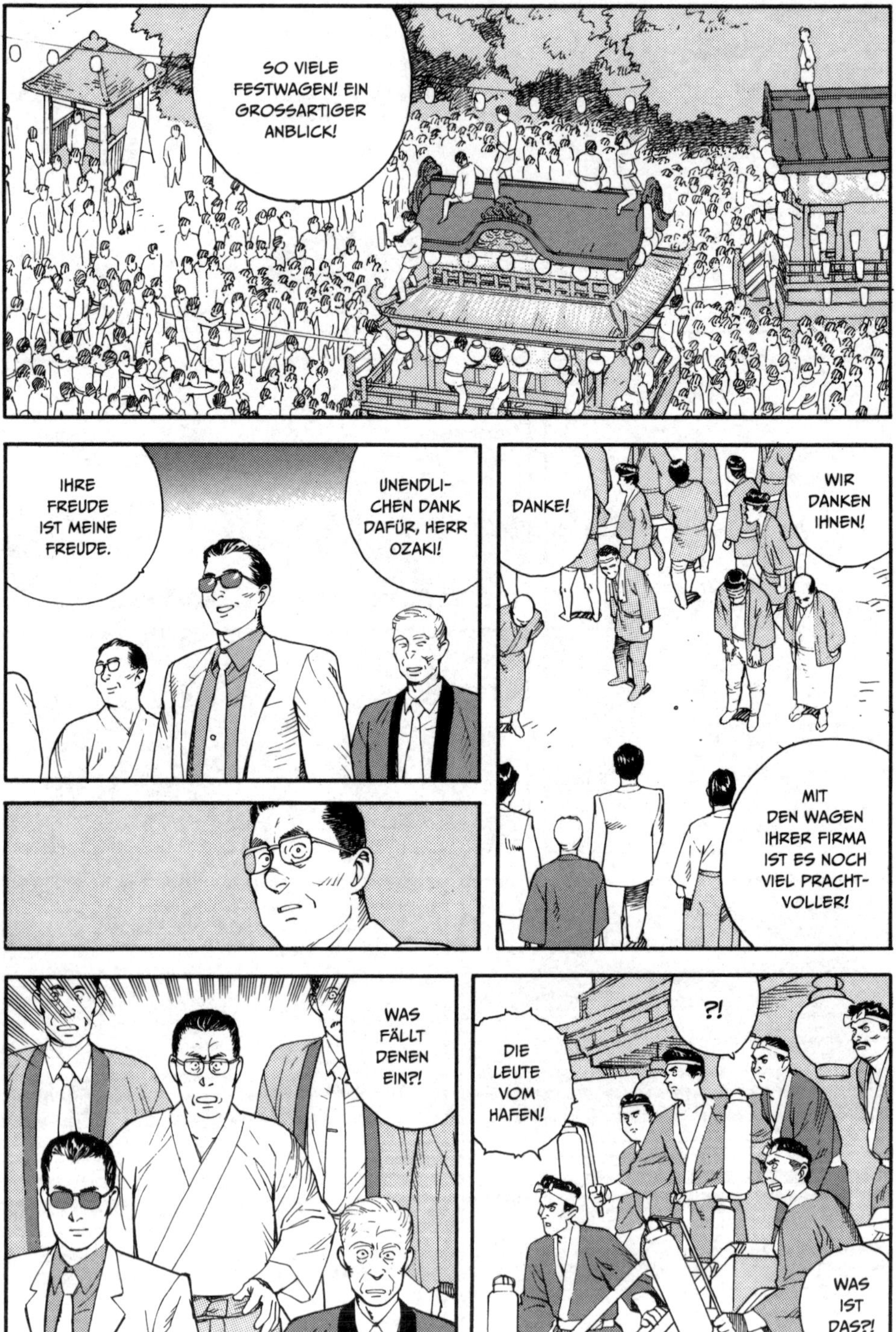
SO VIELE FESTWAGEN! EIN GROSSARTIGER ANBLICK!
WIR DANKEN IHNEN!
DANKE!
MIT DEN WAGEN IHRER FIRMA IST ES NOCH VIEL PRACHT-VOLLER!
UNENDLICHEN DANK DAFÜR, HERR OZAKI!
IHRE FREUDE IST MEINE FREUDE.
?!
DIE LEUTE VOM HAFEN!
WAS IST DAS?!
WAS FÄLLT DENEN EIN?!

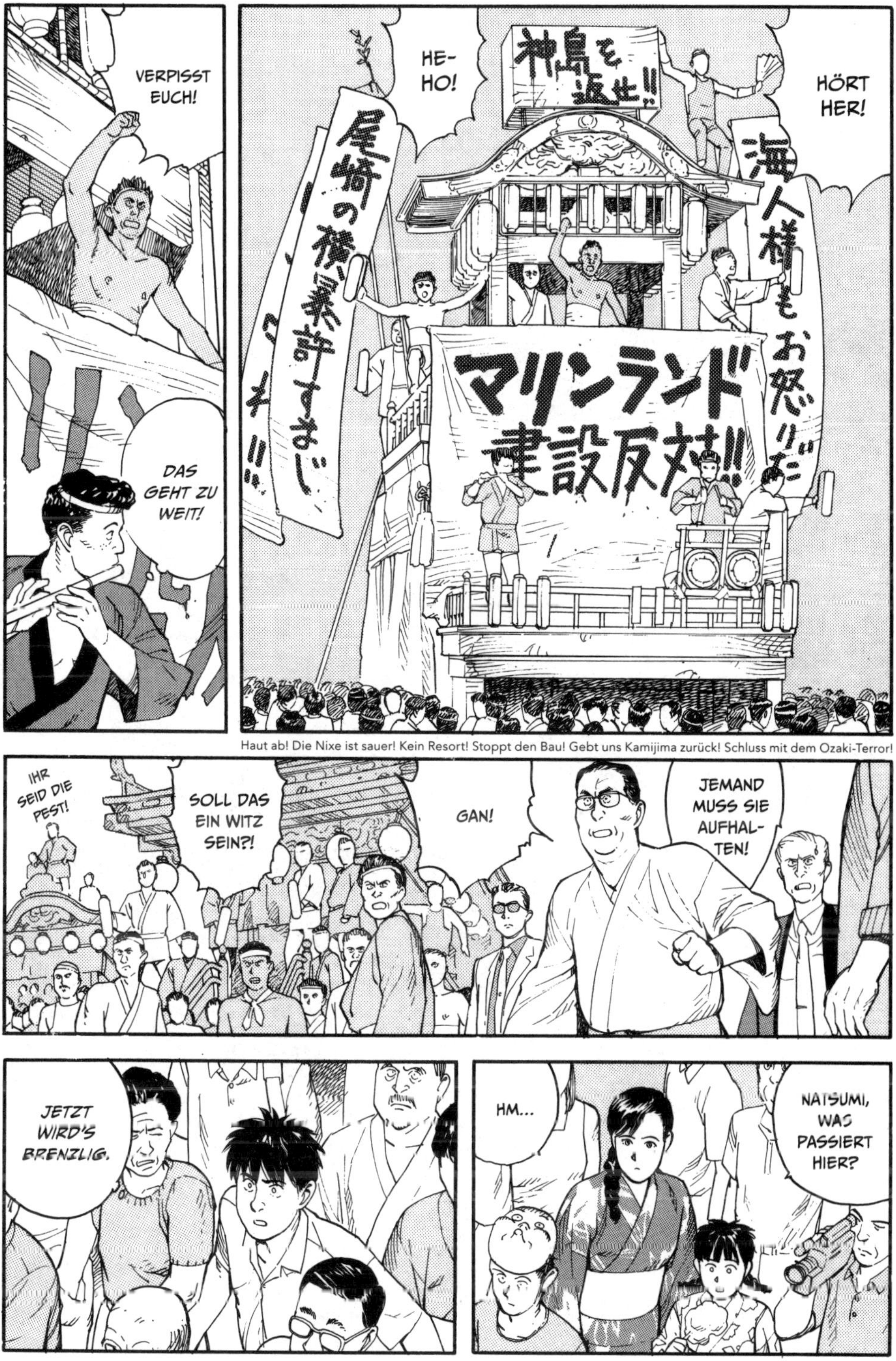
HÖRT HER!
海人様もお怒りだ
神島を返せ!!
HE-HO!
マリンランド建設反対!!
尾崎の横暴許すまじ
VERPISST EUCH!
DAS GEHT ZU WEIT!
Haut ab! Die Nixe ist sauer! Kein Resort! Stoppt den Bau! Gebt uns Kamijima zurück! Schluss mit dem Ozaki-Terror!
JEMAND MUSS SIE AUFHAL-TEN!
GAN!
SOLL DAS EIN WITZ SEIN?!
IHR SEID DIE PEST!
NATSUMI, WAS PASSIERT HIER?
HM...
JETZT WIRD'S BRENZLIG.

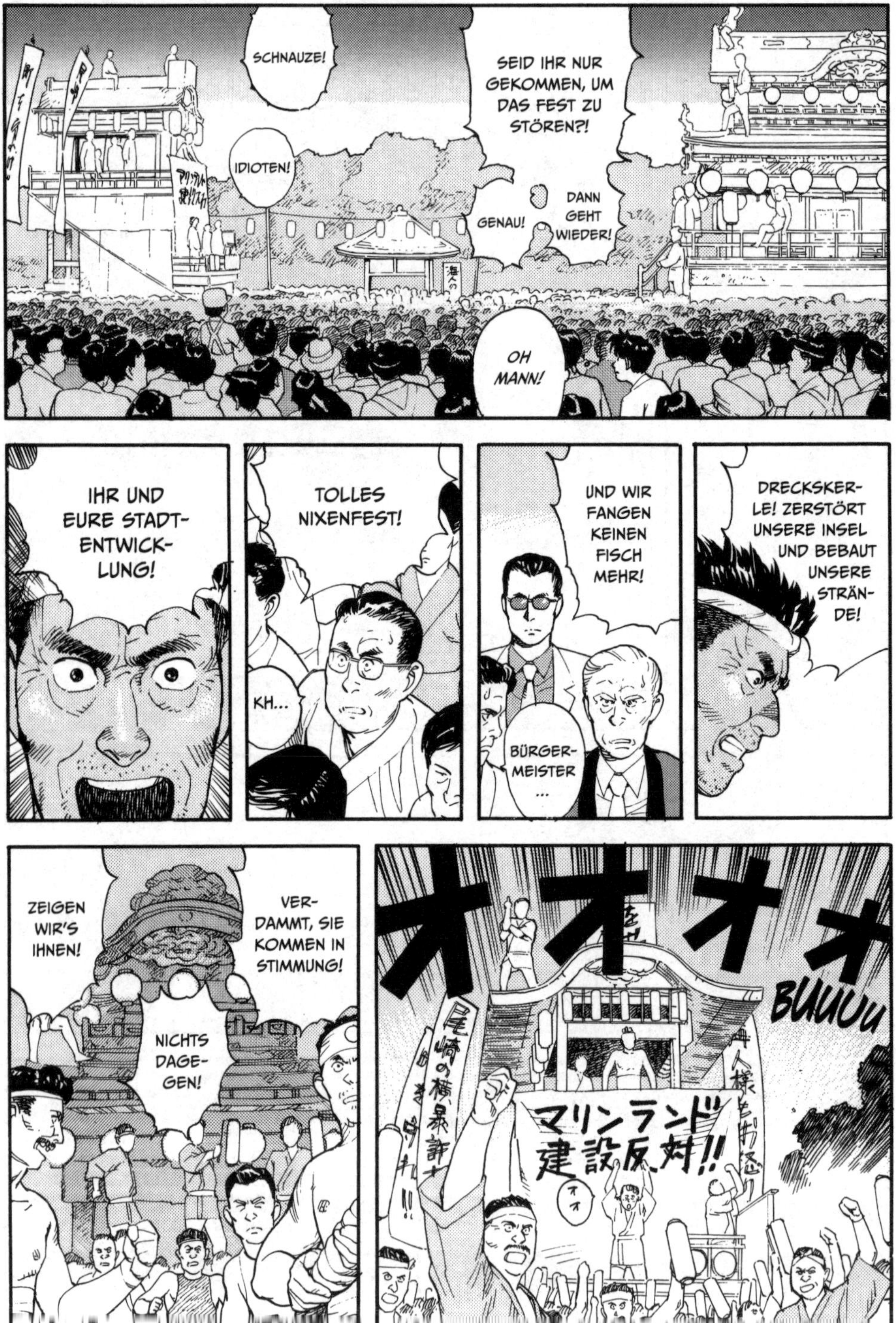
SEID IHR NUR GEKOMMEN, UM DAS FEST ZU STÖREN?!
DANN GEHT WIEDER!
GENAU!
IDIOTEN!
SCHNAUZE!
OH MANN!
DRECKSKERLE! ZERSTÖRT UNSERE INSEL UND BEBAUT UNSERE STRÄNDE!
UND WIR FANGEN KEINEN FISCH MEHR!
BÜRGERMEISTER ...
TOLLES NIXENFEST!
KH...
IHR UND EURE STADTENTWICKLUNG!
オオオ
BUUUU
マリンランド建設反対!!
オォ
VERDAMMT, SIE KOMMEN IN STIMMUNG!
ZEIGEN WIR'S IHNEN!
NICHTS DAGEGEN!

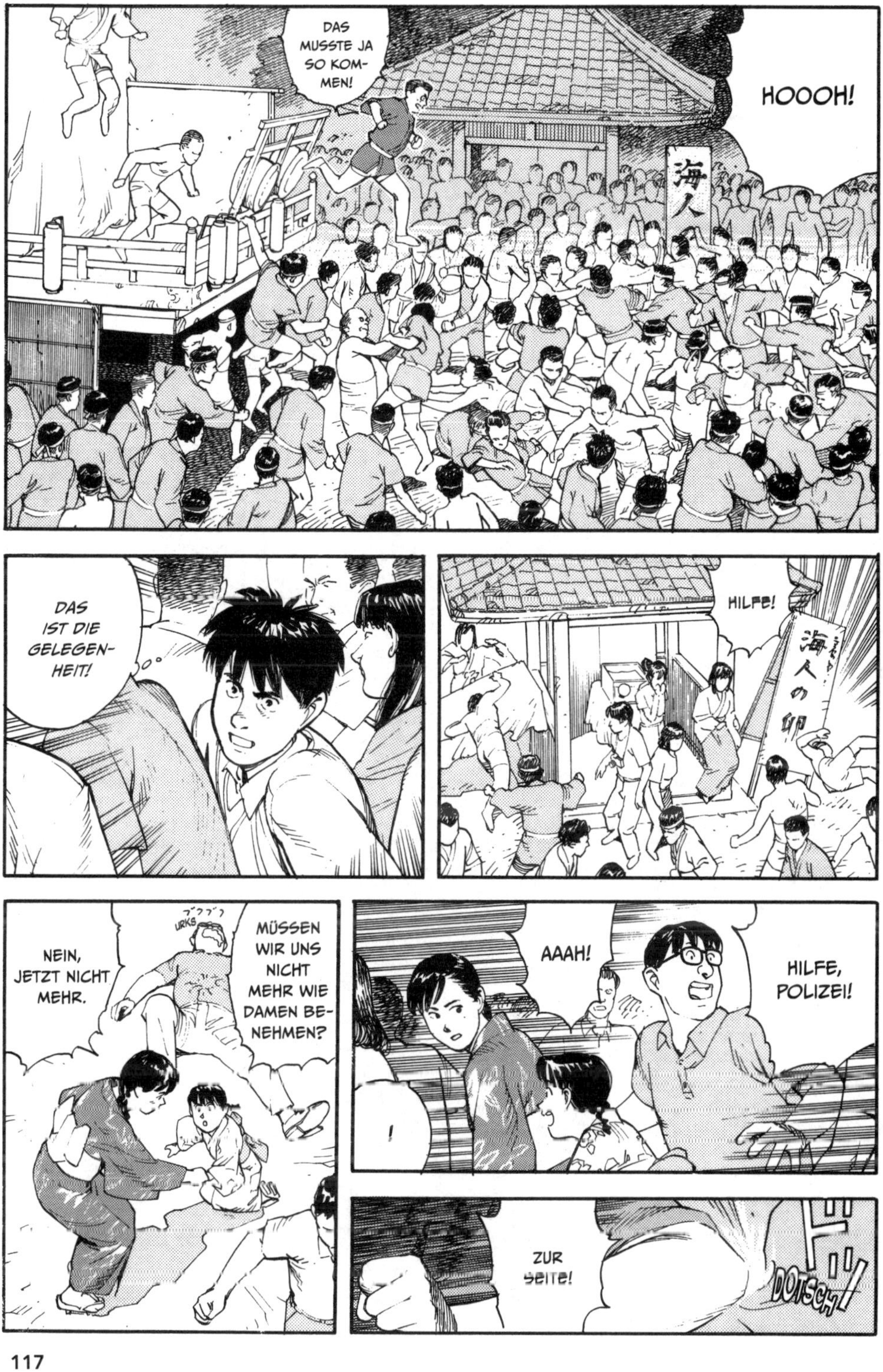
HOOOH!
DAS MUSSTE JA SO KOM-MEN!
HILFE!
DAS IST DIE GELEGEN-HEIT!
HILFE, POLIZEI!
AAAH!
MÜSSEN WIR UNS NICHT MEHR WIE DAMEN BE-NEHMEN?
URKS
NEIN, JETZT NICHT MEHR.
DOTSCH!
ZUR SEITE!

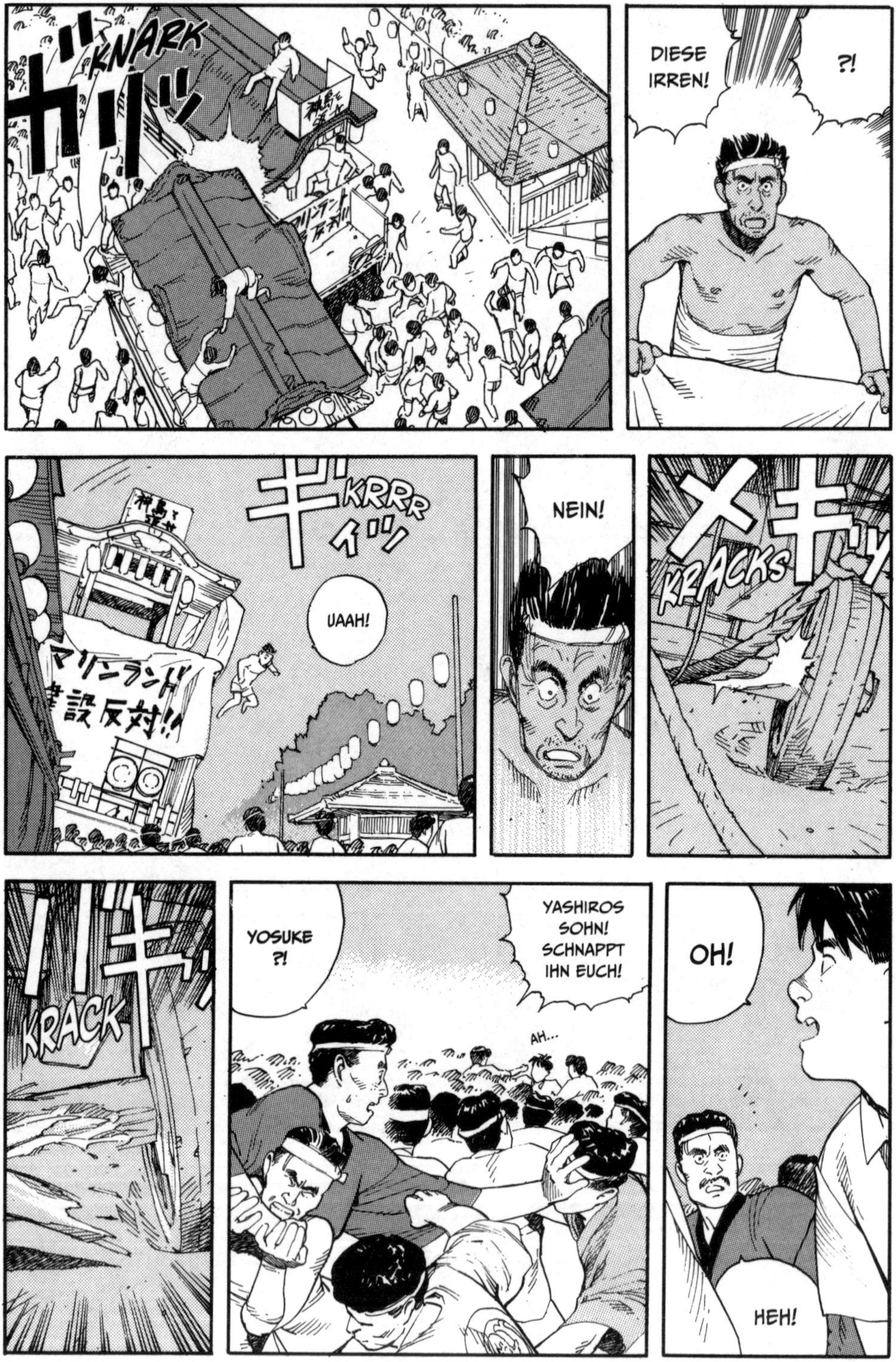
DIESE IRREN!
?!
KNARK
カリッ
NEIN!
KRACKS
メキッ
KRRR
ギイッ
UAAH!
マリンランド建設反対!!
OH!
HEH!
YASHIROS SOHN! SCHNAPPT IHN EUCH!
YOSUKE ?!
AH...
KRACK

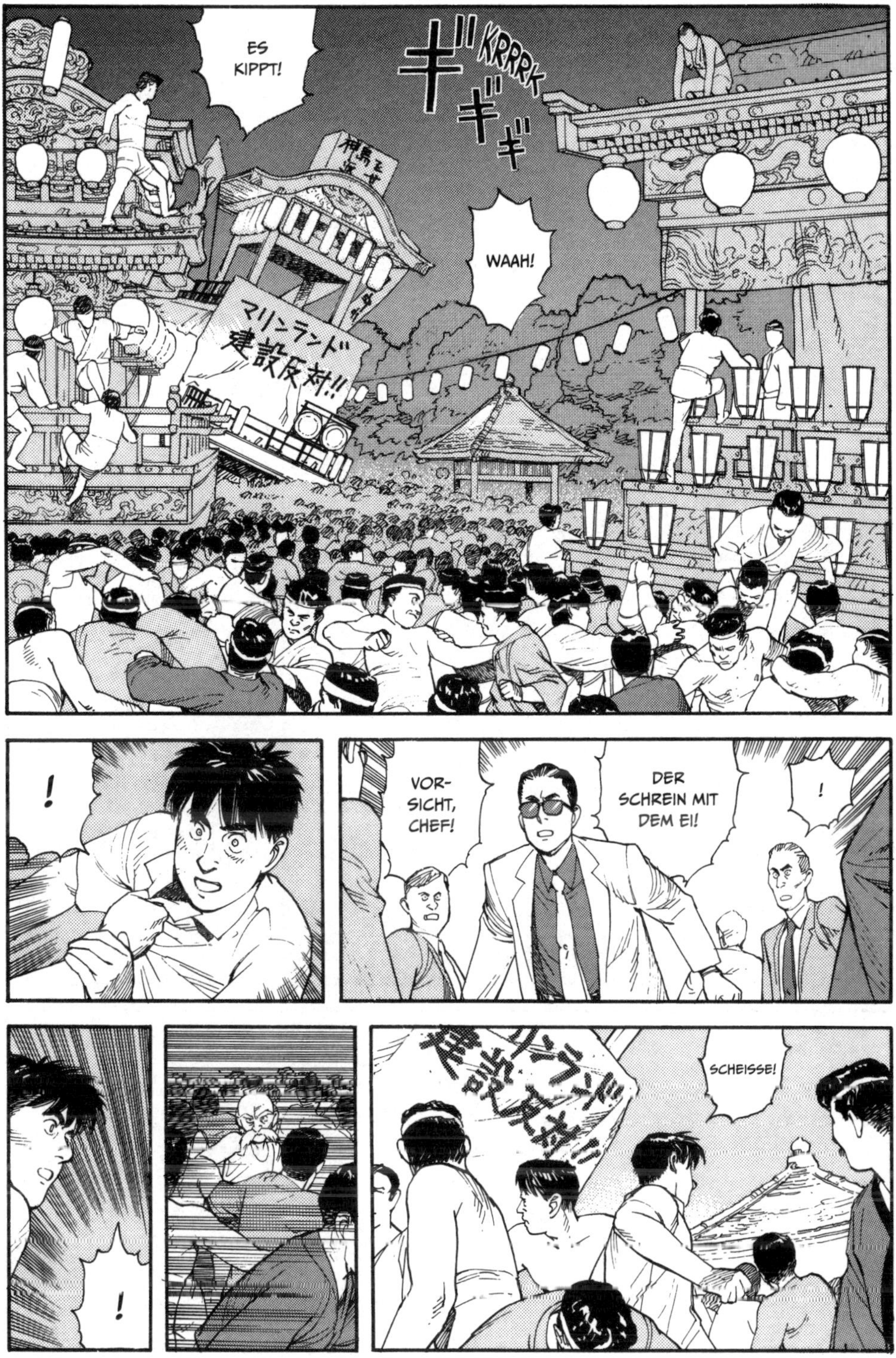
ギギギ
KRRRK
ES KIPPT!
マリンランド建設反対!!
WAAH!
!
DER SCHREIN MIT DEM EI!
VOR-SICHT, CHEF!
!
SCHEISSE!
!

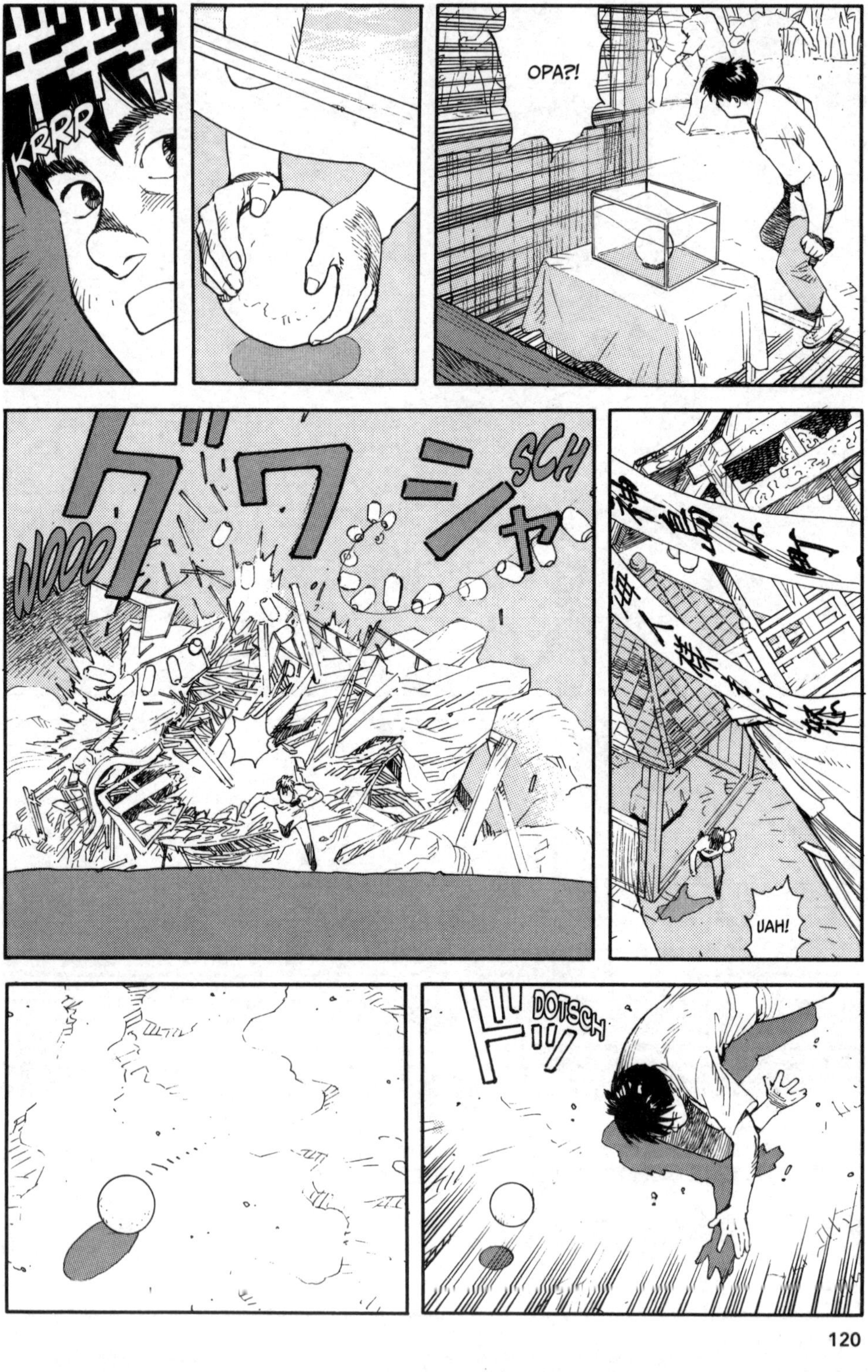
ギギギ
KRRR
OPA?!
WOOO
SCH
UAH!
DOTSCH

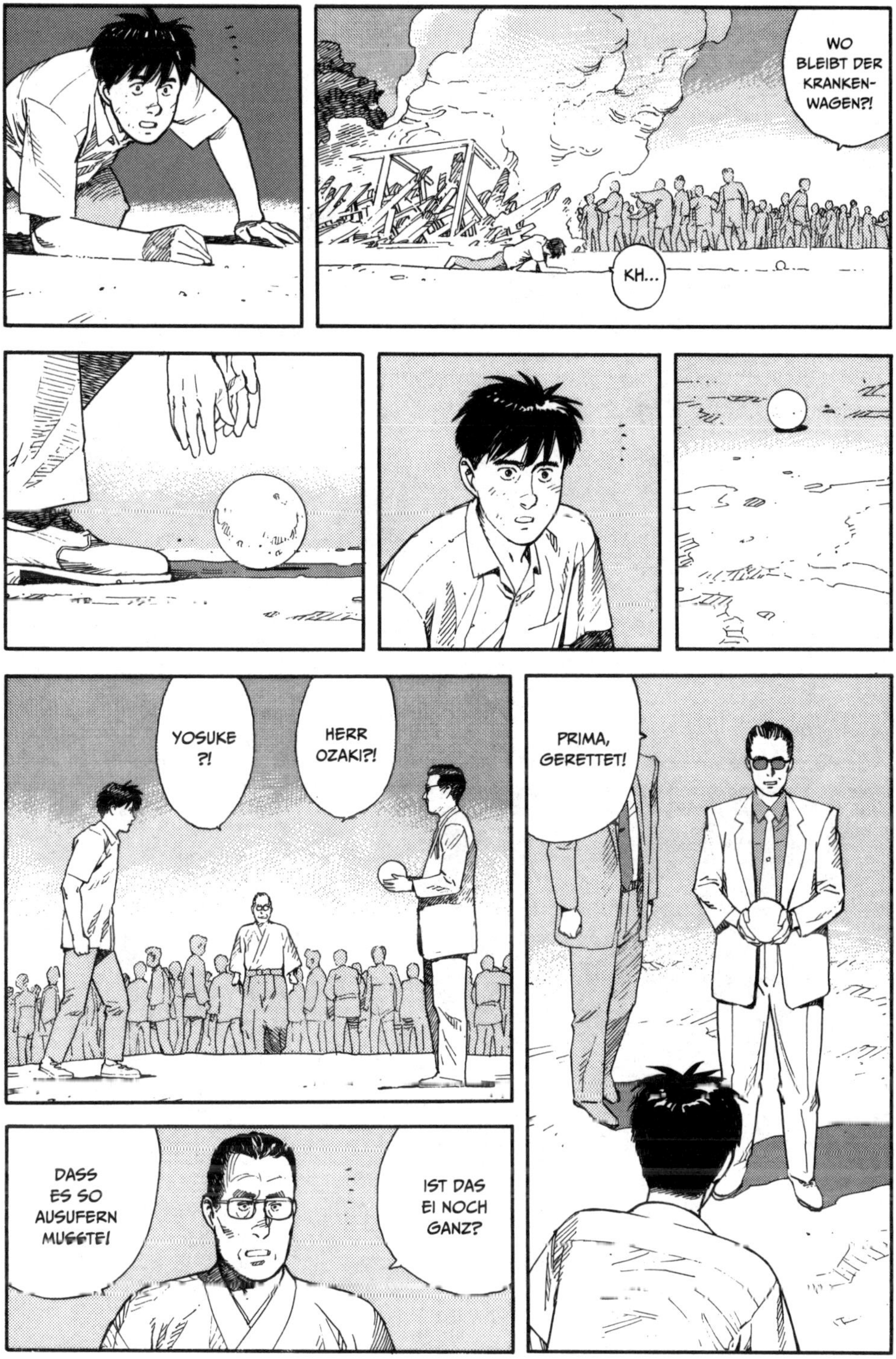
WO BLEIBT DER KRANKEN-WAGEN?!
KH...
PRIMA, GERETTET!
HERR OZAKI?!
YOSUKE ?!
IST DAS EI NOCH GANZ?
DASS ES SO AUSUFERN MUSSTE!

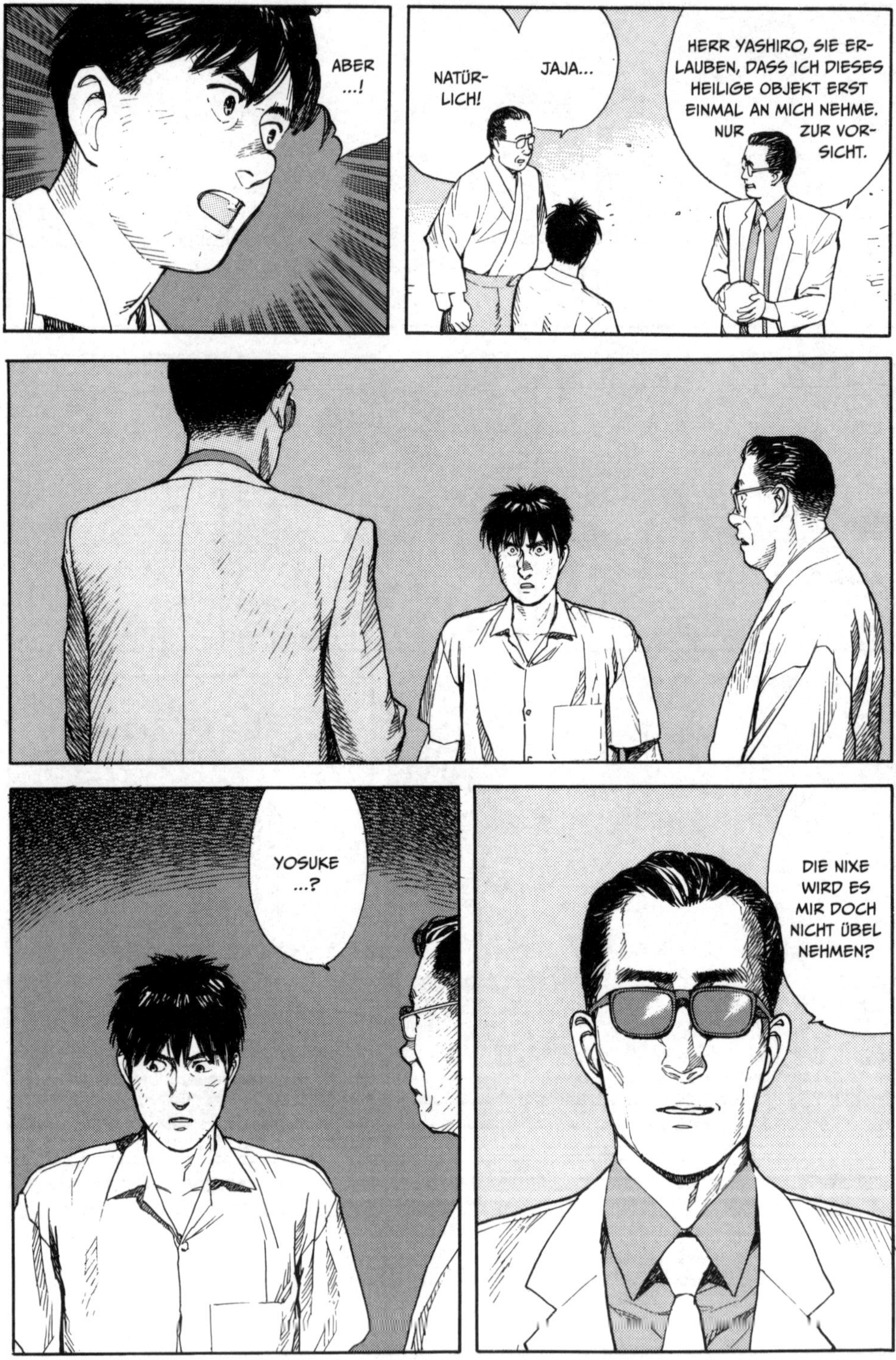
HERR YASHIRO, SIE ERLAUBEN, DASS ICH DIESES HEILIGE OBJEKT ERST EINMAL AN MICH NEHME. NUR ZUR VORSICHT.
JAJA...
NATÜRLICH!
ABER ...!
DIE NIXE WIRD ES MIR DOCH NICHT ÜBEL NEHMEN?
YOSUKE ...?

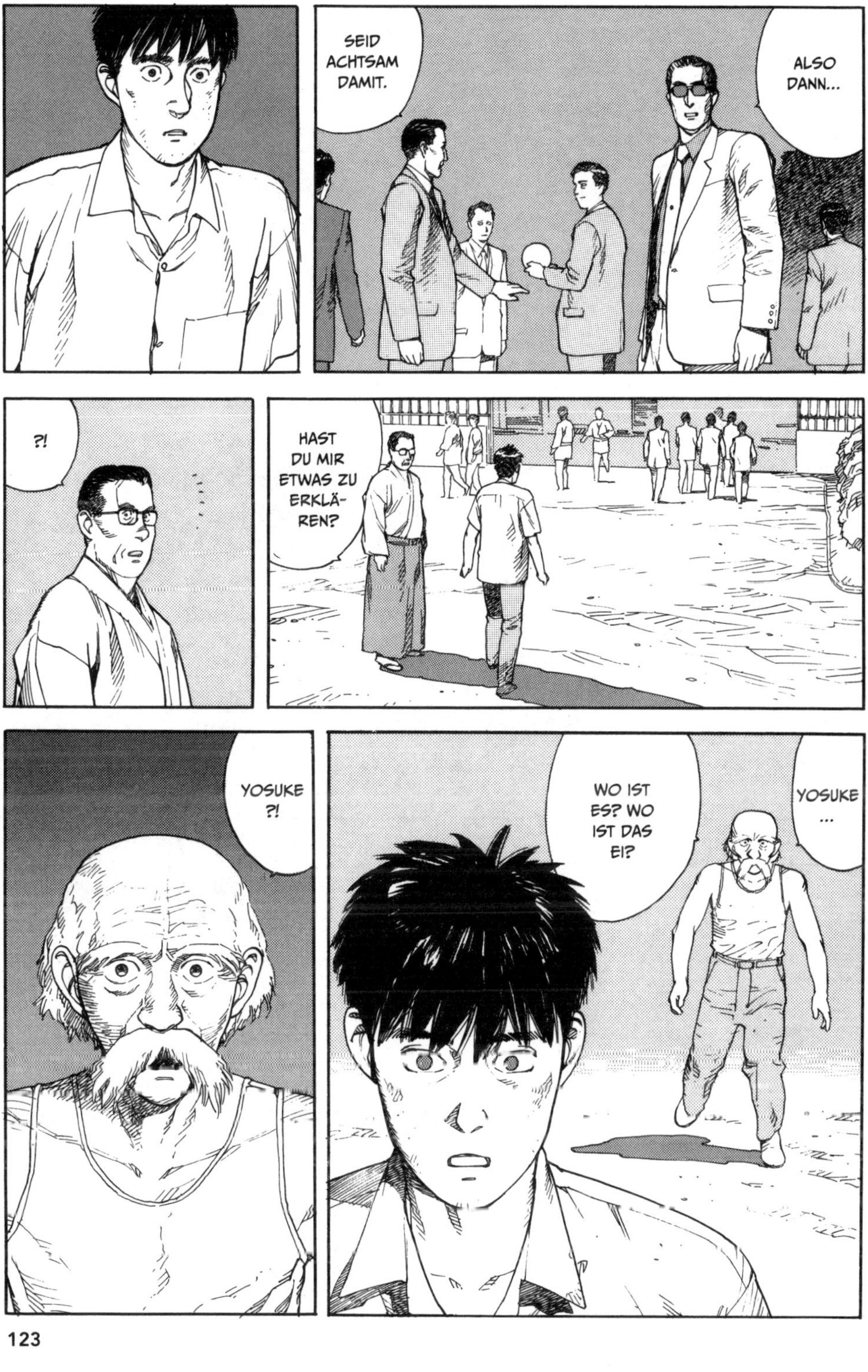
ALSO DANN...
SEID ACHTSAM DAMIT.
HAST DU MIR ETWAS ZU ERKLÄREN?
?!
YOSUKE ...
WO IST ES? WO IST DAS EI?
YOSUKE ?!

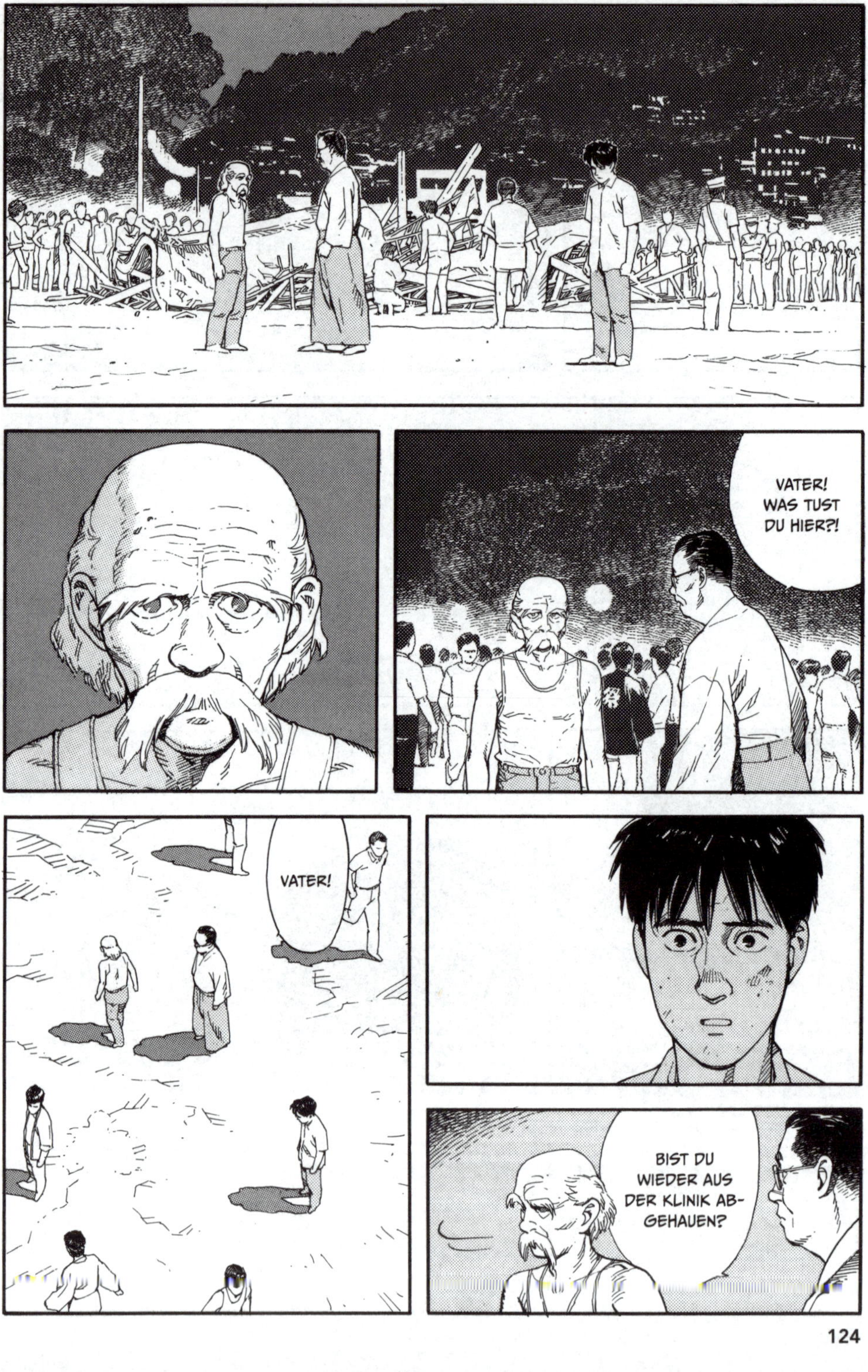

VATER! WAS TUST DU HIER?!
VATER!
BIST DU WIEDER AUS DER KLINIK AB-GEHAUEN?

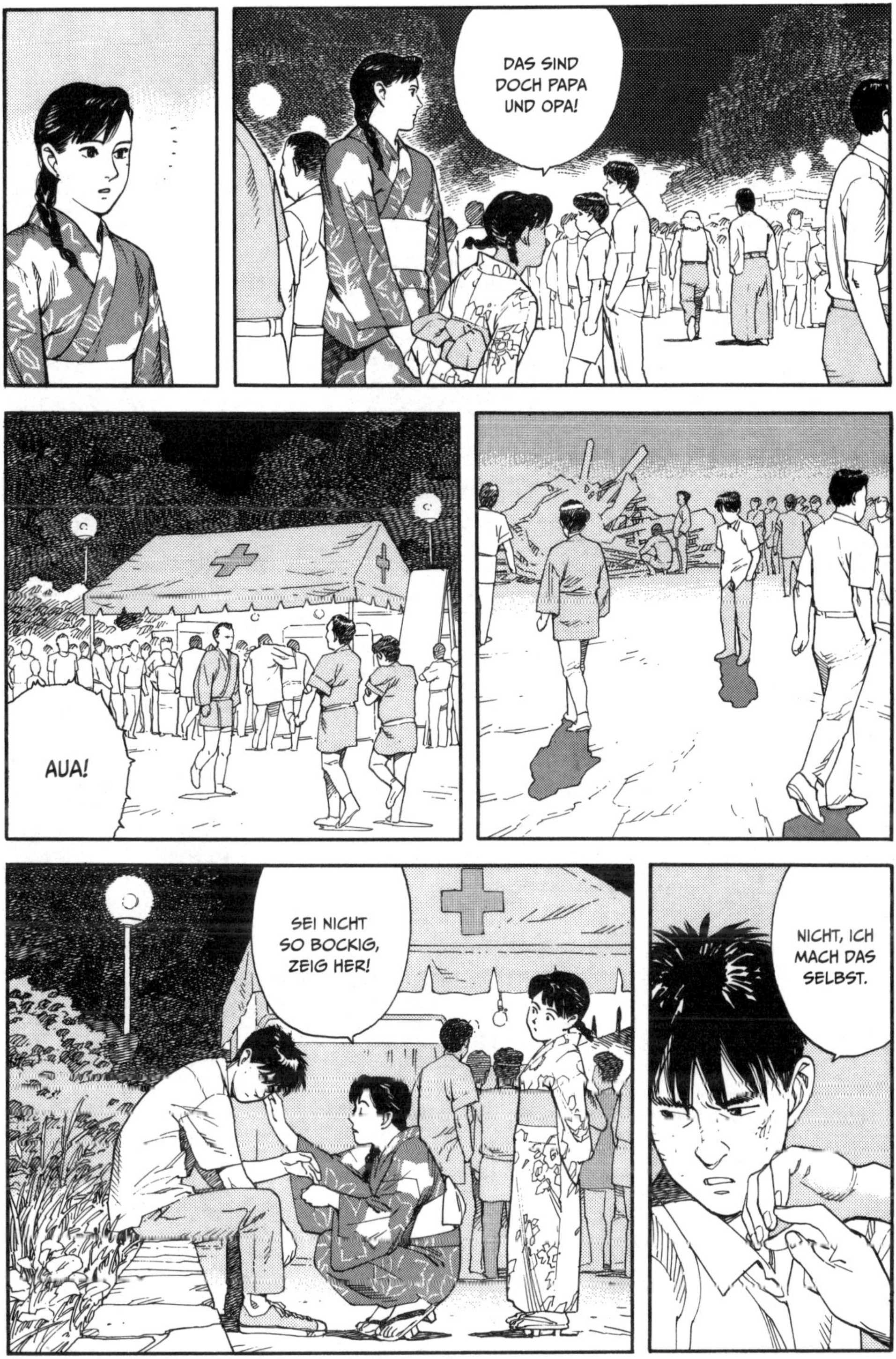
DAS SIND DOCH PAPA UND OPA!
AUA!
SEI NICHT SO BOCKIG, ZEIG HER!
NICHT, ICH MACH DAS SELBST.

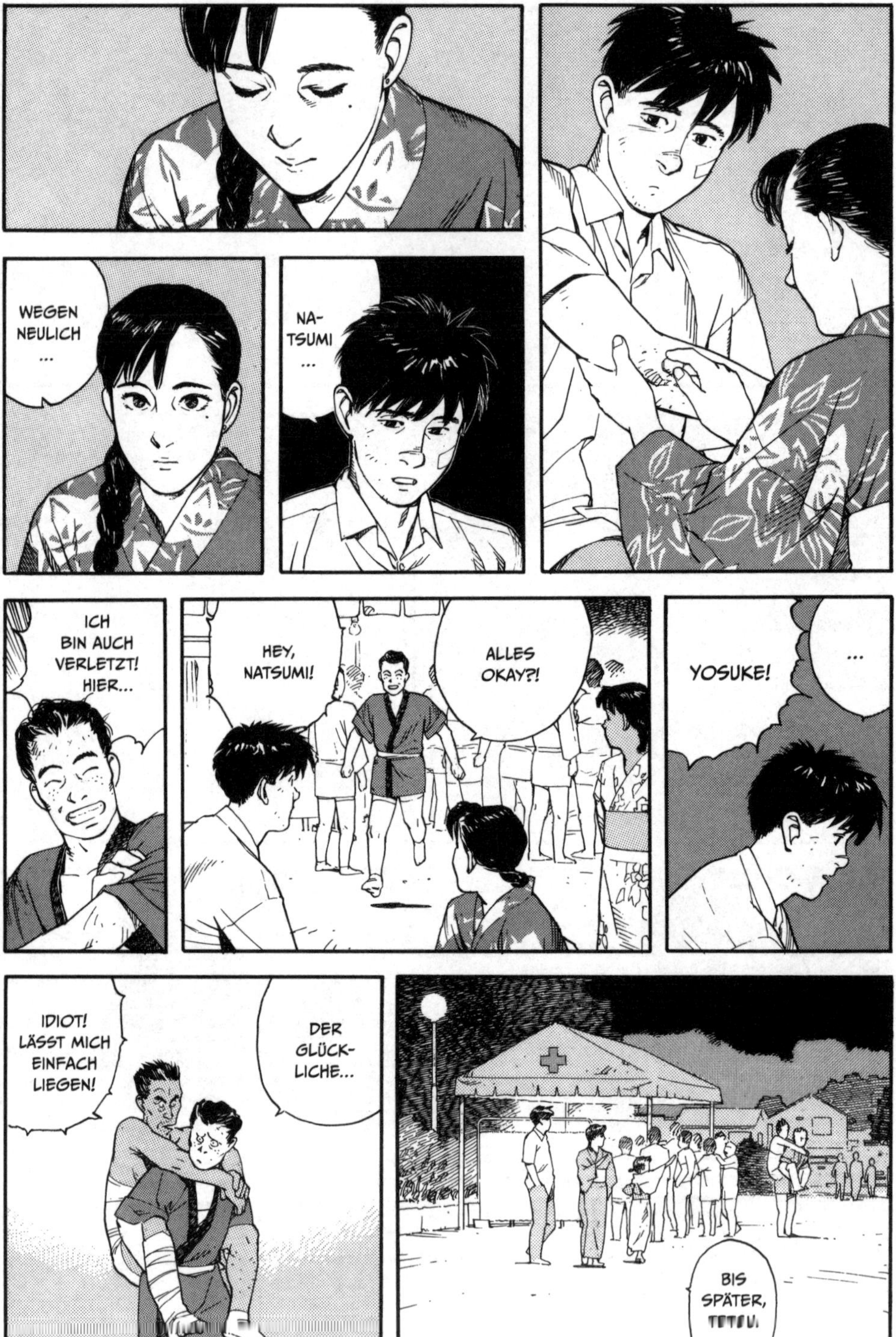
NA-
TSUMI
...
WEGEN
NEULICH
...
...
YOSUKE!
ALLES
OKAY?!
HEY,
NATSUMI!
ICH
BIN AUCH
VERLETZT!
HIER...
BIS
SPÄTER,
DER
GLÜCK-
LICHE...
IDIOT!
LÄSST MICH
EINFACH
LIEGEN!

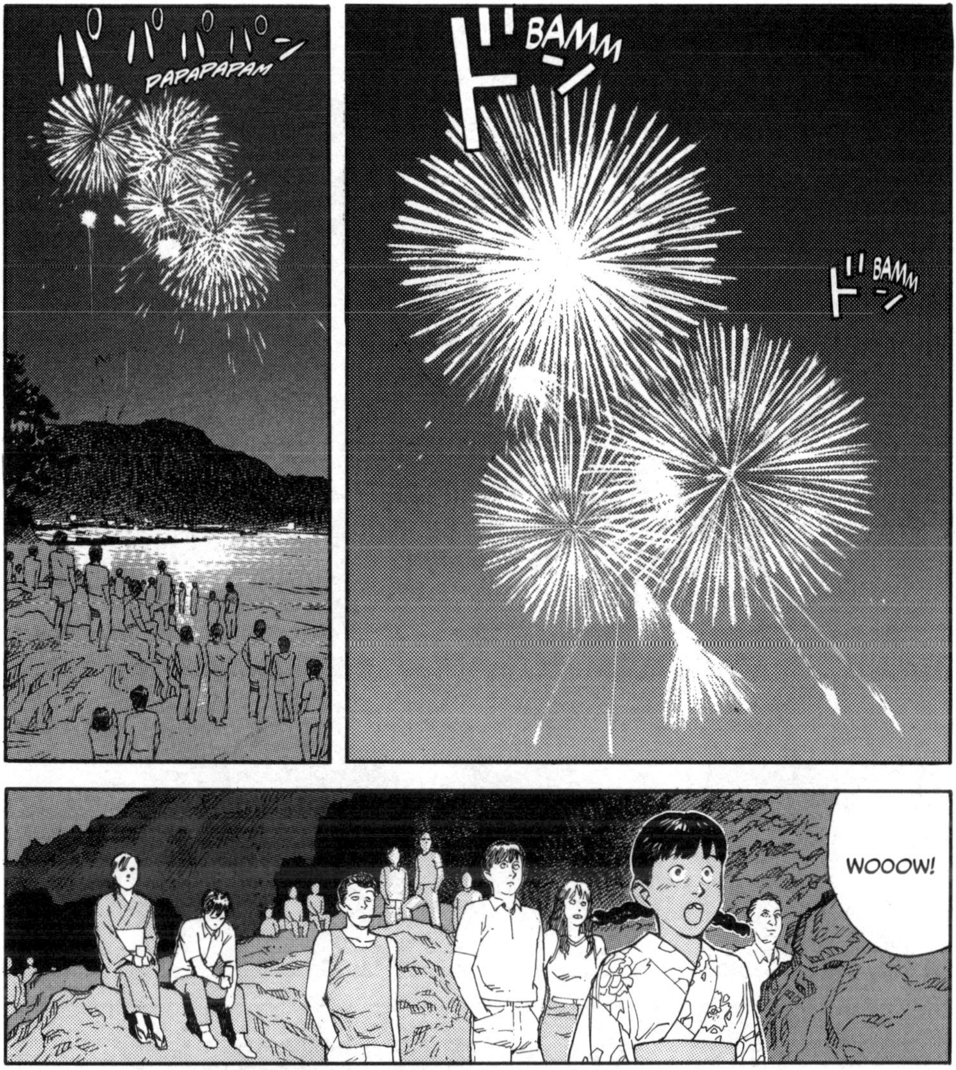
ドーン
BAMM
ドーン
BAMM
パパパパーン
PAPAPAPAM
WOOOW!
ALSO, WEGEN NEULICH ...
BIST DU MIR NOCH BÖSE?
ドドン
BABAM
JA.
SCHERZ.

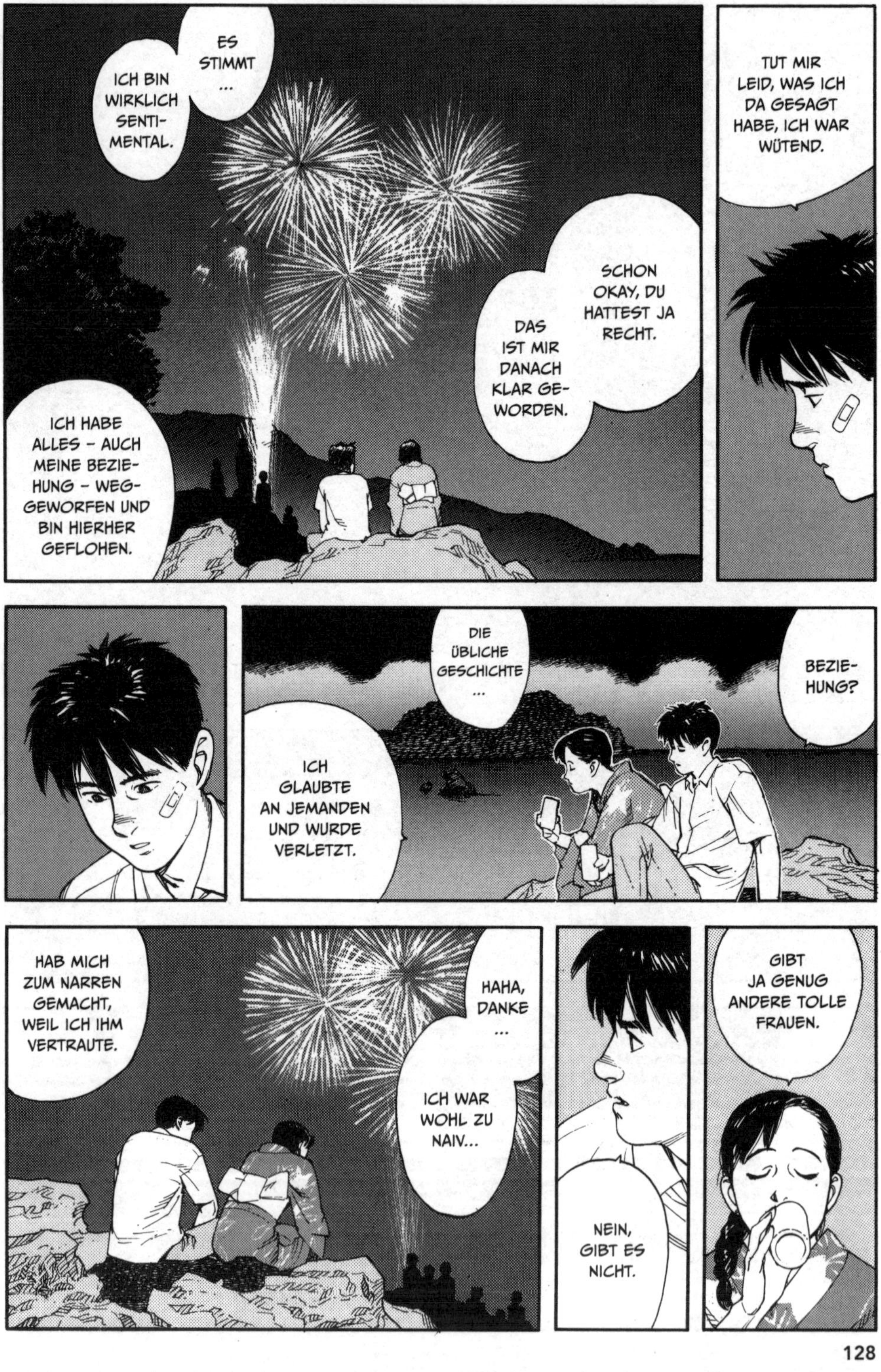
TUT MIR LEID, WAS ICH DA GESAGT HABE, ICH WAR WÜTEND.
SCHON OKAY, DU HATTEST JA RECHT.
DAS IST MIR DANACH KLAR GEWORDEN.
ES STIMMT ...
ICH BIN WIRKLICH SENTI-MENTAL.
ICH HABE ALLES – AUCH MEINE BEZIE-HUNG – WEG-GEWORFEN UND BIN HIERHER GEFLOHEN.
BEZIE-HUNG?
DIE ÜBLICHE GESCHICHTE ...
ICH GLAUBTE AN JEMANDEN UND WURDE VERLETZT.
GIBT JA GENUG ANDERE TOLLE FRAUEN.
NEIN, GIBT ES NICHT.
HAHA, DANKE ...
ICH WAR WOHL ZU NAIV...
HAB MICH ZUM NARREN GEMACHT, WEIL ICH IHM VERTRAUTE.

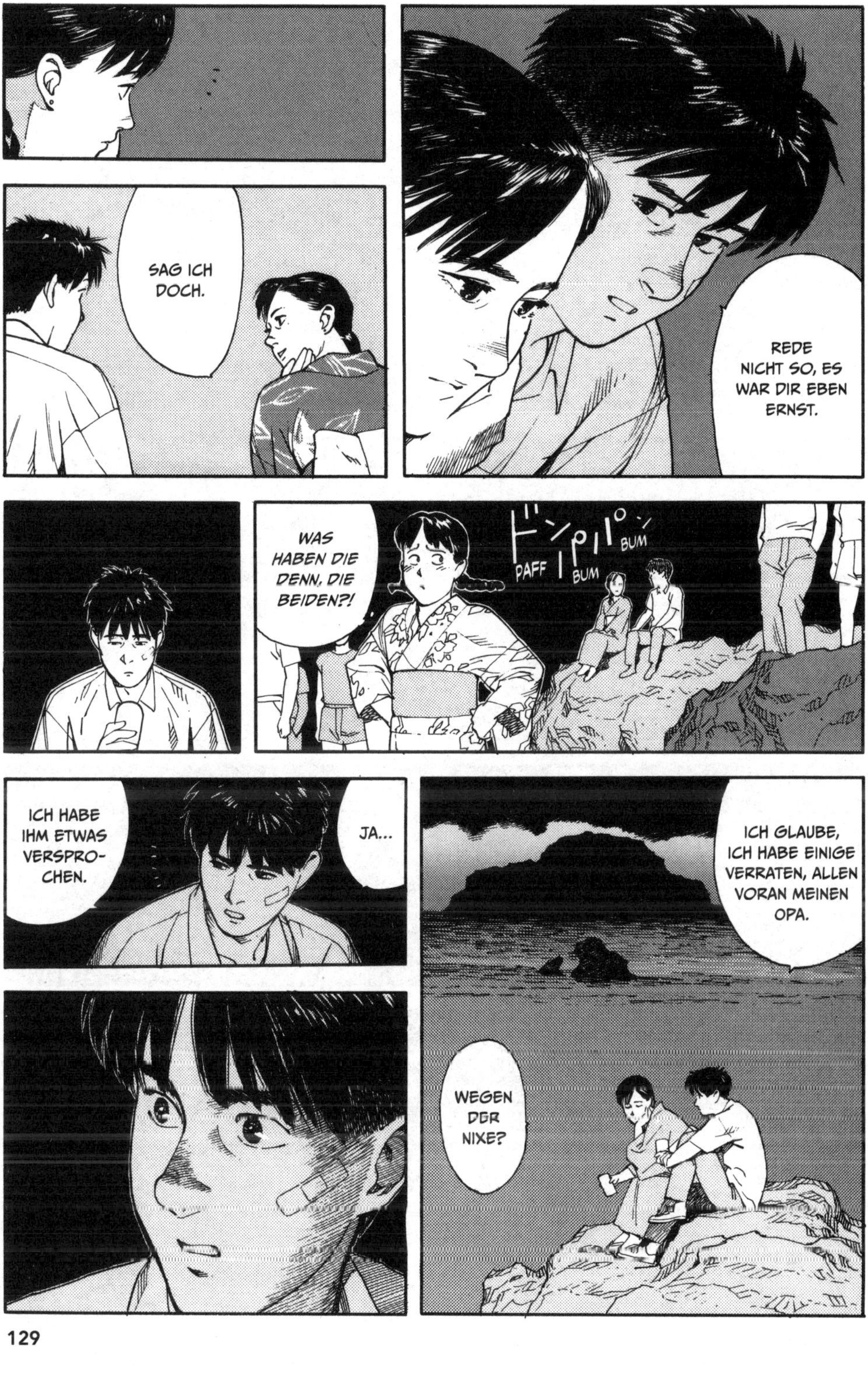
...
REDE NICHT SO, ES WAR DIR EBEN ERNST.
SAG ICH DOCH.
ドンパ パッ
BUM
PAFF
BUM
WAS HABEN DIE DENN, DIE BEIDEN?!
ICH GLAUBE, ICH HABE EINIGE VERRATEN, ALLEN VORAN MEINEN OPA.
JA...
ICH HABE IHM ETWAS VERSPRO-CHEN.
WEGEN DER NIXE?

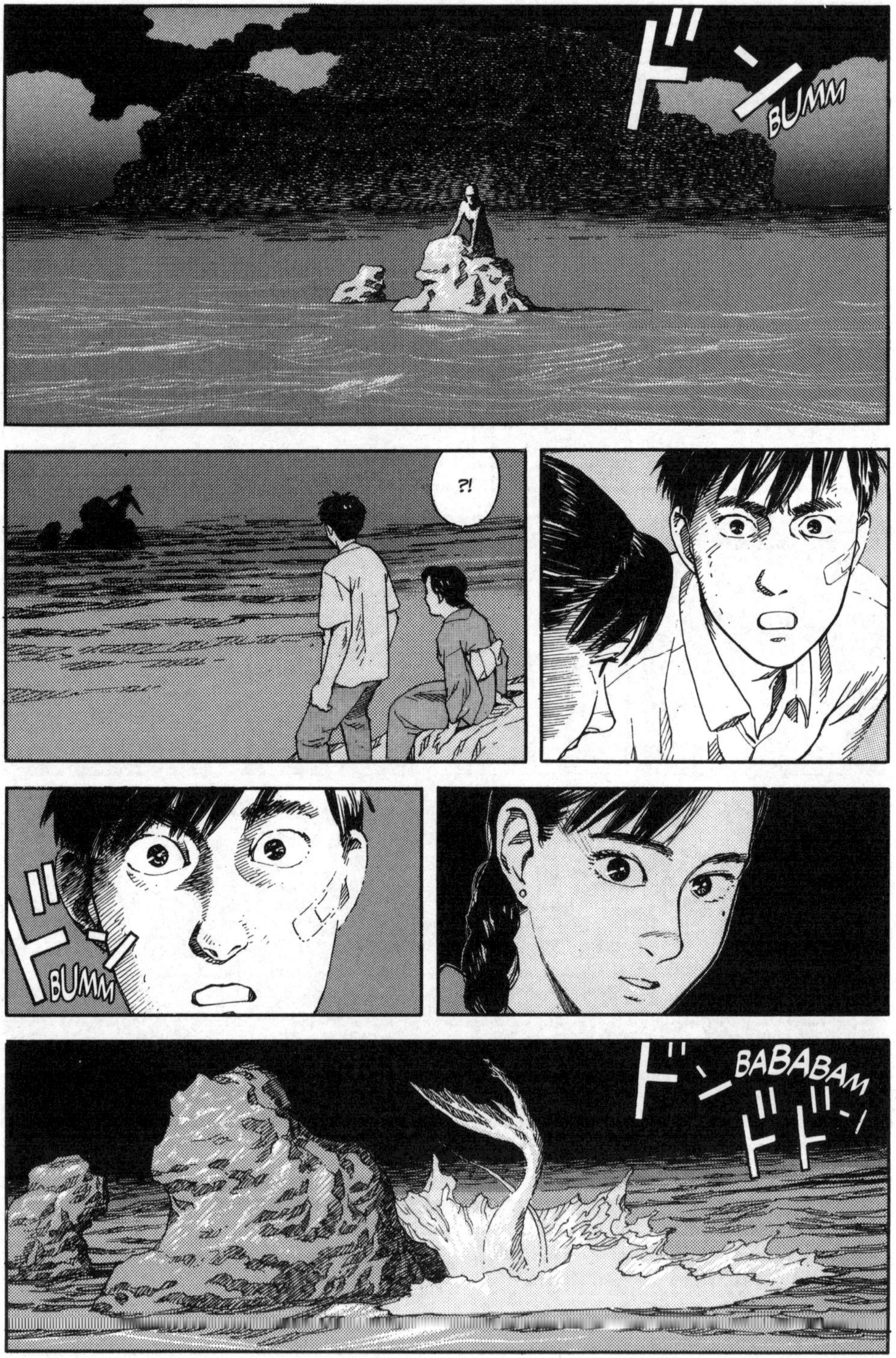
ドン
BUMM
?!
ドーン
BUMM
ドン
BABABAM
ドドドーン

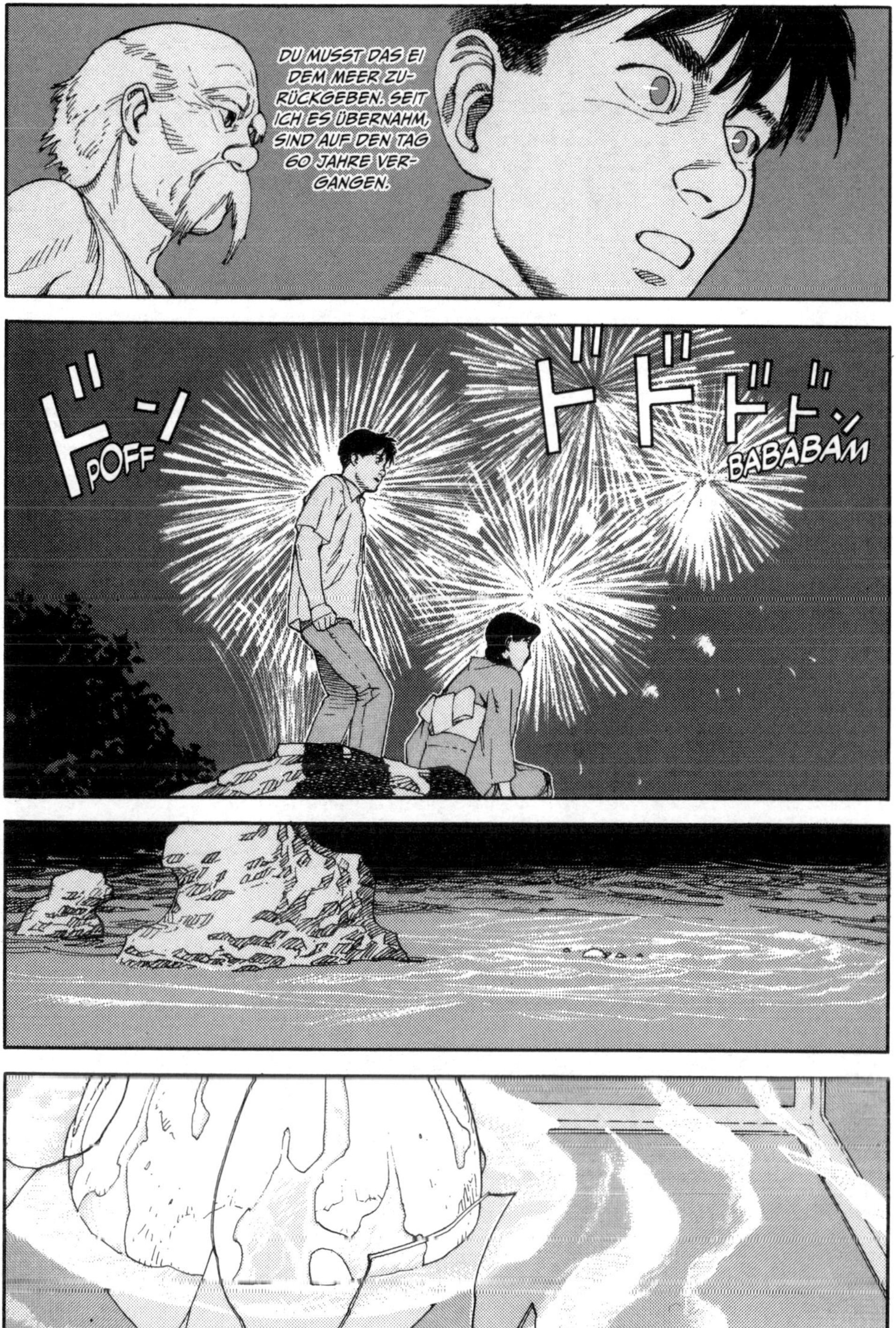
DU MUSST DAS EI DEM MEER ZURÜCKGEBEN. SEIT ICH ES ÜBERNAHM, SIND AUF DEN TAG 60 JAHRE VERGANGEN.
ドーン
POFF
ドドドドッ
BABABAM

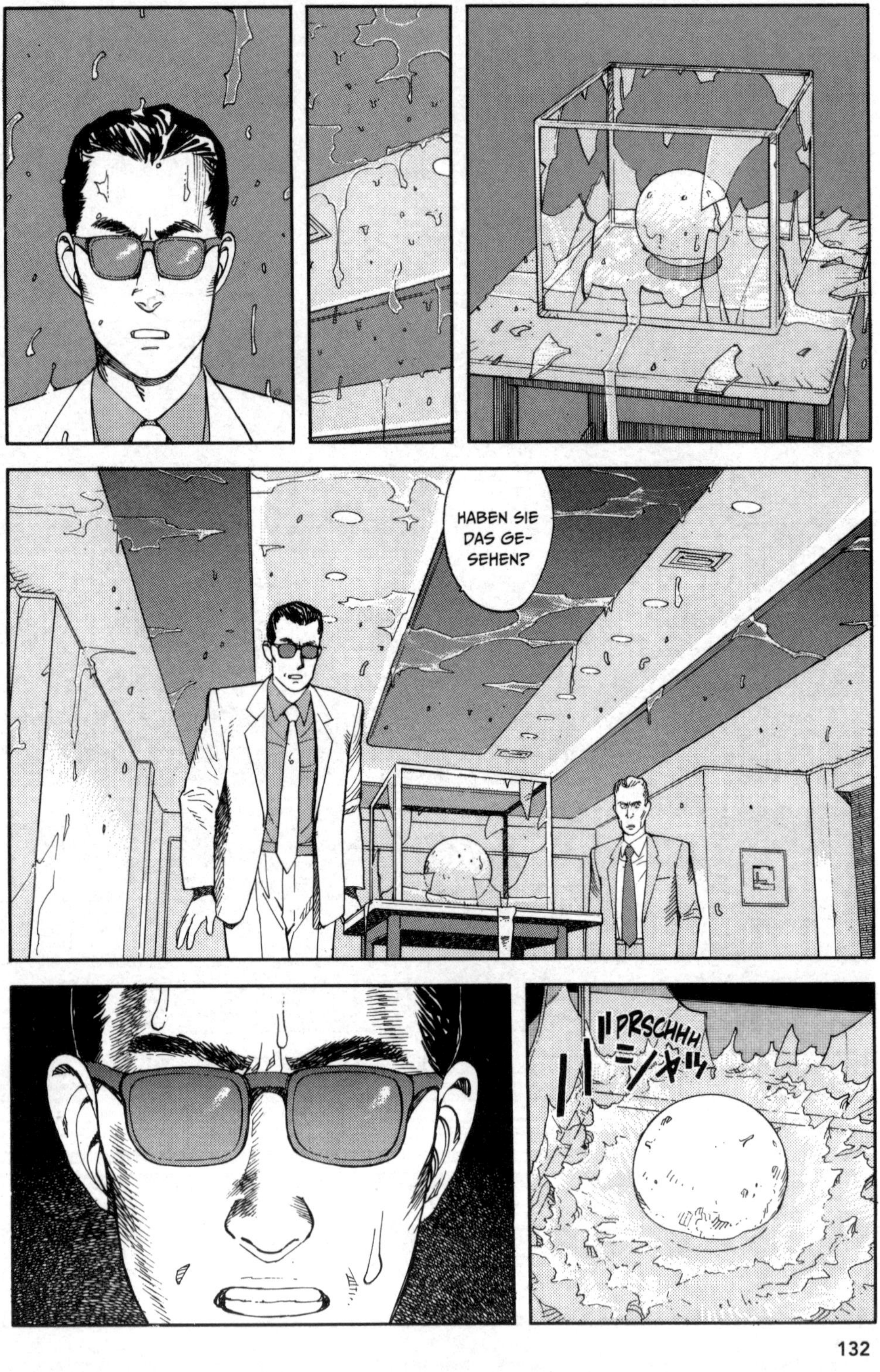
HABEN SIE DAS GE- SEHEN?
PRSCHHH

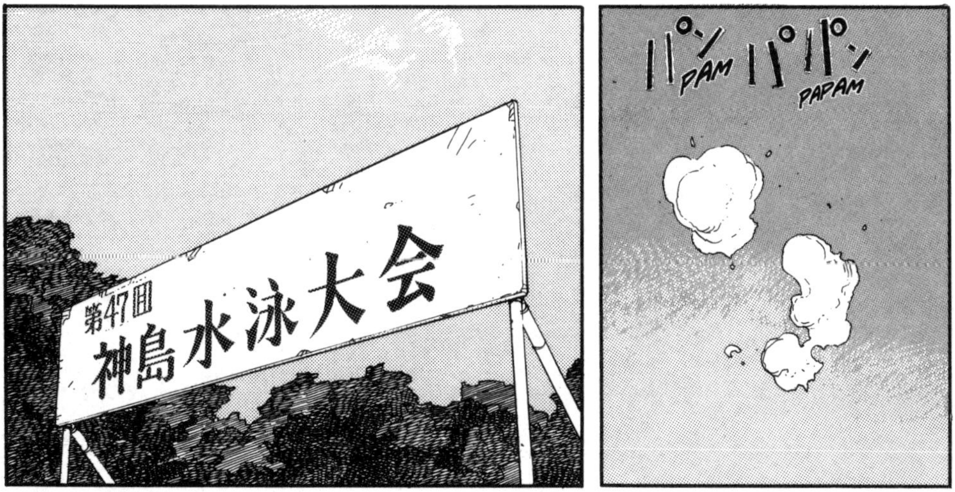

47. Kamijima-Schwimmfest

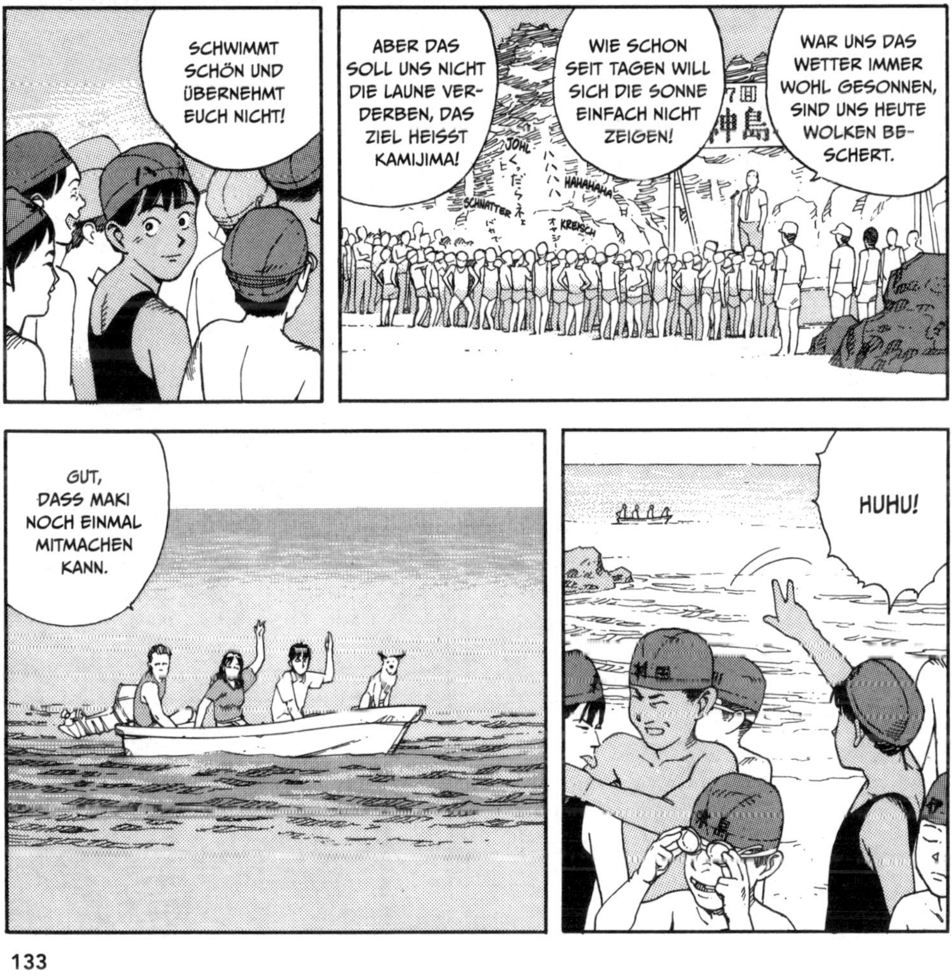

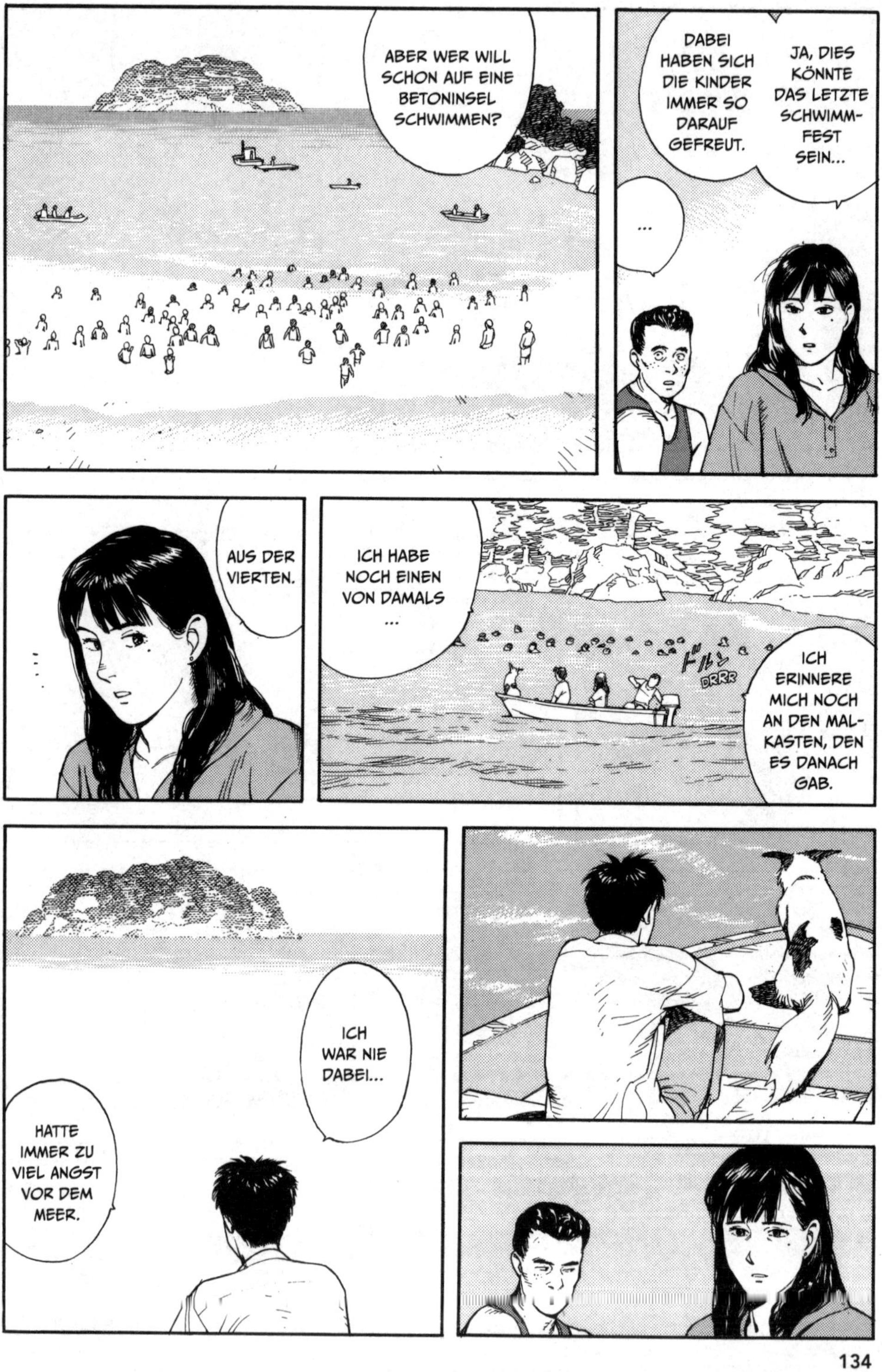
JA, DIES KÖNNTE DAS LETZTE SCHWIMM-FEST SEIN...
DABEI HABEN SICH DIE KINDER IMMER SO DARAUF GEFREUT.
...
ABER WER WILL SCHON AUF EINE BETONINSEL SCHWIMMEN?
ICH ERINNERE MICH NOCH AN DEN MAL-KASTEN, DEN ES DANACH GAB.
ドルン
DRRR
ICH HABE NOCH EINEN VON DAMALS ...
AUS DER VIERTEN.
ICH WAR NIE DABEI...
HATTE IMMER ZU VIEL ANGST VOR DEM MEER.

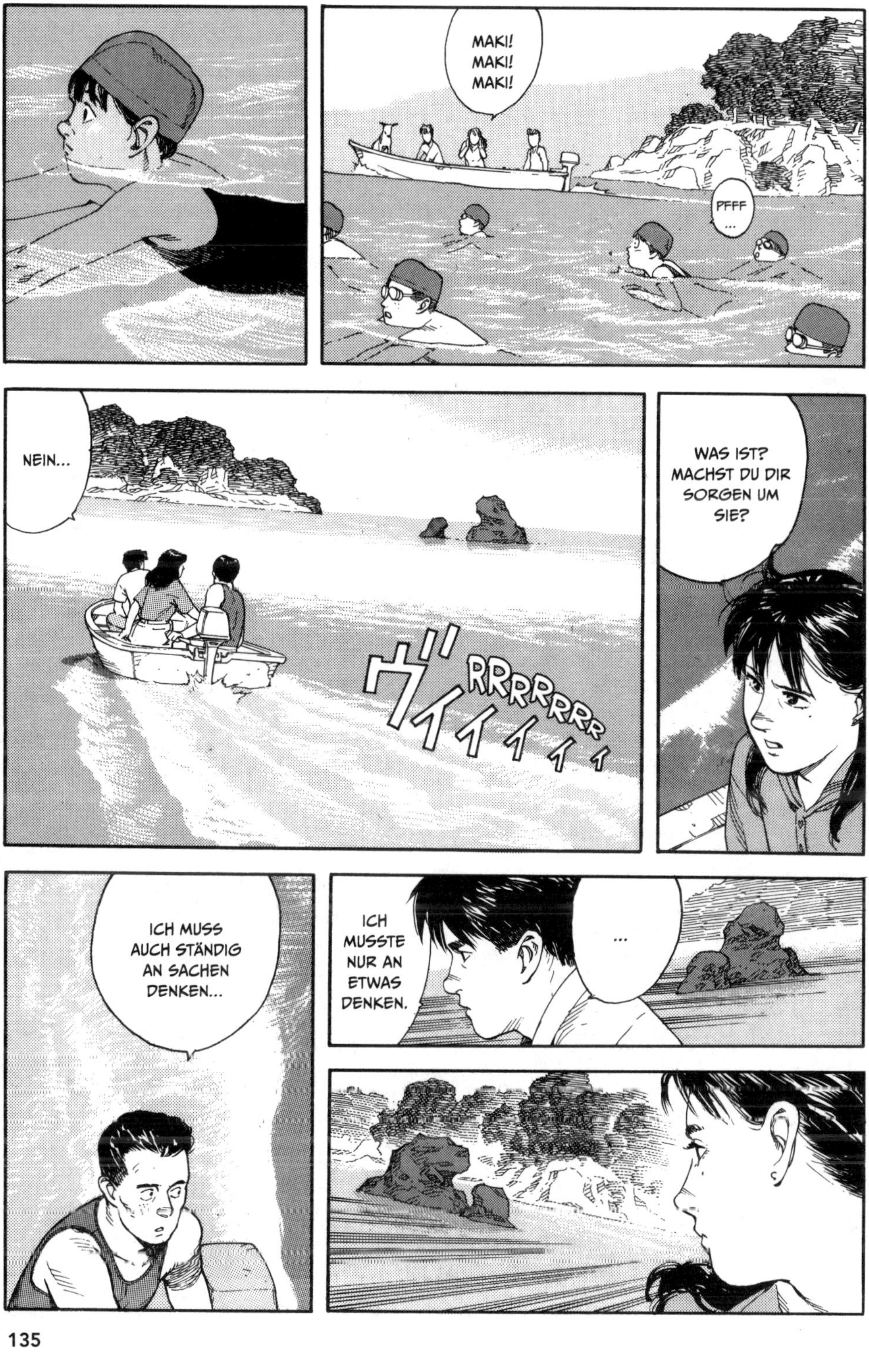
MAKI! MAKI! MAKI!
PFFF ...
WAS IST? MACHST DU DIR SORGEN UM SIE?
NEIN...
ヴィィィィィ
RRRRRRRR
...
ICH MUSSTE NUR AN ETWAS DENKEN.
ICH MUSS AUCH STÄNDIG AN SACHEN DENKEN...

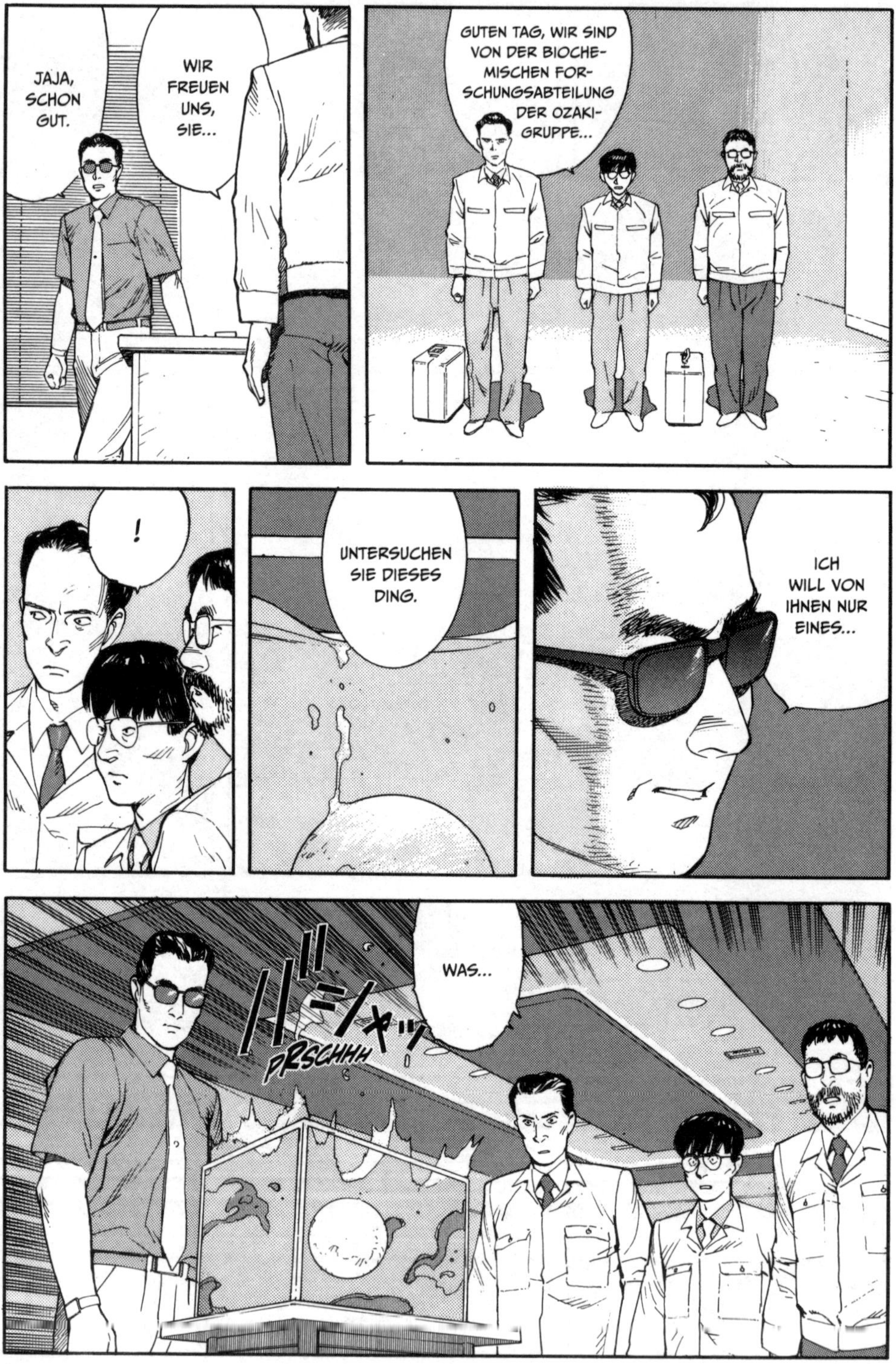
GUTEN TAG, WIR SIND VON DER BIOCHEMISCHEN FORSCHUNGSABTEILUNG DER OZAKI-GRUPPE...
WIR FREUEN UNS, SIE...
JAJA, SCHON GUT.
ICH WILL VON IHNEN NUR EINES...
UNTERSUCHEN SIE DIESES DING.
!
PRSCHHH
WAS...

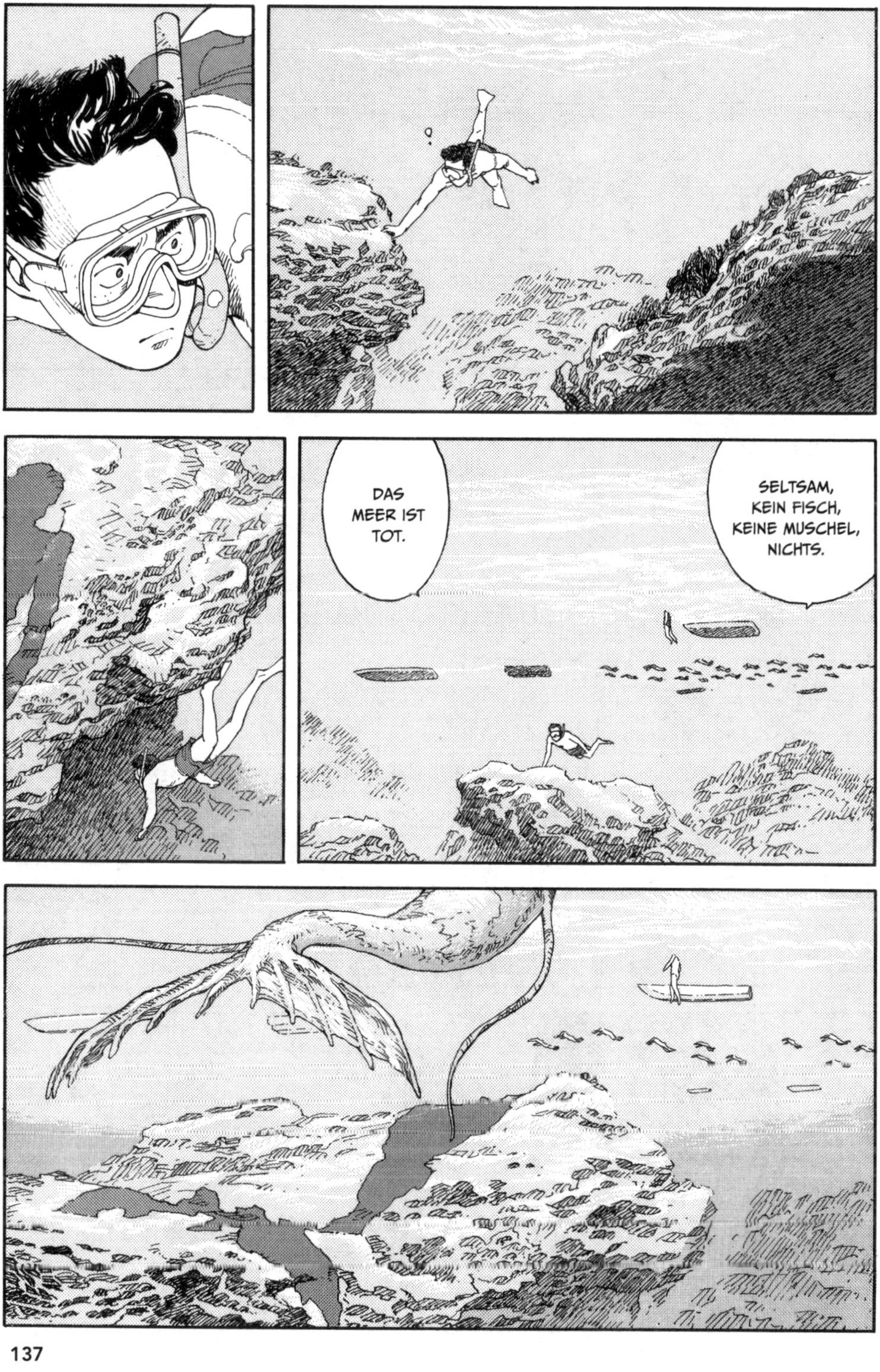
SELTSAM, KEIN FISCH, KEINE MUSCHEL, NICHTS.
DAS MEER IST TOT.

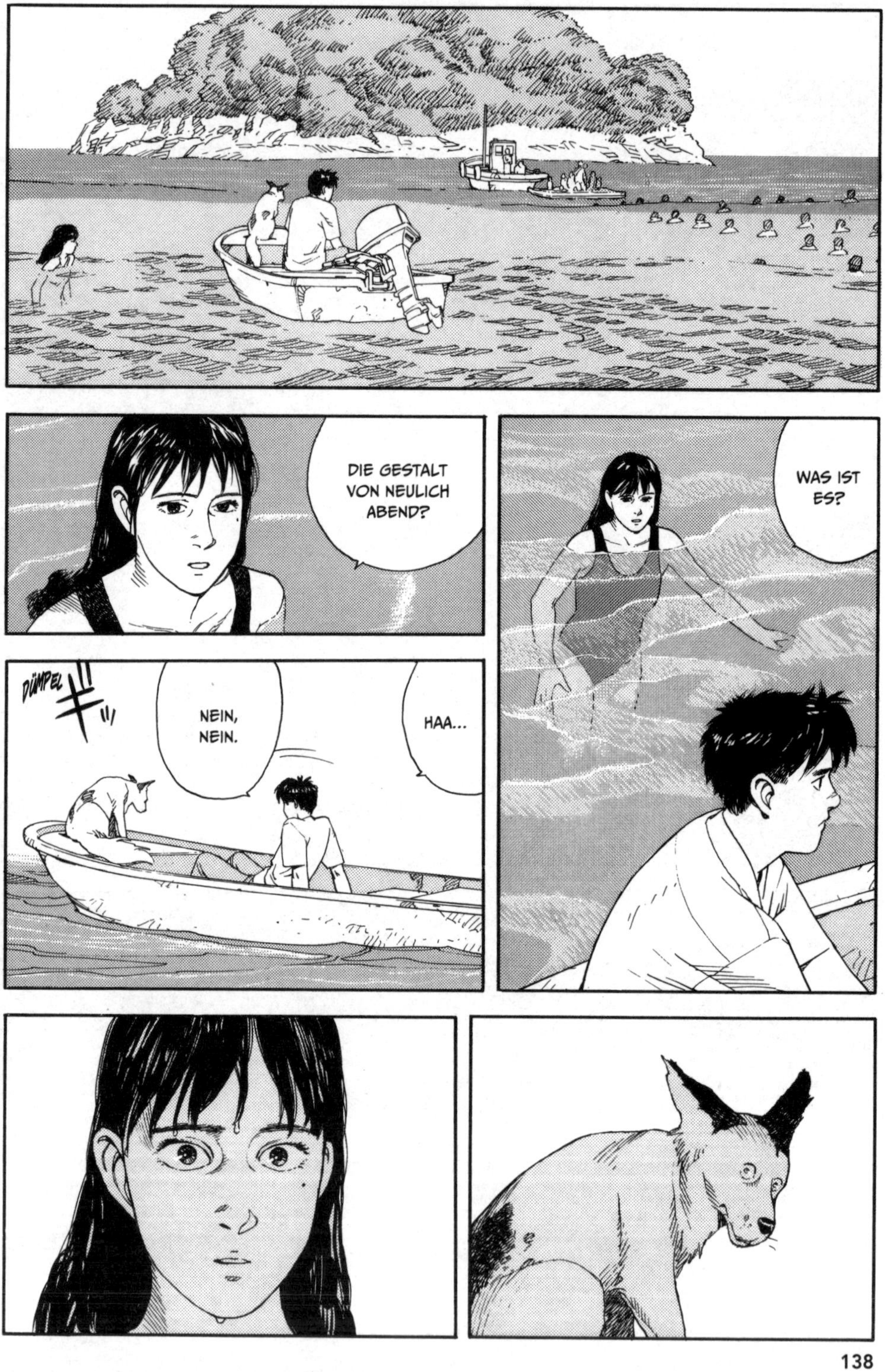
DIE GESTALT VON NEULICH ABEND?
WAS IST ES?
HAA...
NEIN, NEIN.
DÜMPEL

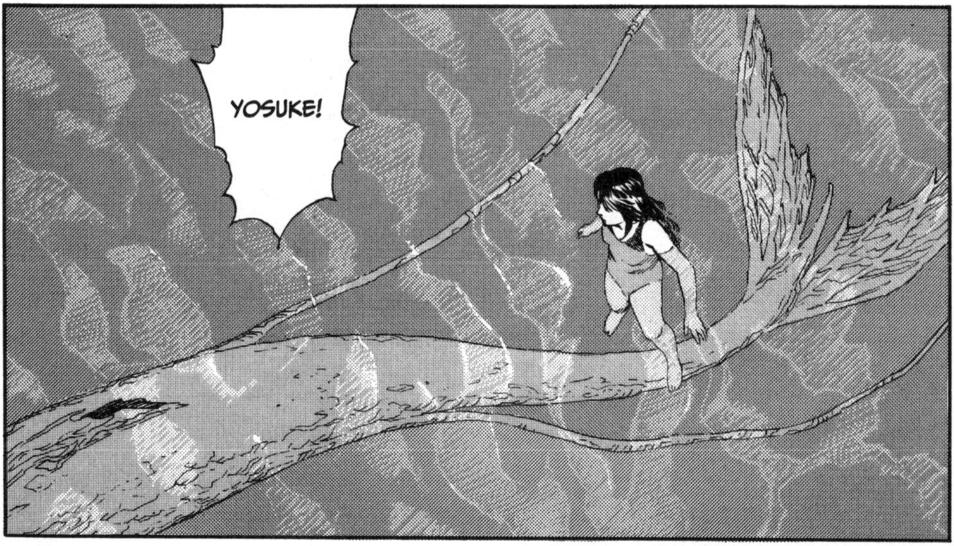
YOSUKE!

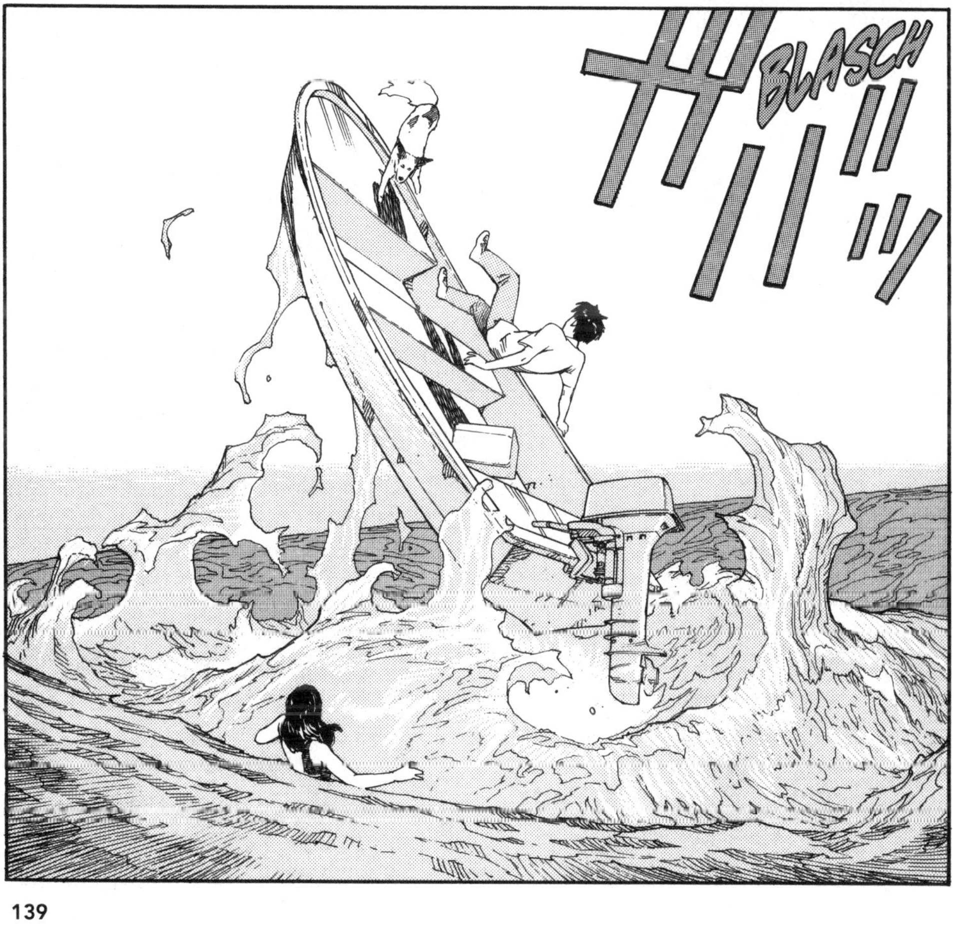
BLASCH

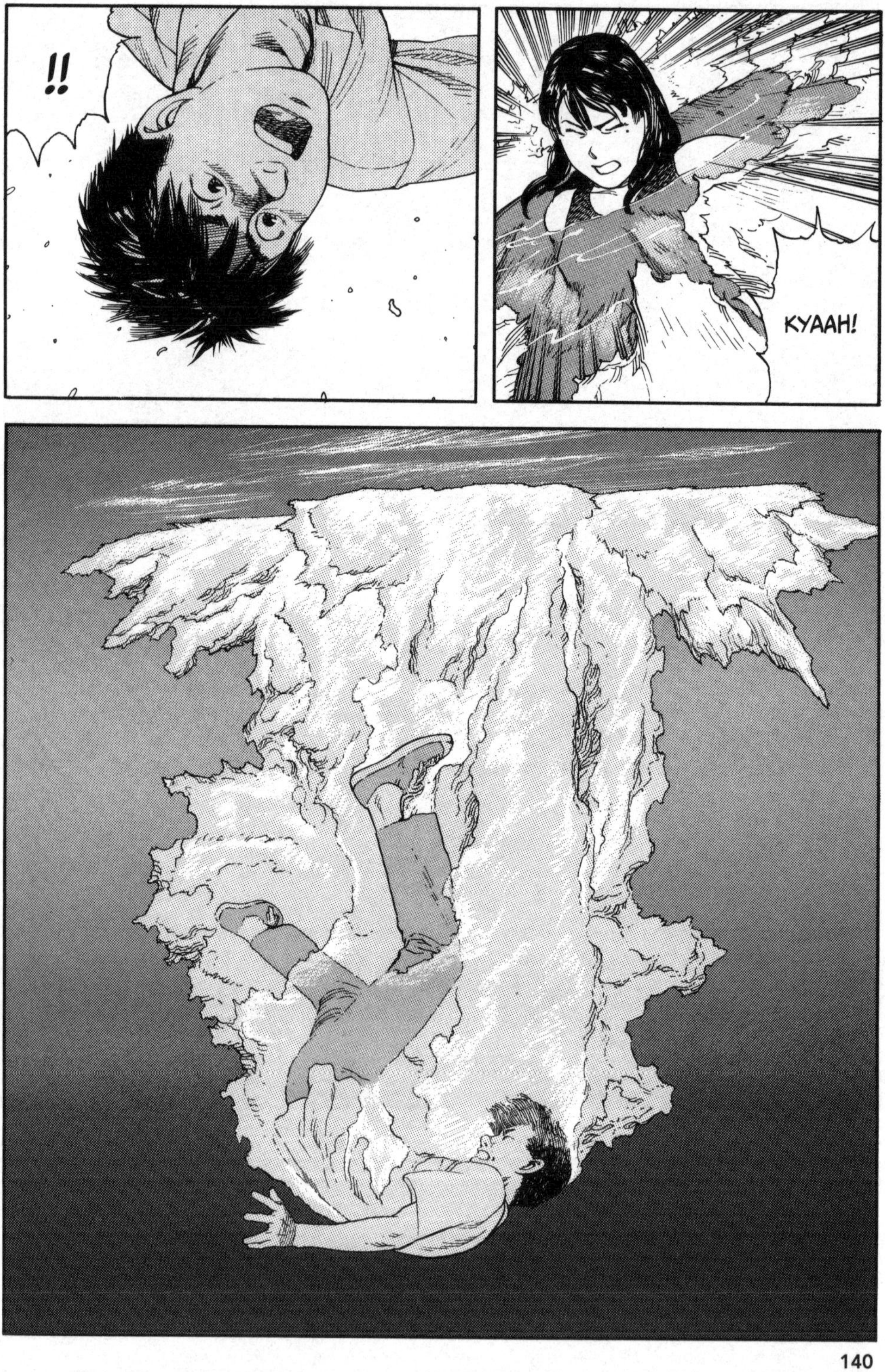
KYAAH!
!!

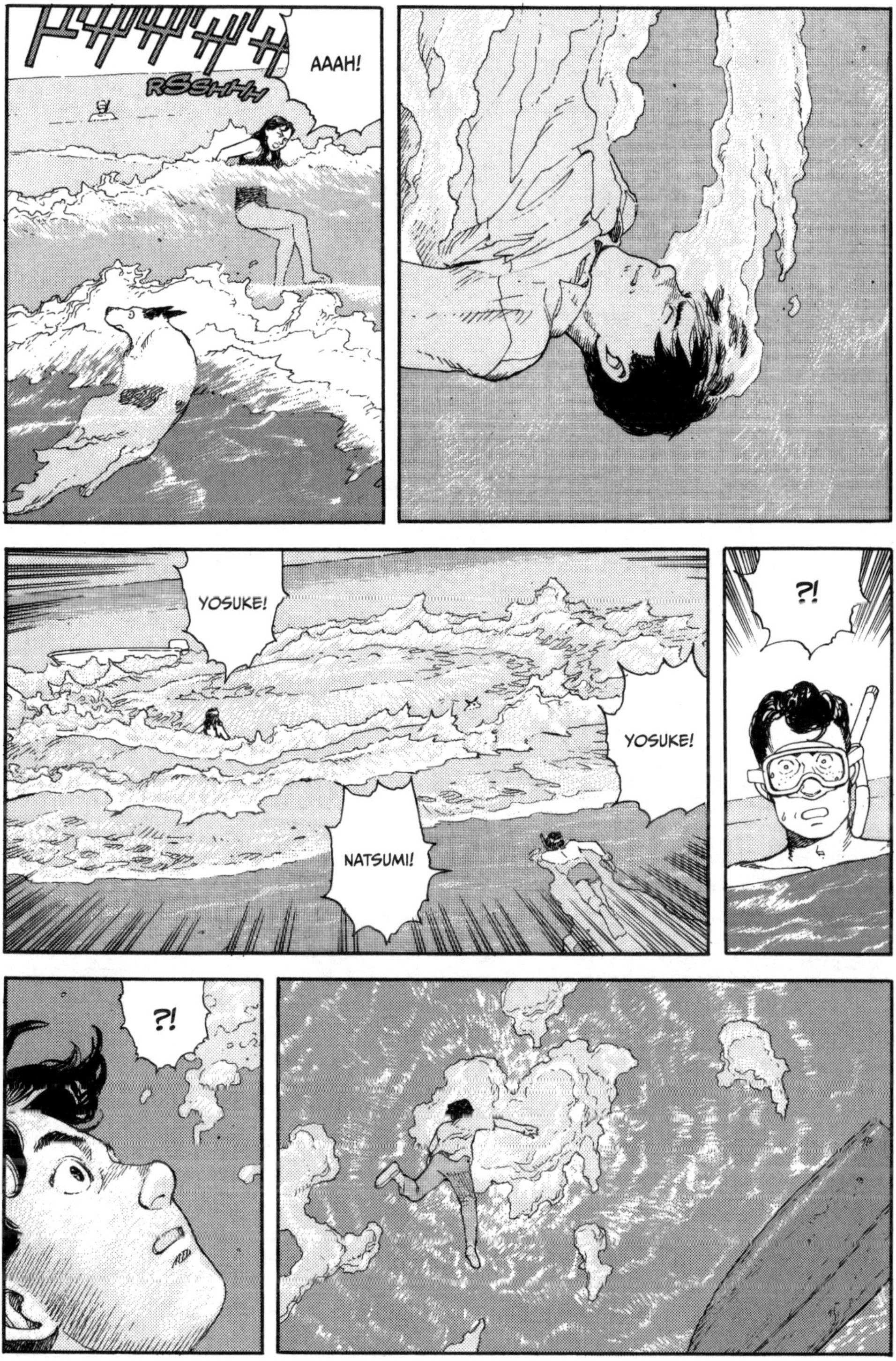
RSSHHH
AAAH!
?!
YOSUKE!
YOSUKE!
NATSUMI!
?!

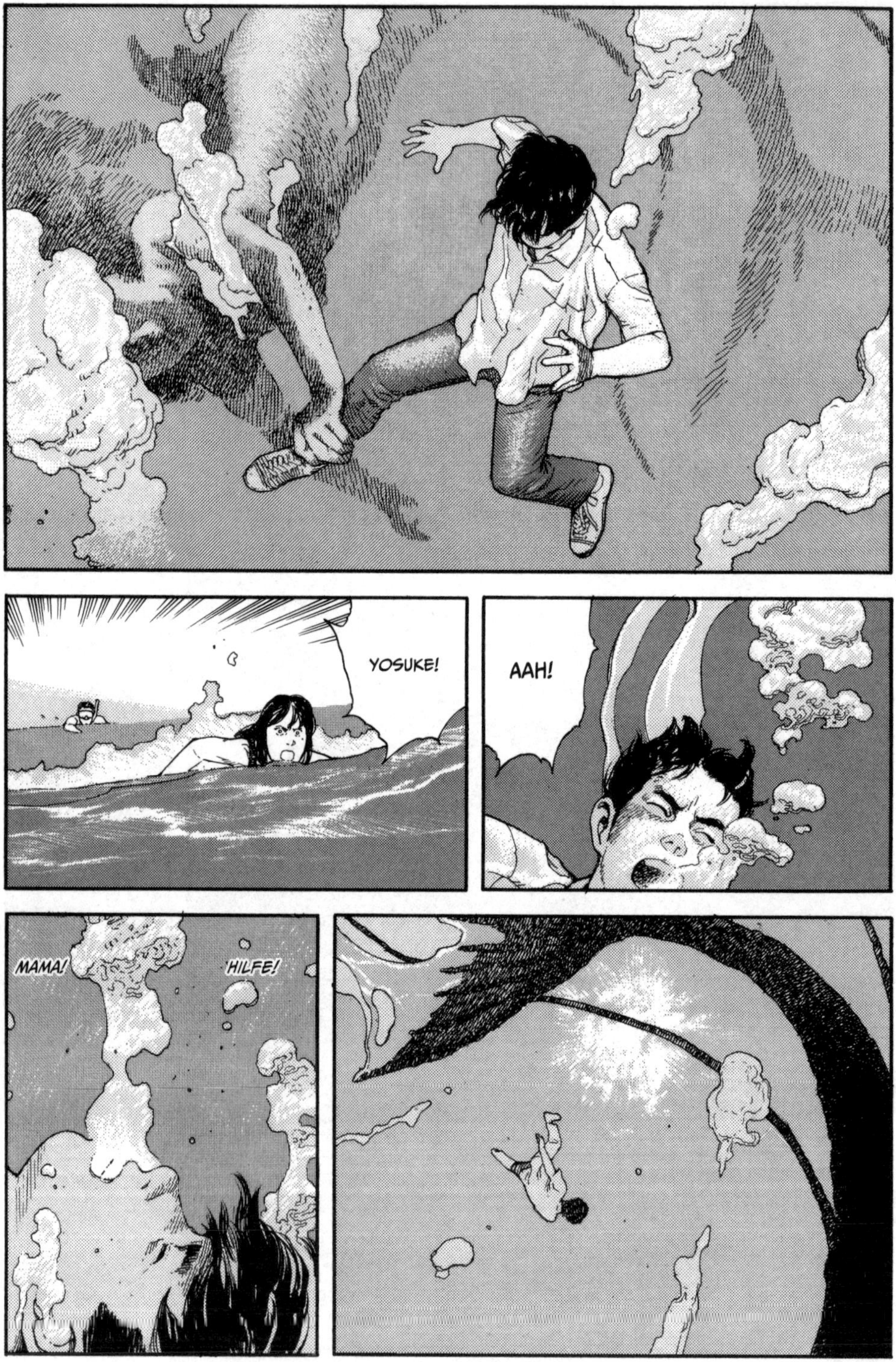
YOSUKE!
AAH!
MAMA!
HILFE!

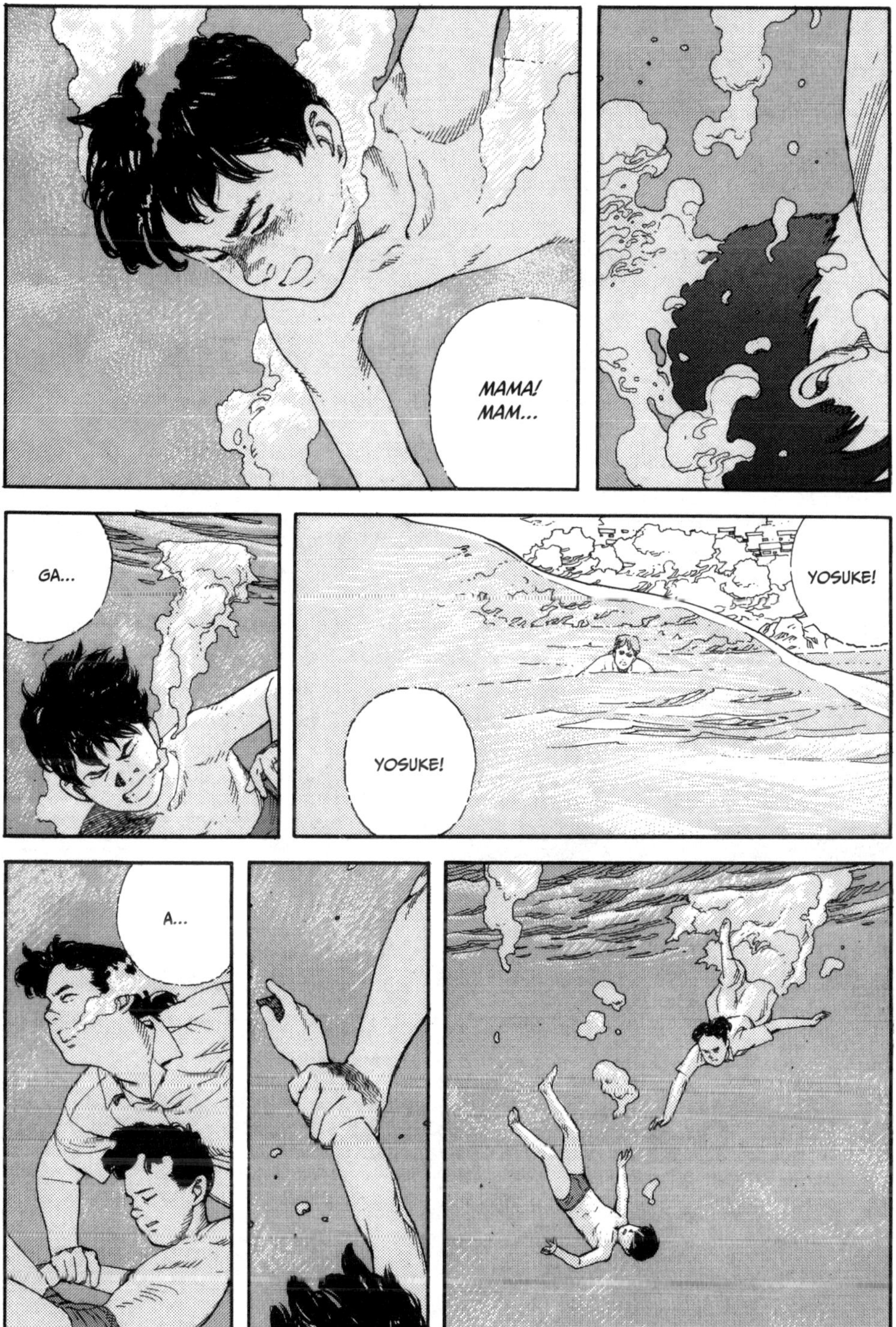
MAMA!
MAM...
GA...
YOSUKE!
YOSUKE!
A...

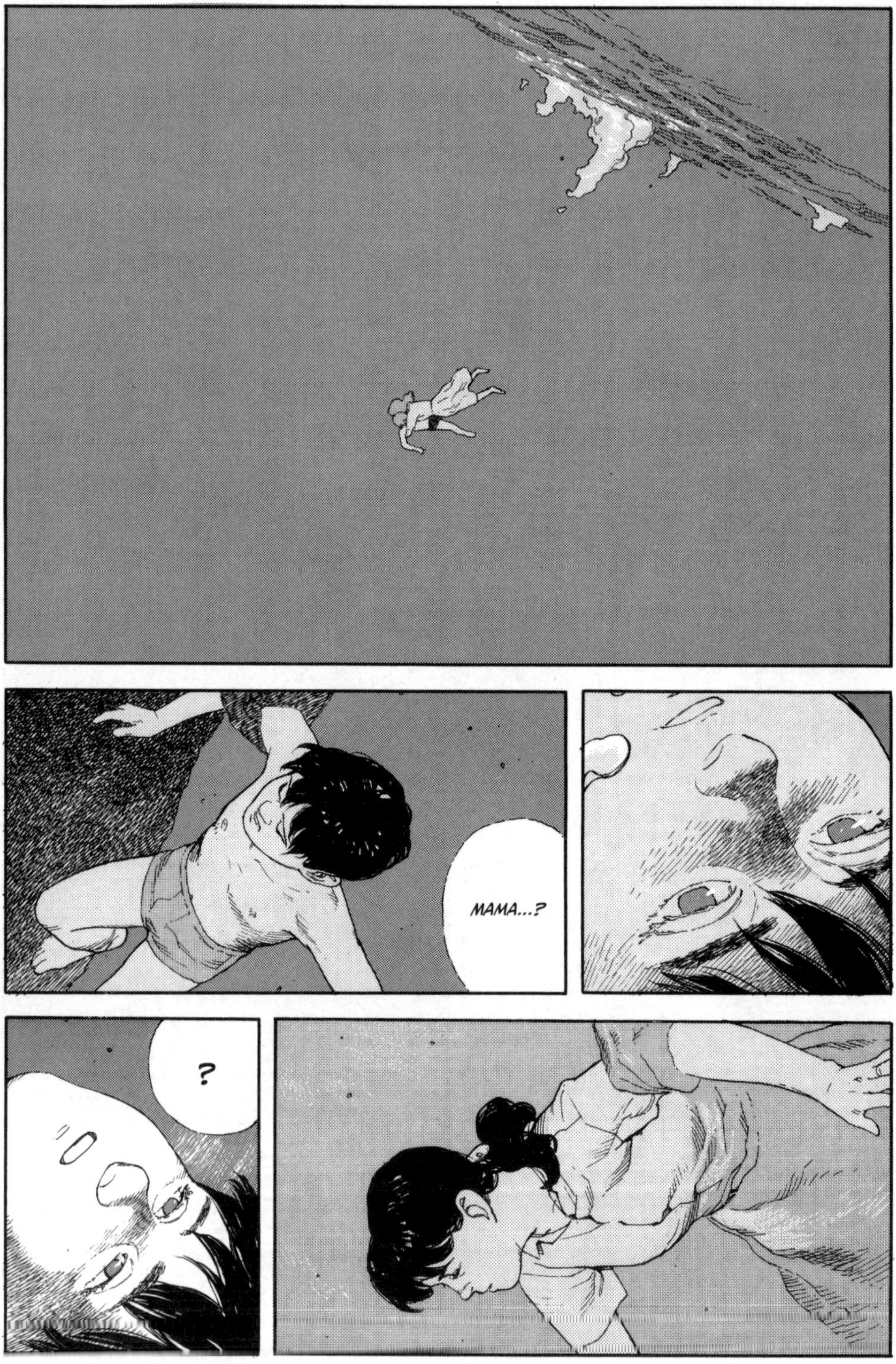
MAMA...?
?

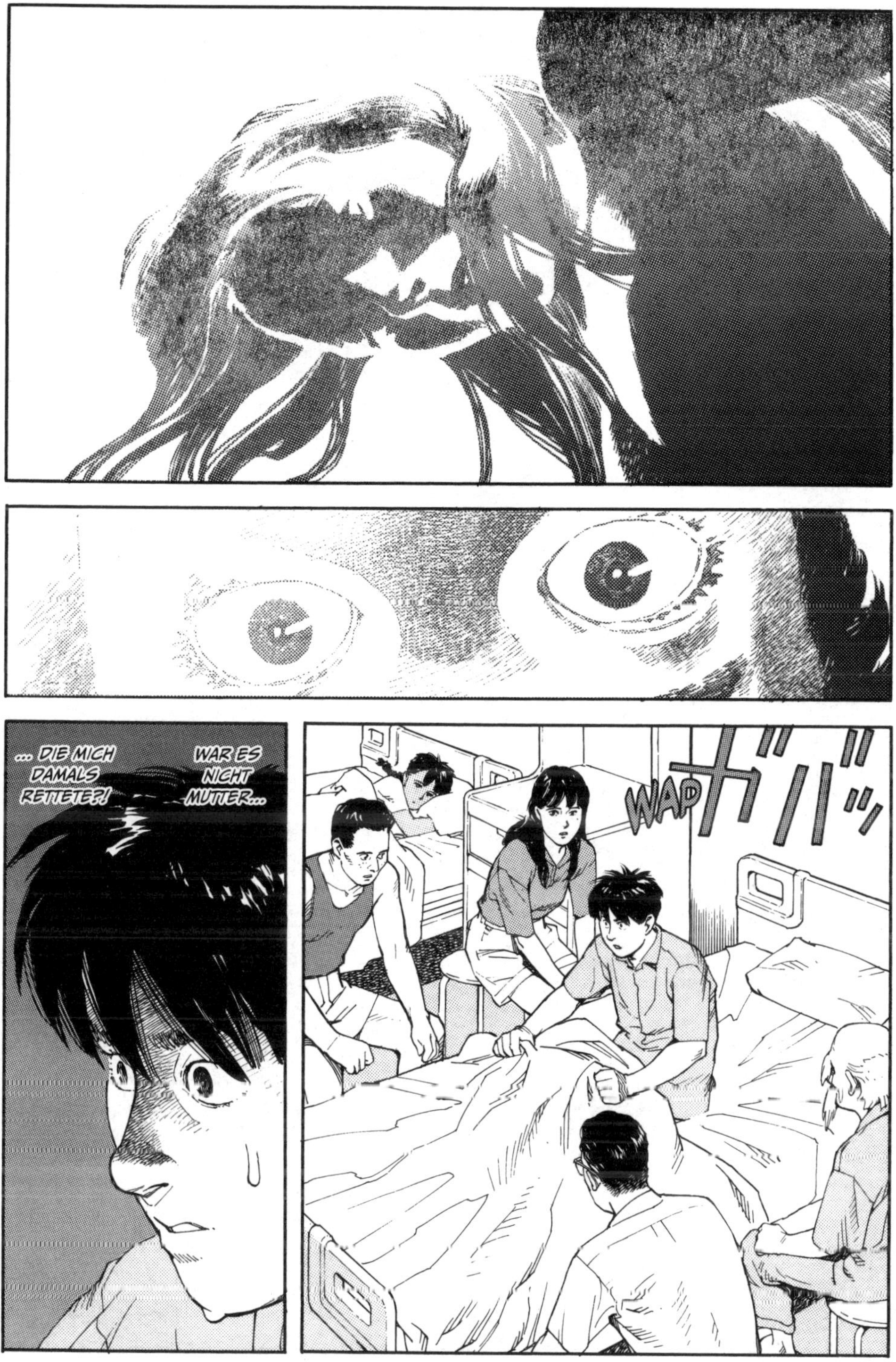
WAP
ガバッ
WAR ES NICHT MUTTER...
... DIE MICH DAMALS RETTETE?!

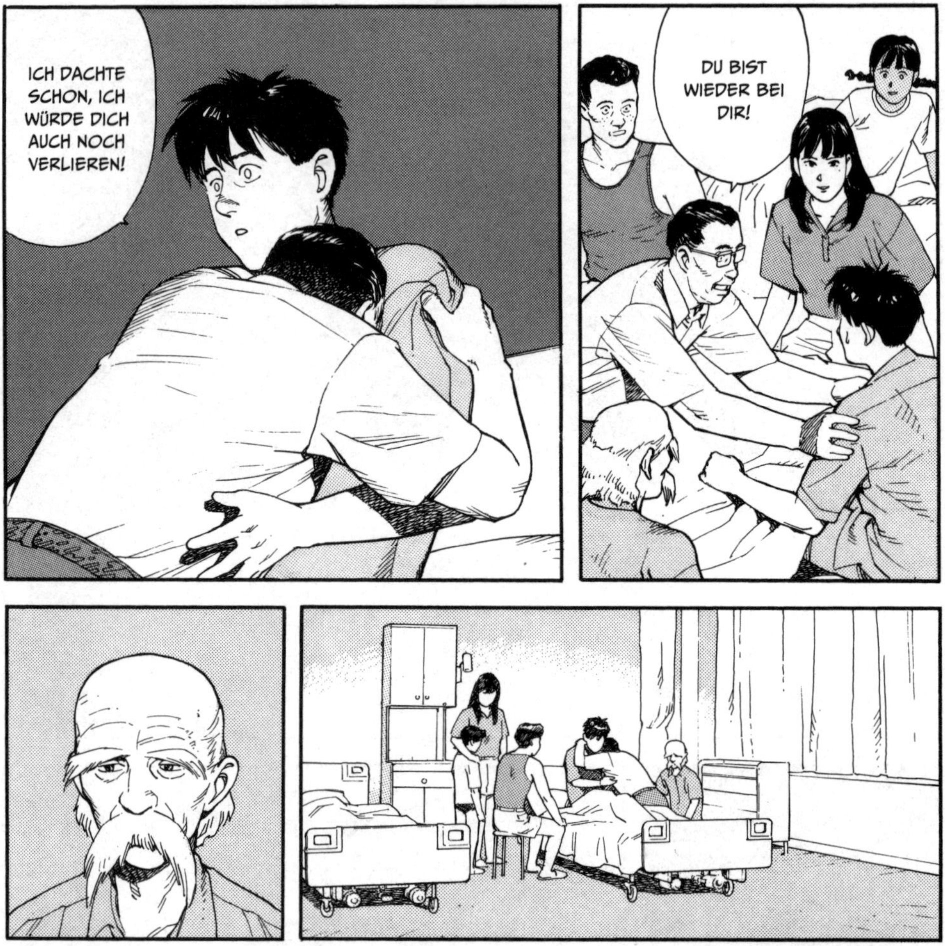
DU BIST WIEDER BEI DIR!
ICH DACHTE SCHON, ICH WÜRDE DICH AUCH NOCH VERLIEREN!
VATER, SAG MIR! WARUM HABE NUR ICH DAMALS ÜBER-LEBT? WARUM IST MUTTER...

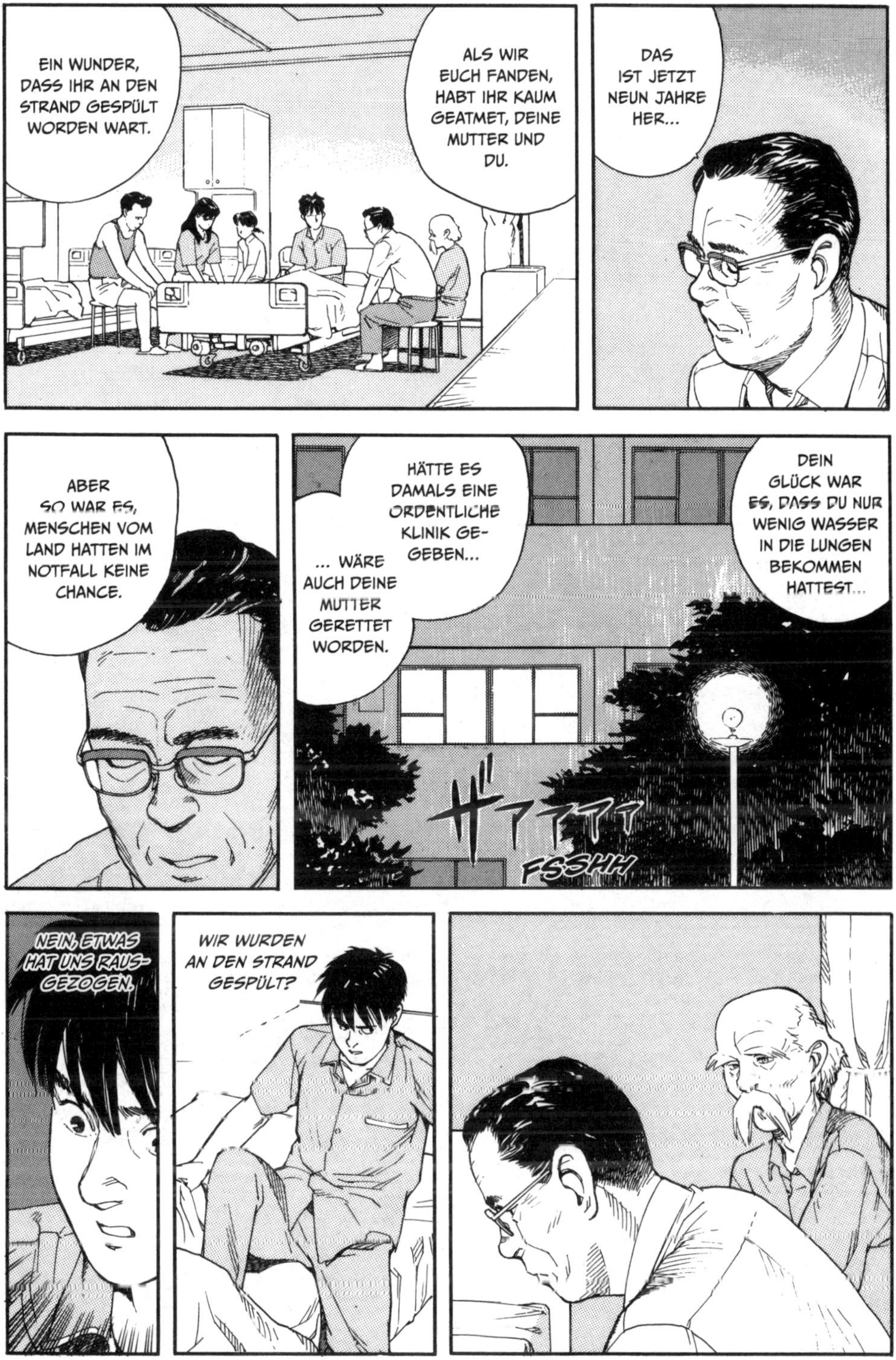

EIN WUNDER, DASS IHR AN DEN STRAND GESPÜLT WORDEN WART.
ALS WIR EUCH FANDEN, HABT IHR KAUM GEATMET, DEINE MUTTER UND DU.
DAS IST JETZT NEUN JAHRE HER...
ABER SO WAR ES, MENSCHEN VOM LAND HATTEN IM NOTFALL KEINE CHANCE.
HÄTTE ES DAMALS EINE ORDENTLICHE KLINIK GEGEBEN...
... WÄRE AUCH DEINE MUTTER GERETTET WORDEN.
DEIN GLÜCK WAR ES, DASS DU NUR WENIG WASSER IN DIE LUNGEN BEKOMMEN HATTEST...
ザァァァァ
FSSHH
NEIN, ETWAS HAT UNS RAUS-GEZOGEN.
WIR WURDEN AN DEN STRAND GESPÜLT?

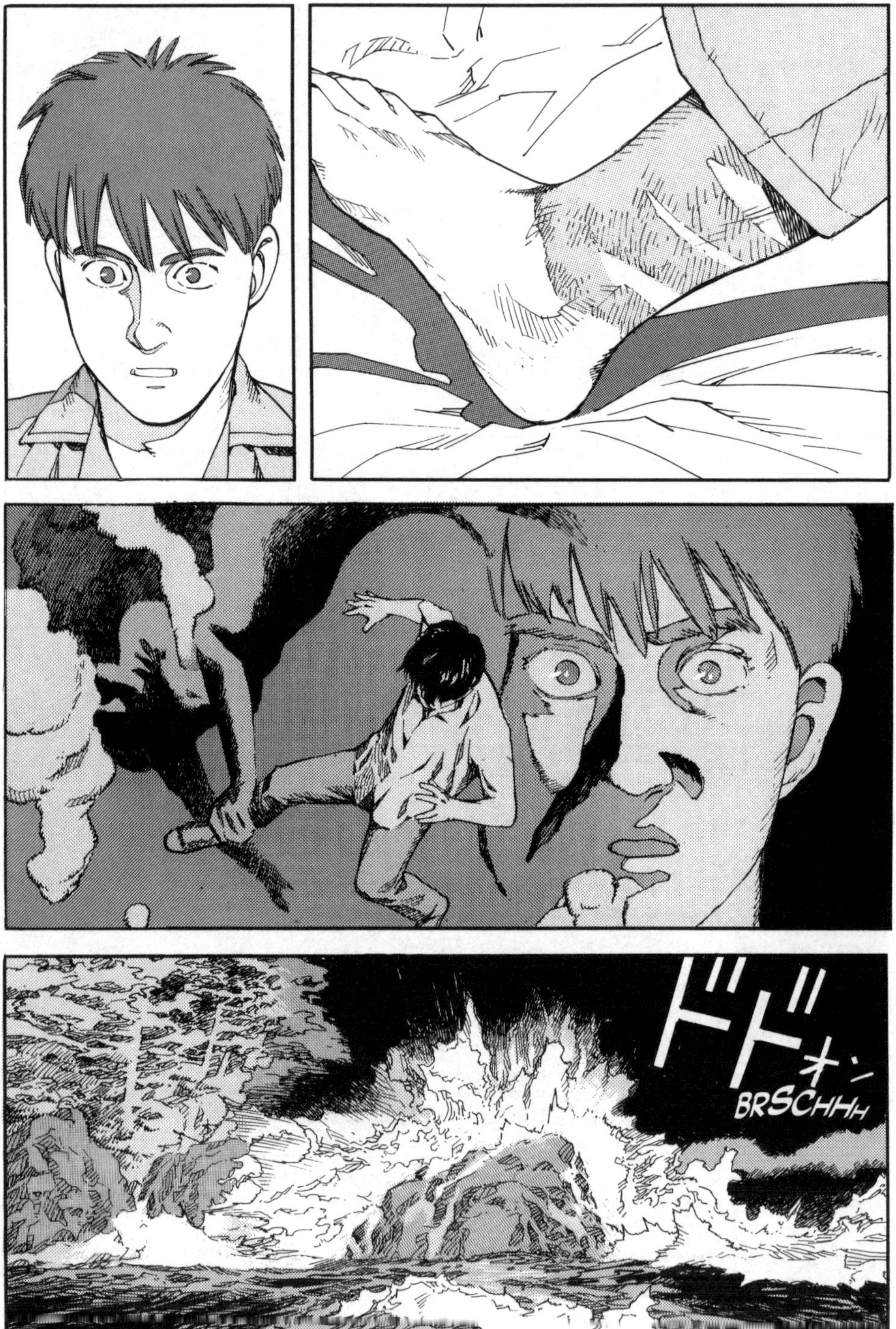
ドドオン
BRSCHHH

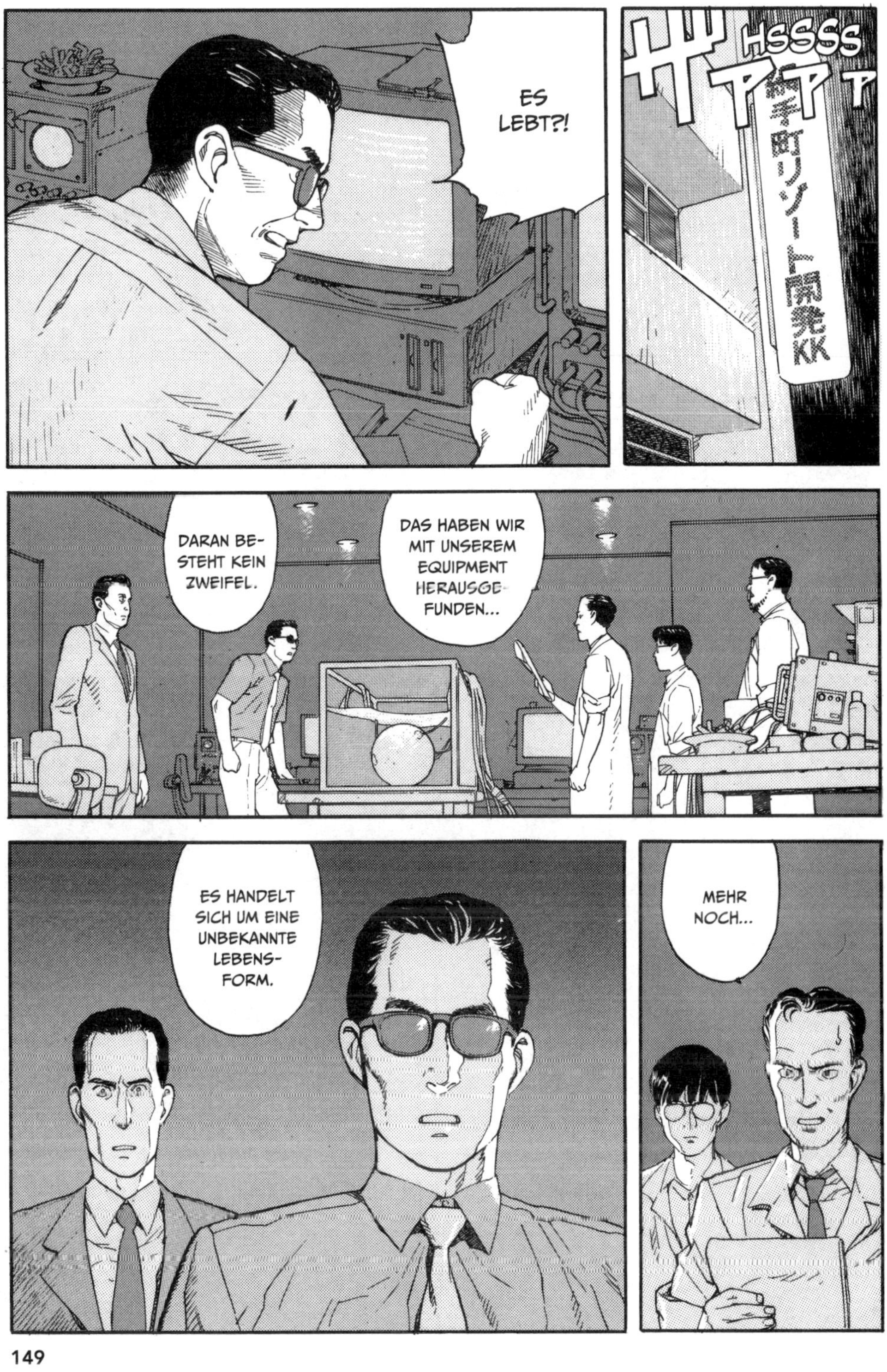
HSSSS
手町リゾート開発KK
ES LEBT?!
DARAN BESTEHT KEIN ZWEIFEL.
DAS HABEN WIR MIT UNSEREM EQUIPMENT HERAUSGEFUNDEN...
ES HANDELT SICH UM EINE UNBEKANNTE LEBENSFORM.
MEHR NOCH...

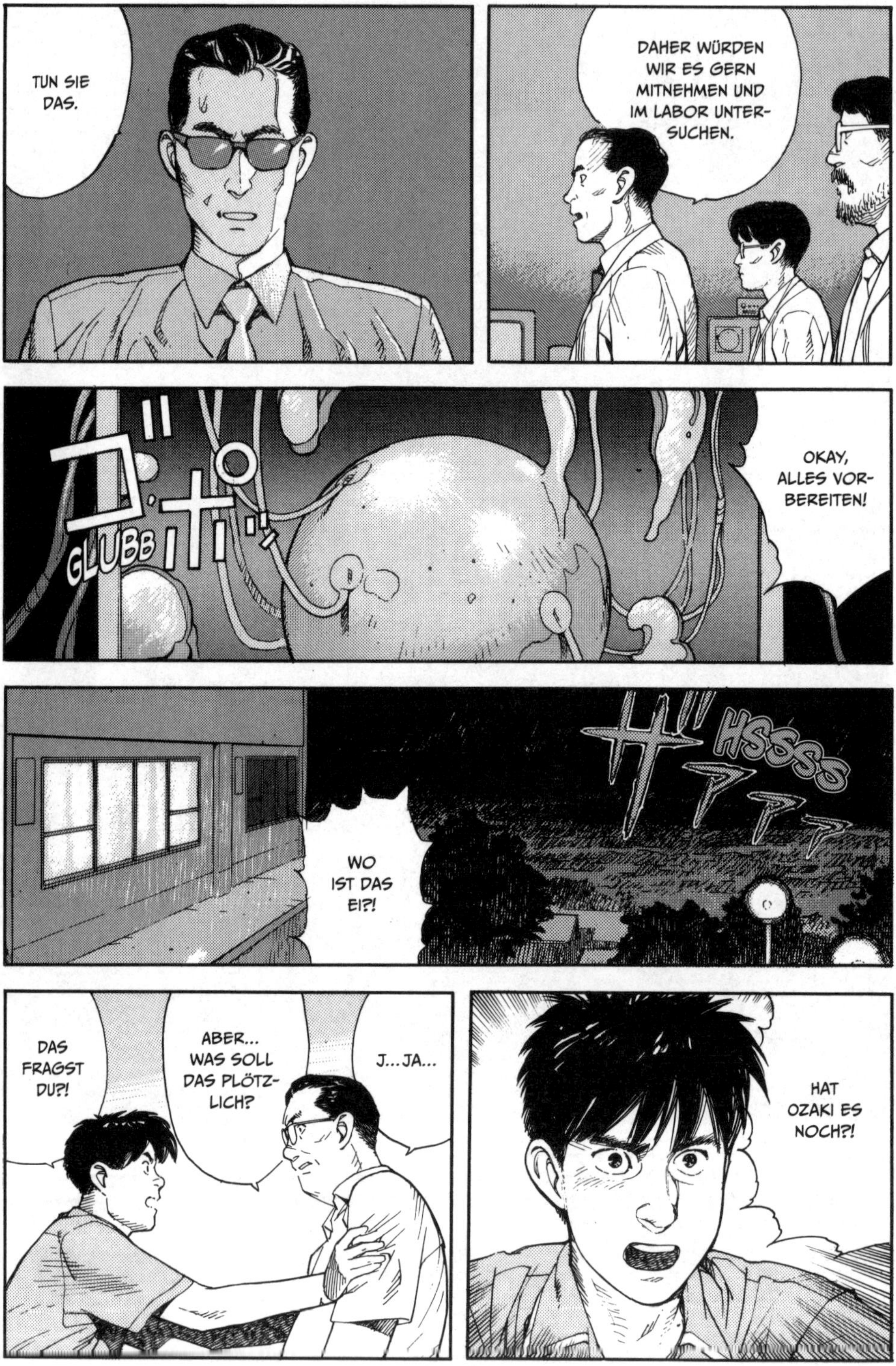
DAHER WÜRDEN WIR ES GERN MITNEHMEN UND IM LABOR UNTER-SUCHEN.
TUN SIE DAS.
OKAY, ALLES VOR-BEREITEN!
GLUBB
HSSSS
WO IST DAS EI?!
HAT OZAKI ES NOCH?!
J...JA...
ABER... WAS SOLL DAS PLÖTZ-LICH?
DAS FRAGST DU?!

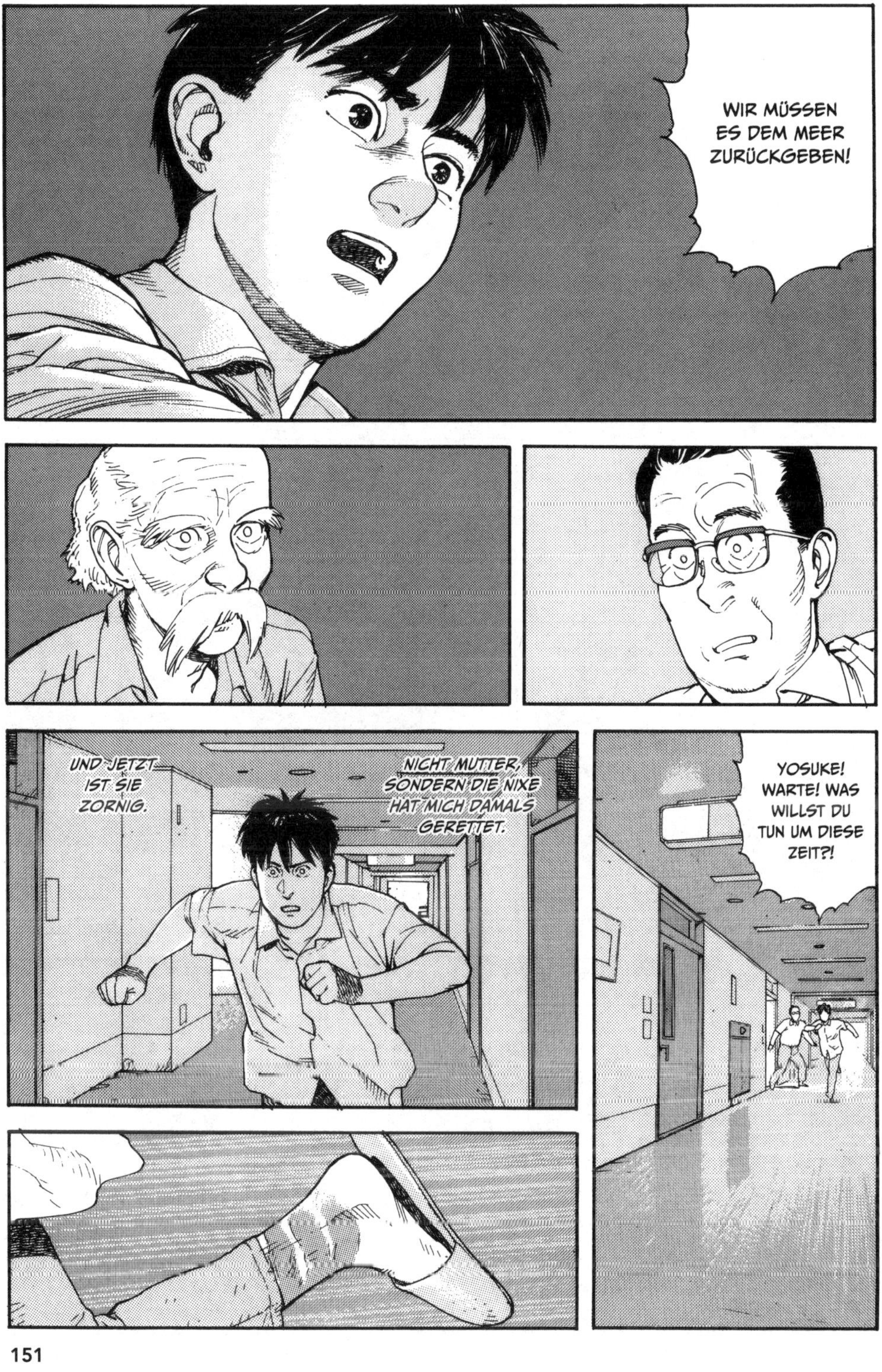
WIR MÜSSEN ES DEM MEER ZURÜCKGEBEN!
YOSUKE! WARTE! WAS WILLST DU TUN UM DIESE ZEIT?!
NICHT MUTTER, SONDERN DIE NIXE HAT MICH DAMALS GERETTET.
UND JETZT IST SIE ZORNIG.

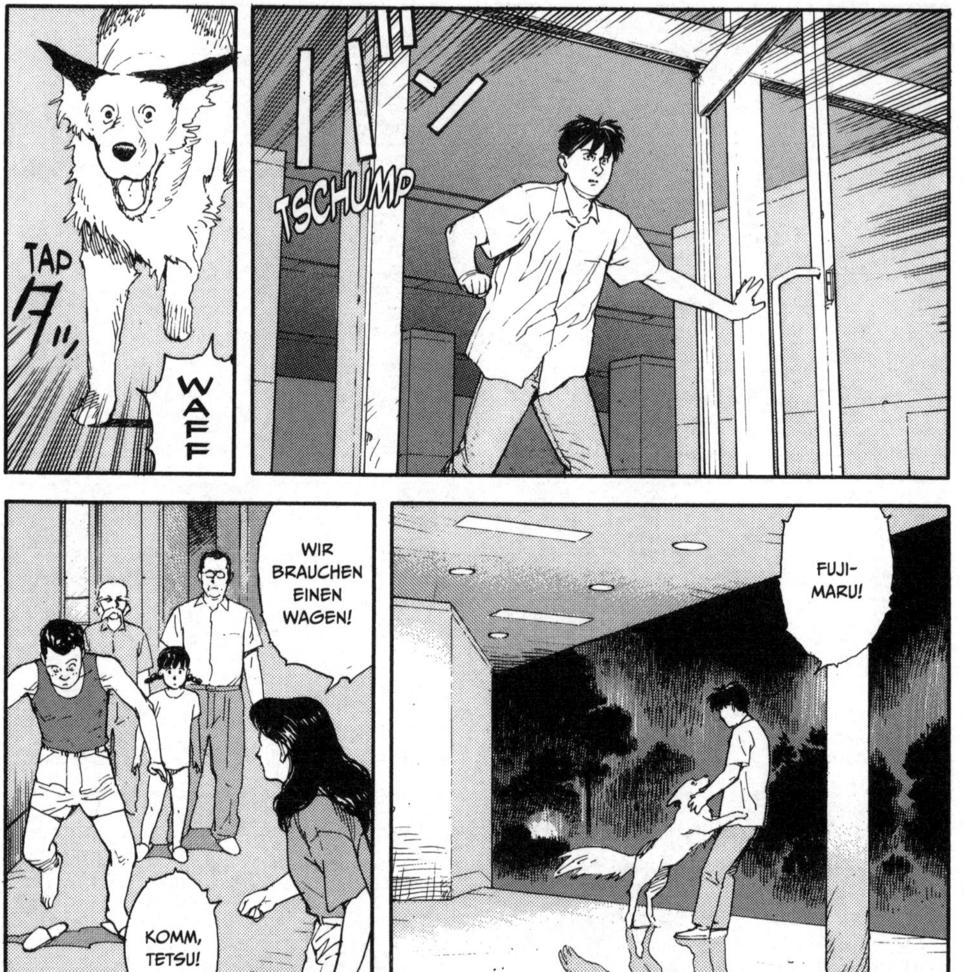

TSCHUMP
TAP
WAFF
FUJI-MARU!
WIR BRAUCHEN EINEN WAGEN!
KOMM, TETSU!
WAS FÜR EIN AUFRUHR!
WEGEN EINER ALBERNEN LEGENDE!

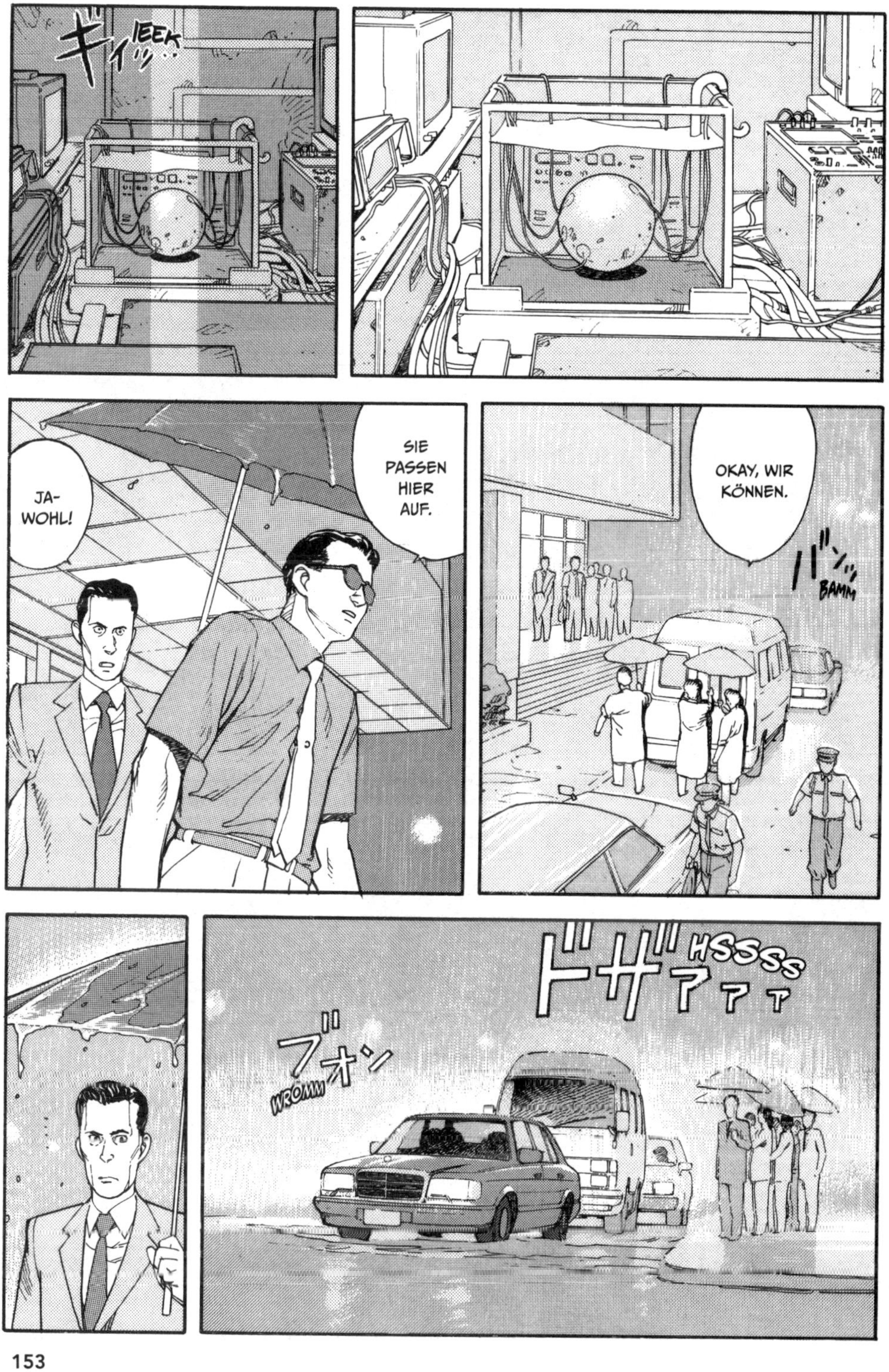
ギイッ
IEEK..
OKAY, WIR KÖNNEN.
バンッ
BAMM
SIE PASSEN HIER AUF.
JA-WOHL!
ドザァァァ
HSSSS
ブオン
WROMM

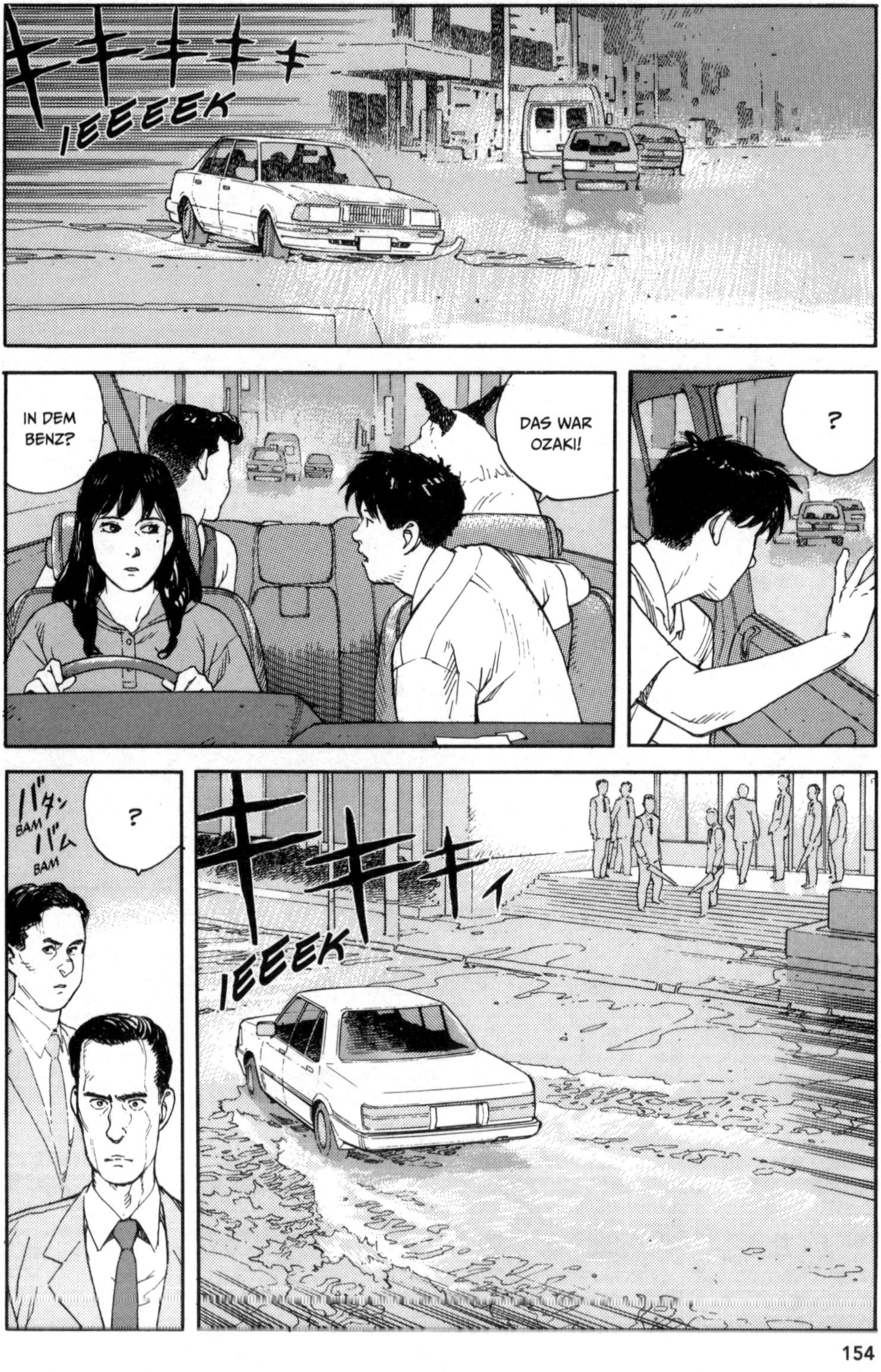
IEEEEK
DAS WAR OZAKI!
IN DEM BENZ?
?
BAM
BAM
?
IEEEK

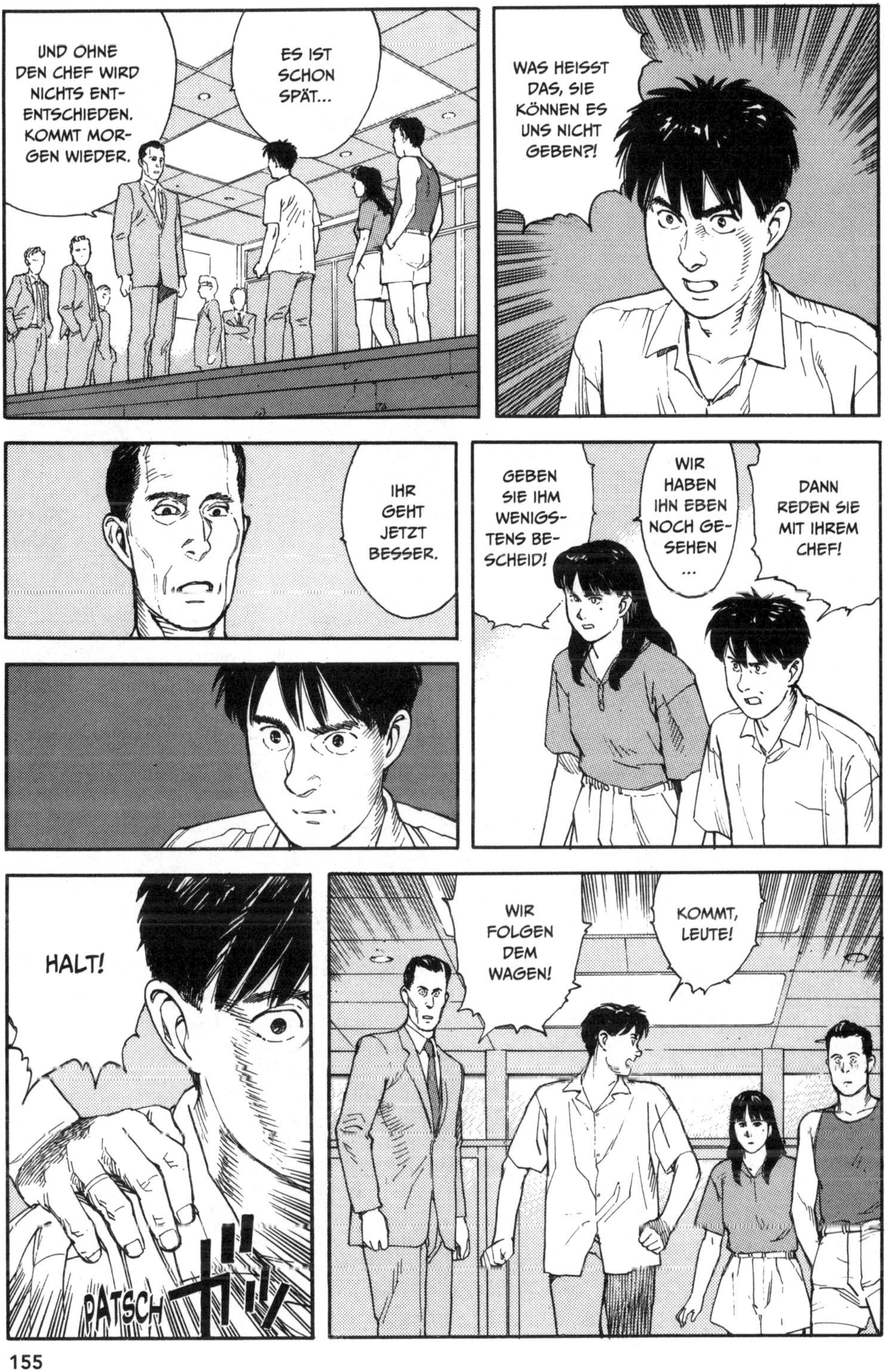
WAS HEISST DAS, SIE KÖNNEN ES UNS NICHT GEBEN?!
ES IST SCHON SPÄT...
UND OHNE DEN CHEF WIRD NICHTS ENTENTSCHIEDEN. KOMMT MORGEN WIEDER.
DANN REDEN SIE MIT IHREM CHEF!
WIR HABEN IHN EBEN NOCH GESEHEN ...
GEBEN SIE IHM WENIGSTENS BESCHEID!
IHR GEHT JETZT BESSER.
KOMMT, LEUTE!
WIR FOLGEN DEM WAGEN!
HALT!
PATSCH
ガリッ

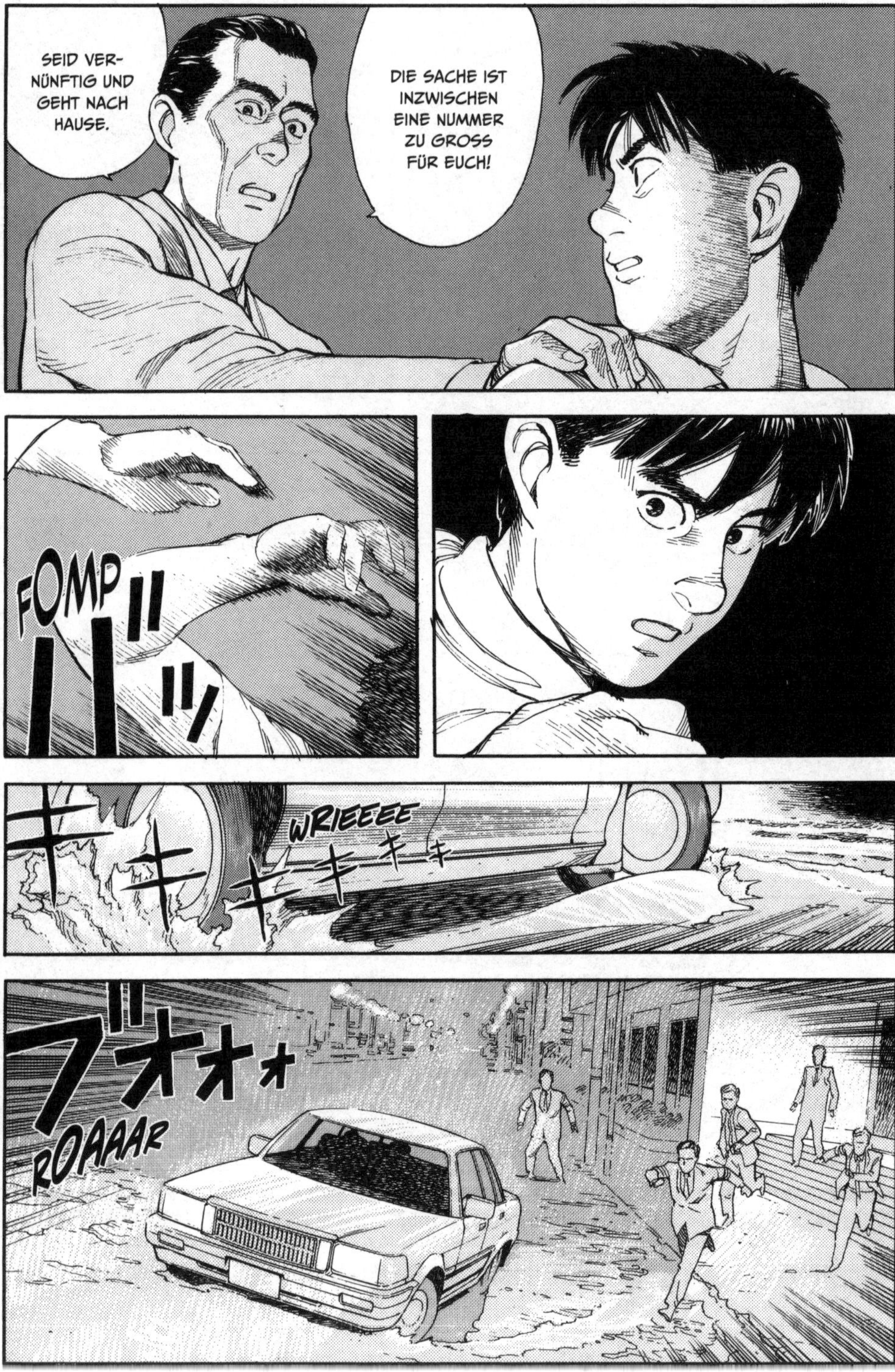
DIE SACHE IST INZWISCHEN EINE NUMMER ZU GROSS FÜR EUCH!
SEID VER-NÜNFTIG UND GEHT NACH HAUSE.
FOMP
WRIEEEE
ROAAAR

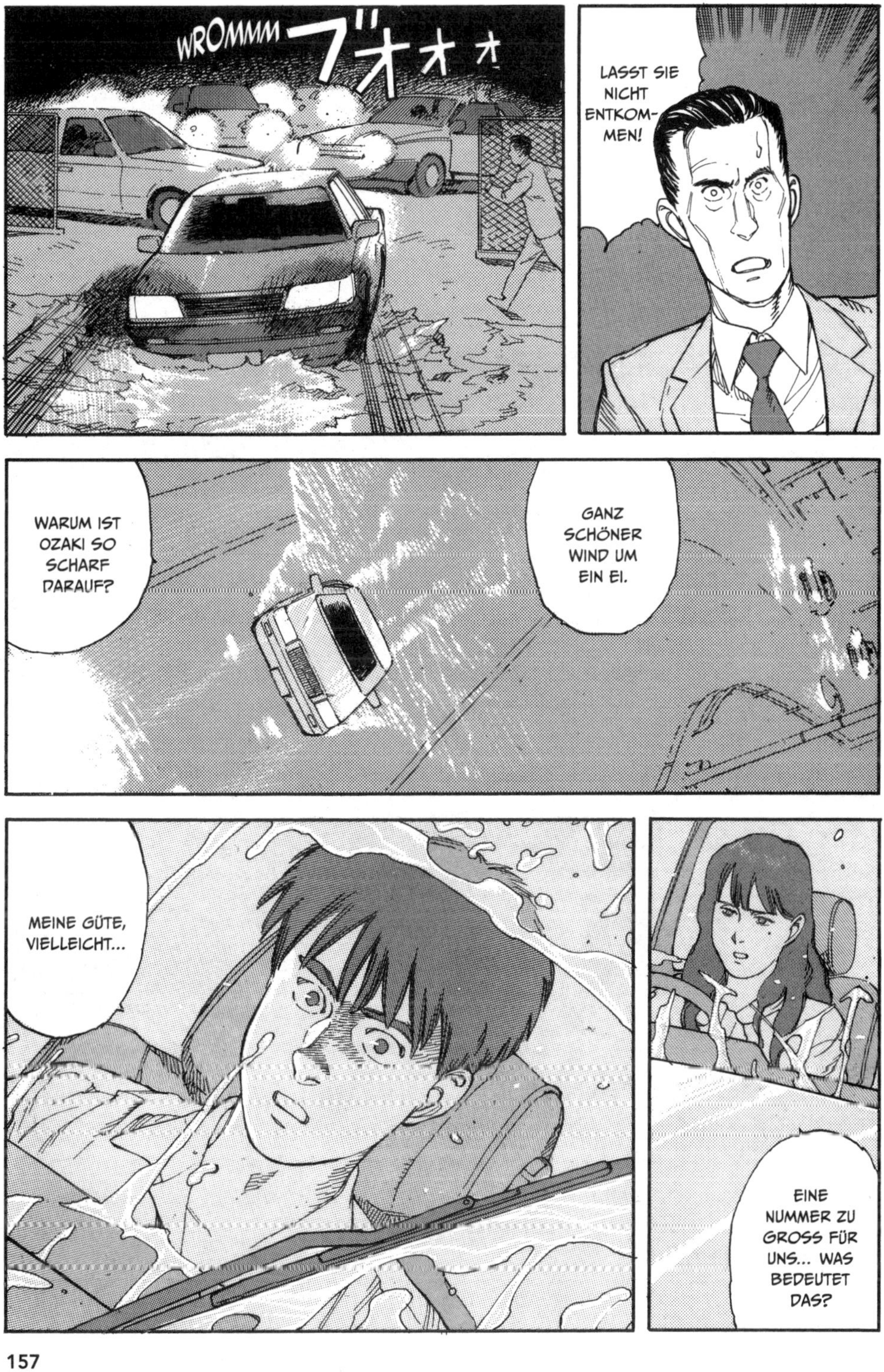
LASST SIE NICHT ENTKOM-MEN!
WROMMM ブオオォ
GANZ SCHÖNER WIND UM EIN EI.
WARUM IST OZAKI SO SCHARF DARAUF?
EINE NUMMER ZU GROSS FÜR UNS... WAS BEDEUTET DAS?
MEINE GÜTE, VIELLEICHT...

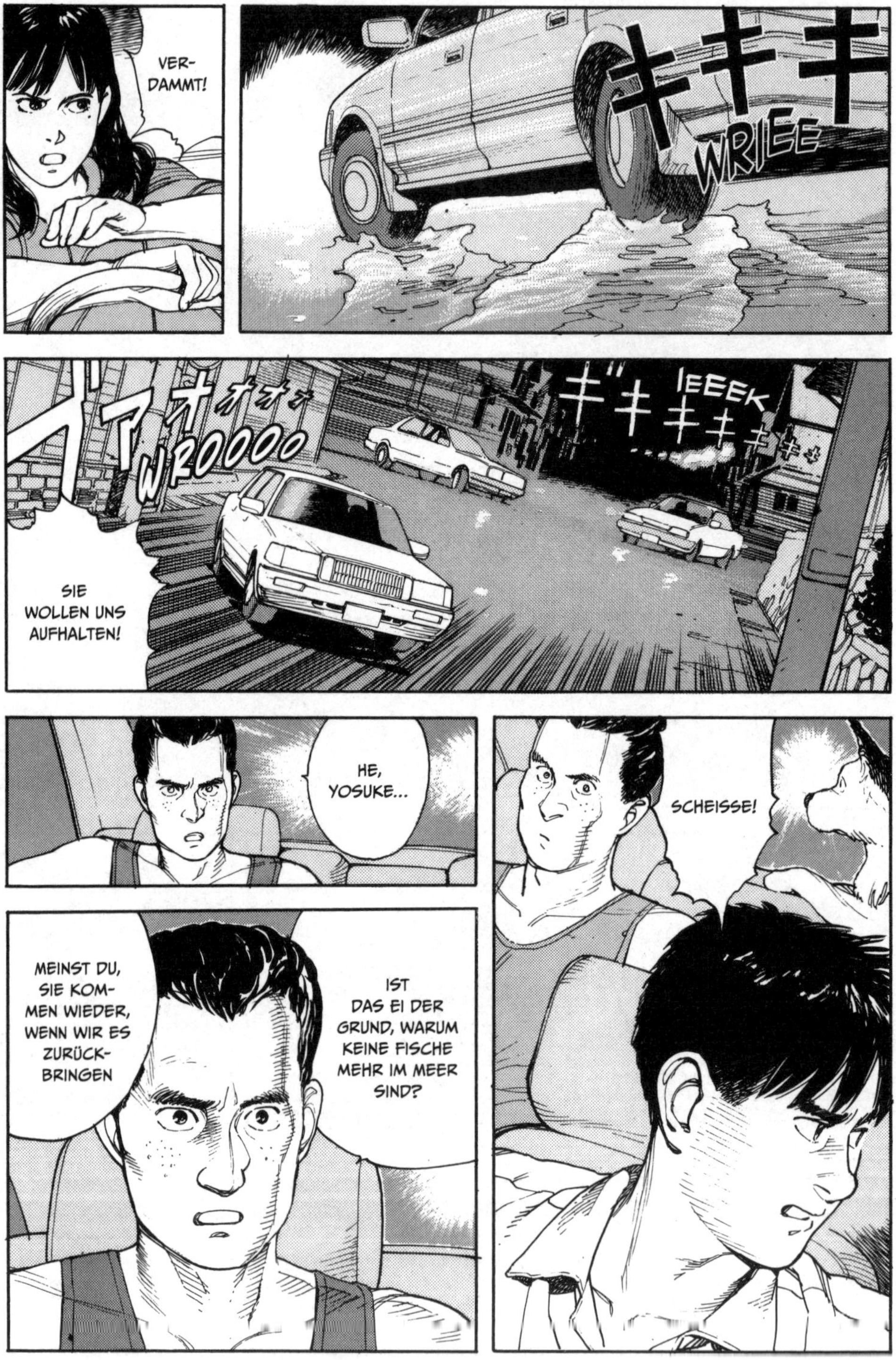
キキキ
WRIEE
VER-DAMMT!
WROOOO
IEEEK
SIE WOLLEN UNS AUFHALTEN!
SCHEISSE!
HE, YOSUKE...
IST DAS EI DER GRUND, WARUM KEINE FISCHE MEHR IM MEER SIND?
MEINST DU, SIE KOMMEN WIEDER, WENN WIR ES ZURÜCKBRINGEN

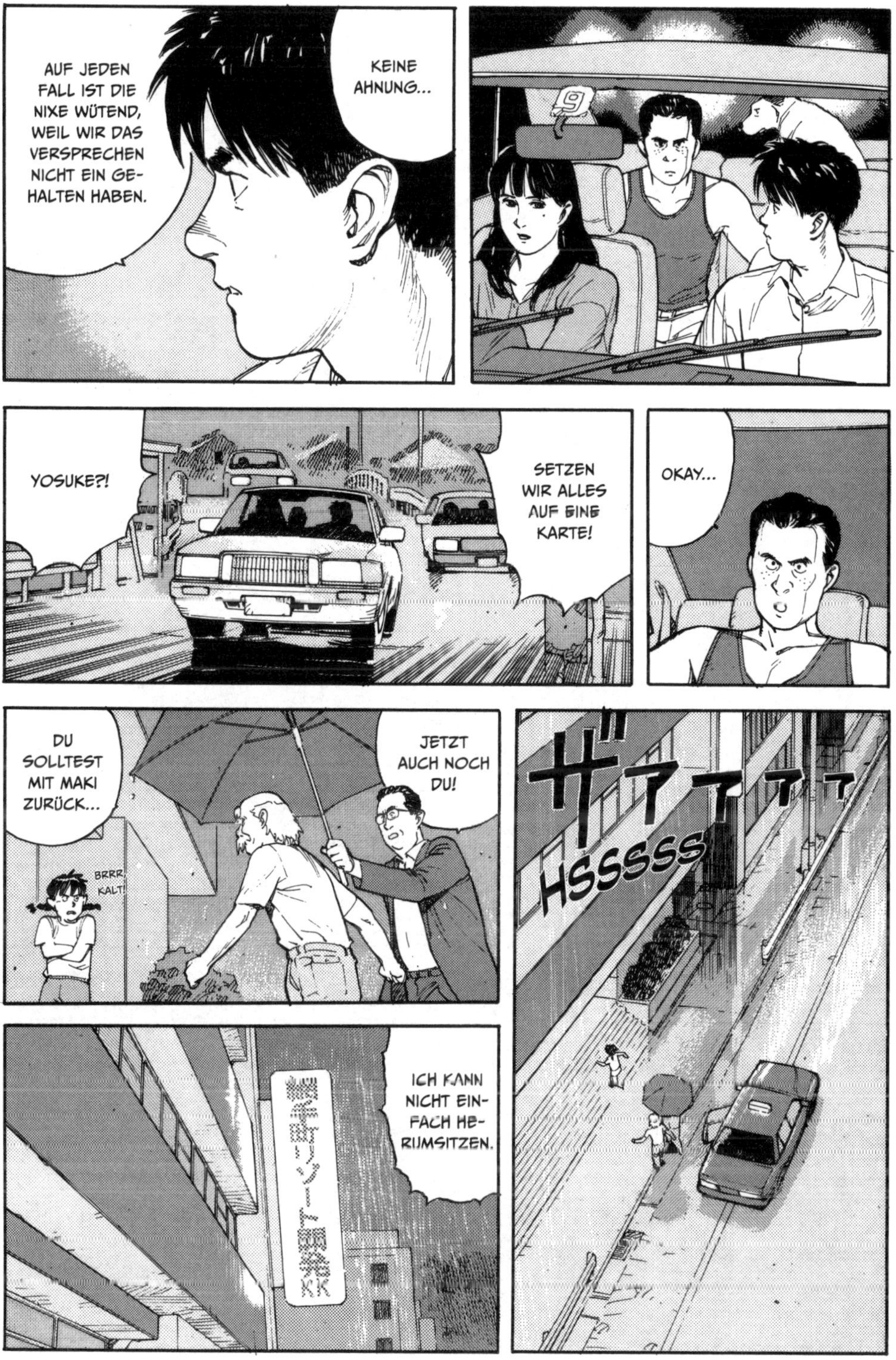

KEINE AHNUNG...
AUF JEDEN FALL IST DIE NIXE WÜTEND, WEIL WIR DAS VERSPRECHEN NICHT EIN GEHALTEN HABEN.
OKAY...
SETZEN WIR ALLES AUF EINE KARTE!
YOSUKE?!
ザァァァァ
HSSSSS
JETZT AUCH NOCH DU!
DU SOLLTEST MIT MAKI ZURÜCK...
BRRR, KALT!
ICH KANN NICHT EINFACH HERUMSITZEN.

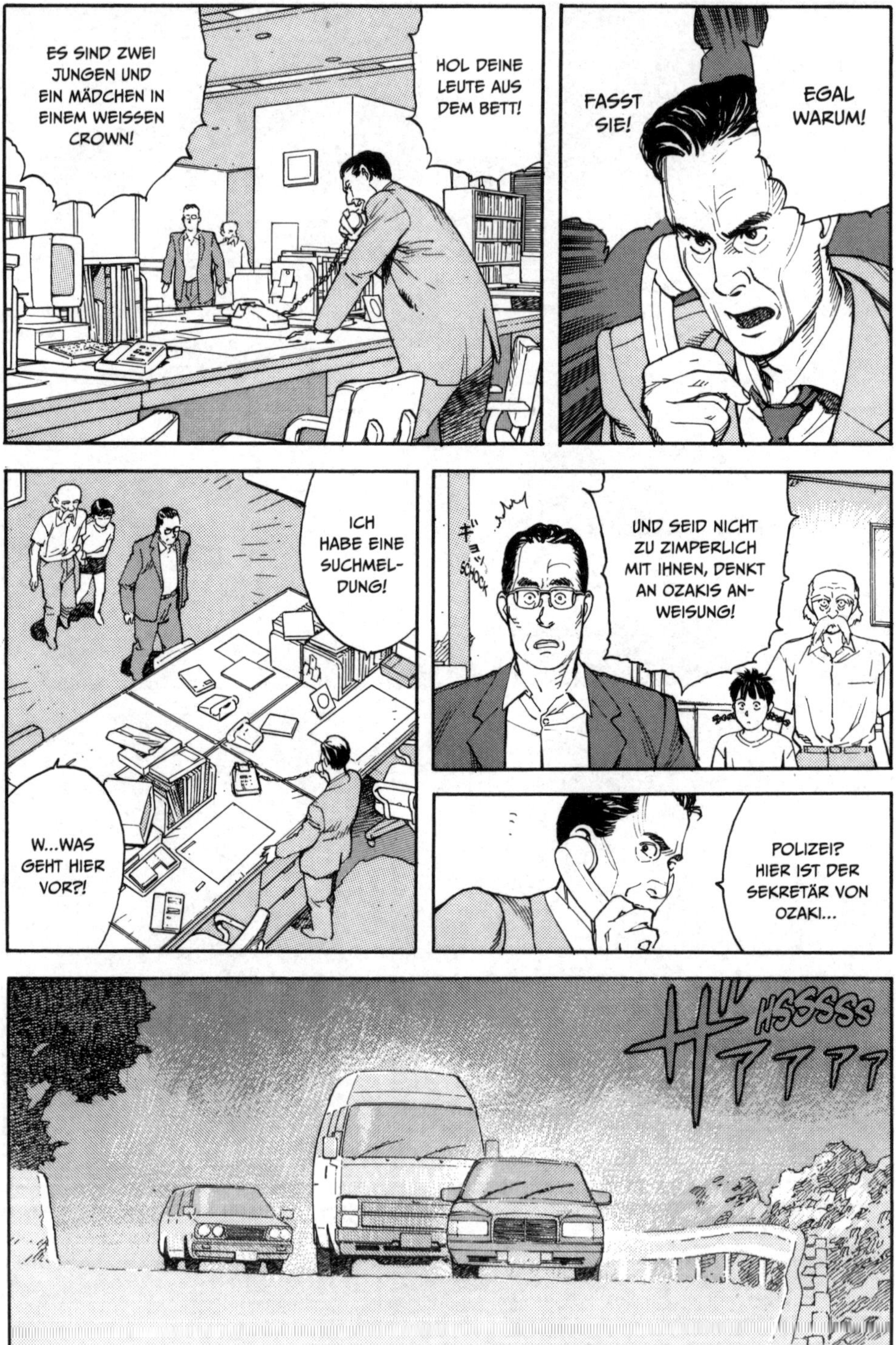

FASST SIE!
EGAL WARUM!
HOL DEINE LEUTE AUS DEM BETT!
ES SIND ZWEI JUNGEN UND EIN MÄDCHEN IN EINEM WEISSEN CROWN!
SCHOCK
UND SEID NICHT ZU ZIMPERLICH MIT IHNEN, DENKT AN OZAKIS ANWEISUNG!
POLIZEI? HIER IST DER SEKRETÄR VON OZAKI...
ICH HABE EINE SUCHMELDUNG!
W...WAS GEHT HIER VOR?!
HSSSSS

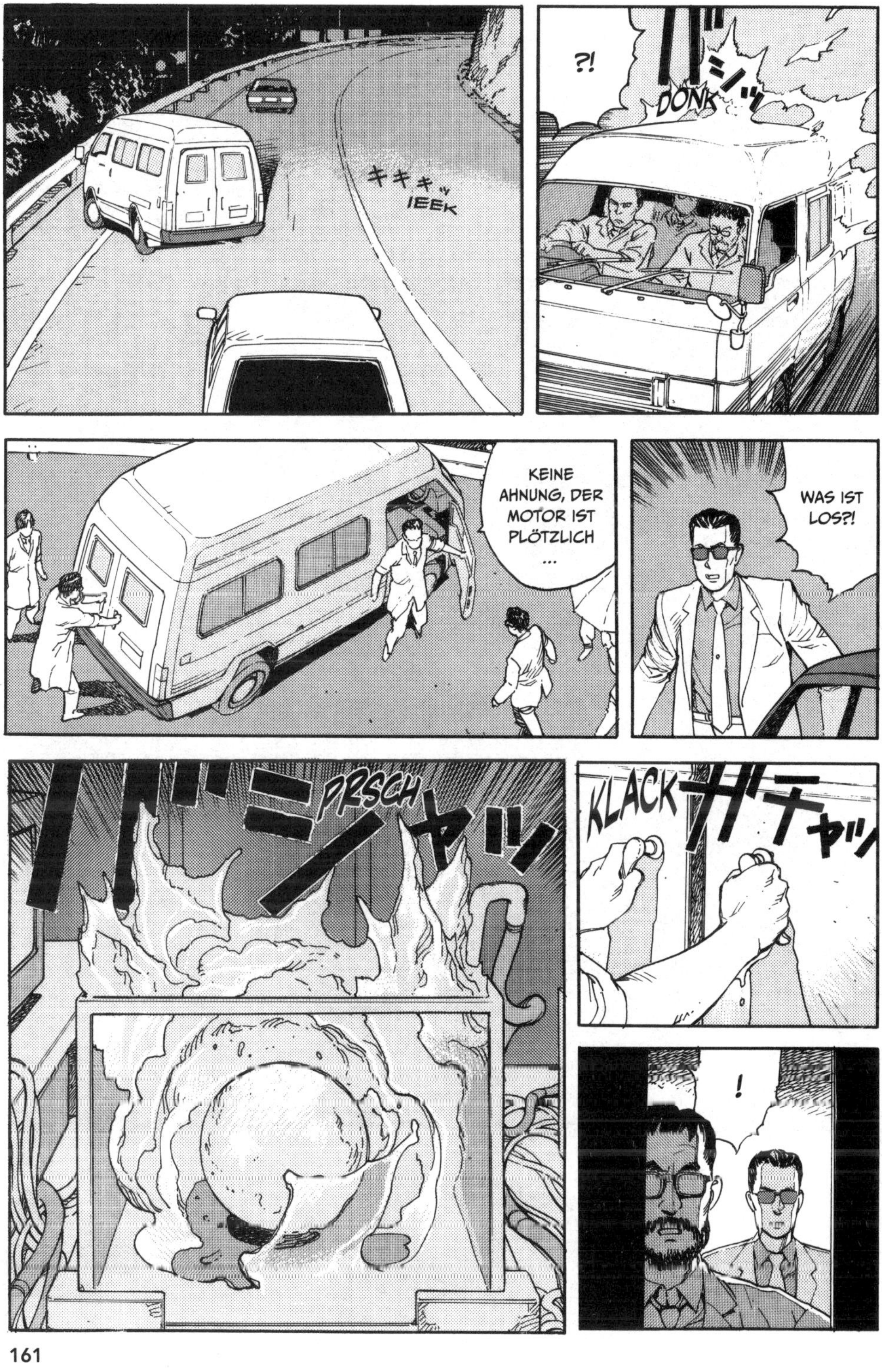

キキキッ
IEEK
?!
ドン
DONK
KEINE AHNUNG, DER MOTOR IST PLÖTZLICH ...
WAS IST LOS?!
ガチャッ
KLACK
バシャッ
PRSCH
!

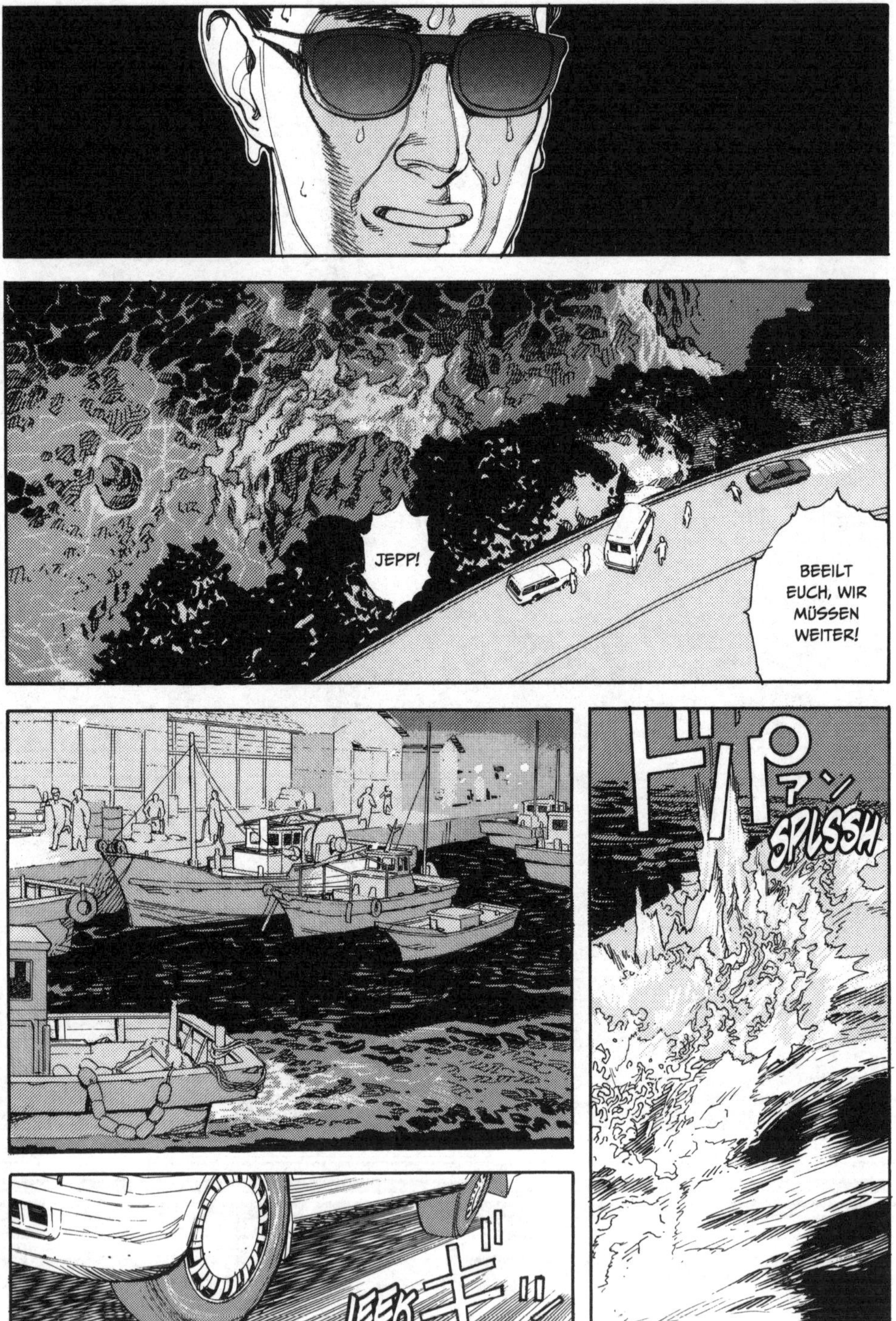
BEEILT EUCH, WIR MÜSSEN WEITER!
JEPP!
SPLSSH
IEEK

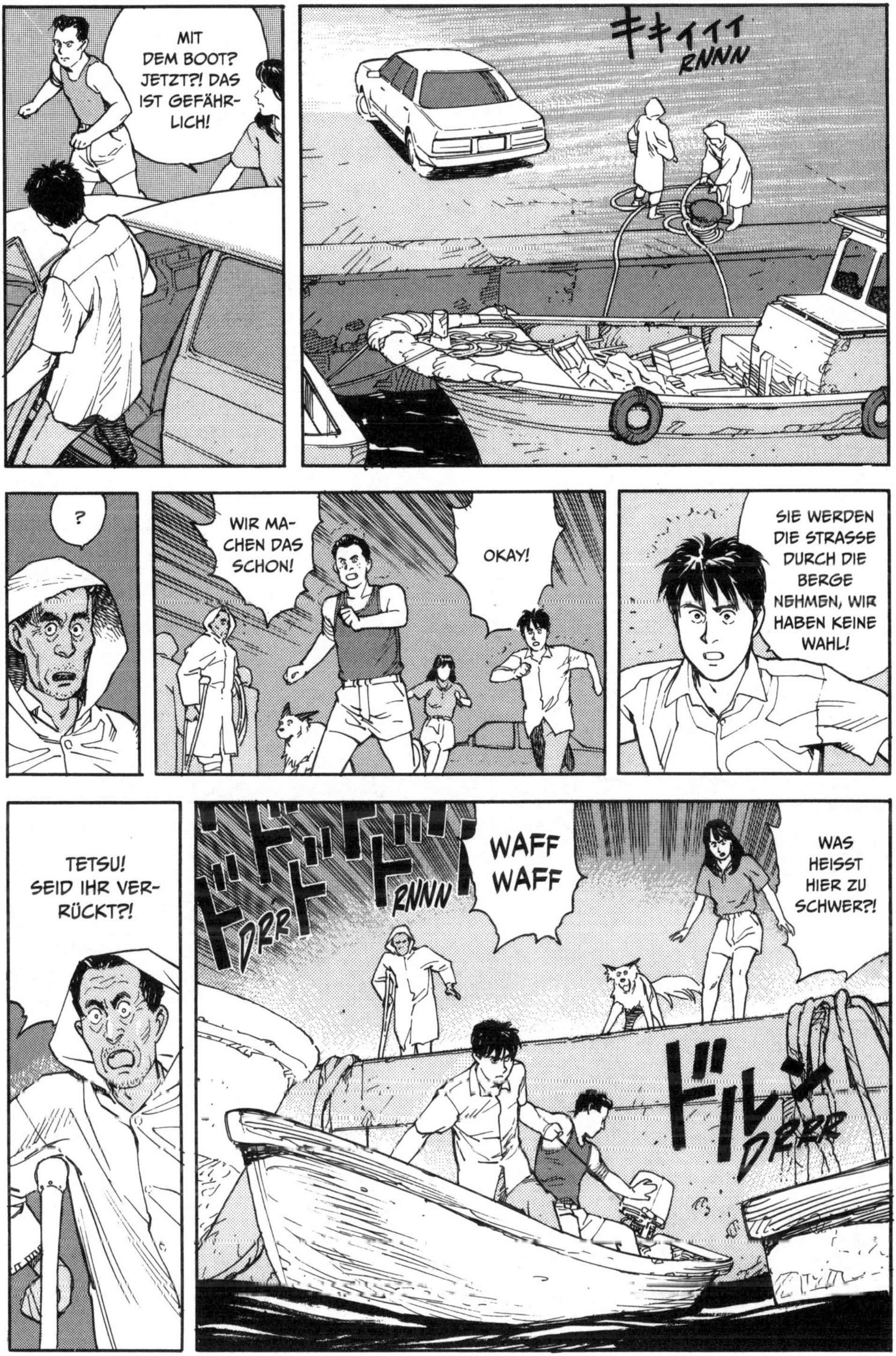

キキイイイ
RNNN
MIT DEM BOOT? JETZT?! DAS IST GEFÄHRLICH!
SIE WERDEN DIE STRASSE DURCH DIE BERGE NEHMEN, WIR HABEN KEINE WAHL!
OKAY!
WIR MACHEN DAS SCHON!
?
WAS HEISST HIER ZU SCHWER?!
WAFF WAFF
RNNN
DRRR
DRRR
TETSU! SEID IHR VERRÜCKT?!

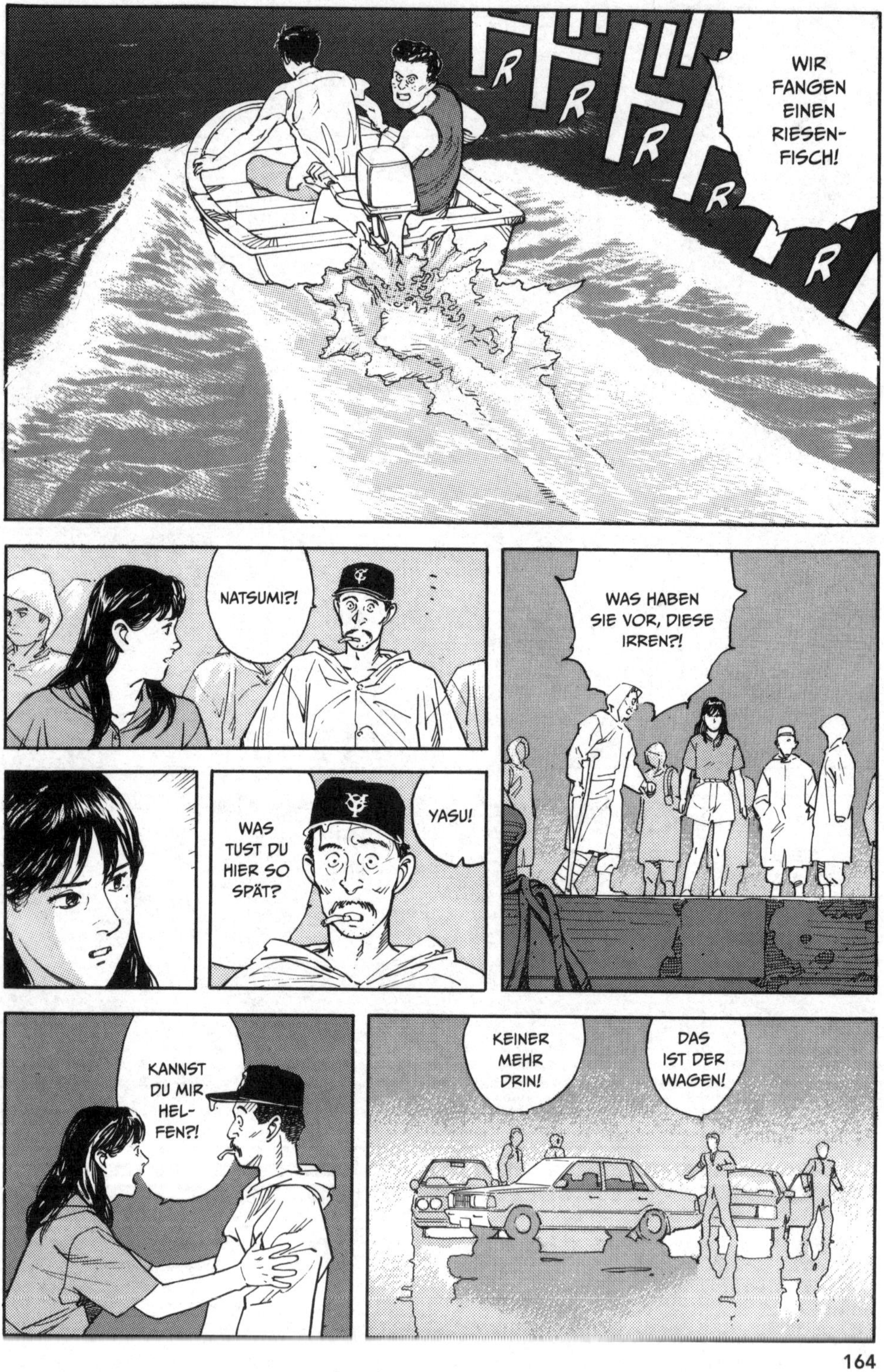
WIR FANGEN EINEN RIESEN-FISCH!
RRRRRR
WAS HABEN SIE VOR, DIESE IRREN?!
NATSUMI?!
YASU!
WAS TUST DU HIER SO SPÄT?
DAS IST DER WAGEN!
KEINER MEHR DRIN!
KANNST DU MIR HEL-FEN?!

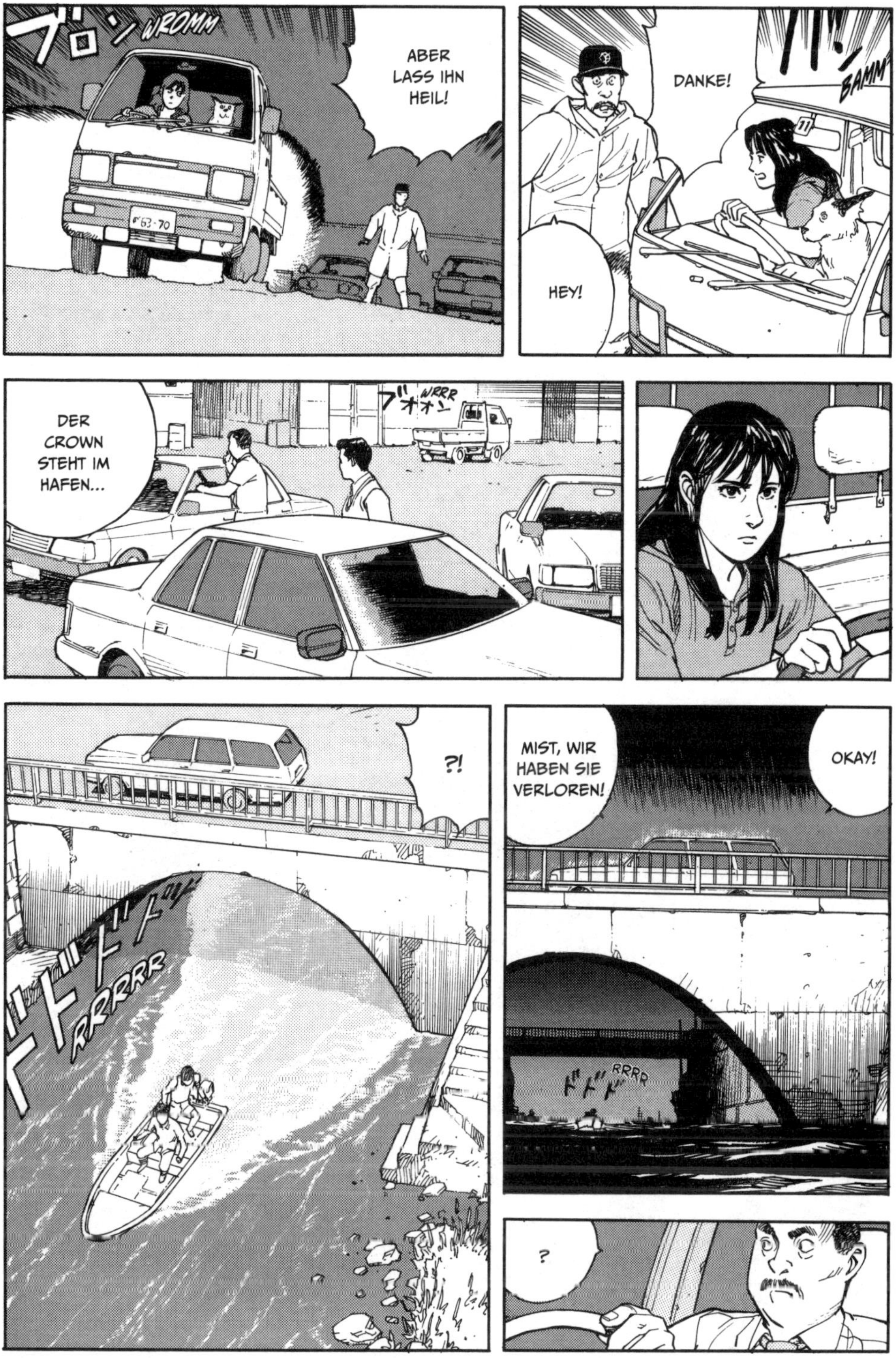
WROMM
ABER LASS IHN HEIL!
DANKE!
BAMM
HEY!
DER CROWN STEHT IM HAFEN...
WRRR
?!
RRRRR
MIST, WIR HABEN SIE VERLOREN!
OKAY!
RRRR
?

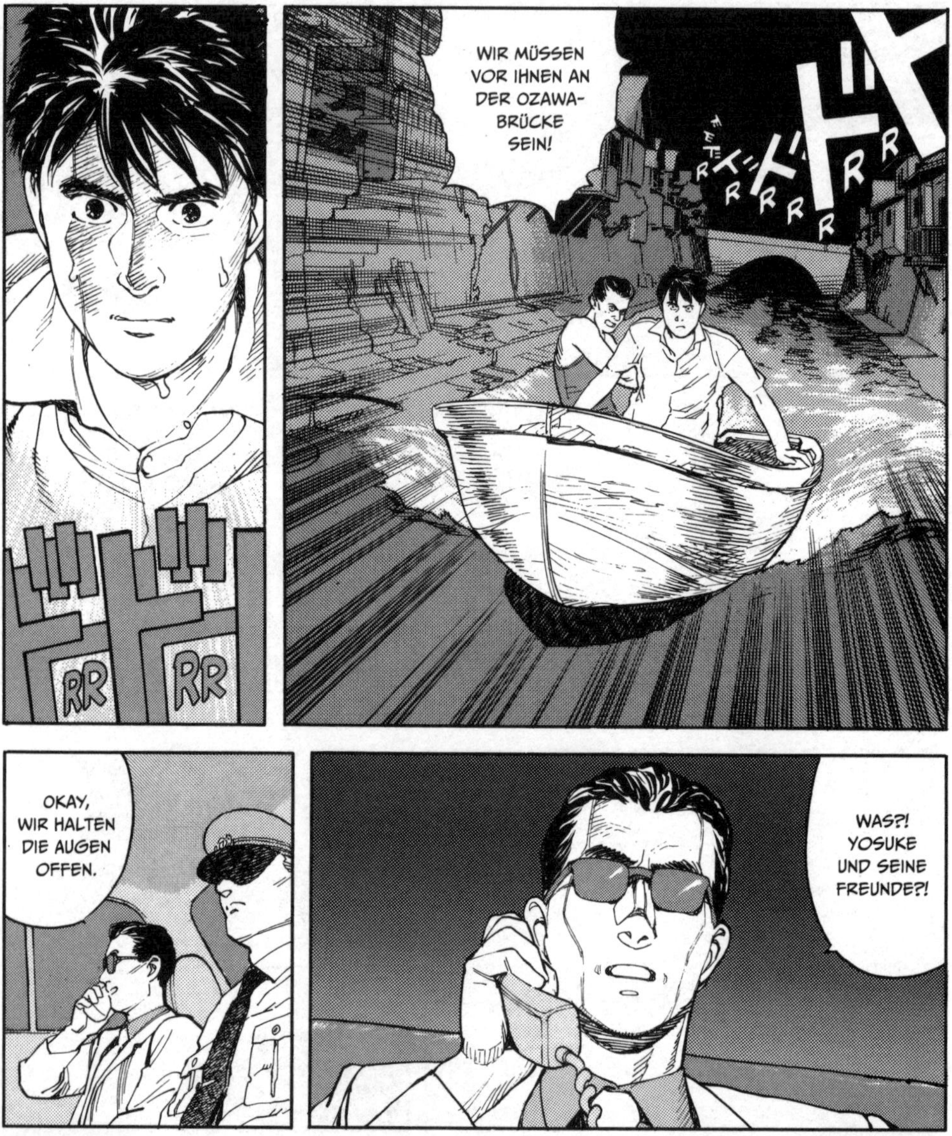
WIR MÜSSEN VOR IHNEN AN DER OZAWA-BRÜCKE SEIN!
RR
RR
WAS?! YOSUKE UND SEINE FREUNDE?!
OKAY, WIR HALTEN DIE AUGEN OFFEN.
BEEILUNG!

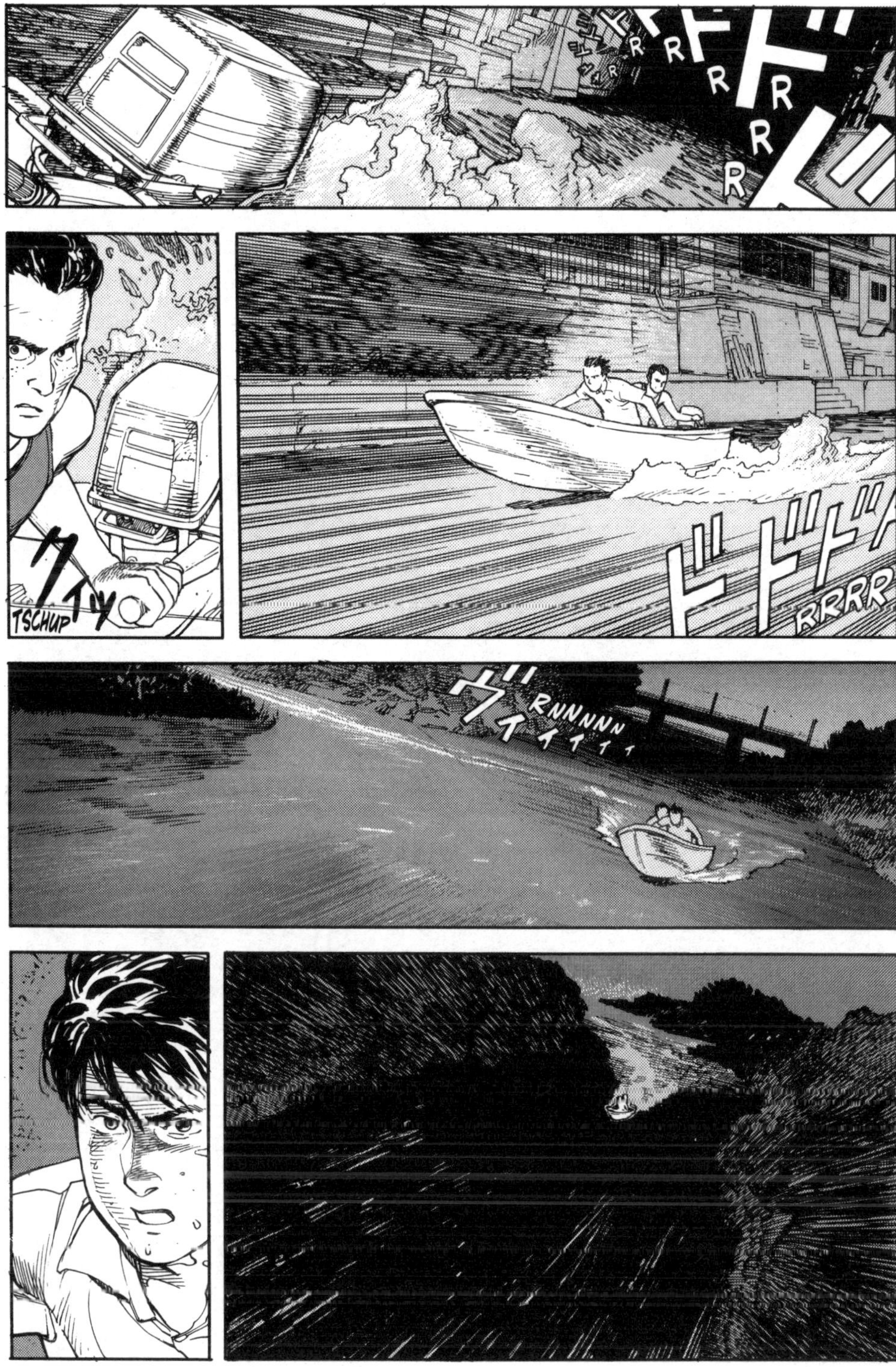
ドドドドドドドド
RRRRRRRRR
クイッ
TSCHUP
ドドドドド
RRRR
ヴィイイイ
RNNNNN

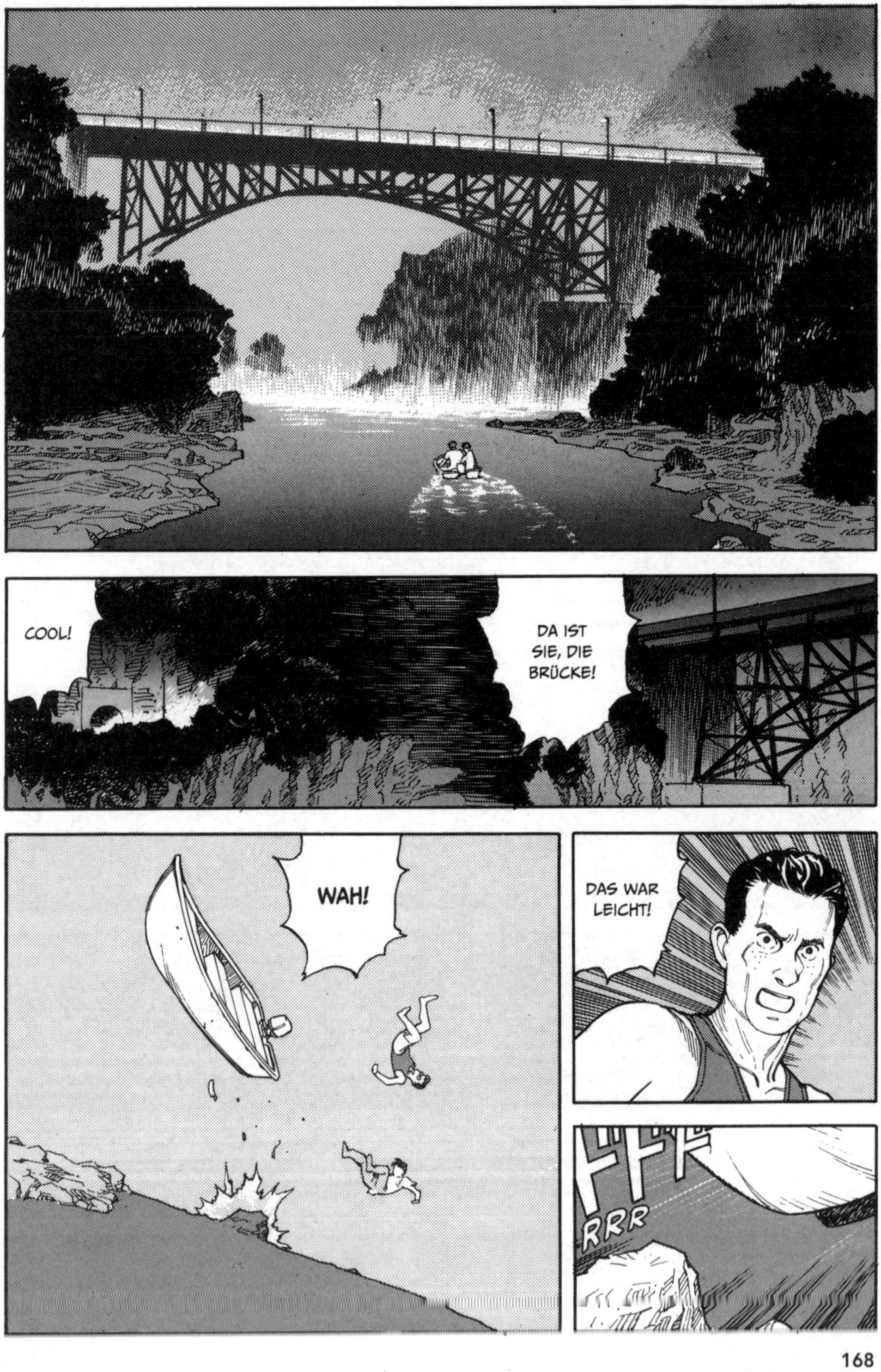
DA IST SIE, DIE BRÜCKE!
COOL!
DAS WAR LEICHT!
WAH!
RRR

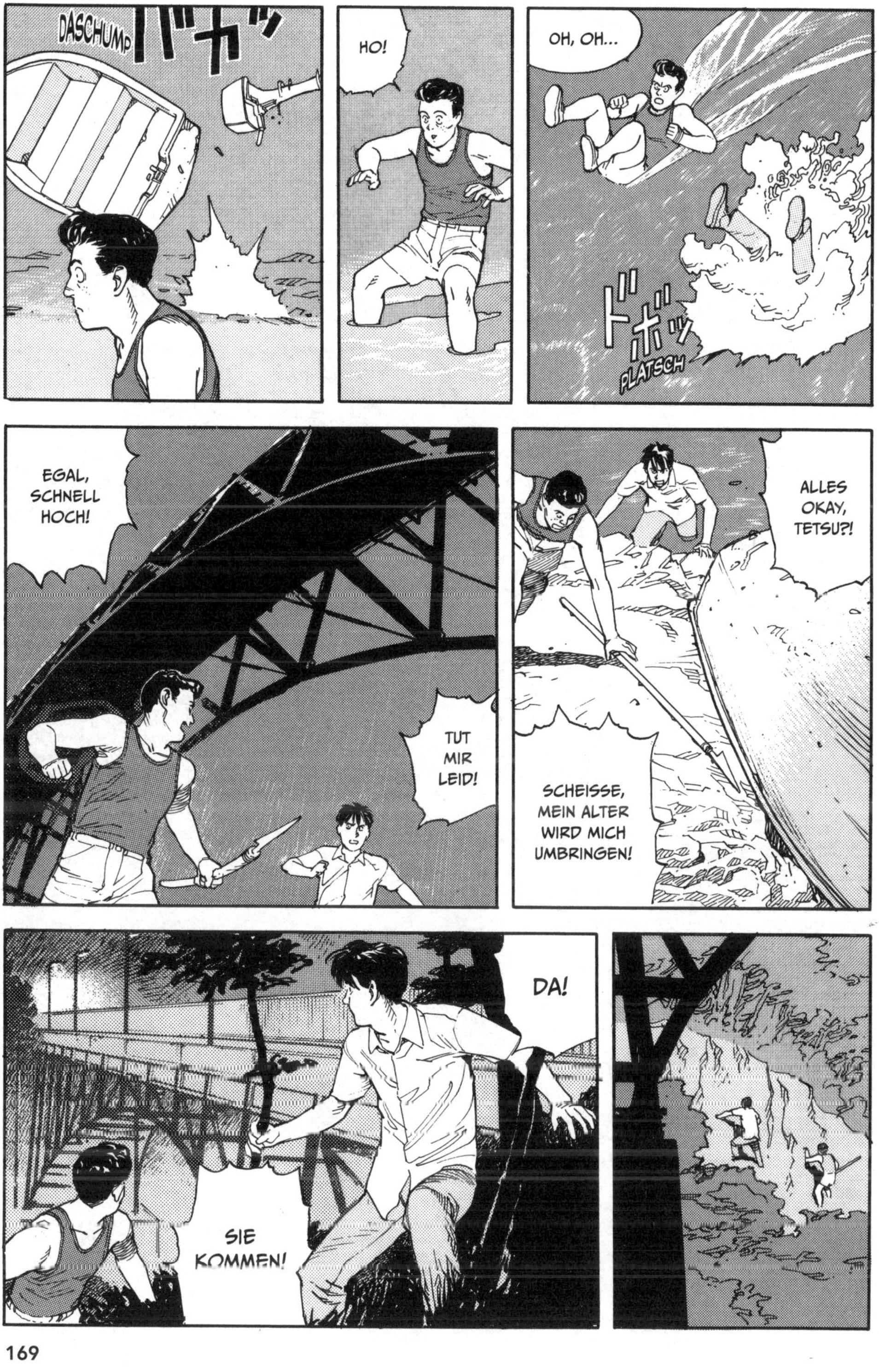
DASCHUMP
バカッ
HO!
OH, OH...
ドボッ
PLATSCH
EGAL, SCHNELL HOCH!
TUT MIR LEID!
ALLES OKAY, TETSU?!
SCHEISSE, MEIN ALTER WIRD MICH UMBRINGEN!
DA!
SIE KOMMEN!

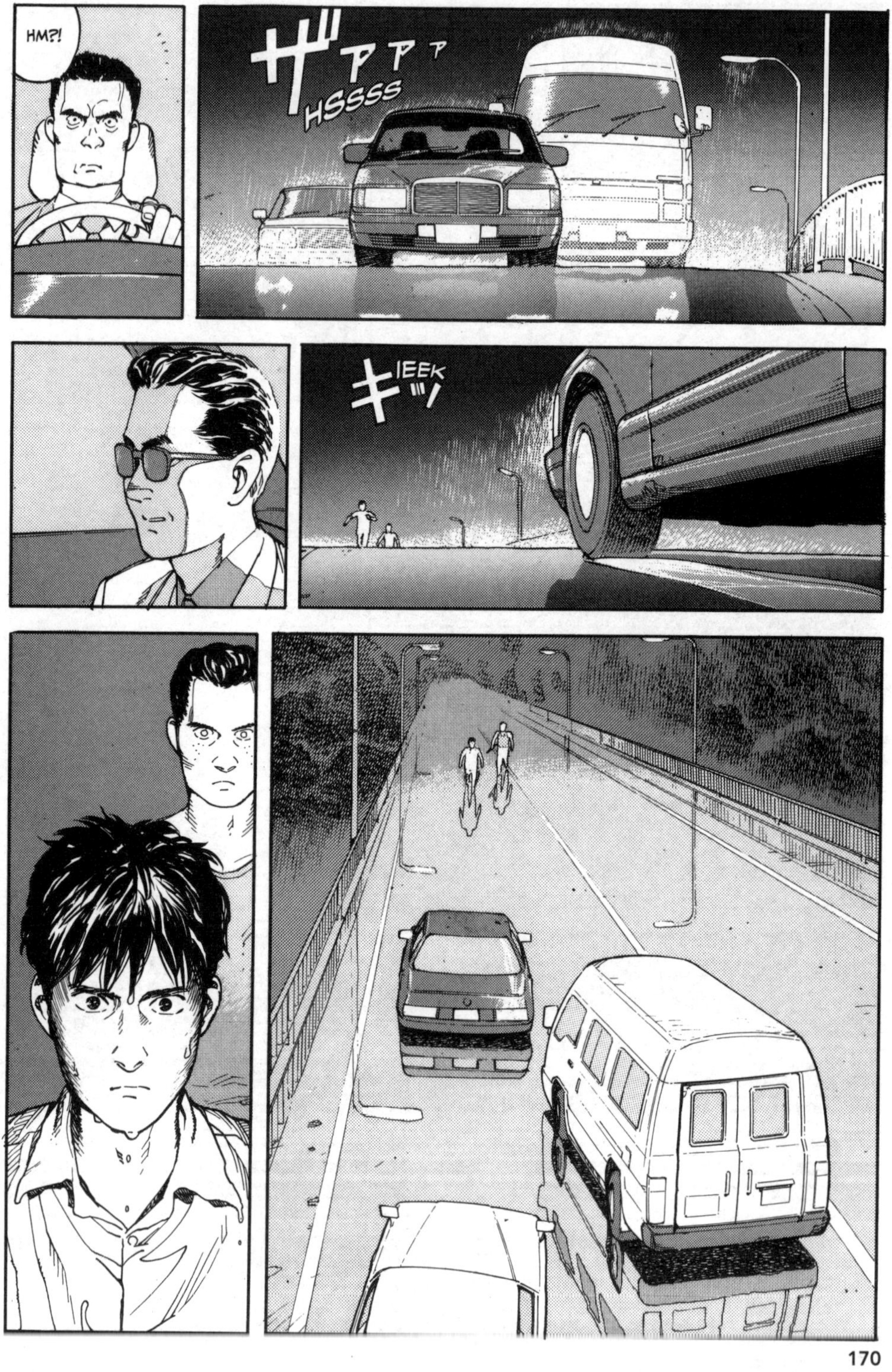
HM?!
ザァァァ
HSSSS
キッ
IEEK

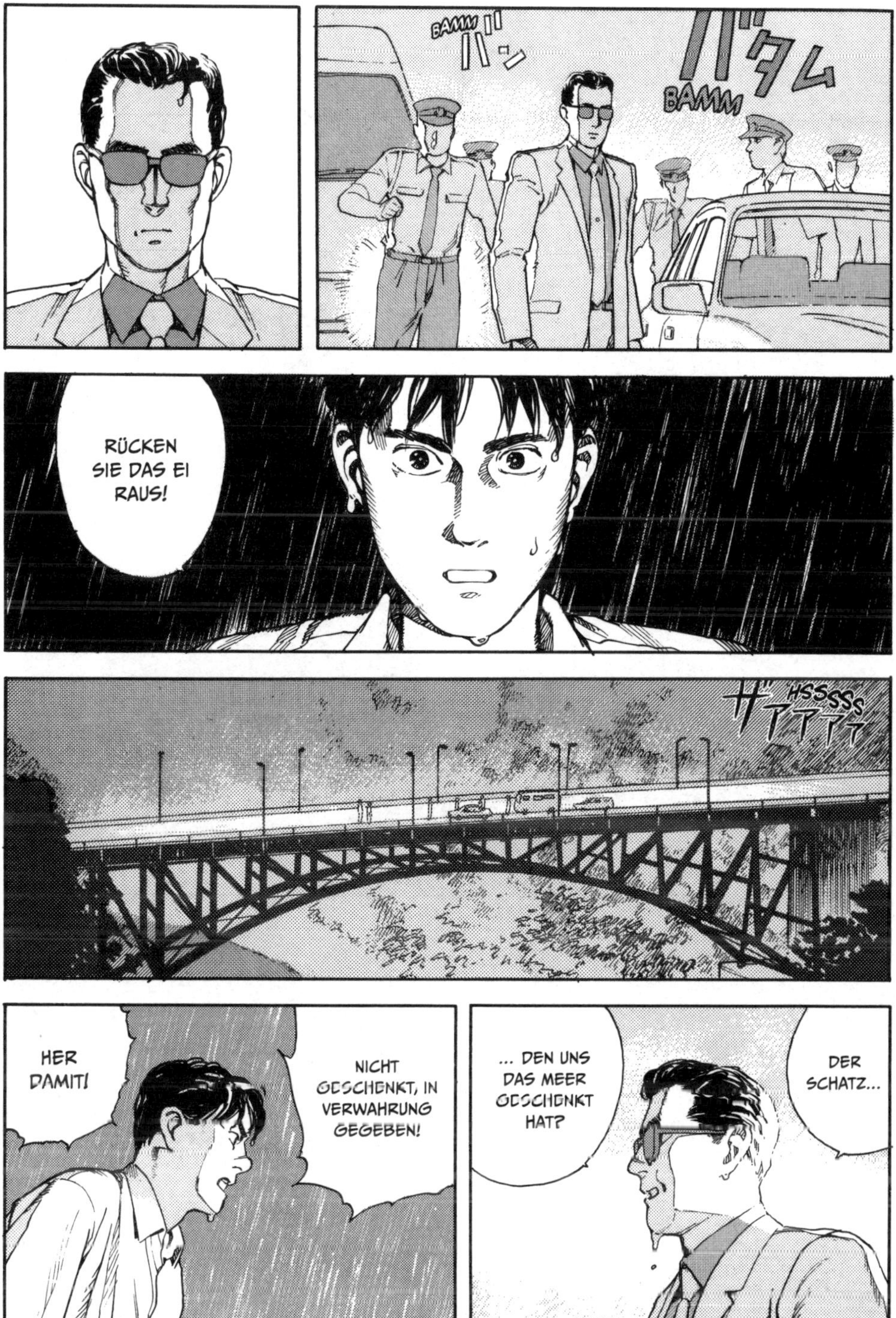
BAMM
BAMM
RÜCKEN SIE DAS EI RAUS!
HSSSSS
DER SCHATZ...
... DEN UNS DAS MEER GESCHENKT HAT?
NICHT GESCHENKT, IN VERWAHRUNG GEGEBEN!
HER DAMIT!

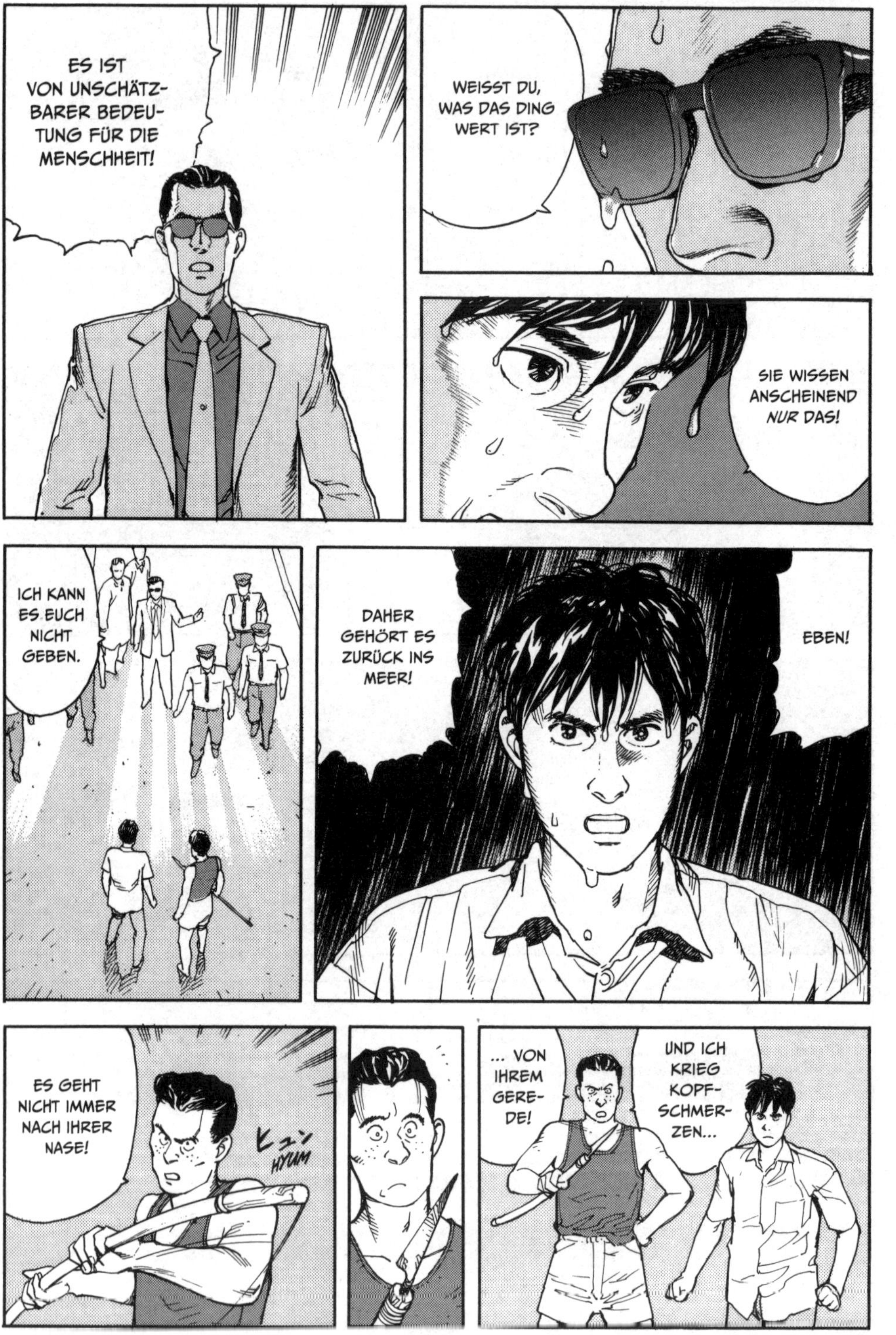
WEISST DU, WAS DAS DING WERT IST?
ES IST VON UNSCHÄTZBARER BEDEUTUNG FÜR DIE MENSCHHEIT!
SIE WISSEN ANSCHEINEND *NUR* DAS!
EBEN!
DAHER GEHÖRT ES ZURÜCK INS MEER!
ICH KANN ES EUCH NICHT GEBEN.
UND ICH KRIEG KOPFSCHMERZEN...
... VON IHREM GEREDE!
ES GEHT NICHT IMMER NACH IHRER NASE!
ヒュン HYUM

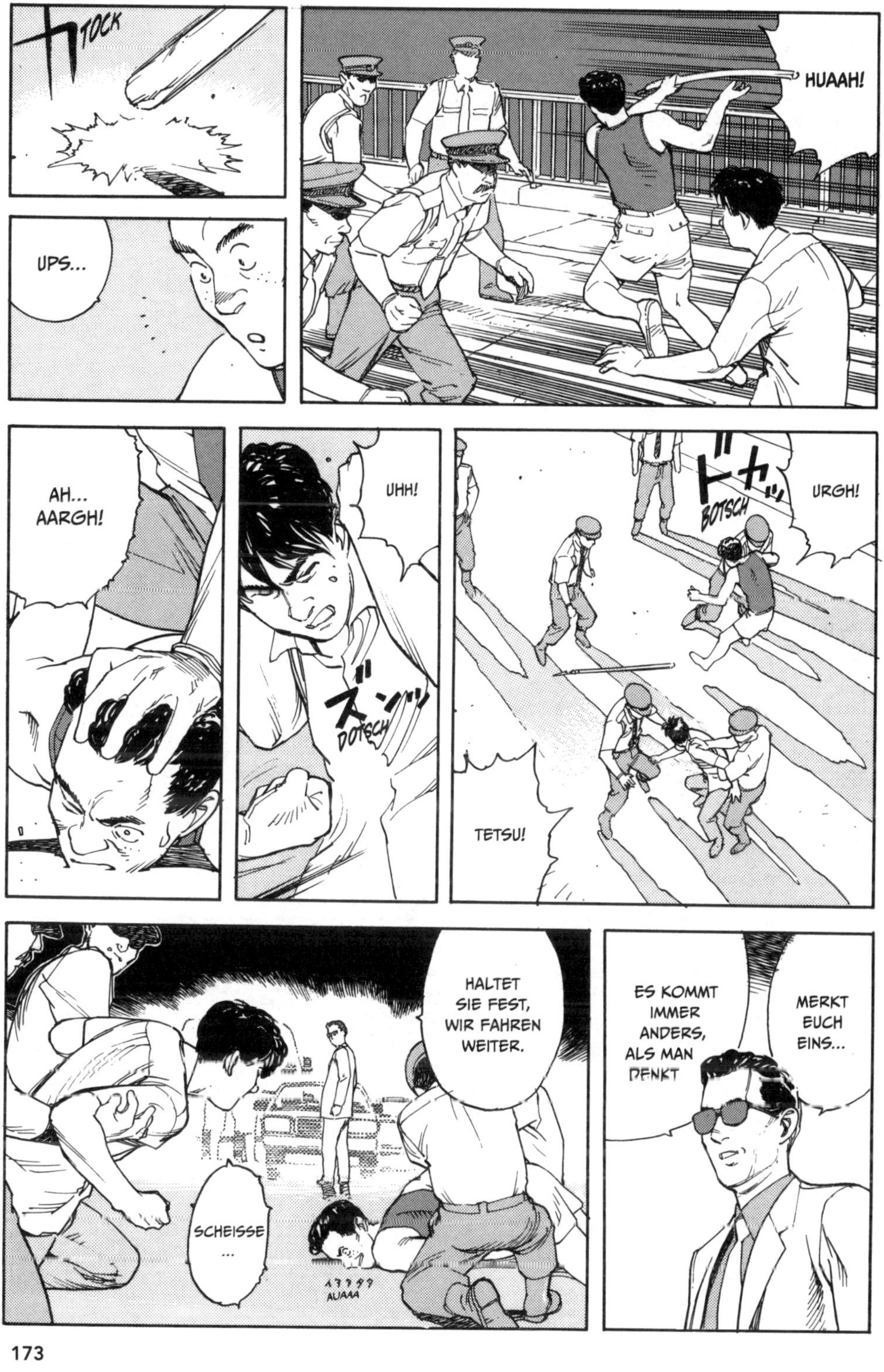
HUAAH!
TOCK
UPS...
URGH!
ドカッ
BOTSCH
TETSU!
UHH!
ズンッ
DOTSCH
AH... AARGH!
MERKT EUCH EINS...
ES KOMMT IMMER ANDERS, ALS MAN DENKT
HALTET SIE FEST, WIR FAHREN WEITER.
SCHEISSE ...
イタタタ
AUAAA

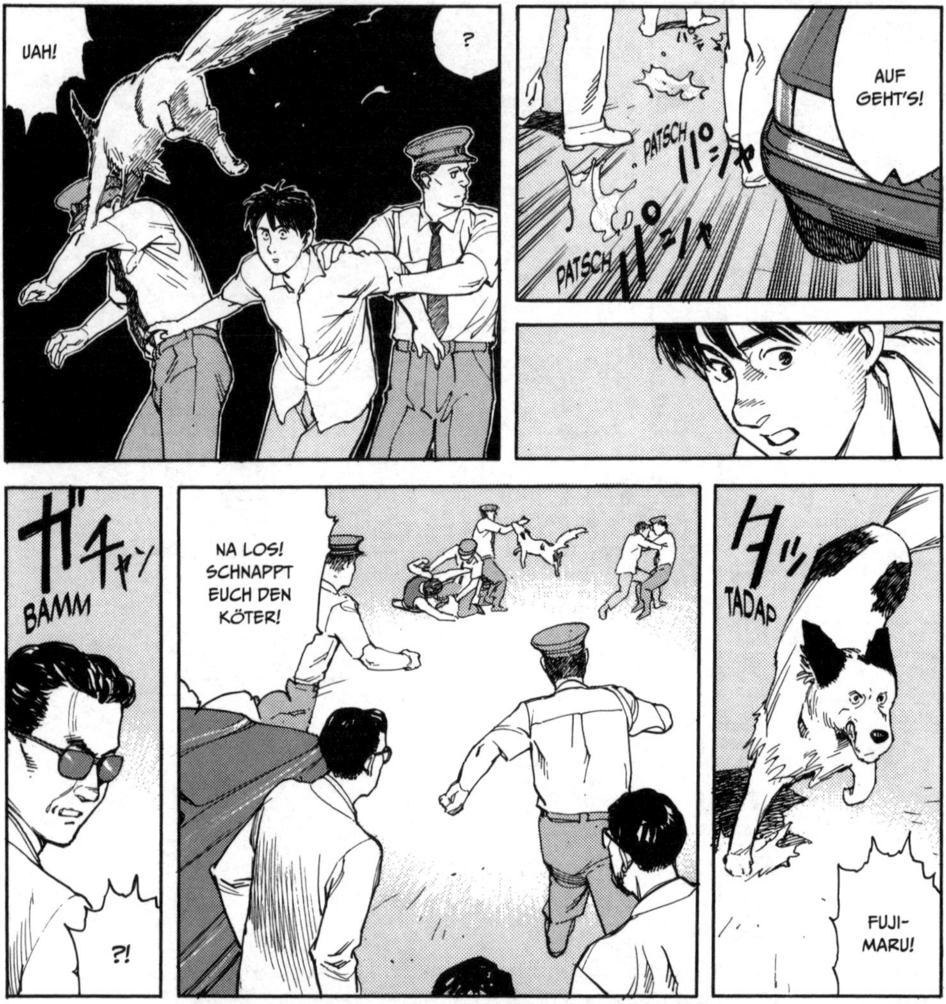
AUF GEHT'S!
PATSCH
パシャ
PATSCH
パシャ
?
UAH!
タッ
TADAP
FUJI-MARU!
NA LOS! SCHNAPPT EUCH DEN KÖTER!
ガチャン
BAMM
?!
SCHLUSS JETZT!

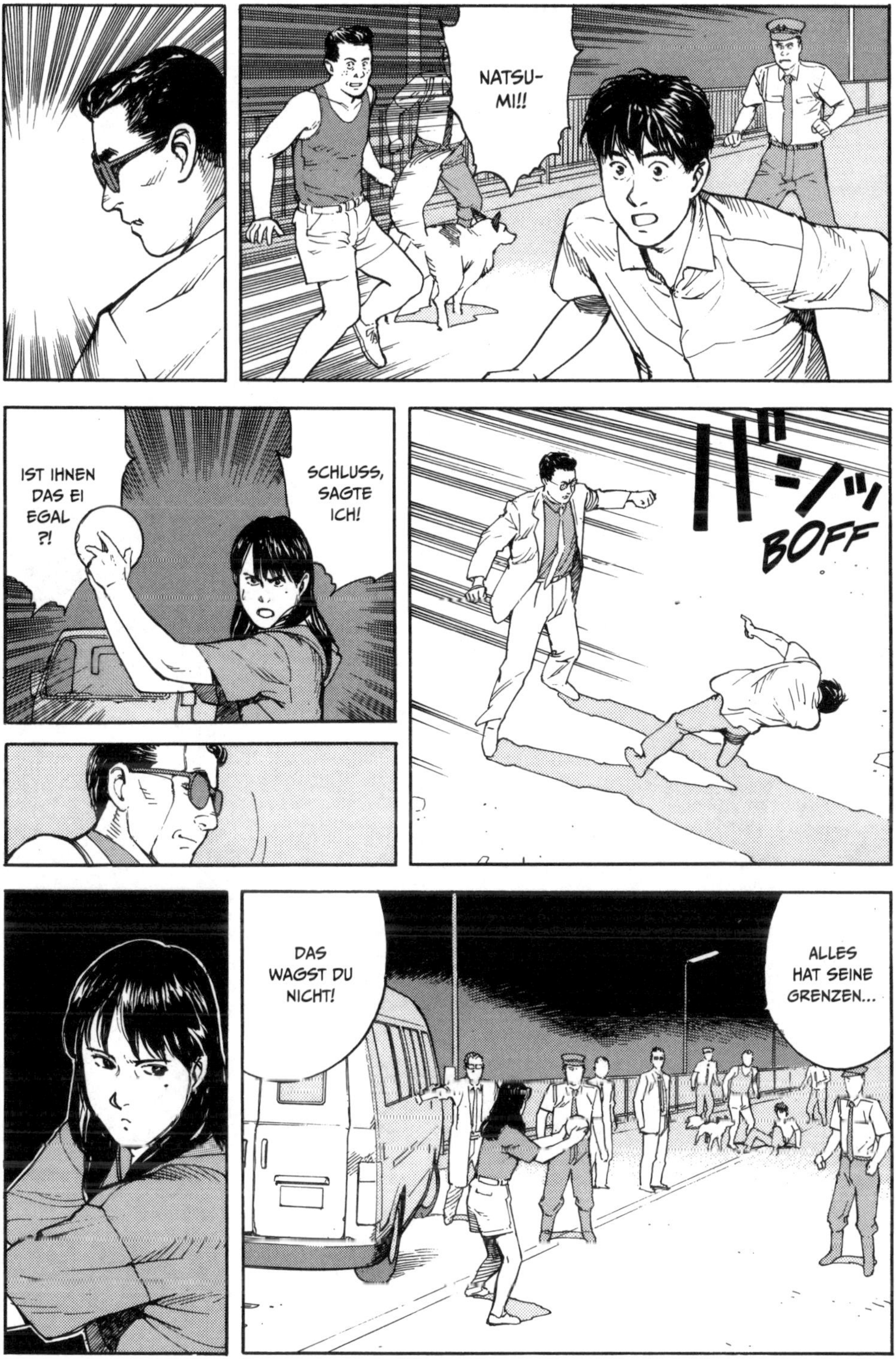
NATSU-
MI!!
バシッ
BOFF
SCHLUSS, SAGTE ICH!
IST IHNEN DAS EI EGAL ?!
ALLES HAT SEINE GRENZEN...
DAS WAGST DU NICHT!

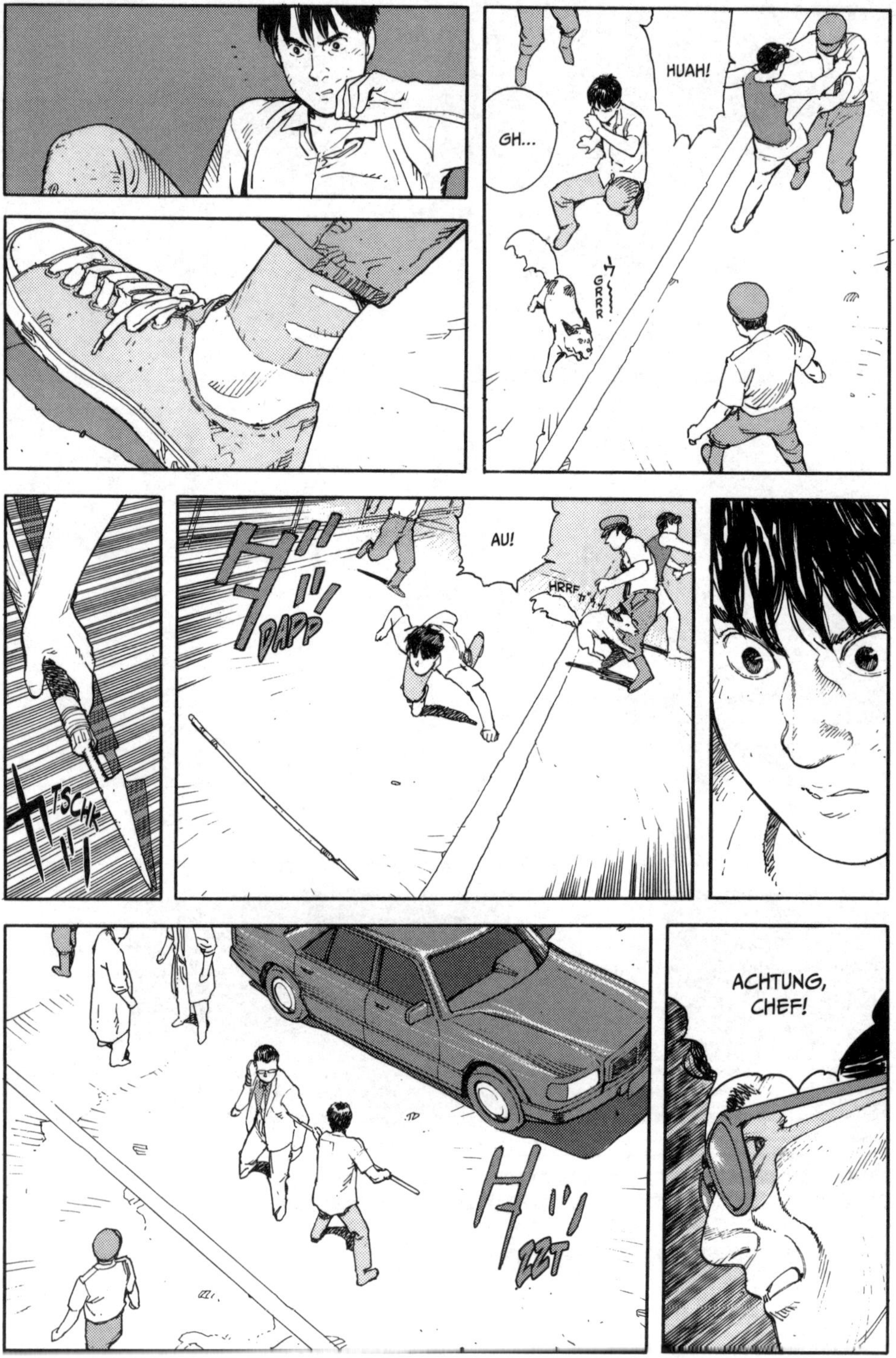
HUAH!
GH...
GRRR
AU!
HRRF
DAPP
TSCHK
ACHTUNG, CHEF!
ZZT

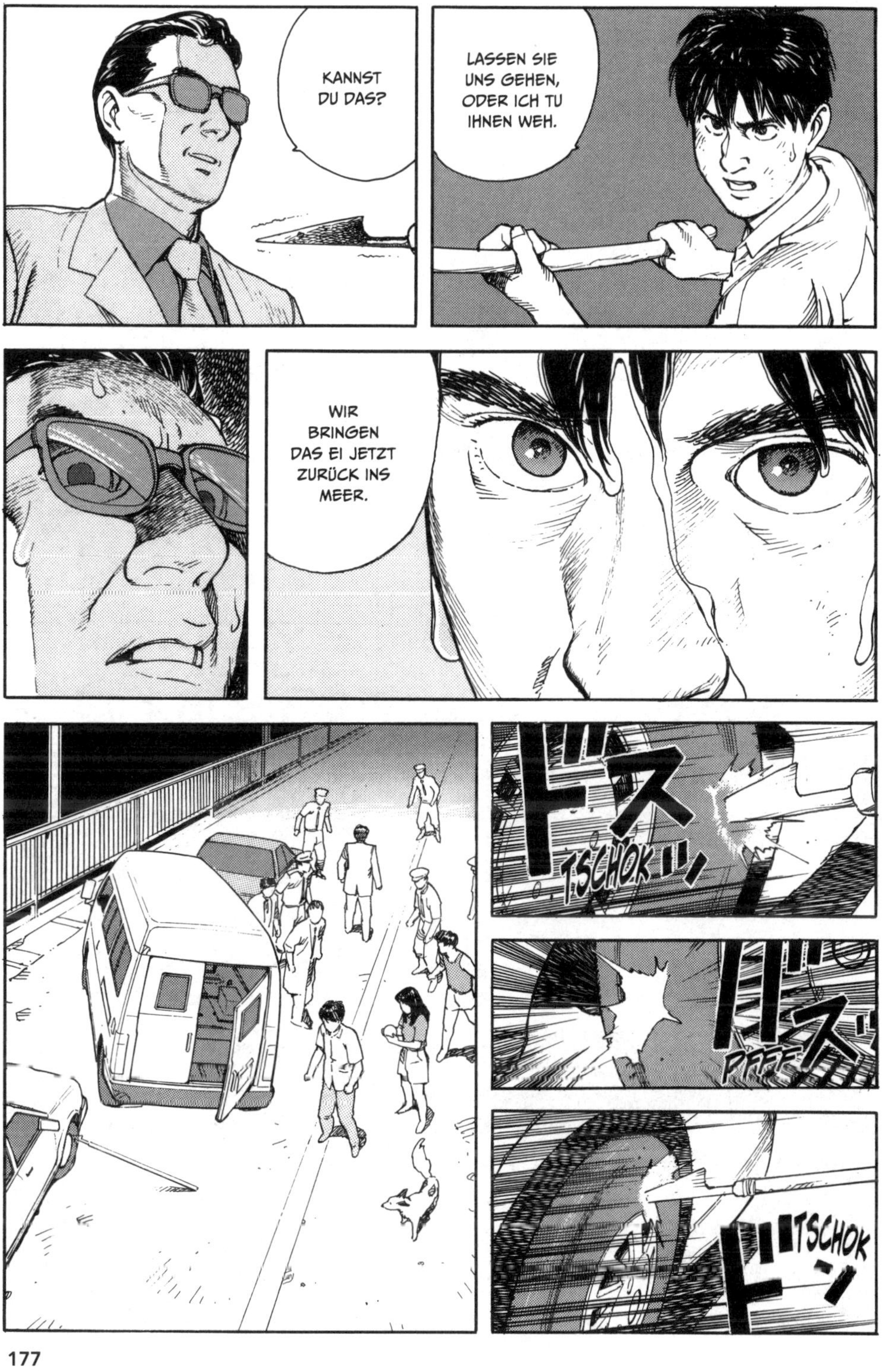
LASSEN SIE UNS GEHEN, ODER ICH TU IHNEN WEH.
KANNST DU DAS?
WIR BRINGEN DAS EI JETZT ZURÜCK INS MEER.
ドス
TSCHOK
ドス
PFFF
ドーン
TSCHOK

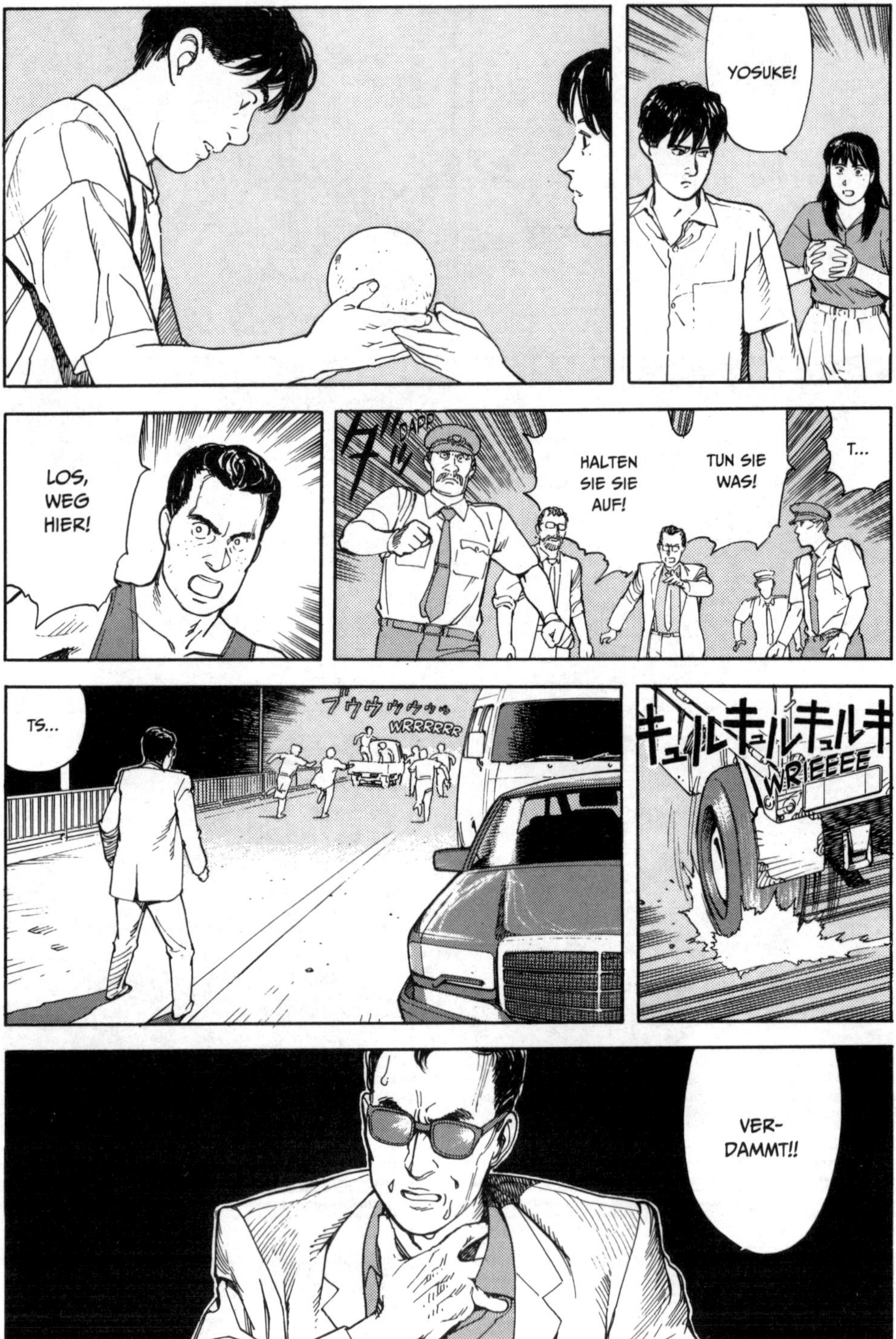
YOSUKE!
T...
TUN SIE WAS!
HALTEN SIE SIE AUF!
DAPP
LOS, WEG HIER!
キュルキュルキュルキ
WRIEEEE
WRRRRRR
TS...
VER-DAMMT!!

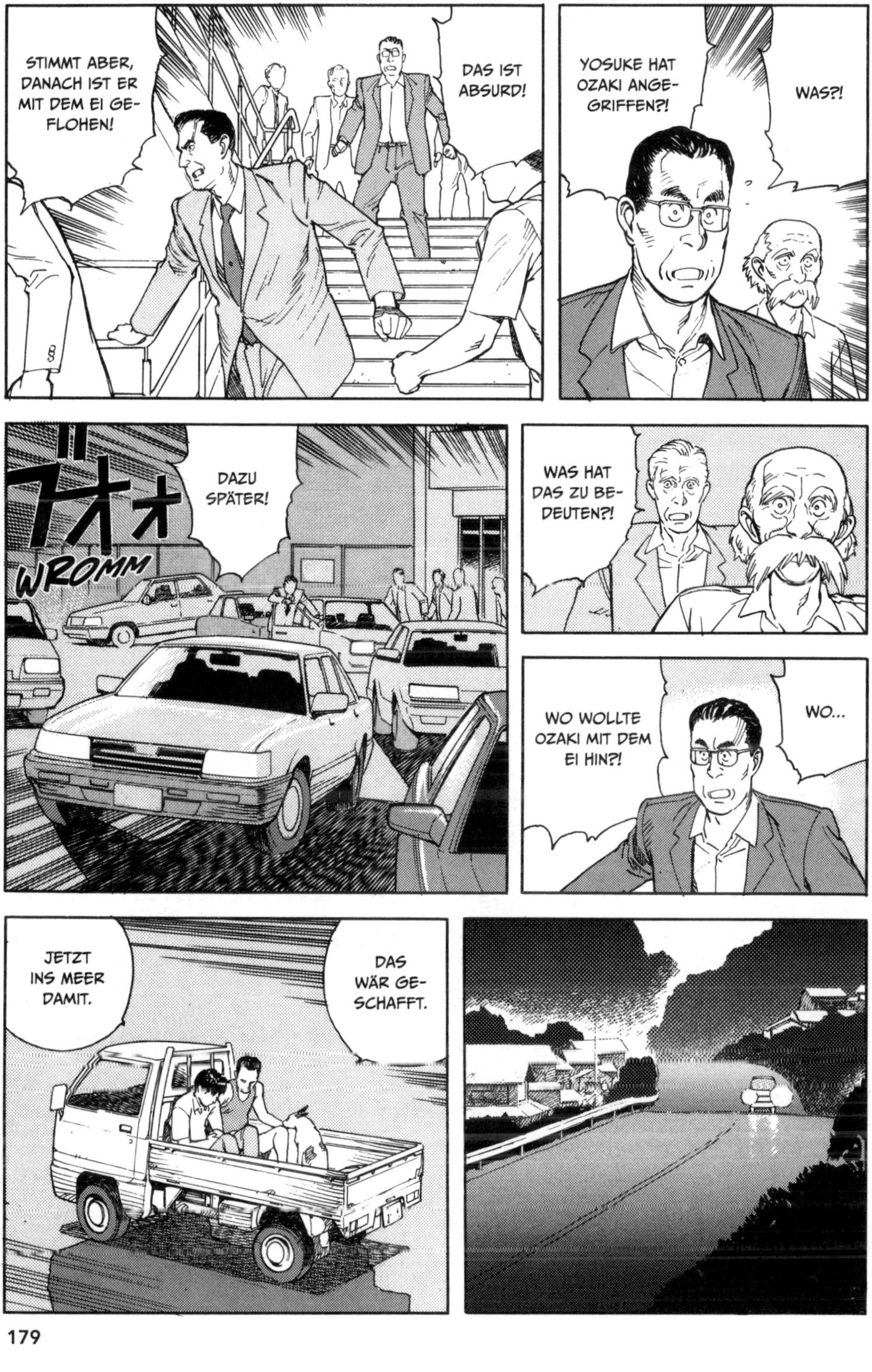
WAS?!
YOSUKE HAT OZAKI ANGEGRIFFEN?!
DAS IST ABSURD!
STIMMT ABER, DANACH IST ER MIT DEM EI GEFLOHEN!
WAS HAT DAS ZU BEDEUTEN?!
WO...
WO WOLLTE OZAKI MIT DEM EI HIN?!
ブオォ
WROMM
DAZU SPÄTER!
DAS WÄR GESCHAFFT.
JETZT INS MEER DAMIT.

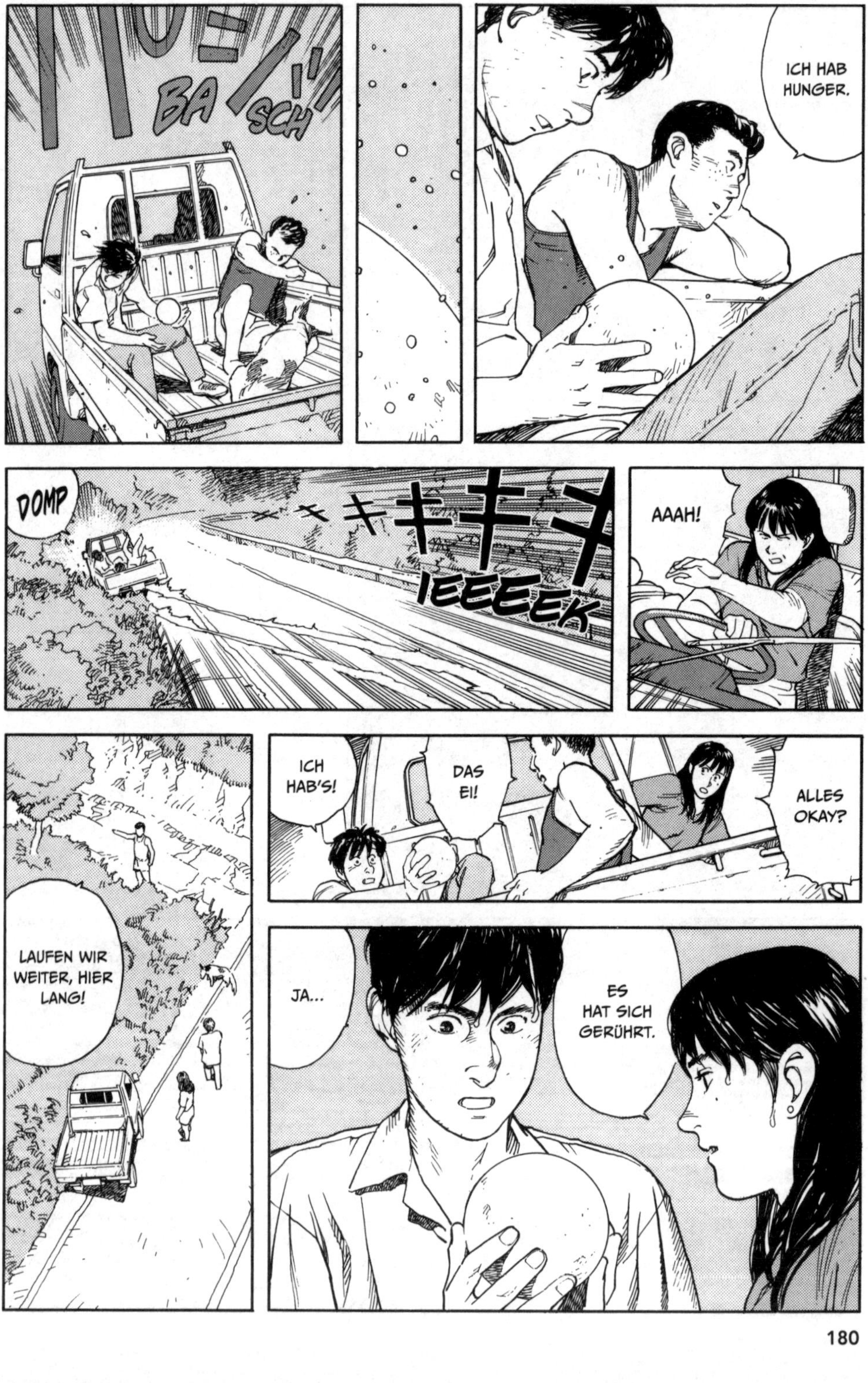
ICH HAB HUNGER.
BA SCH
AAAH!
IEEEEK
DOMP
ALLES OKAY?
DAS EI!
ICH HAB'S!
ES HAT SICH GERÜHRT.
JA...
LAUFEN WIR WEITER, HIER LANG!

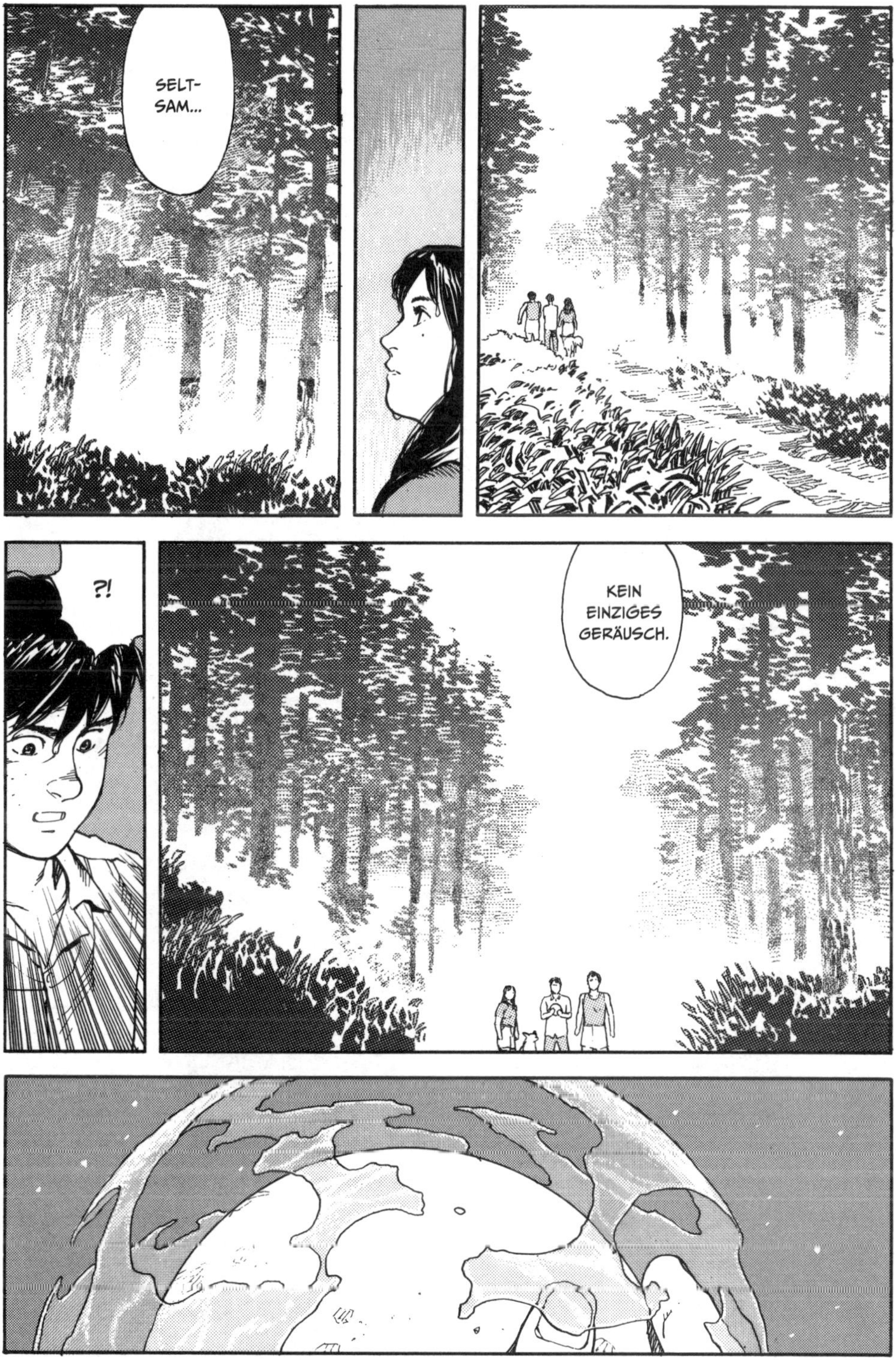
SELT-
SAM...
?!
KEIN EINZIGES GERÄUSCH.

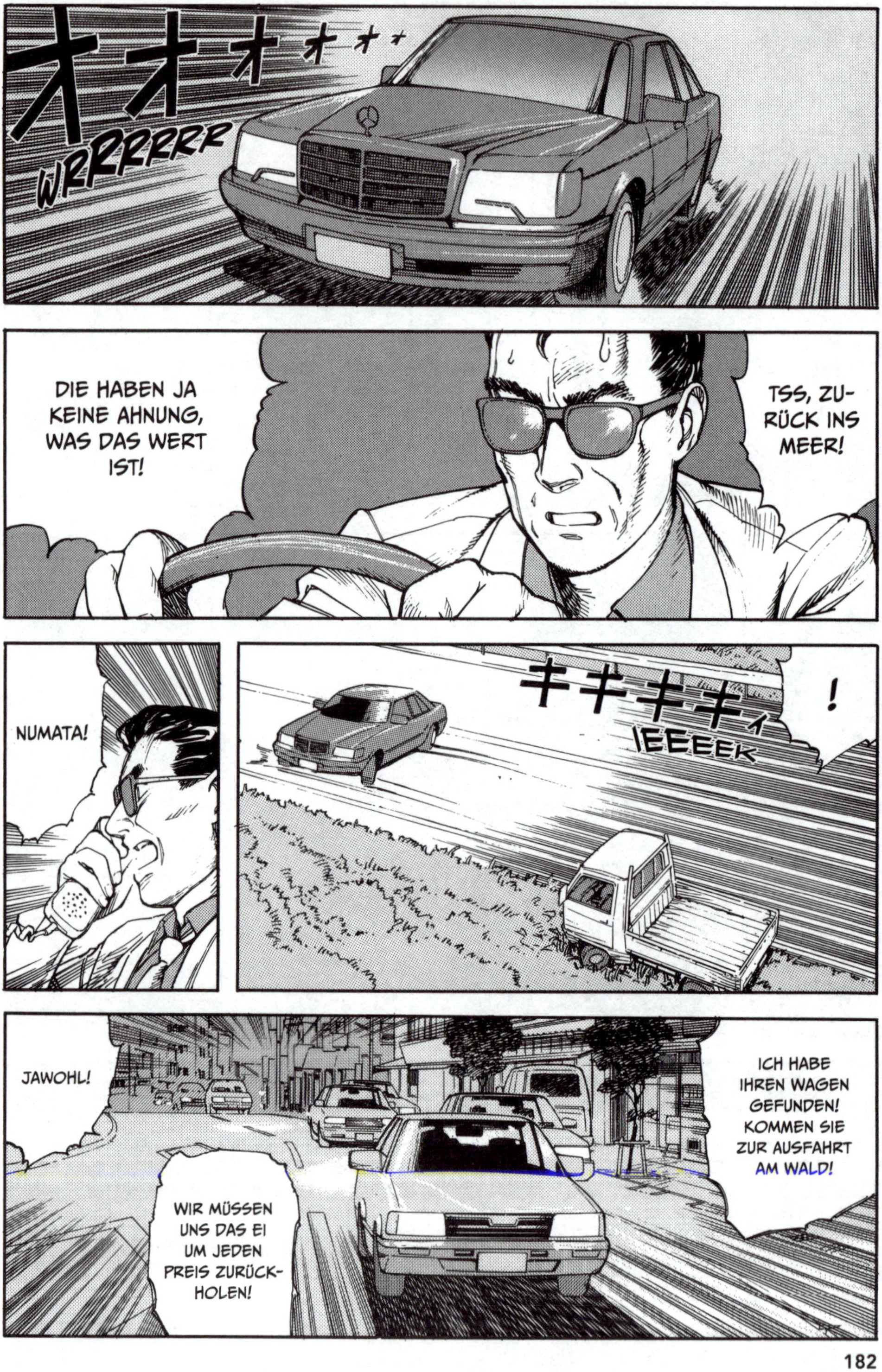

オオオォォォ
WRRRRRR
TSS, ZURÜCK INS MEER!
DIE HABEN JA KEINE AHNUNG, WAS DAS WERT IST!
キキキキィ
IEEEEK
!
NUMATA!
ICH HABE IHREN WAGEN GEFUNDEN! KOMMEN SIE ZUR AUSFAHRT AM WALD!
JAWOHL!
WIR MÜSSEN UNS DAS EI UM JEDEN PREIS ZURÜCKHOLEN!

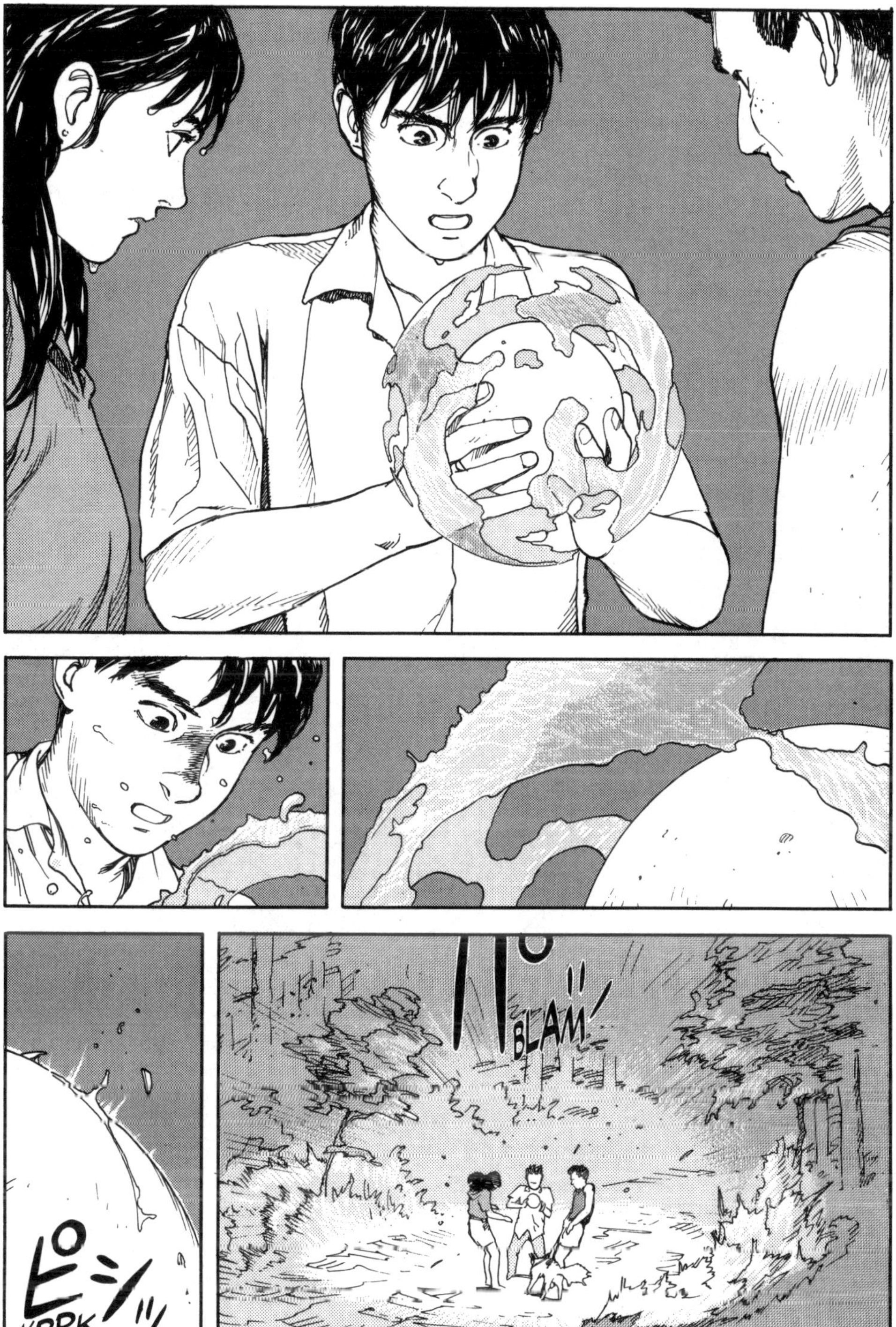

ピシッ
KRRK
パン!!
BLAM!

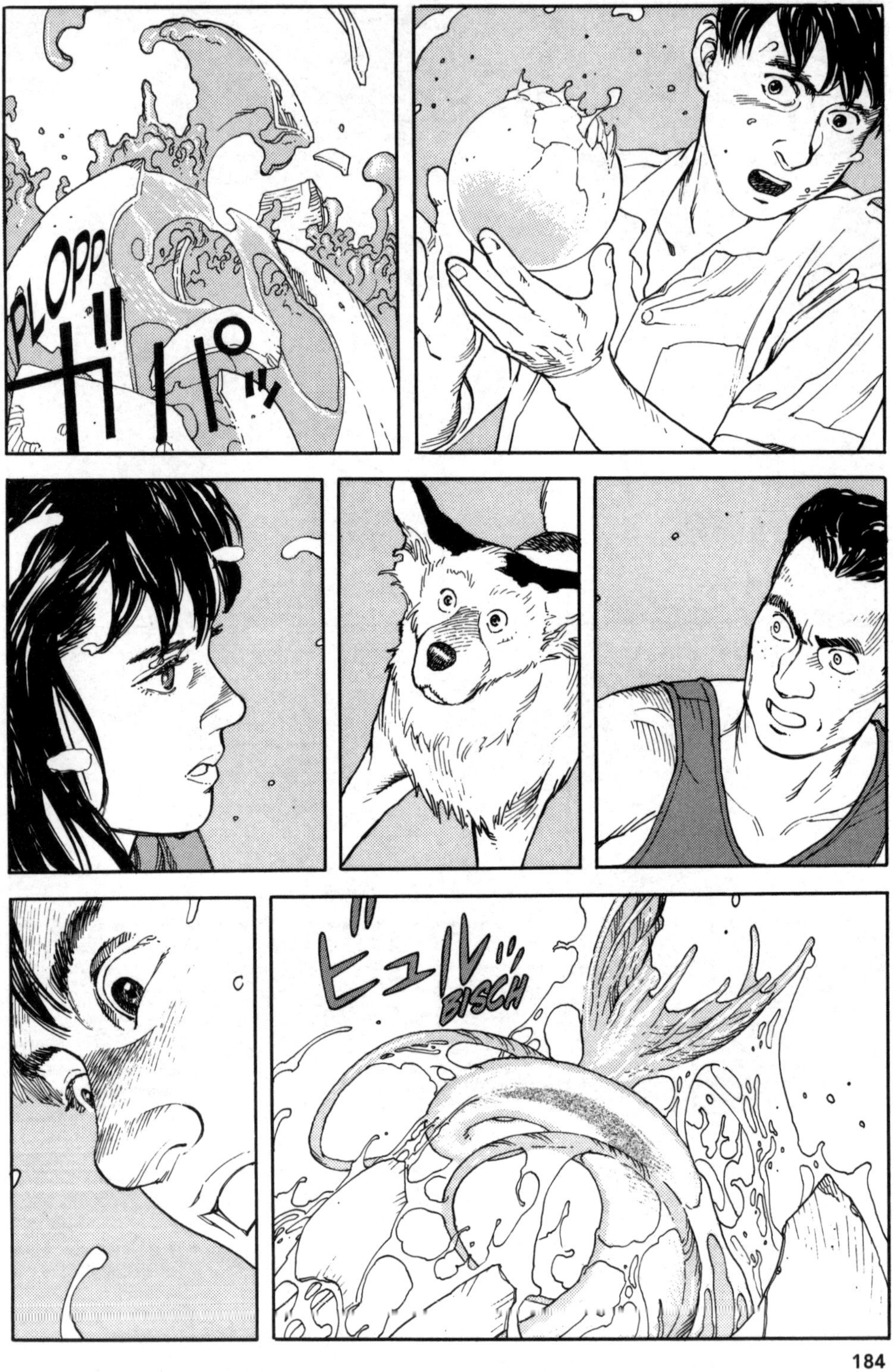
PLOPP
ガパッ
ビュルッ
BISCH

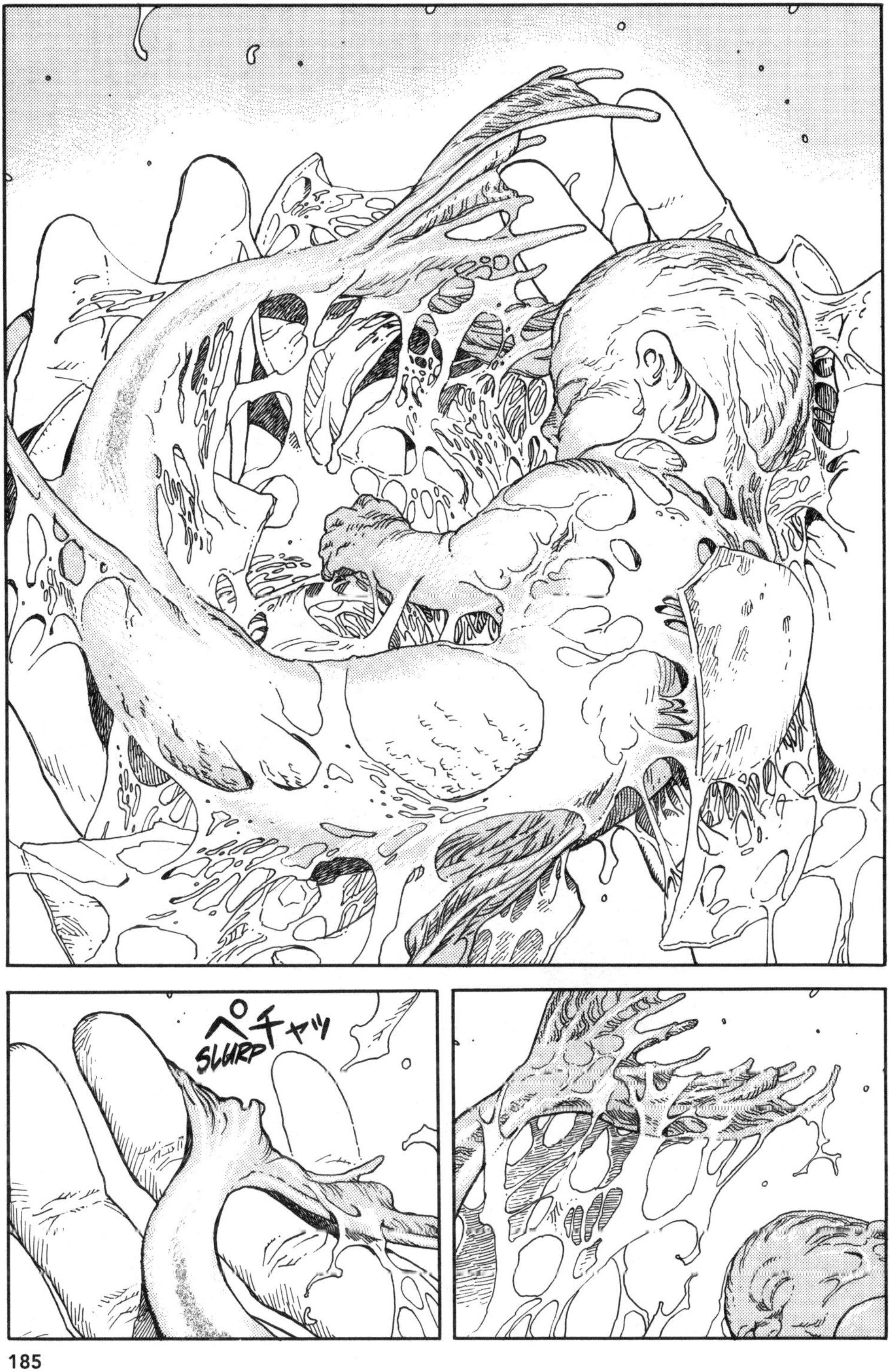
ペチャッ
SLURP

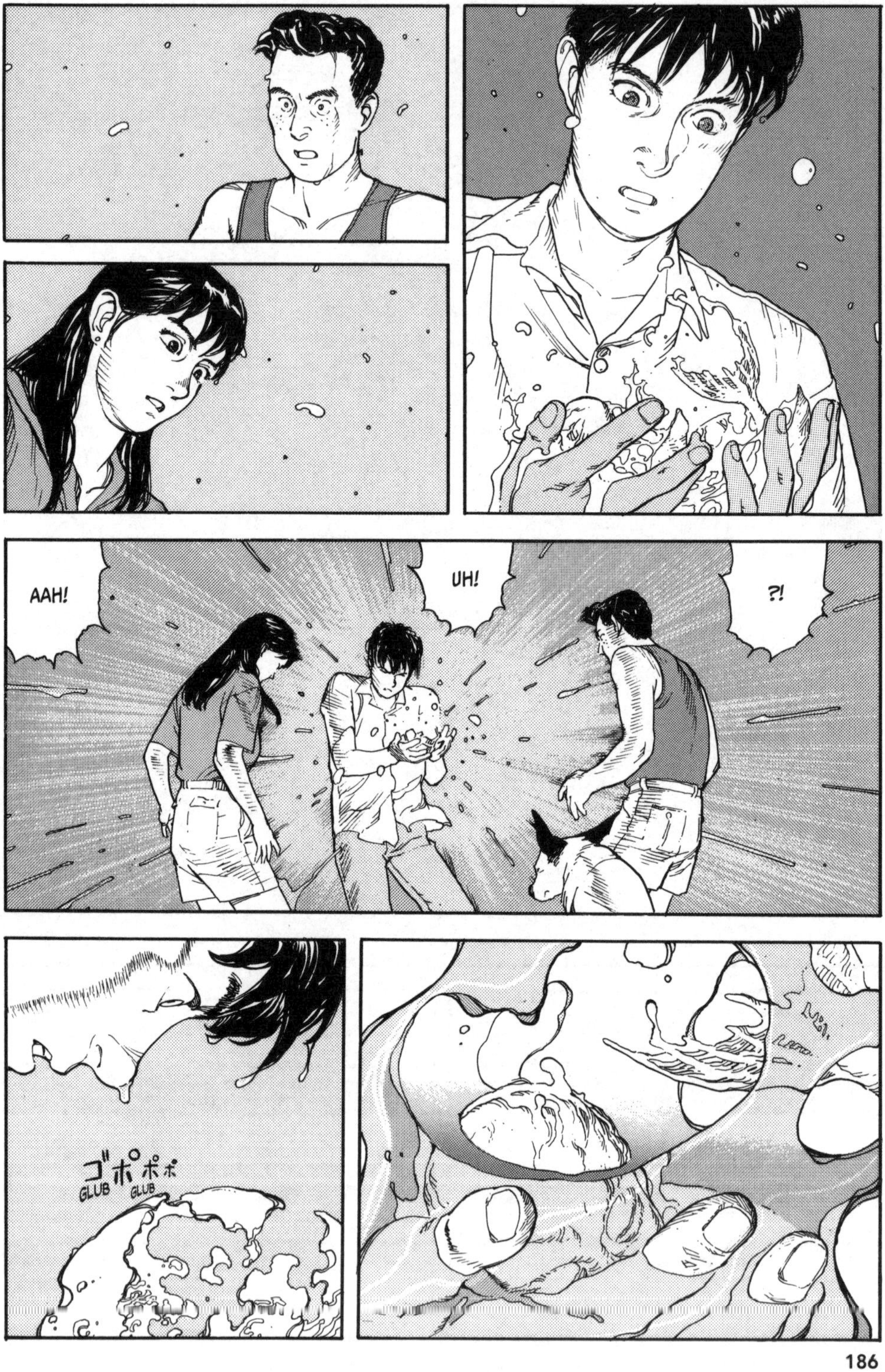
?!
UH!
AAH!
ゴポポ
GLUB GLUB

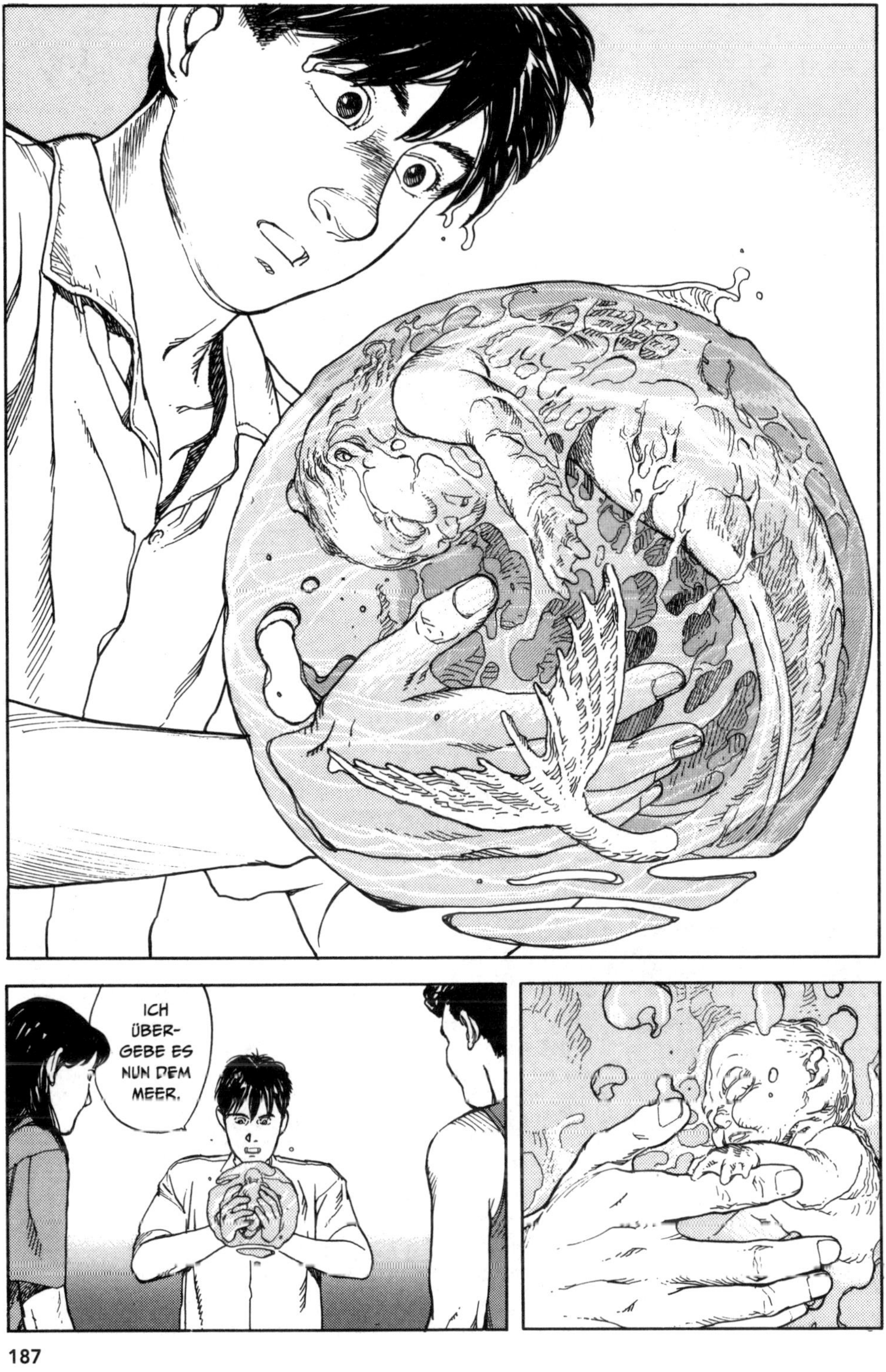
ICH ÜBER-GEBE ES NUN DEM MEER.

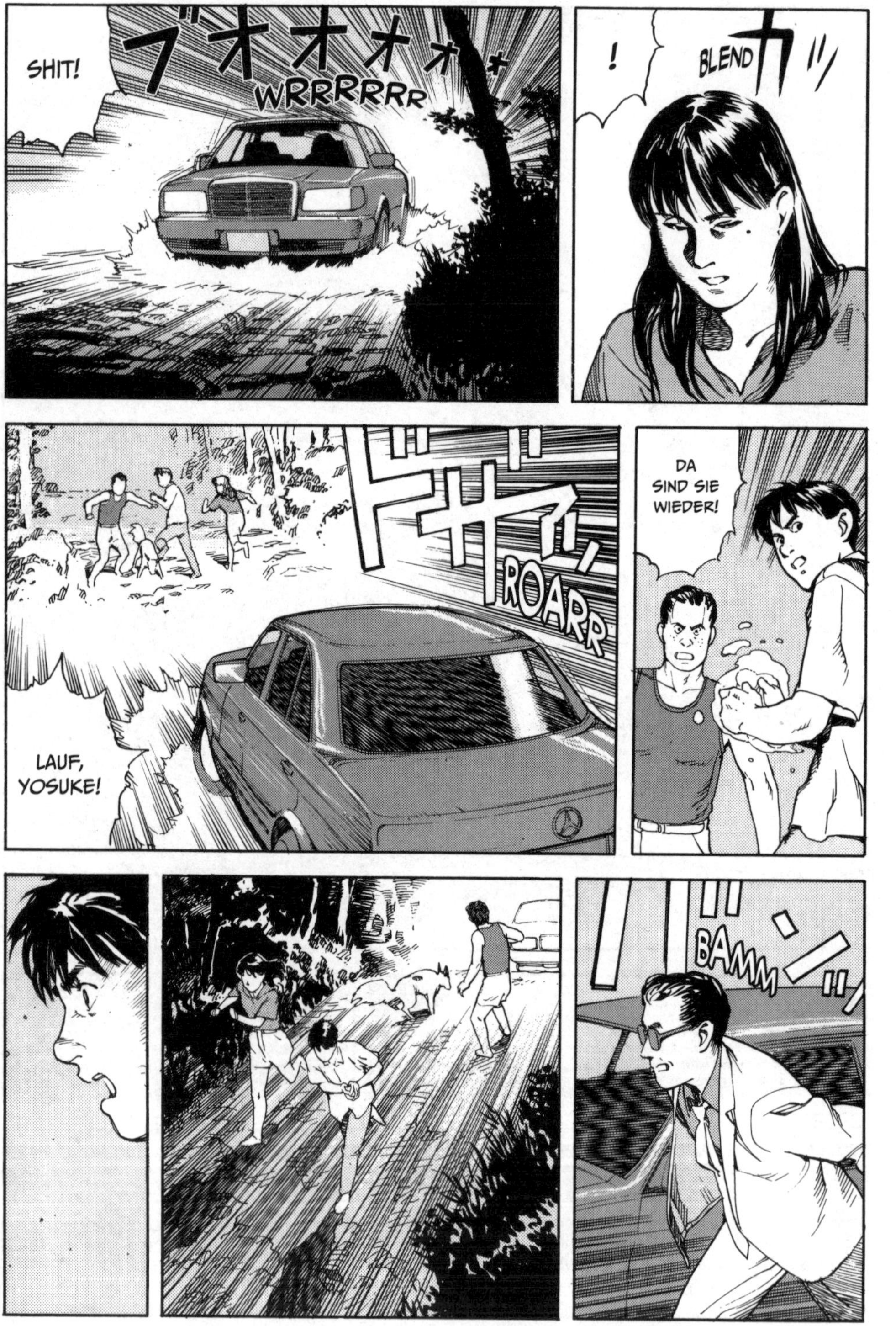
!
BLEND
WRRRRRR
SHIT!
DA SIND SIE WIEDER!
ROARR
LAUF, YOSUKE!
BAMM

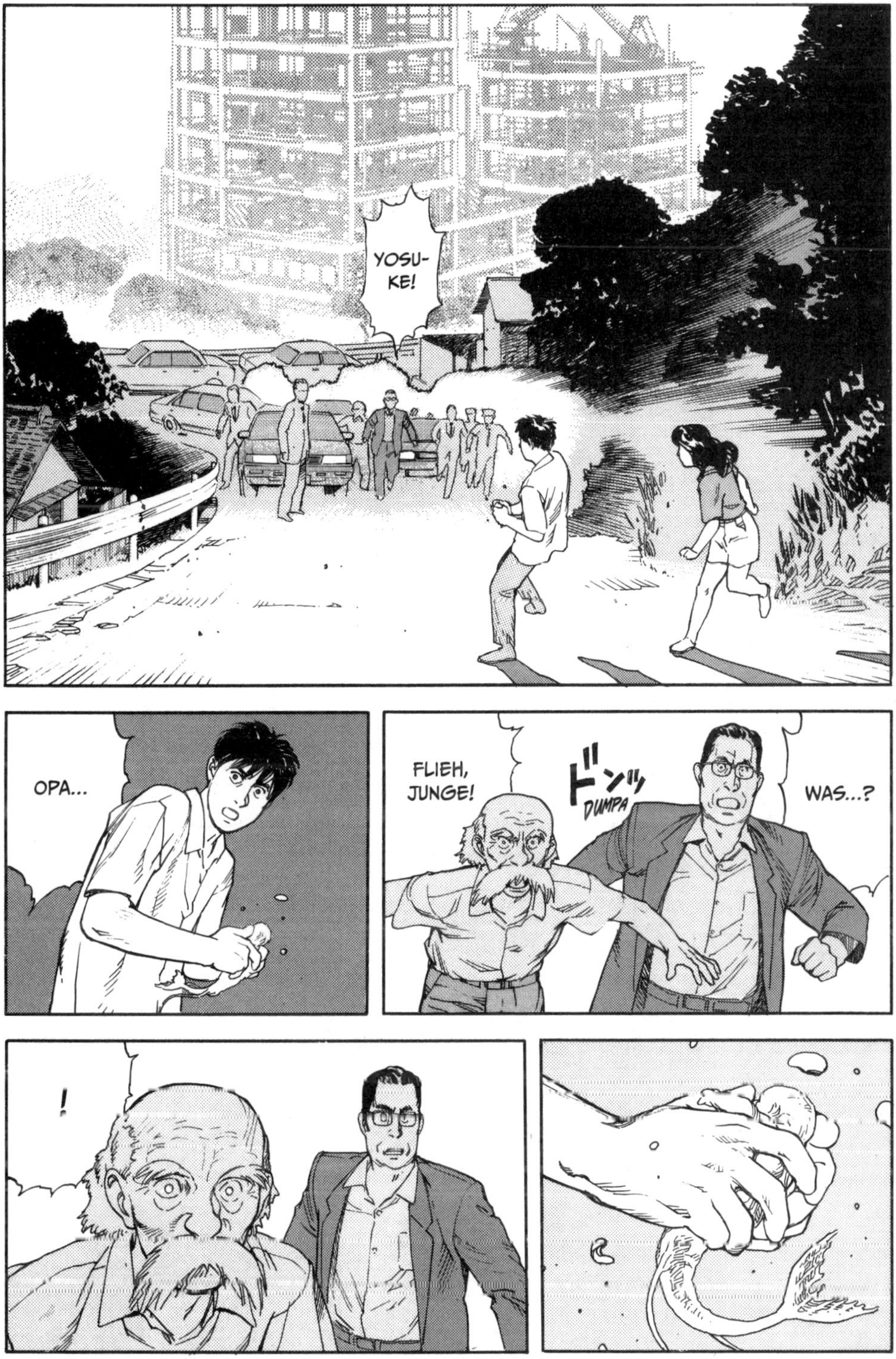
YOSU-
KE!
WAS...?
ドンッ
DUMPA
FLIEH,
JUNGE!
OPA...
!

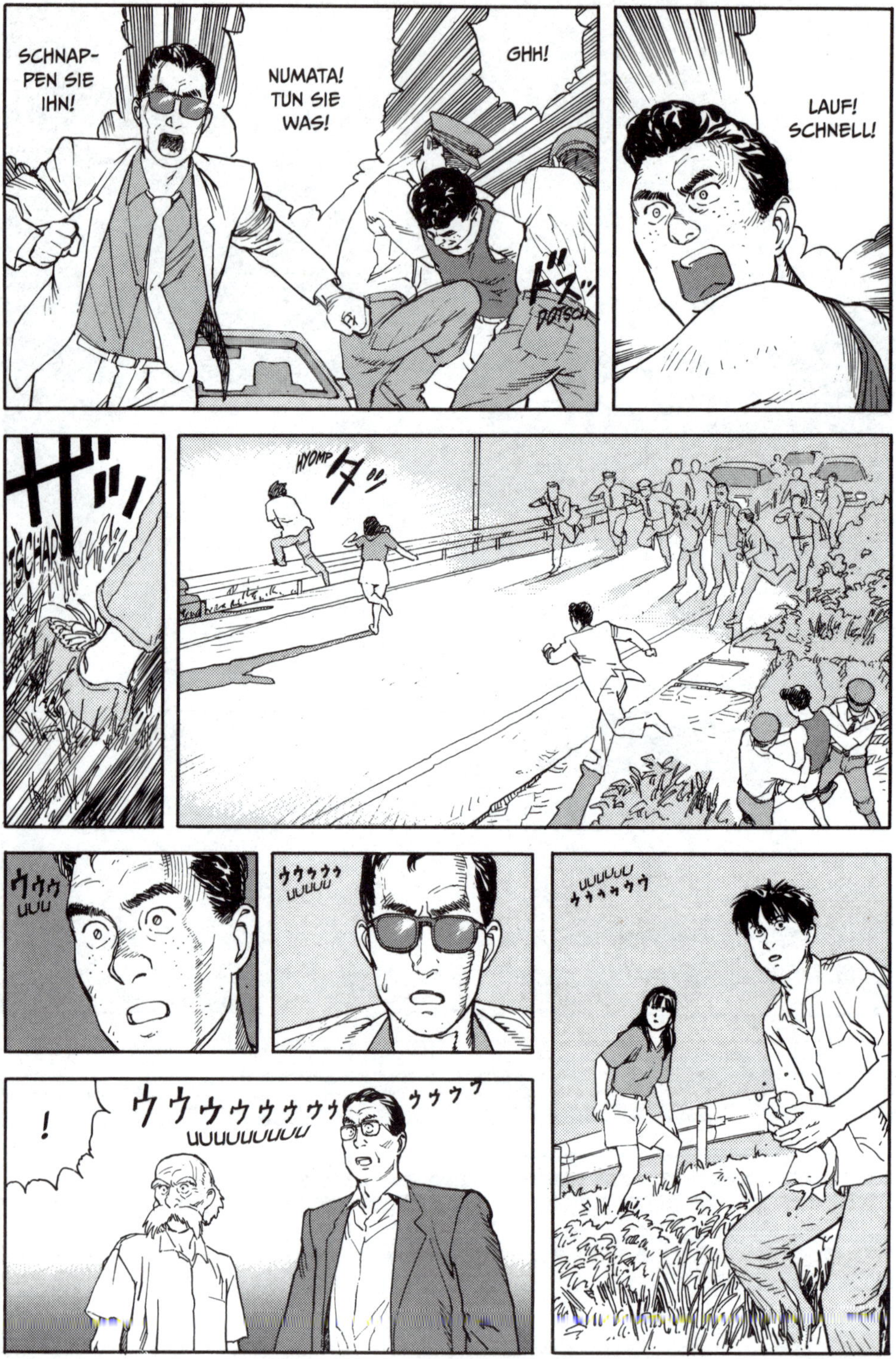
LAUF! SCHNELL!
GHH!
NUMATA! TUN SIE WAS!
SCHNAP-PEN SIE IHN!
ドスッ
DOTSCH
タッ
HYOMP
ザッ
TSCHAP
ウウウ
UUU
ウウウウウ
UUUUU
UUUUUU
ウウウウウウ
!
ウウウウウウウウウ
UUUUUUUUU
ウウウウ

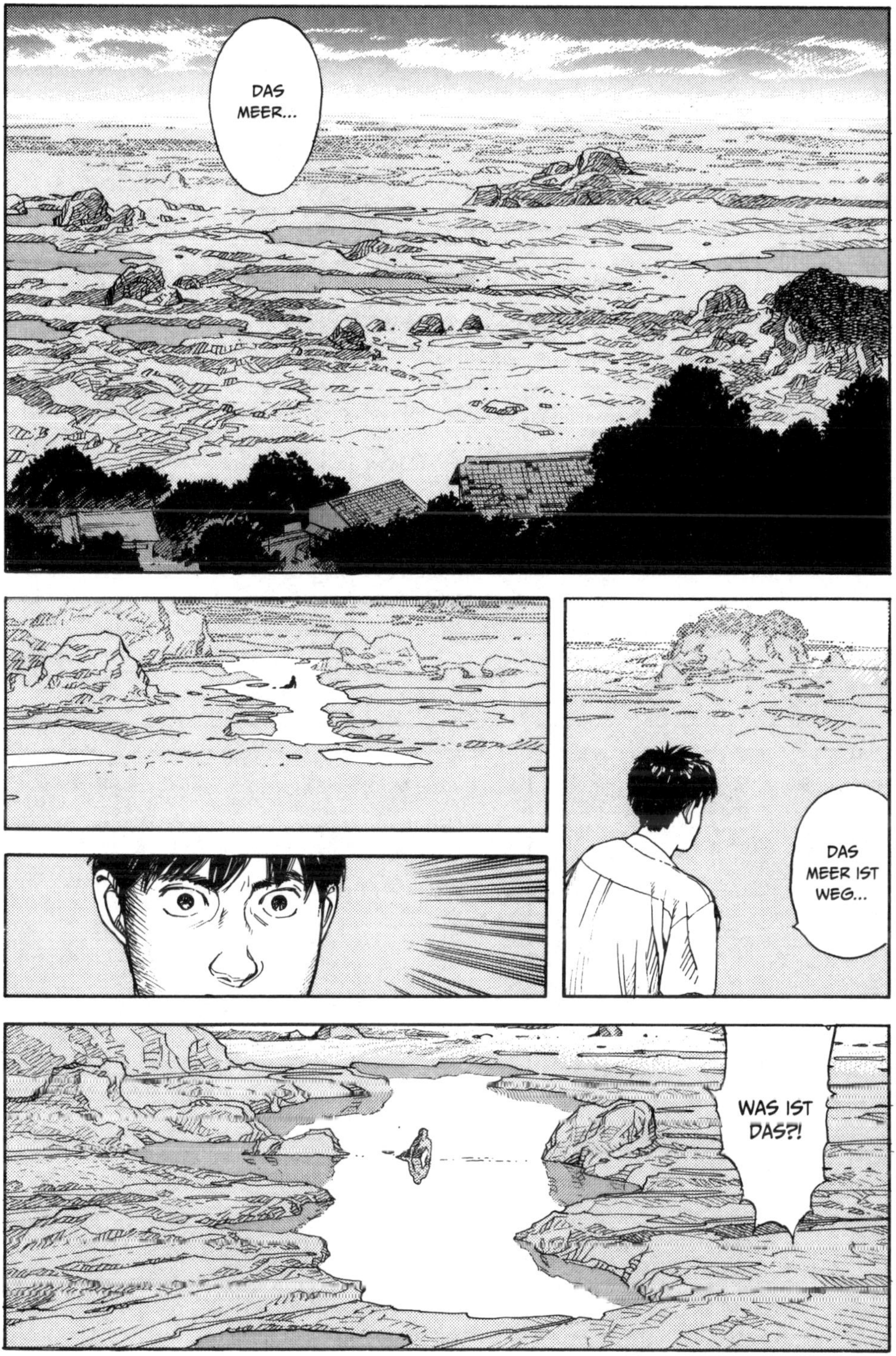
DAS MEER...
DAS MEER IST WEG...
WAS IST DAS?!

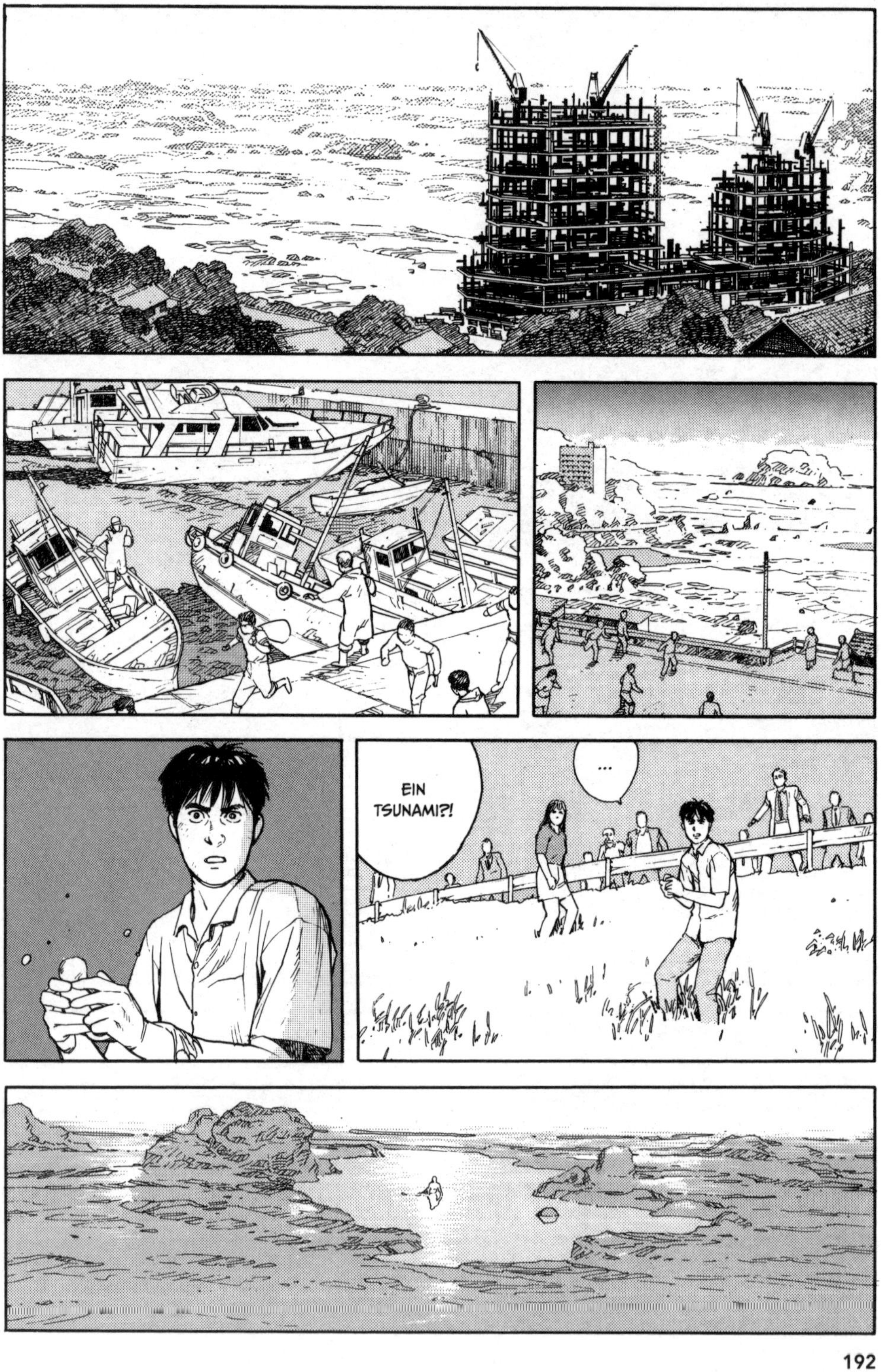
EIN TSUNAMI?!
...

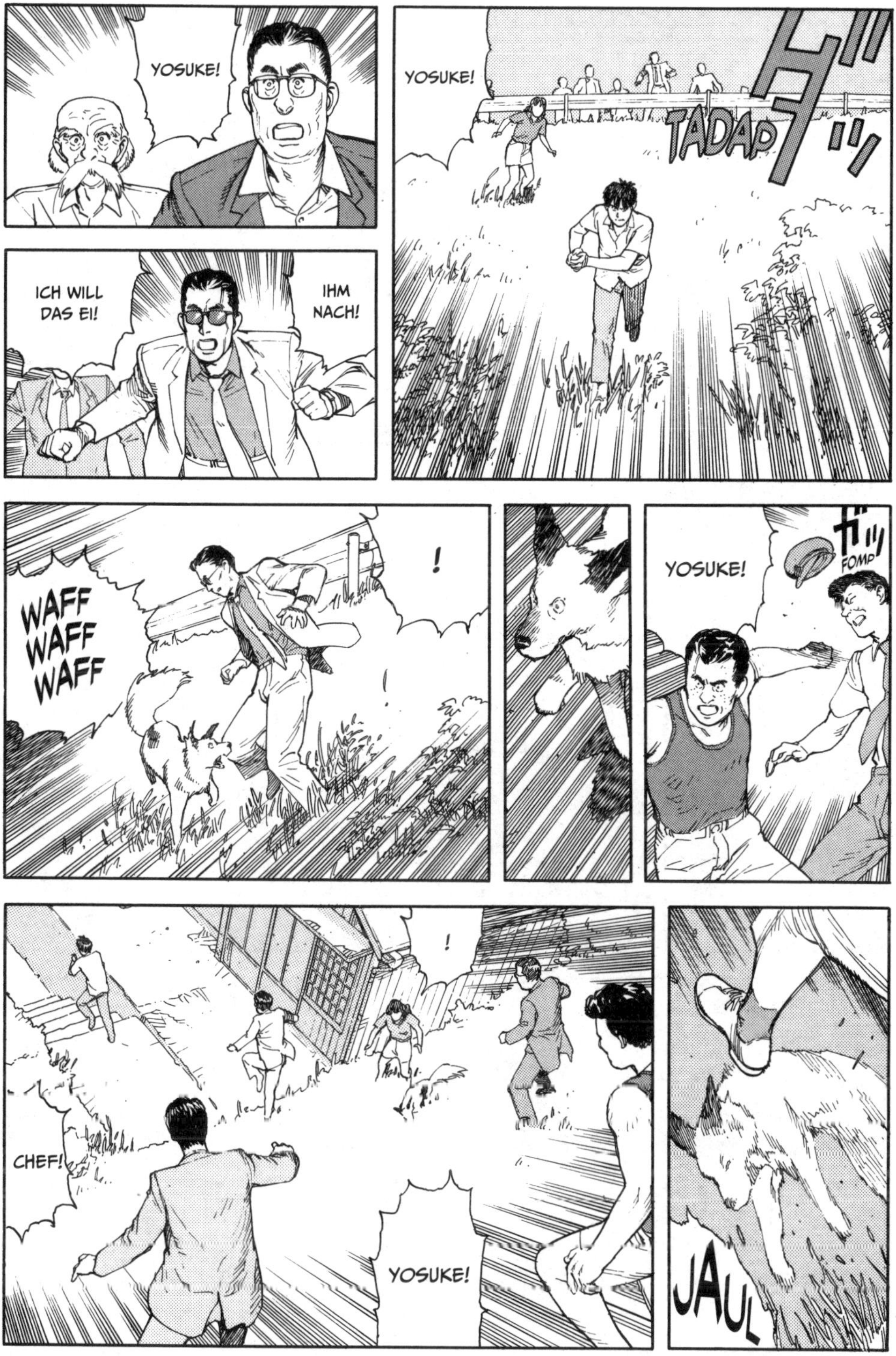
YOSUKE!
TADAP
YOSUKE!
IHM NACH!
ICH WILL DAS EI!
YOSUKE!
FOMP
!
WAFF
WAFF
WAFF
JAUL
YOSUKE!
!
CHEF!

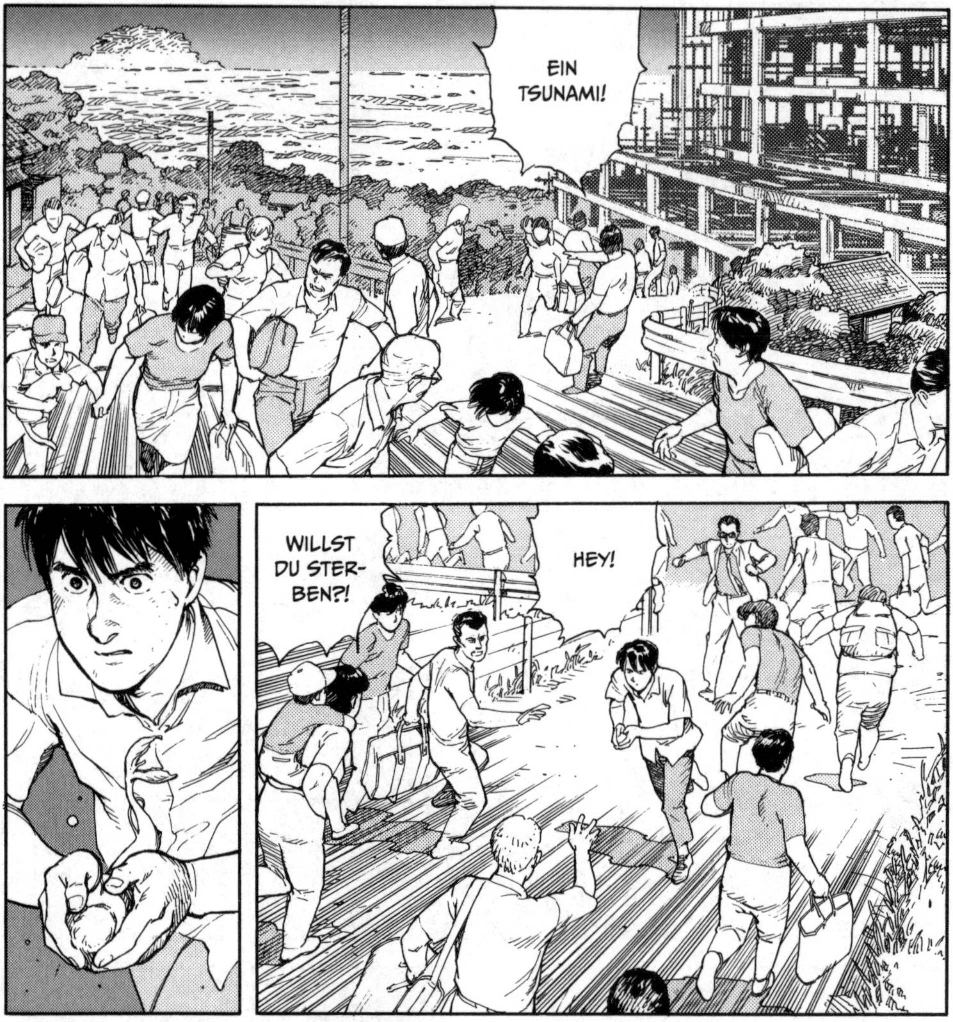
EIN TSUNAMI!
HEY!
WILLST DU STER-BEN?!
DU NARR!
ZUR SEITE!
YOSUKE, KOMM ZURÜCK!
YOSUKE!
VOR-SICHT, CHEF!

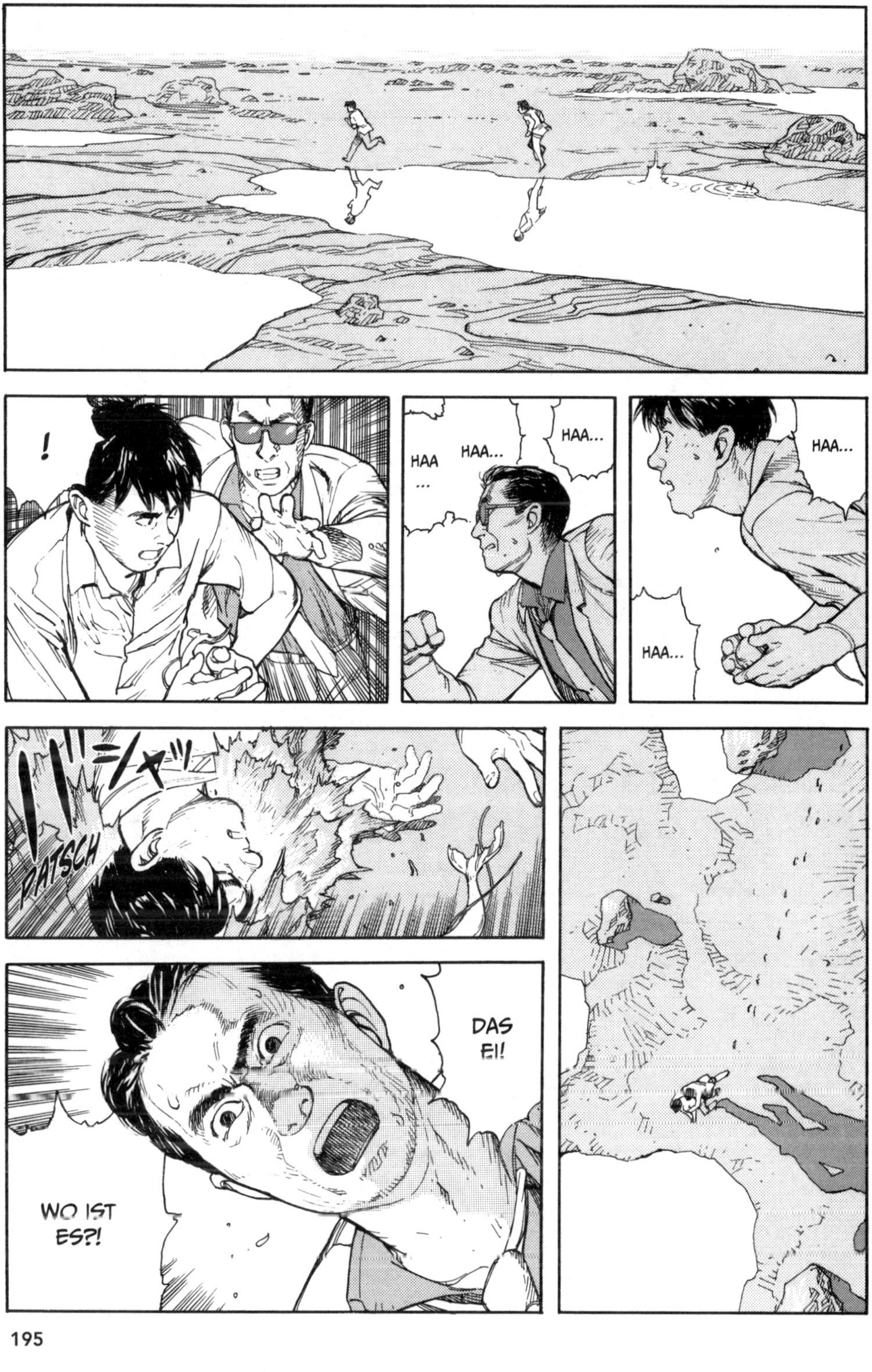
!
HAA...
HAA...
HAA
...
HAA...
HAA...
PATSCH
DAS EI!
WO IST ES?!

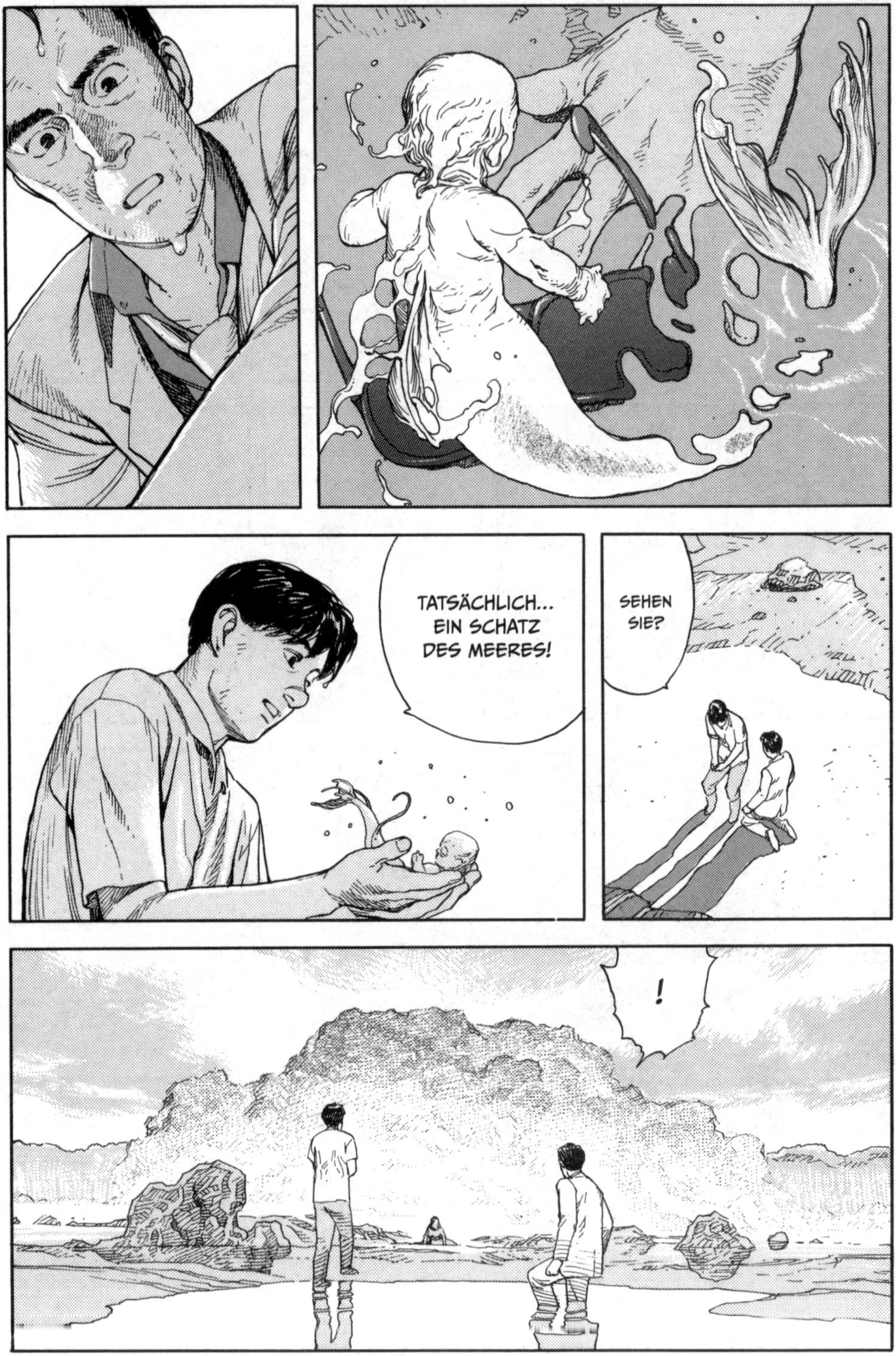
SEHEN SIE?
TATSÄCHLICH... EIN SCHATZ DES MEERES!
!

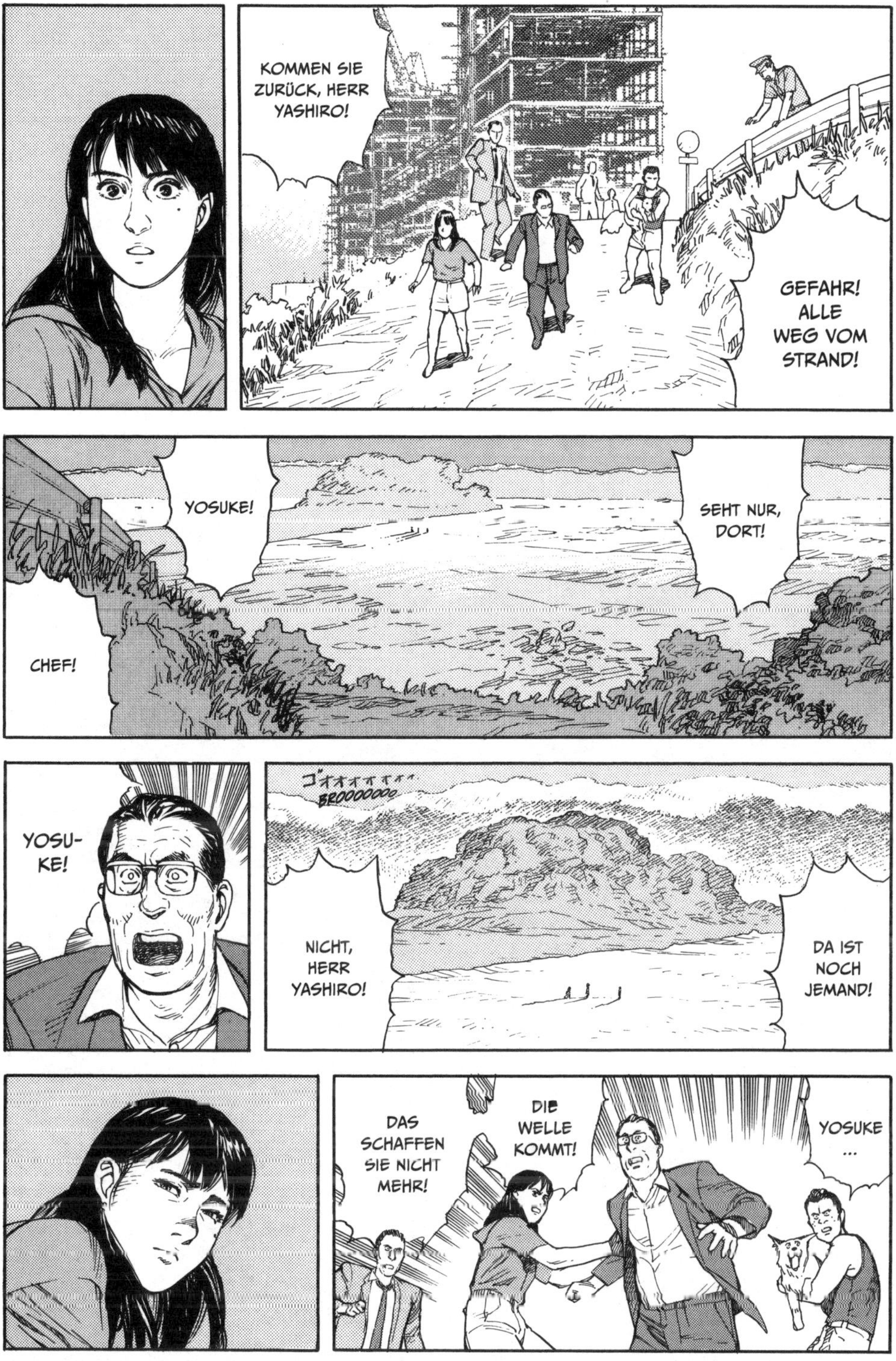
KOMMEN SIE ZURÜCK, HERR YASHIRO!
GEFAHR! ALLE WEG VOM STRAND!
YOSUKE!
CHEF!
SEHT NUR, DORT!
YOSU-KE!
ゴオオオオオオ
BROOOOOOO
NICHT, HERR YASHIRO!
DA IST NOCH JEMAND!
DAS SCHAFFEN SIE NICHT MEHR!
DIE WELLE KOMMT!
YOSUKE ...

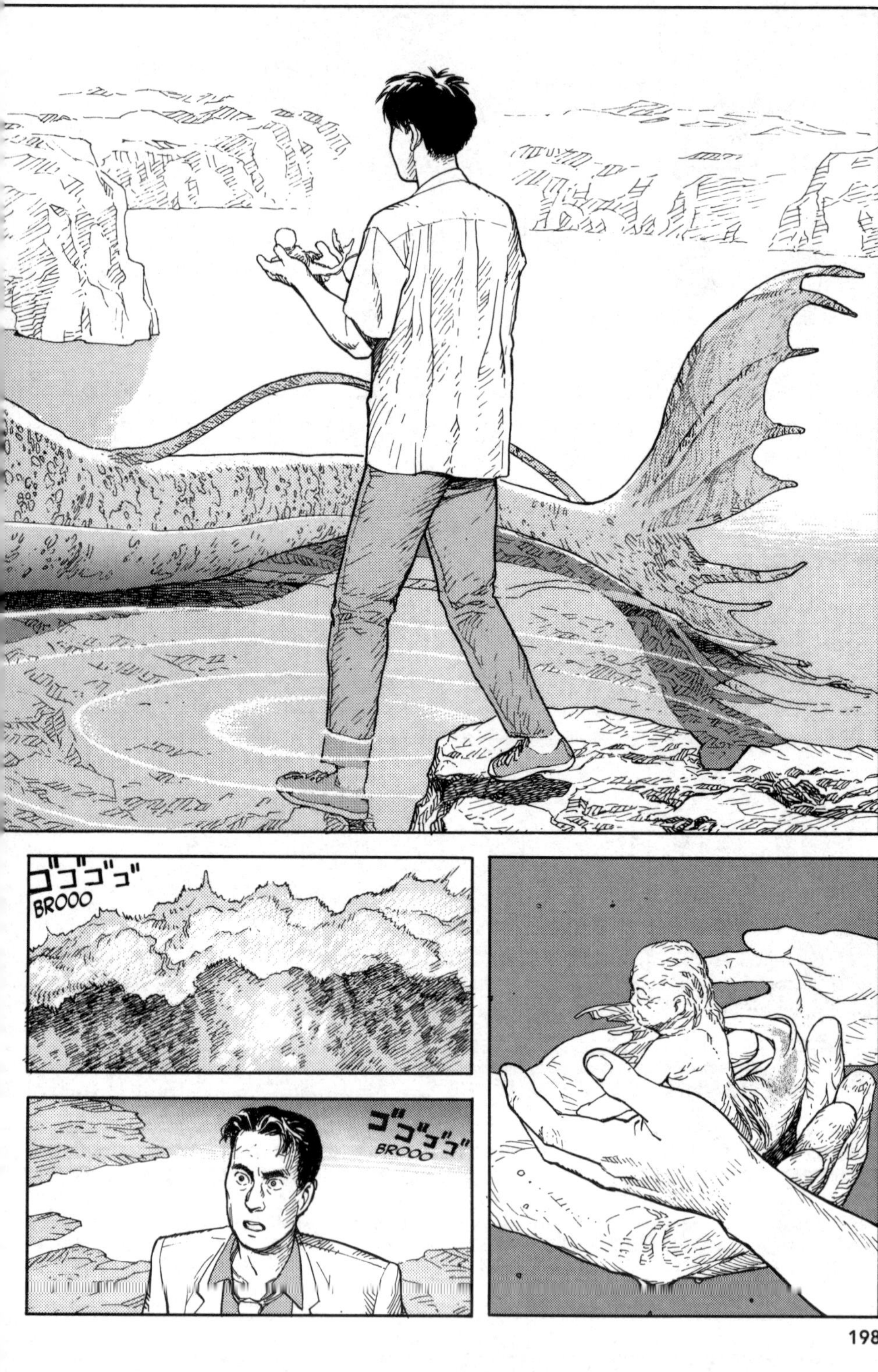
ゴゴゴゴ
BROOO
ゴゴゴゴ
BROOO

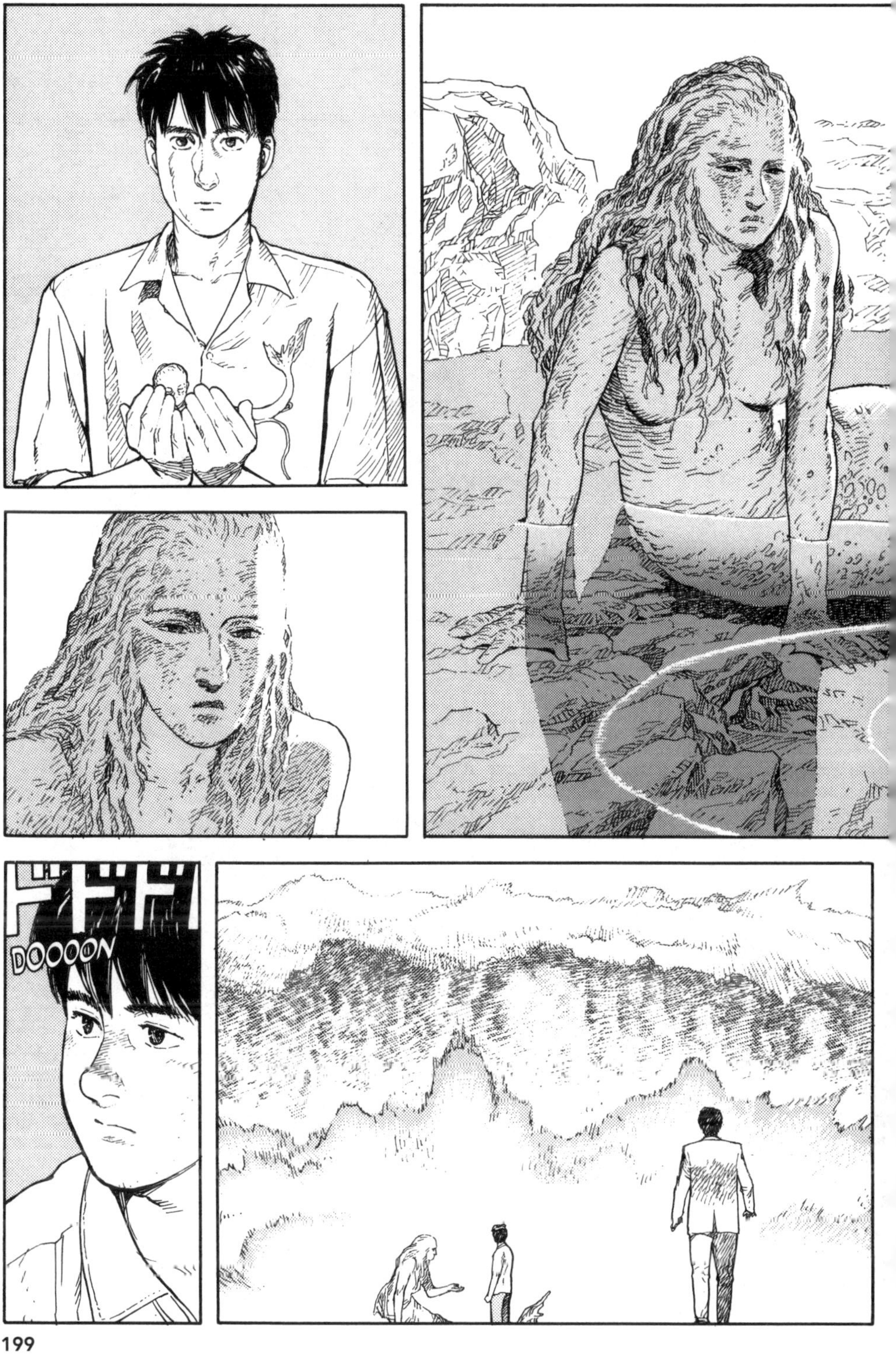

ドドド
DOOOON

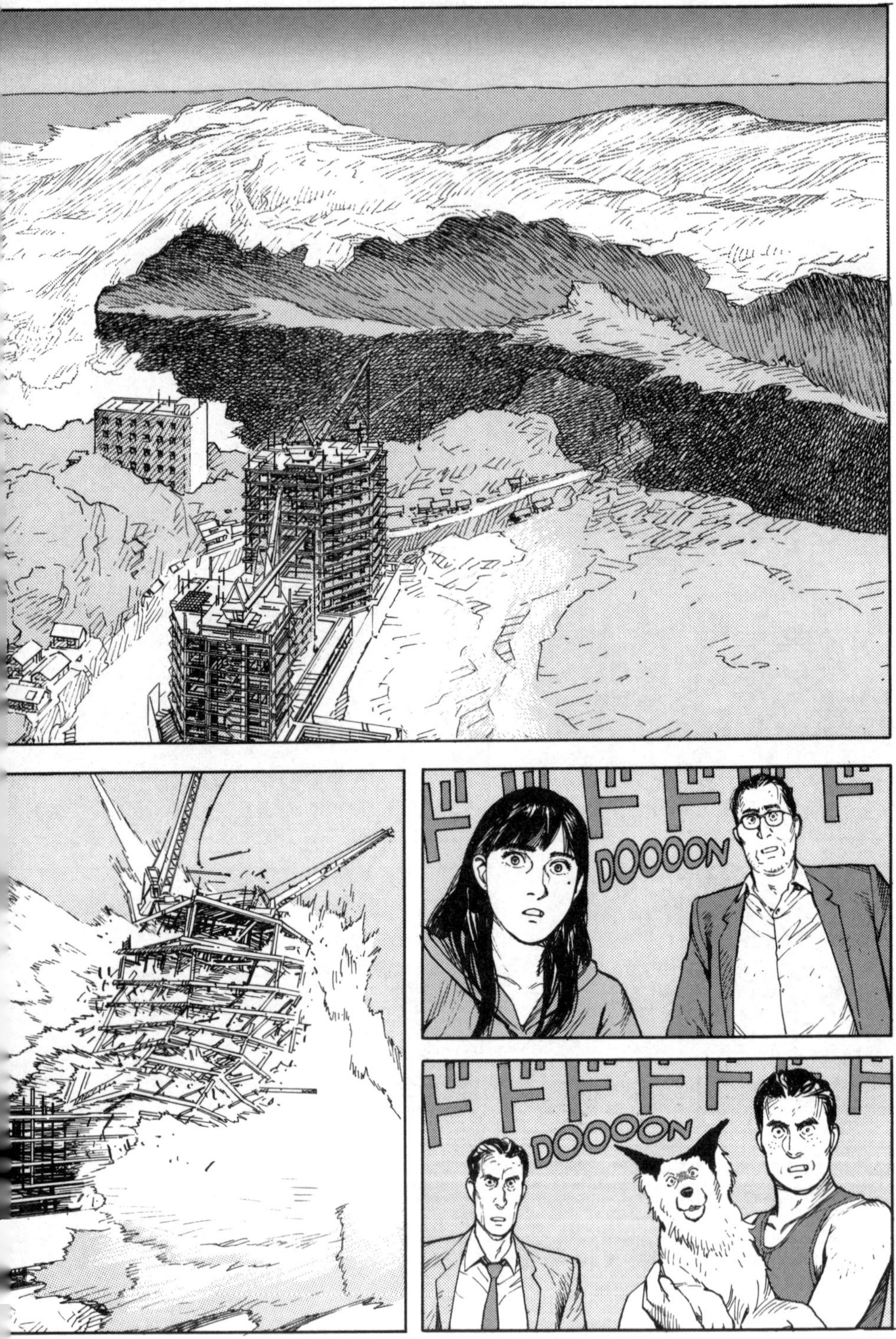

ドドドドドド
DOOOON
ドドドドドドド
DOOOON

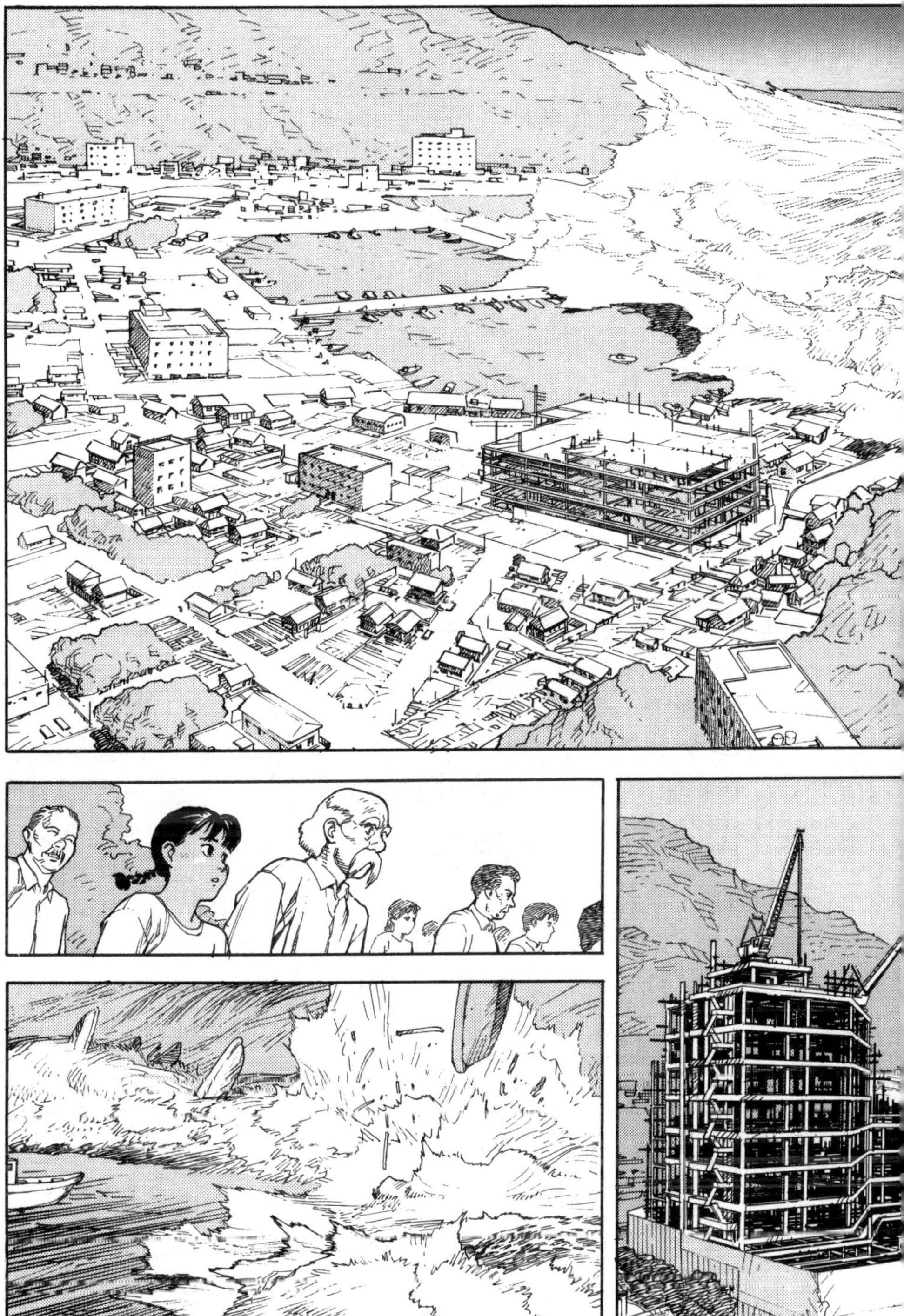

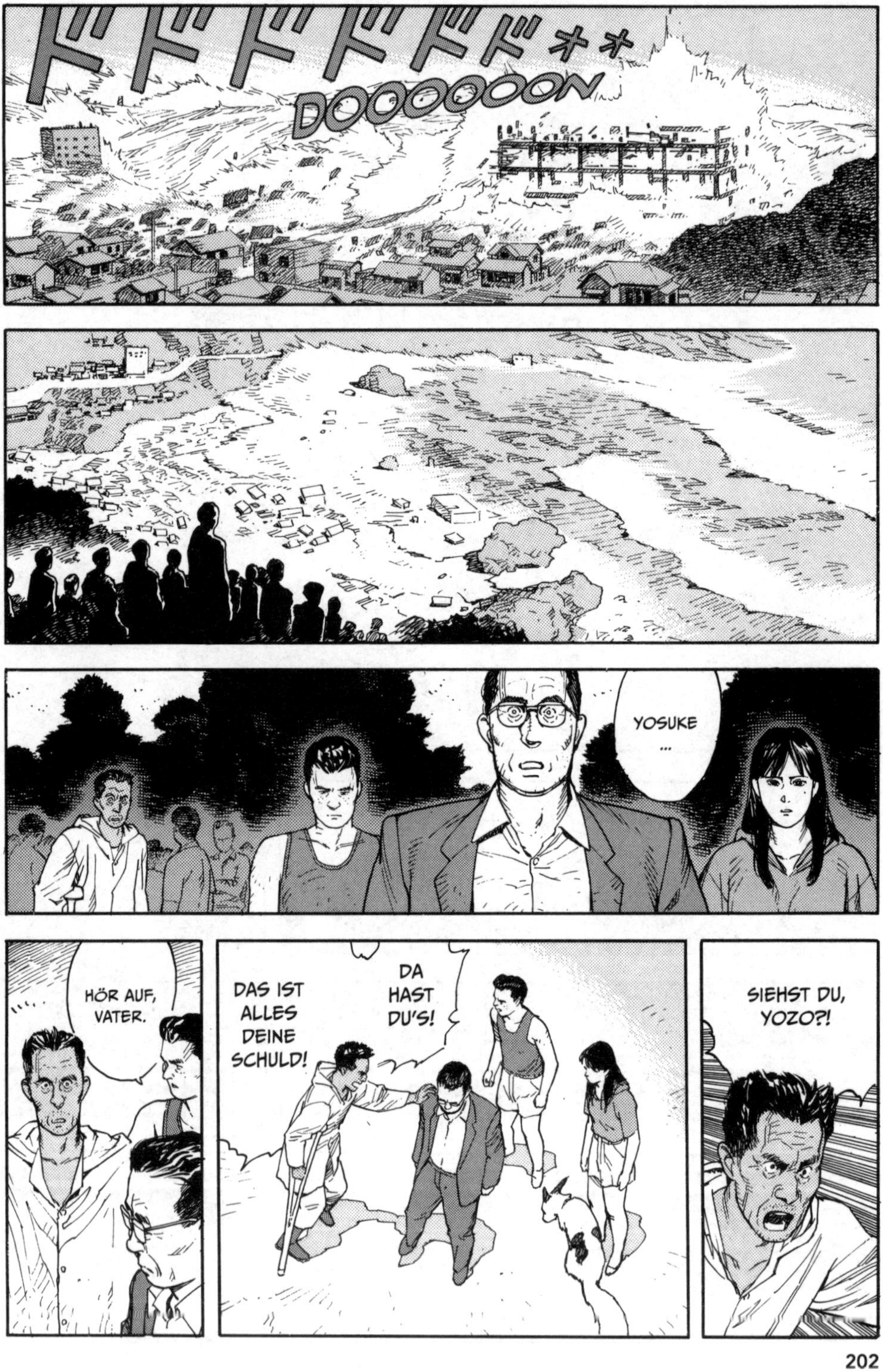
ドドドドドドォォ
DOOOOOOON
YOSUKE ...
SIEHST DU, YOZO?!
DA HAST DU'S!
DAS IST ALLES DEINE SCHULD!
HÖR AUF, VATER.

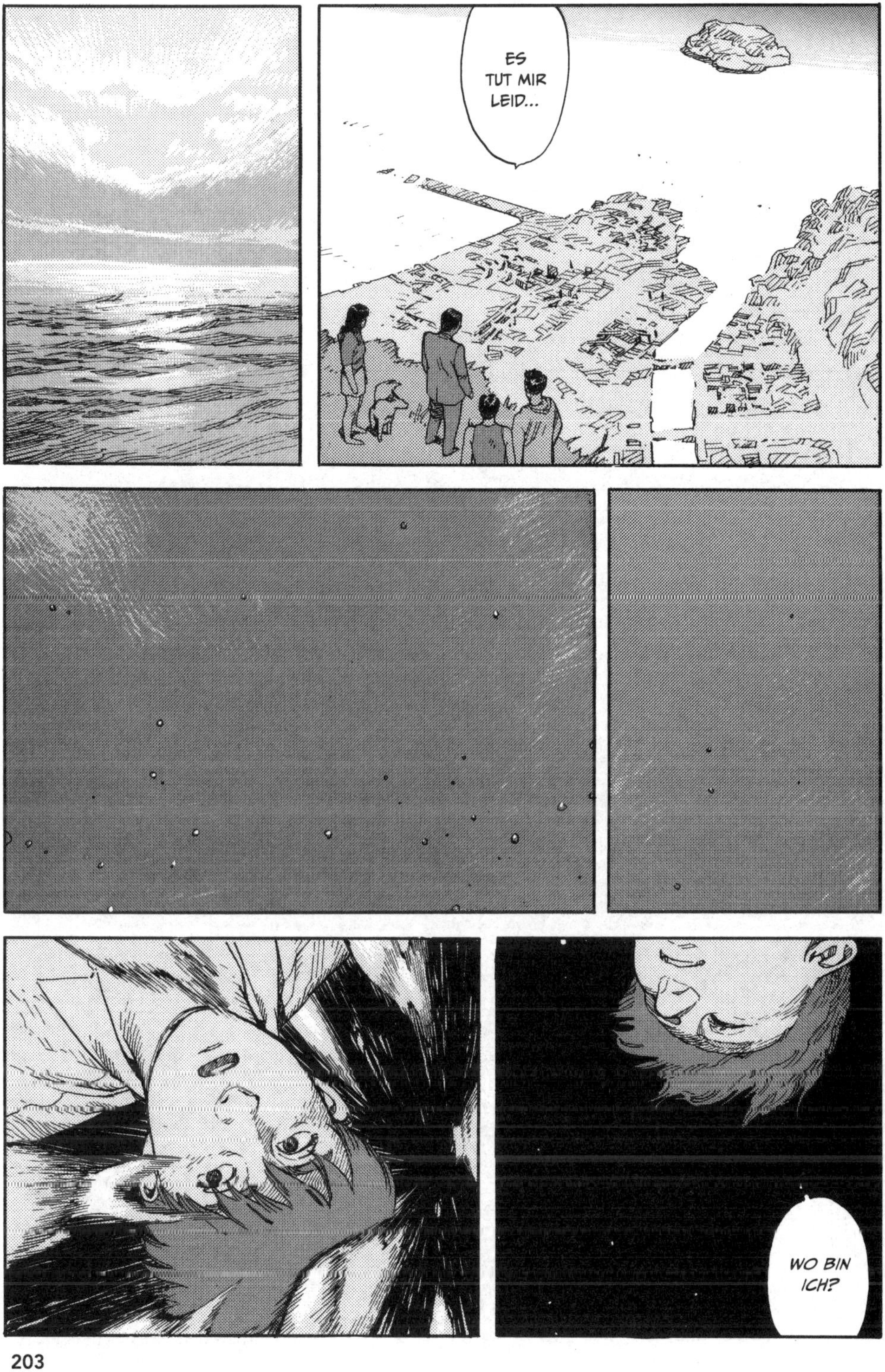
ES TUT MIR LEID...
WO BIN ICH?

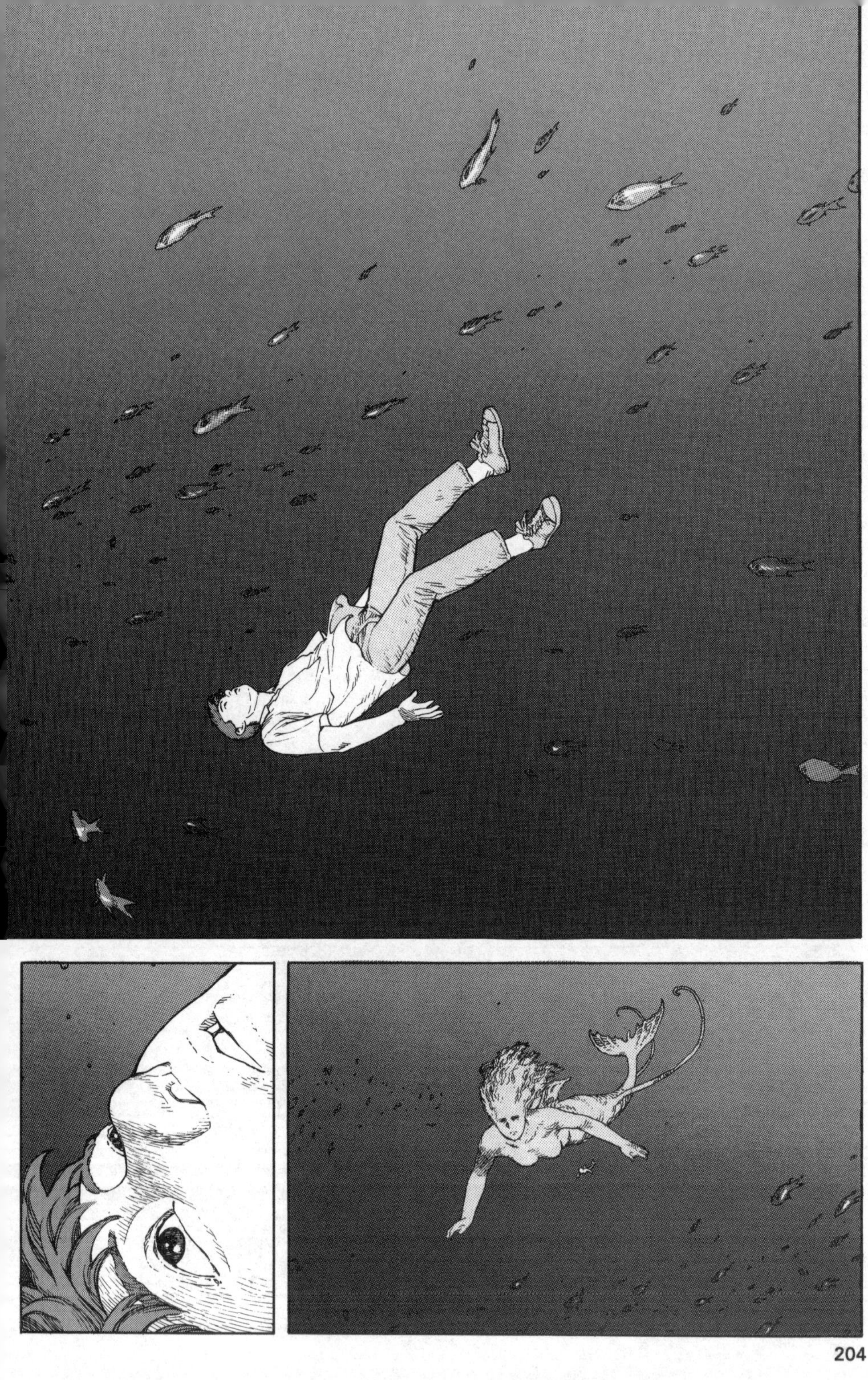

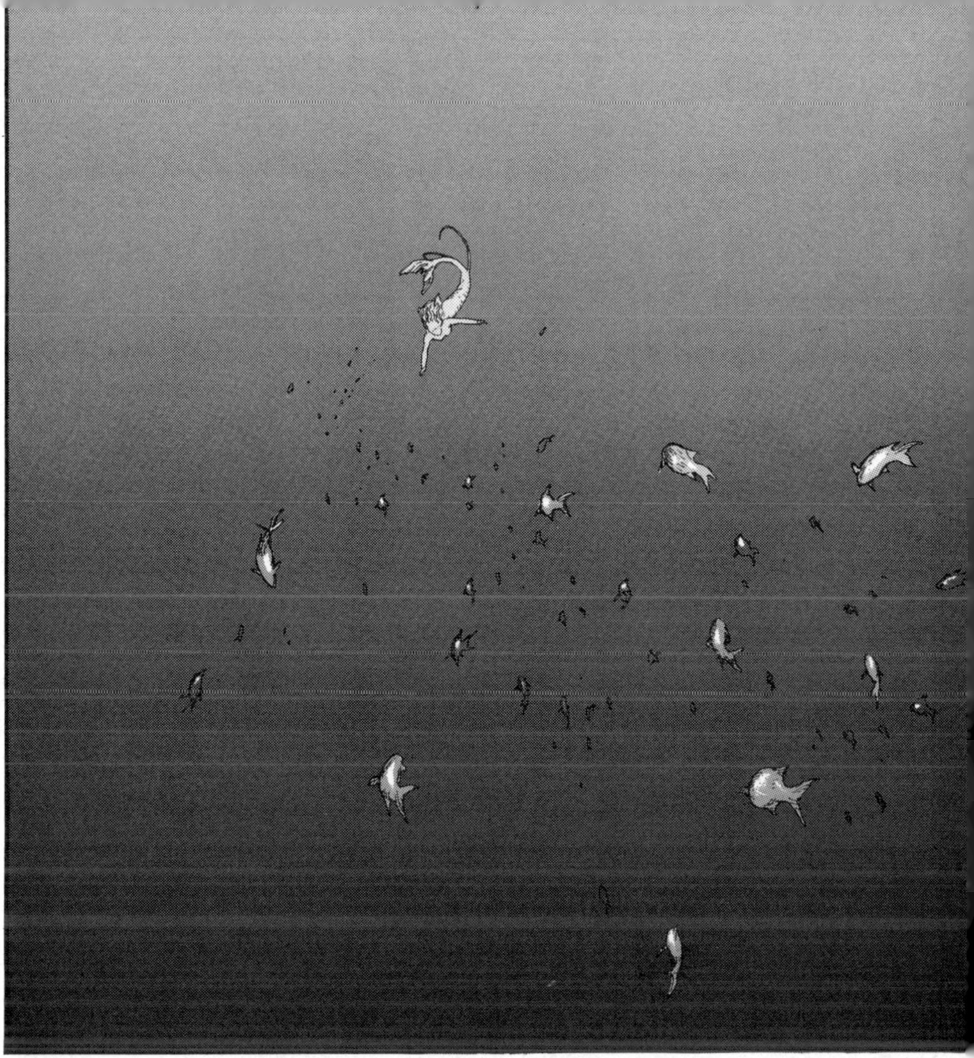

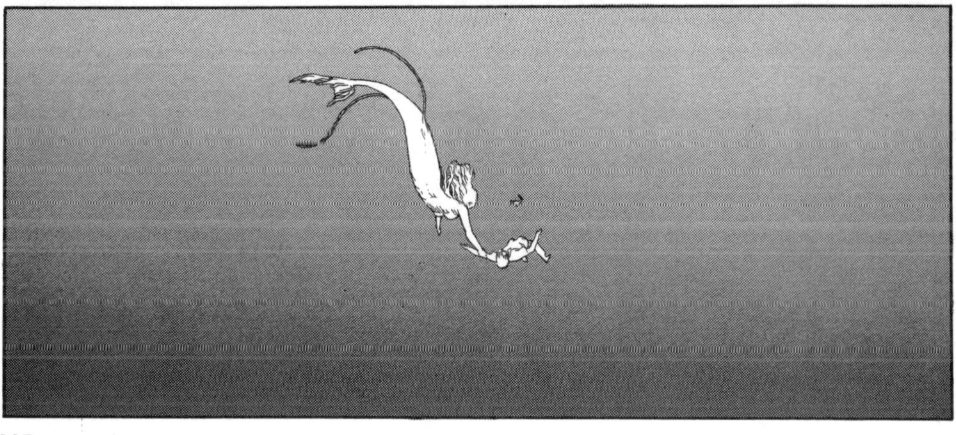

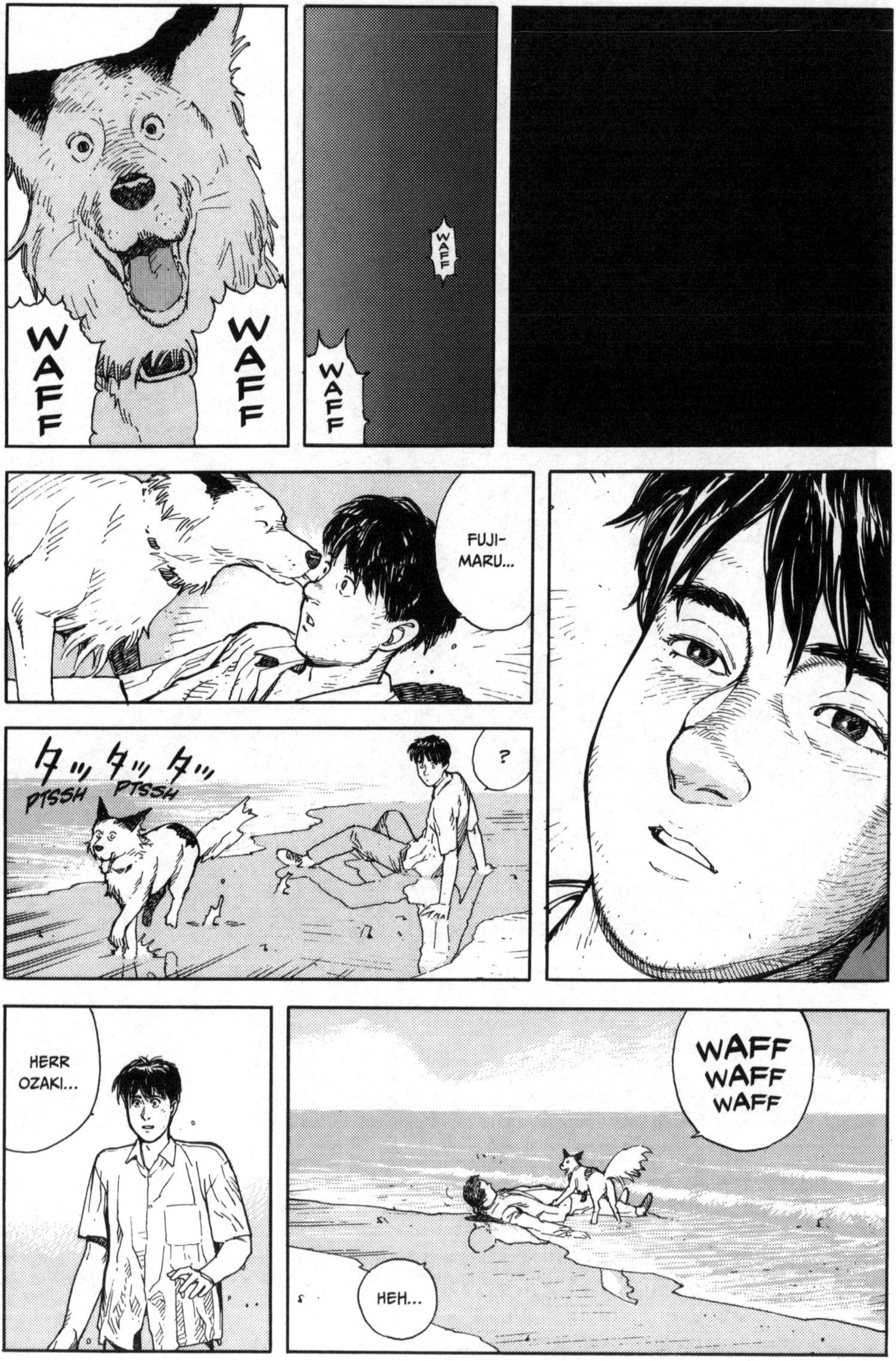
WAFF
WAFF
WAFF
WAFF
FUJI-
MARU...
?
タッ タッ タッ
PTSSH PTSSH
WAFF
WAFF
WAFF
HEH...
HERR
OZAKI...

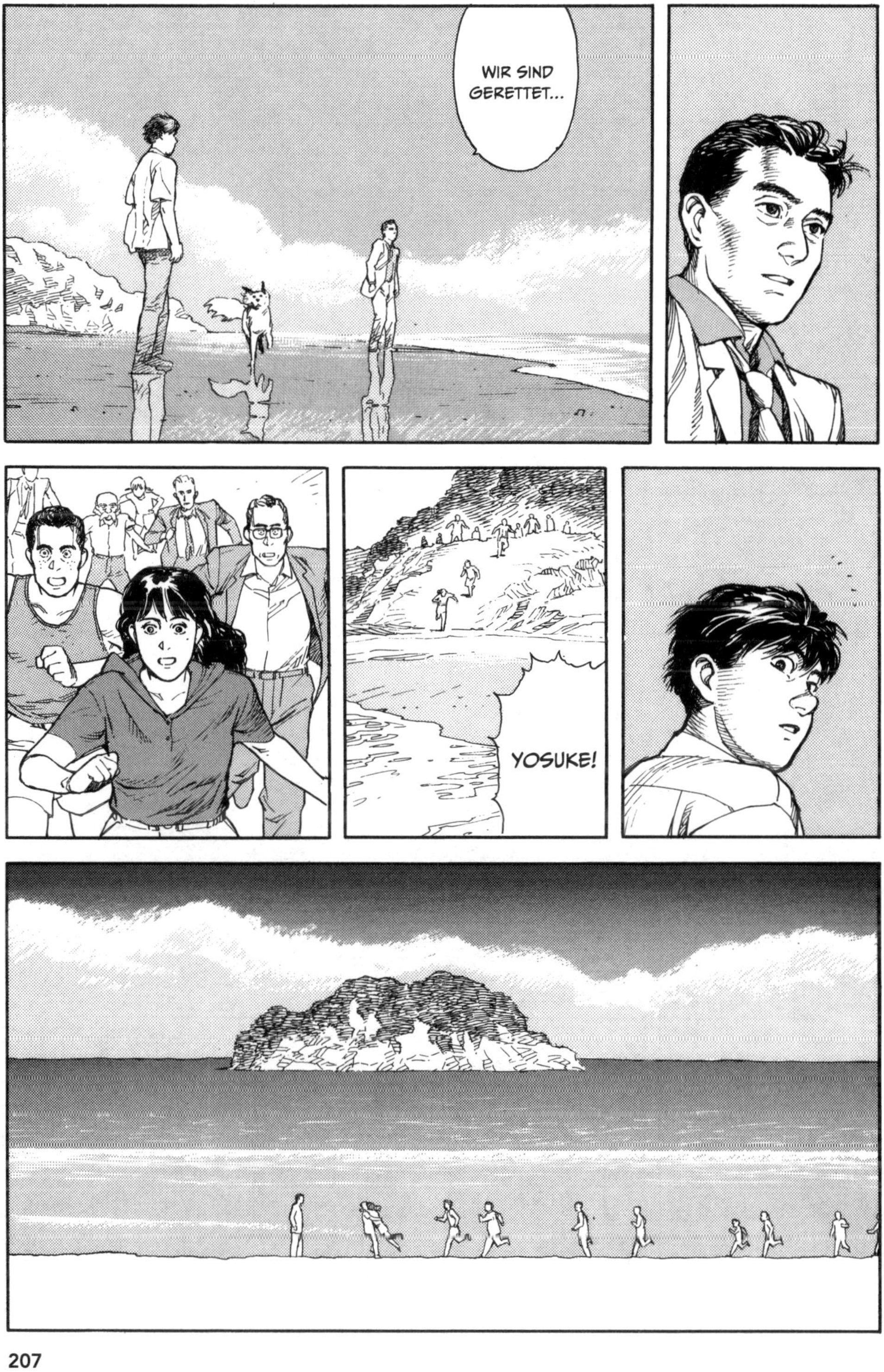
WIR SIND GERETTET...
YOSUKE!

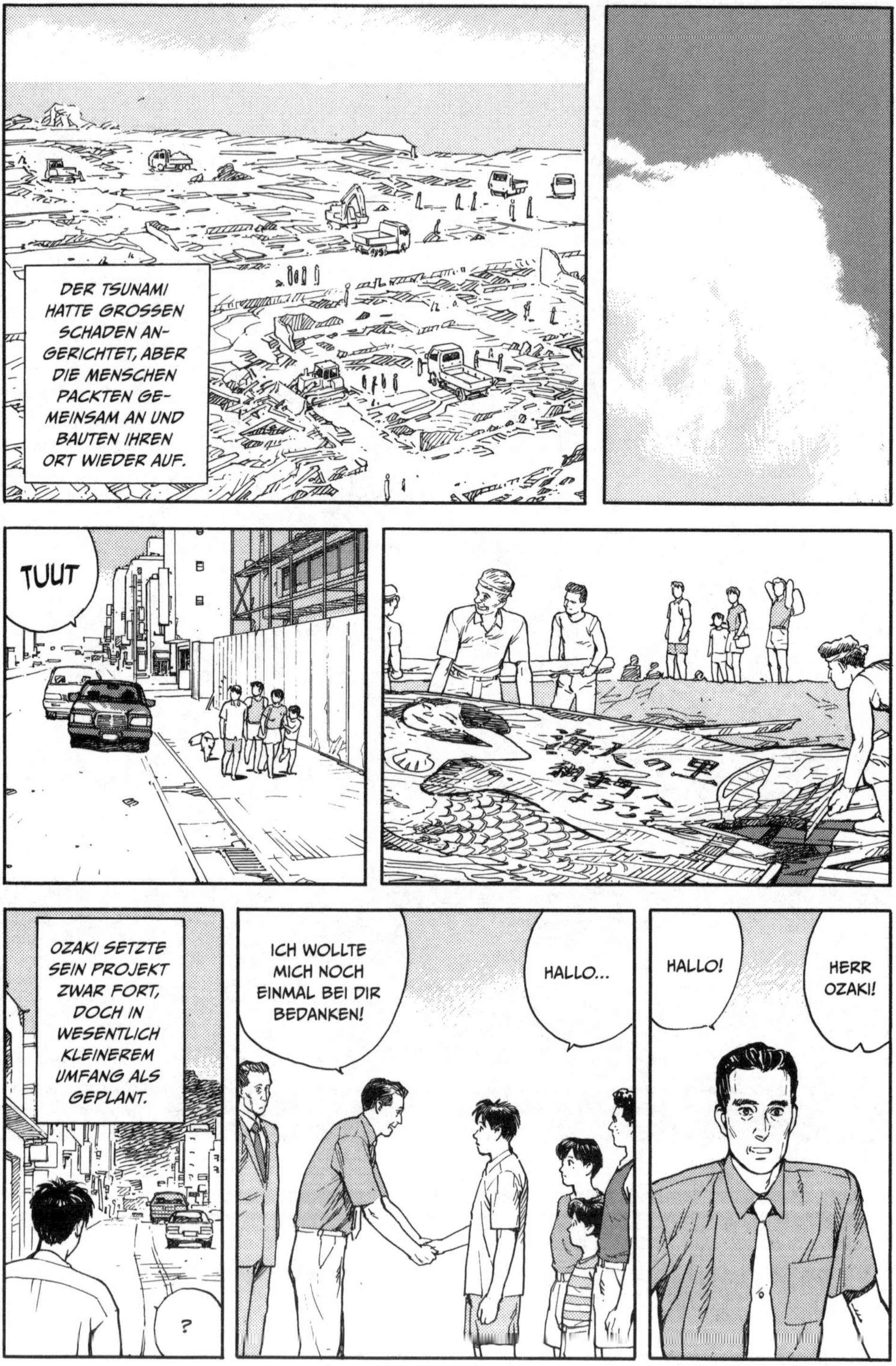
DER TSUNAMI HATTE GROSSEN SCHADEN ANGERICHTET, ABER DIE MENSCHEN PACKTEN GEMEINSAM AN UND BAUTEN IHREN ORT WIEDER AUF.
TUUT
OZAKI SETZTE SEIN PROJEKT ZWAR FORT, DOCH IN WESENTLICH KLEINEREM UMFANG ALS GEPLANT.
?
ICH WOLLTE MICH NOCH EINMAL BEI DIR BEDANKEN!
HALLO...
HALLO!
HERR OZAKI!

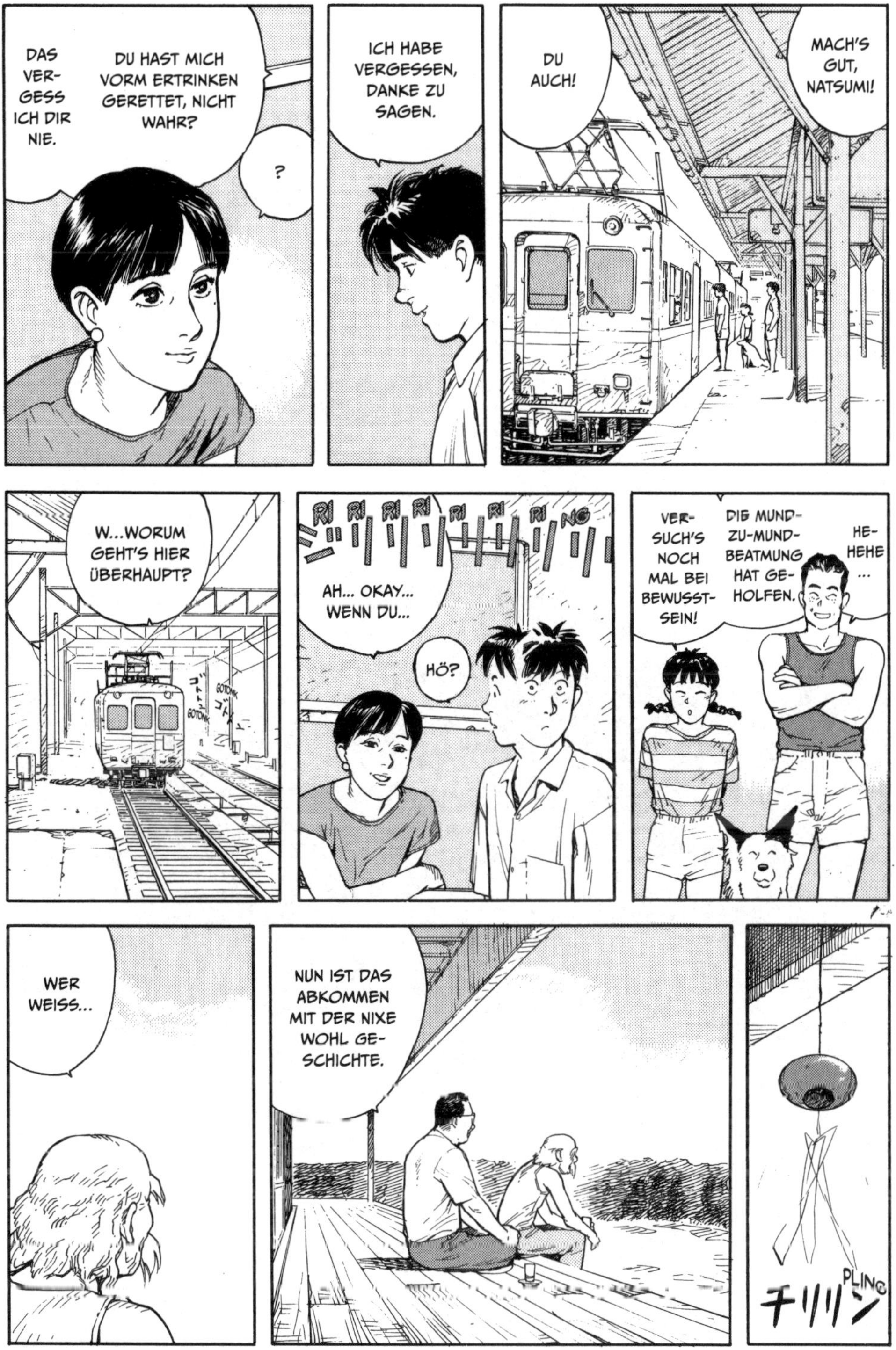
MACH'S GUT, NATSUMI!
DU AUCH!
ICH HABE VERGESSEN, DANKE ZU SAGEN.
DU HAST MICH VORM ERTRINKEN GERETTET, NICHT WAHR?
?
DAS VERGESS ICH DIR NIE.
HEHEHE...
DIE MUND-ZU-MUND-BEATMUNG HAT GEHOLFEN.
VERSUCH'S NOCH MAL BEI BEWUSSTSEIN!
RI RI RI RI RI RI RI RING
AH... OKAY... WENN DU...
HÖ?
W...WORUM GEHT'S HIER ÜBERHAUPT?
GOTONK GOTONK
チリリン PLING
NUN IST DAS ABKOMMEN MIT DER NIXE WOHL GESCHICHTE.
WER WEISS...

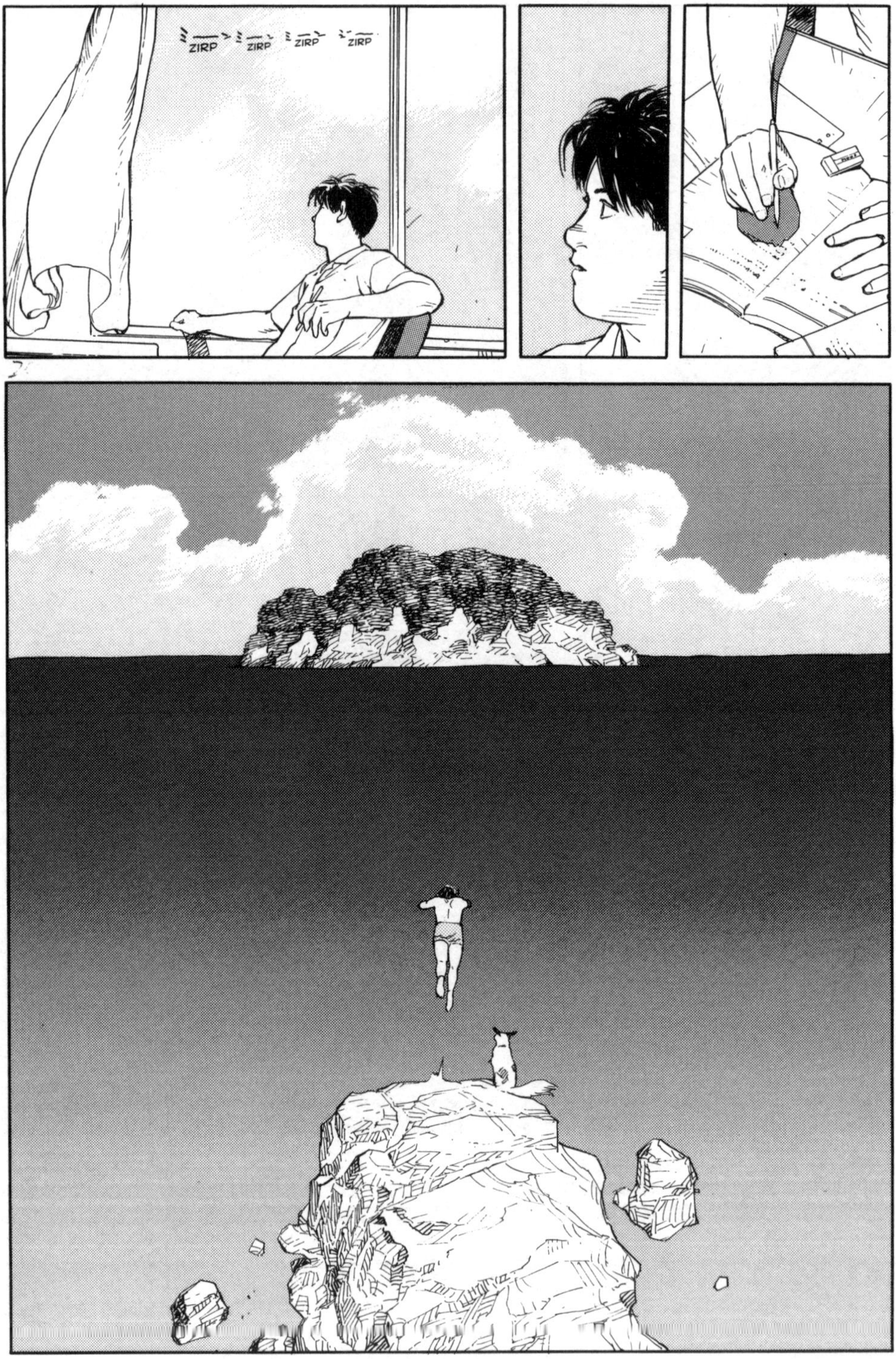

ENDE

TITELBILDER

Titelbilder

Young Magazine

Ausgaben 17 bis 29/1990

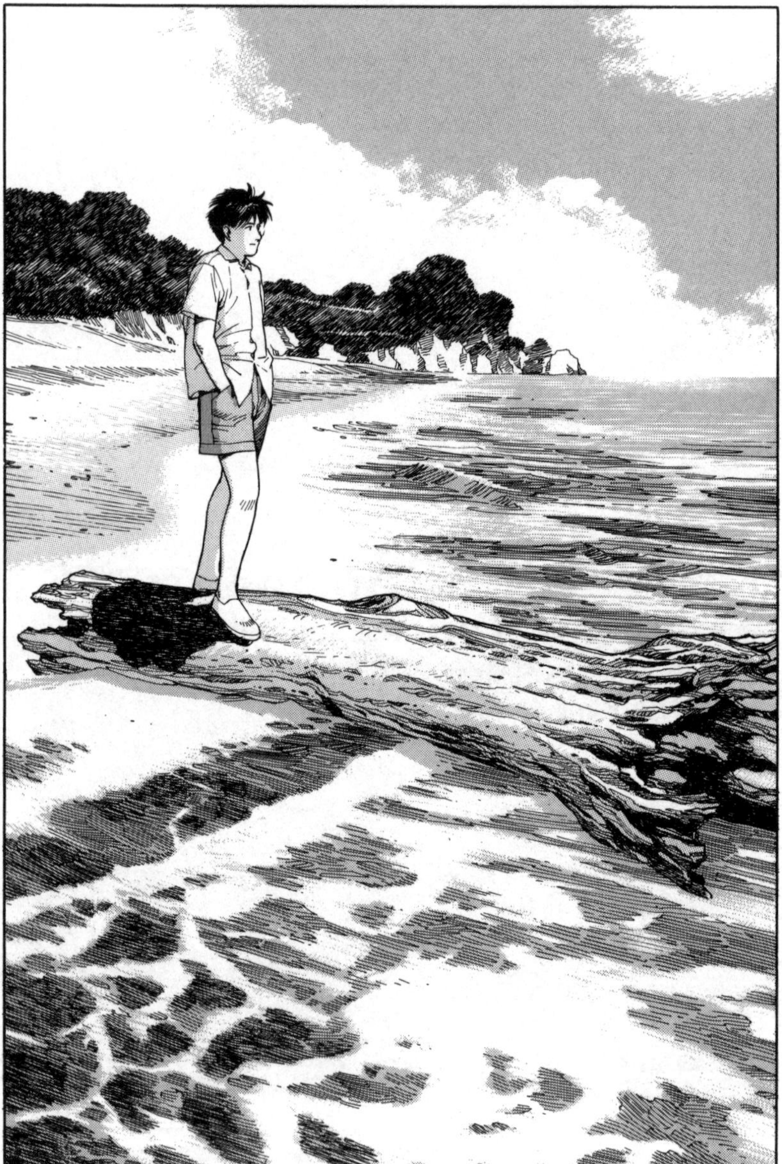

Nr. 18

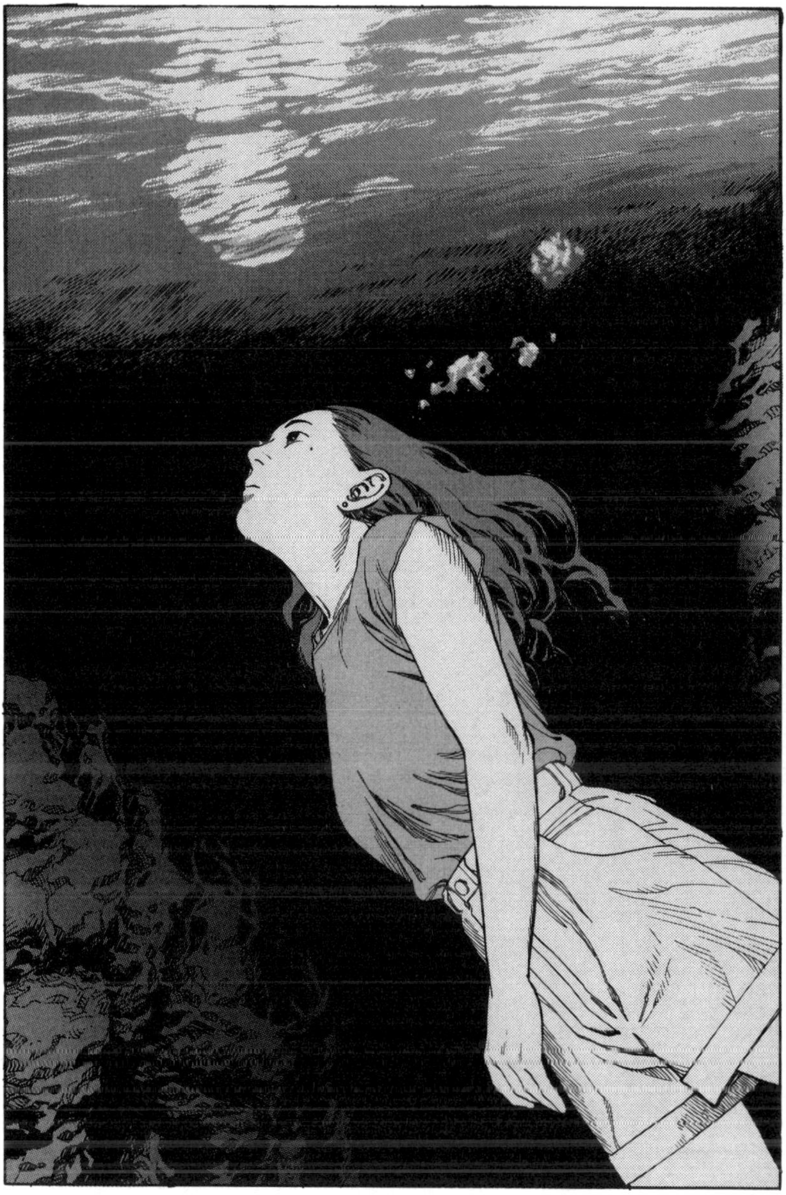

Nr. 19

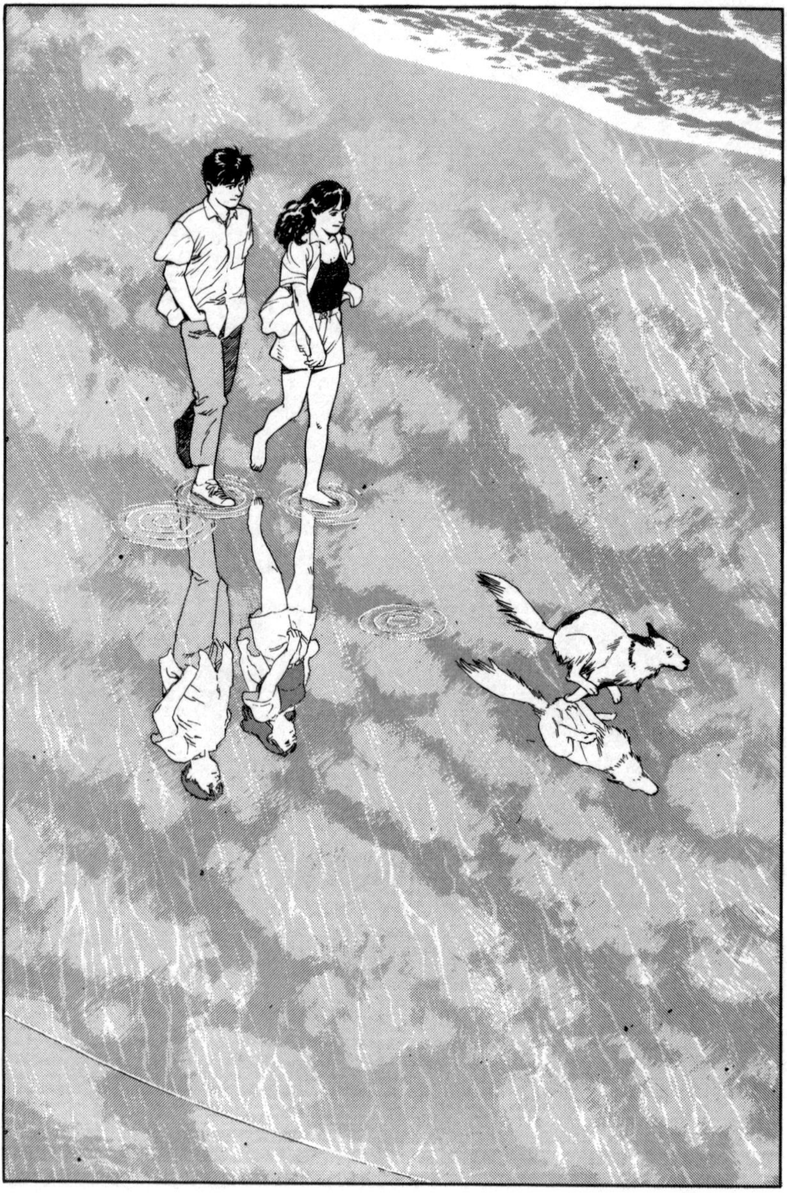

Nr. 20

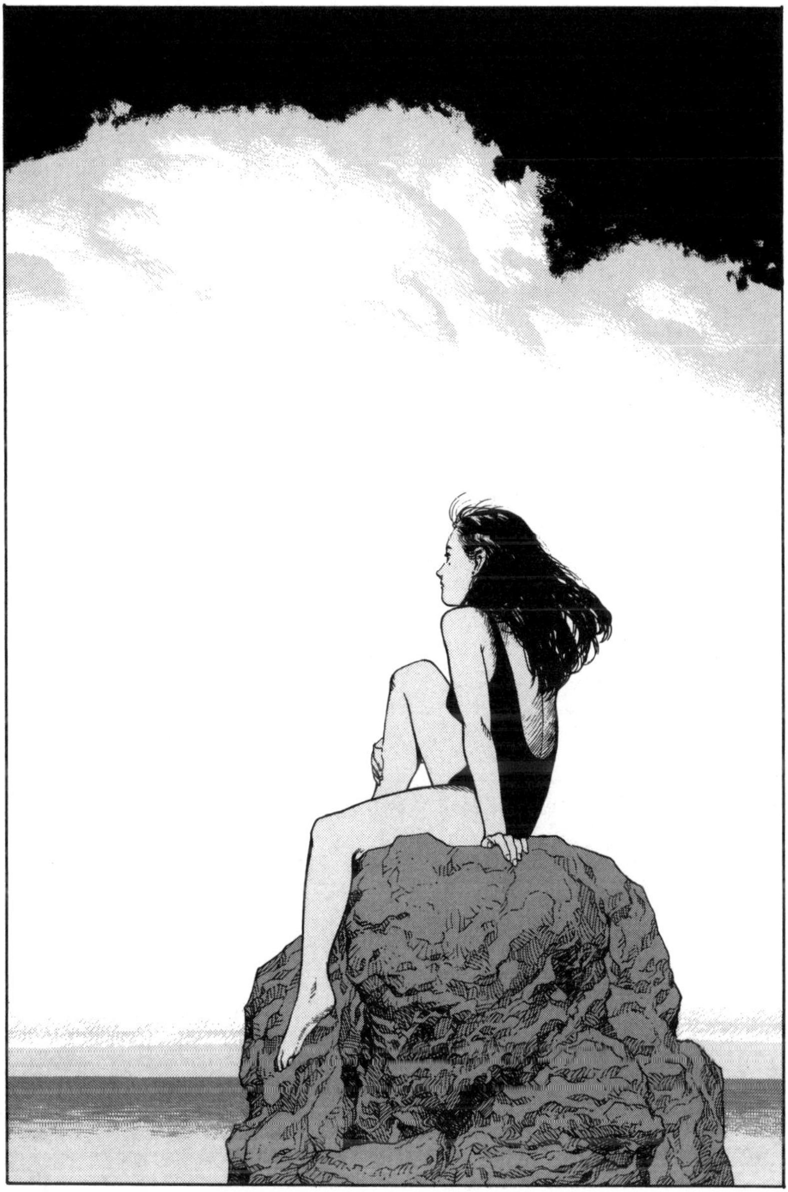

Nr. 21 & 22, Doppelausgabe

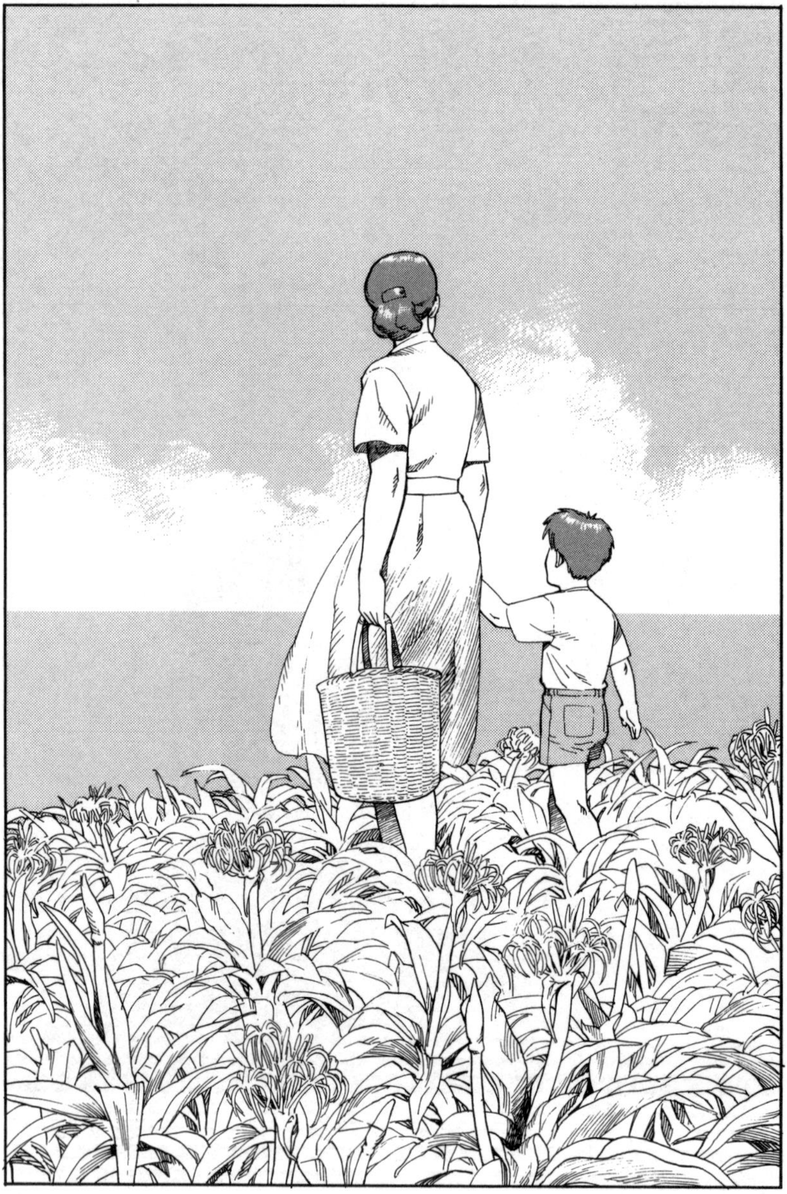

Nr. 23

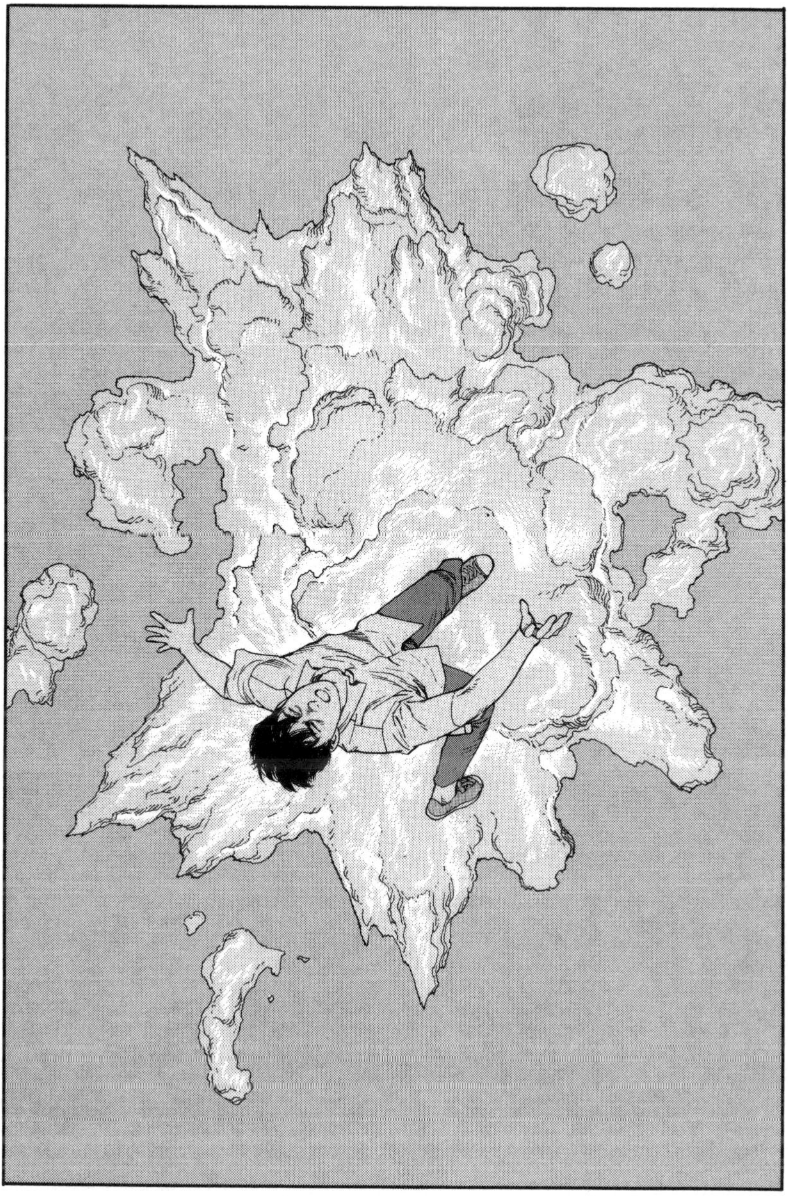

Nr. 26

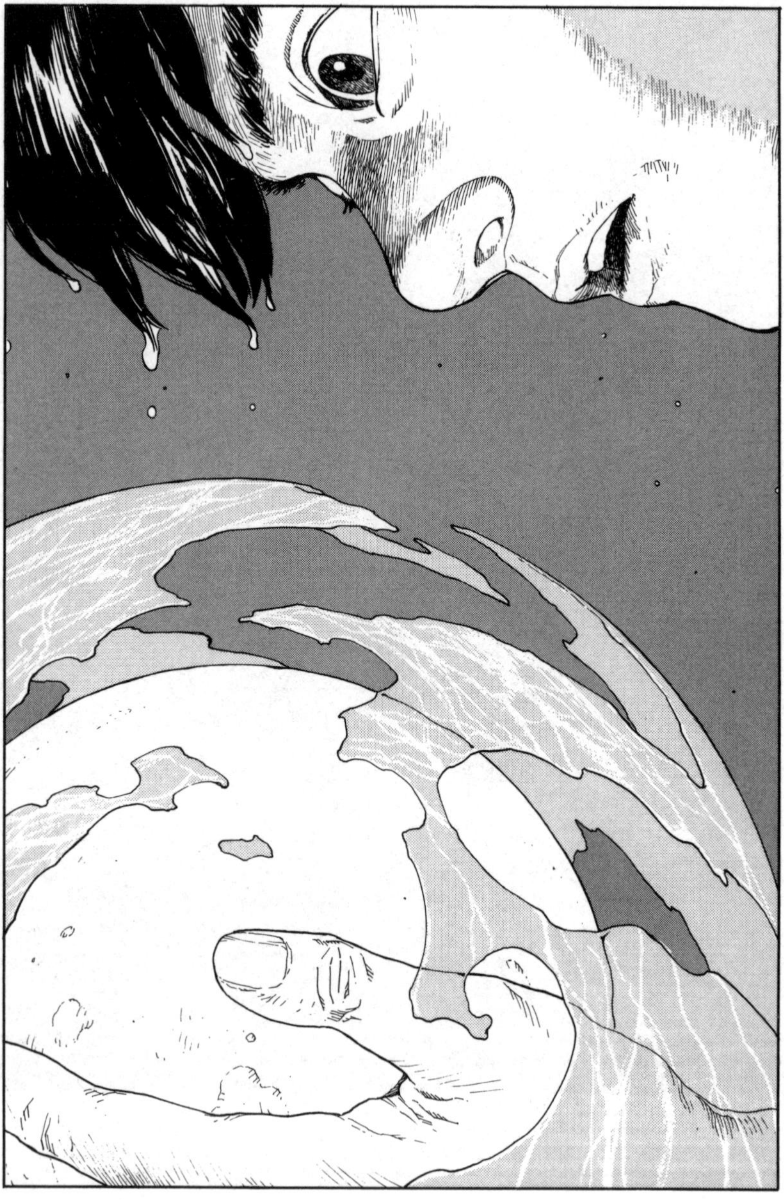

Nr. 28

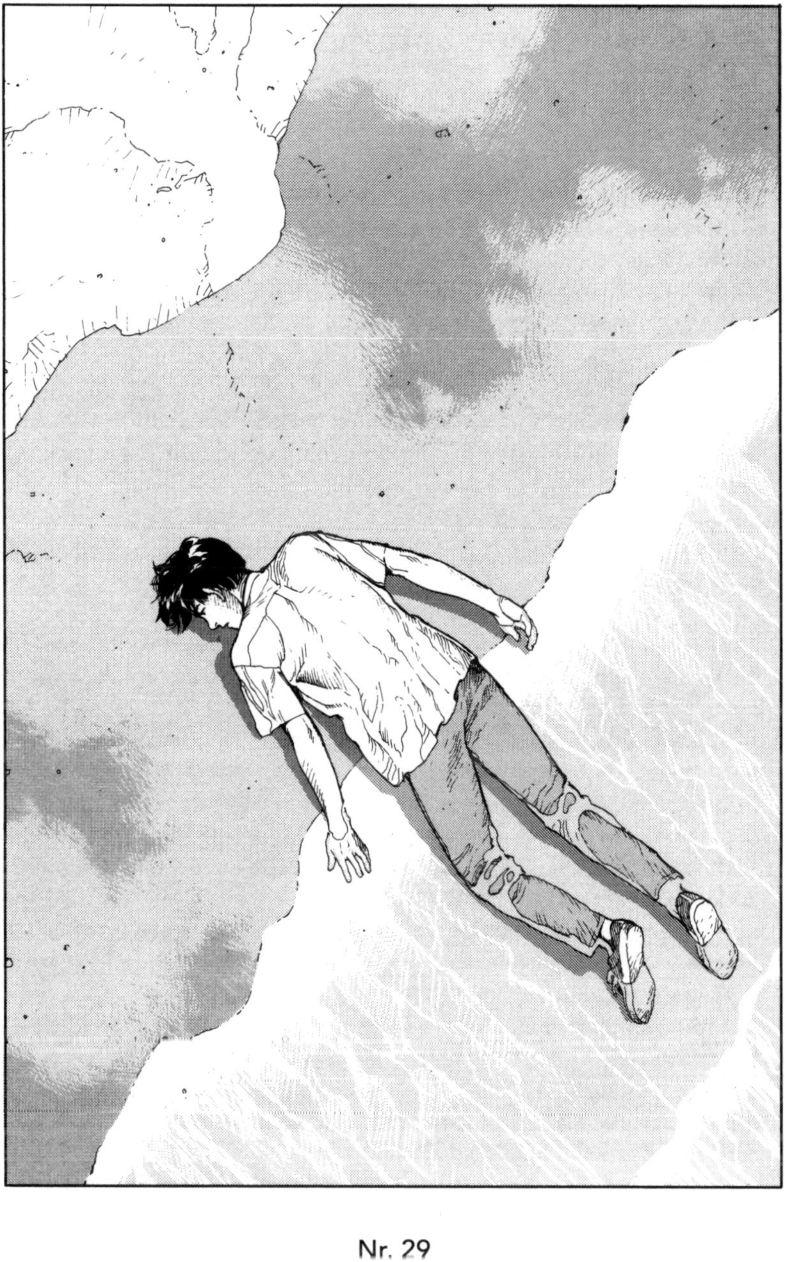

Nr. 29

Nachwort
von Satoshi Kon
(Auszug aus der Ausgabe von 1999, erschienen bei Bijutsu Shuppan-Sha)

»Kaikisen«* ist meine eigene Wortschöpfung – mittlerweile finde ich sie ein wenig peinlich. Die Story erschien von März bis Juni 1990 in elf Ausgaben von »Young Magazine« bei Kodansha. Seither ist fast ein Jahrzehnt vergangen. Für einen heranwachsenden Zeichner eine lange Zeit, lang genug, damit das Grüne hinter den Ohren ein wenig verblassen kann. Mittlerweile sehen meine Bilder, so wie auch ich, anders aus. Nicht dass ich etwa angeborenes Talent ausgebaut hätte. Vielmehr hat meine Technik durch wiederholtes Üben ein paar Fortschritte gemacht, und auch ich habe mich wohl ein wenig weiterentwickelt. Daher bekomme ich, wenn ich mir anlässlich der Neuauflage das alte Manuskript so ansehe, einen roten Kopf.

Damals

Aber wo ich schon mal rot bin, kann ich auch gleich weiter zurückblicken. »Kaikisen« war meine erste längere Geschichte und damit auch meine erste Erfahrung mit einer Veröffentlichung in Fortsetzungen. Ich war also unerfahren und dazu noch unwissend – eine fatale Mischung.

Die geistigen Vorbereitungen, die ich vor dem Start der Reihe getroffen hatte, waren spätestens bei der dritten Folge verpufft. Danach bewegte ich mich in meinem jugendlichen Leichtsinn wie ein Boot mit defektem Ruder bei stürmischer See. Aber als ich das bemerkt hatte, war die Serie auch schon gelaufen. Es waren chaotische Monate. Tatsächlich war ich es, der vom Tsunami getroffen wurde, und nicht Amide, der erdachte Schauplatz der Geschichte.

Ständig fiel ich der Redaktion zur Last und benötigte Unterstützung. Meine wenigen geistigen Ressourcen waren in null Komma nichts erschöpft, und meine mäßige Wortwahl musste auf Vordermann gebracht werden. Ich bedaure das zutiefst und möchte mich bei dieser Gelegenheit noch einmal dafür entschuldigen.

Während mich die tsunamihafte Erfahrung schmerzlich erkennen ließ, wie leichtfertig ich war und wie unausgegoren meine Technik, ließ

* Kaikisen in der Kombination 回帰線 bedeutet »Wendekreis«.
Kons Titel jedoch schreibt sich 海帰線 und bedeutet in etwa »Meereswende«.

sie mich aber auch reifen, was letztendlich auch meinem Kontostand guttat – zumindest ein wenig.

Über die gesamte Dauer der Fortsetzungsreihe hatte ich kaum Zeit, nach draußen zu gehen, kein Witz. Allein um mir den Text (bzw. das Szenario) für eine Folge auszudenken, benötigte ich zwei Tage. Es folgten drei weitere für die Rohfassung und noch mal zwei für den Feinschliff. Wer keine komplette Niete im Rechnen ist, stellt fest: Das macht eine Woche. »Young Magazine» erscheint einmal pro Woche. Die Leserinnen und Leser freut's, die Schaffenden weniger.

Zeit und Qualität mit einer Fülle an Personal kaufen, wie es in der Massenproduktion üblich ist, konnte ich nicht. Die kleine Wohnung, in der ich damals lebte, hätte den Platz dafür nicht hergegeben. Zudem besaß ich genügend Stolz, meine Story selbst zu zeichnen. Dann durfte ich sie, ganz blöd gesagt, auch selbst ruinieren. Ich war der Ansicht, was ich nicht kann, das kann ich nicht – vielleicht respektlos gegenüber der Leserschaft, aber ehrlich. Tatsächlich hatte ich ein wenig Hilfe. Aber wenn es drei Leute waren, dann war das viel. In der Regel waren es zwei.

Am Anfang hatte ich viel vorgezeichnet und brachte die Manuskripte persönlich zu meinem Redakteur. Der lud mich danach immer ein, und das war sehr spaßig. Natürlich handelte es sich um keine trostlosen Zusammenkünfte sondern um solche, bei denen wir uns gegenseitig abfüllten. In dem Laden, in den er mich entführte, arbeiteten tolle junge Frauen für wahrscheinlich nicht wenig Geld.

So ein Drink nach Feierabend schmeckte immer noch am besten, und die Welt erschien hübsch bunt! Ach, was haben Mangaka doch für ein Leben, dachte ich dann. Aber das war alles nur ein flüchtiger Traum. Wenn du in einer Fortsetzungsreihe steckst, ist ein Schlummertrunk die einzige Freude vor einer viel zu kurzen Nacht und dein Dasein eher düster. Der größte Feind in solchen Zeiten ist die Situation in den letzten zwei, drei Tagen vor der Deadline: Du feilst am Manuskript, bis du dich wie ein Haufen Schlamm fühlst und in Ohnmacht fällst. Und wenn du dann erwachst, ist die Deadline wieder ein Stück näher gerückt. Damals existierte der Begriff noch nicht in meinem Wortschatz, aber heute würde ich den Moment dieses Erwachens mit »Perfect Blue« bezeichnen. Sobald ich die Augen offen hatte, dachte ich: Verdammt, die Zeit drängt!

Mit jeder neuen Folge wurde ich leichter. Doch nicht nur ich, auch die Manuskripte. Und das meine ich nicht metaphorisch, sondern tatsächlich physikalisch – sie verloren an Gewicht. Das lag daran, dass meine Zeit von Mal zu Mal knapper wurde und die Mühe nachließ. Denn Frust und Zweifel nagten an mir, während draußen vor dem Fenster die Jahreszeit vorbeirauschte. Der Atem des Frühlings, die Düfte des Mai, nichts davon drang in meine ärmliche Wohnung. Und als die Serie abgeschlossen war, erwartete mich die graue Regenzeit. Nur der mäßig bunt schimmernde Schaum in der Waschmaschine vermittelte mir ein Gefühl von erstarrter Melancholie, vermischt mit der Freude, es endlich geschafft zu haben. War ich wirklich fertig? Ich sah mich von einem milchigen Schleier umgeben, als wäre ich nicht mehr ich selbst. Aber das war nicht unbedingt schlecht. Wenn man eine Magazin-Serie beendet hat, kommen meist bessere Zeiten. Das Stichwort heißt Einband. Und damit verbunden ist das, wovon viele träumen: das Eldorado der Tantiemen. Es heißt ja, mit Manga würden Träume verkauft. Zeichnerinnen und Zeichner indessen träumen von einem Einband. Ein Buch, auf dem ihr Name steht. Wie groß würde die Freude über meinen ersten Einband mit farbigem Buchdeckel sein?!

Hierfür musste ich nur wenige Änderungen am Text vornehmen, sowie kleine Korrekturen an manchen Bildern, die unter dem Zeitdruck gelitten hatten. Ebenfalls fügte ich ein paar Seiten hinzu.

Ich versetzte mich zurück in die Zeit, als mir die Deadline im Nacken saß. Ich dachte daran, wie es zu dem einen oder anderen Bild gekommen war, und versuchte mich so wieder einzufühlen. Allerdings – und obwohl nur ein, zwei Monate vergangen waren – stieß ich auf immer mehr, was mir nicht gefiel, bis ich schließlich geneigt war, die komplette Story zu korrigieren. Andererseits war ich nach dem harten Job immer noch körperlich wie geistig ausgezehrt. Und so suhlte ich mich in Ausreden wie: »Hey, du hast doch während der Serie schon alles gegeben! Was willst du noch?! Lass es!« Ich gehorchte mir, schloss das Manuskript und übergab es meinem Redakteur.

Es war an einem schönen Sommertag, als ich im Buchladen um die Ecke Stapel des fertigen Bands liegen sah. Das erfüllte mich mit heller Freude, ich flatterte vor Glück, und die Hitze des Sommers fühlte sich plötzlich noch heißer an.

Ein kleines Souvenir

Bald darauf, ich arbeitete gerade an einem Anime, überkam mich im Studio ein seltsames Gefühl. Hatte die Schwerkraft zugenommen? Kein Scherz, das fragte ich mich wirklich. Natürlich lag es an mir selbst, eine schlagartige und extreme Mattigkeit hatte mich übermannt. Ich war so schlapp, dass ich nicht einmal aufrecht sitzen konnte, als ich mit der Bahn nach Hause fuhr. Dort angekommen, maß ich Fieber: Das Thermometer zeigte über vierzig Grad an.

Nachdem ich mich zwei Wochen lang gequält hatte, kam ich ins Krankenhaus. Das war übrigens auch eine erste Erfahrung. Eine weitere von vielen im Zusammenhang mit »Kaikisen«. Die Diagnose lautete Hepatitis A, was abermals eine erste Erfahrung darstellte. Am Tag meiner Aufnahme war ich nicht nur totenbleich, sondern bereits gelb angelaufen. Nicht umsonst heißt die Krankheit ja auch Gelbsucht.

Im Nachhinein betrachtet waren die Saufgelage nach überstandenem Serienstress wohl keine so gute Idee. Tage des Rauschs und der Dummheit waren das. Indem ich meinen geschwächten Körper mit viel Alkohol noch weiter schwächte, schuf ich eine gute Grundlage für die Viren. Immerhin erholte ich mich schneller als gedacht. Nach einem Monat Bettruhe und intensiver Pflege konnte ich das Krankenhaus als gesunder Mensch wieder verlassen. Die Kosten bestritt ich mit meinen Tantiemen – wie gewonnen, so zerronnen!

Die Auferstehung nach neun Jahren

Seit meiner ersten Fortsetzungsgeschichte hat sich viel getan. Ich habe »World Apartment Horror« als Manga herausgebracht, erlitt eine Bauchlandung mit zwei Mangaserien und erlebte den Untergang eines Magazins. Aber ich war auch in unterschiedlicher Form an mehreren Animeproduktionen beteiligt. 1998 schließlich kam mein erster eigener Anime »Perfect Blue« in die Kinos und auch als Video auf den Markt, wofür ich viele gute Kritiken erntete.

Manga, Illustrationen, Anime... ganz schön vielseitig dieser Satoshi Kon, könnte man meinen. Man könnte aber auch meinen, er sei kein ausdauernder Charakter, der sich lang mit einer Sache beschäftigen kann. Auf jeden Fall wollte ich immer, dass Manga und Anime meine zwei Standbeine bleiben. Doch später stellten mich Zeitschriften etc. nur noch als Anime-Regisseur vor, der Mangaka war offenbar in Vergessenheit geraten. Ich selbst kann mich nicht daran erinnern, Manga je aufgegeben zu haben, und das hatte ich auch nie vor. Aber der Bewertung durch die Öffentlichkeit habe ich nichts entgegenzusetzen. Und so behaupte ich inzwischen scherzhaft: »In meinem letzten Leben war ich Mangaka.«

Aus dem Japanischen von Jens Ossa

First published in Japan in 2011 by Kodansha Ltd., Tokyo
Publication rights for this German edition arranged through Kodansha Ltd.
Redaktion: Petra Lohmann
Produktionsmanagement: Wiebke Düsedau

ISBN: 978-3-551-79320-1

MIX
Papier | Fördert gute Waldnutzung
FSC® C014496

Wir produzieren nachhaltig
- Klimaneutrales Produkt
- Papiere aus nachhaltigen und kontrollierten Quellen
- Hergestellt in Deutschland

HALT!

KAIKISEN – ZURÜCK INS MEER ist ein japanischer Titel, und in Japan wird von hinten nach vorn und von rechts nach links gelesen. Man schlägt diesen Manga also hinten auf und blättert ihn nach vorn durch.

Auch die Bilderfolgen und der Erzähl- bzw. Lesefluss funktionieren auf den Seiten von rechts oben nach links unten – wie in der kleinen Grafik hier gezeigt.

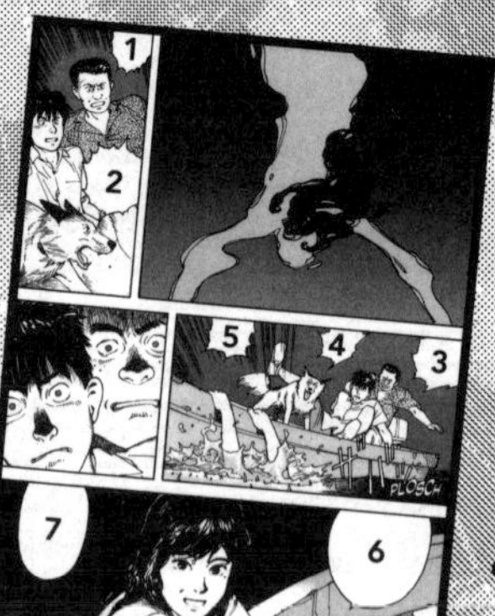

Wir wünschen gute Unterhaltung!